insel taschenbuch 2520
Martin Petzoldt
Bachstätten
Ein Reiseführer zu
Johann Sebastian Bach

Johann Sebastian Bach, Silberstiftzeichnung auf Pergament (Anonymus), um 1730

Martin Petzoldt

Bachstätten
Ein Reiseführer zu
Johann Sebastian Bach

Mit zahlreichen Abbildungen

Insel Verlag

insel taschenbuch 2520
Erste Auflage 2000
Originalausgabe

Vertrieb durch den Suhrkamp Taschenbuch Verlag
Umschlag: nach Entwürfen von Willy Fleckhaus
Satz: Hümmer GmbH, Waldbüttelbrunn
Druck: Pustet, Regensburg
Printed in Germany

1 2 3 4 5 6 – 05 04 03 02 01 00

Inhalt

Anhang

Vorwort

Johann Sebastian Bach hat, außer in Eisenach, wo er am 21. März 1685 geboren wurde, und in Leipzig, wo er am 28. Juli 1750 nach langen Jahren der Tätigkeit verstarb, an verschiedenen Orten Deutschlands gelebt und gewirkt. Was den Reiseführer zu diesen Orten Bachs von anderen Reiseführern unterscheidet, ist der Versuch, mit der Beschreibung der Orte und Örtlichkeiten eine Hinführung zu Bachs musikalischem Werk und zu dessen innerem Gehalt zu verbinden.

Zu jedem der in alphabetischer Reihenfolge vorgestellten Orte bzw. Städte wird unter Punkt 1. der biographische und werkgeschichtliche Bezug Johann Sebastian Bachs zu diesem Ort dargestellt; an den Orten seiner Jugend – Eisenach, Ohrdruf, Lüneburg – steht anstelle des werkgeschichtlichen Bezugs noch Bachs schulische und musikalische Ausbildung im Vordergrund. Für diese Darstellung von Bachs Biographie, die nur umrißhaft überliefert ist, sind die neuesten Ergebnisse der Bachforschung berücksichtigt worden, ohne daß dies im einzelnen jeweils angemerkt ist. – Da die Forschung unentwegt weitergeht, ist auch die Neuentdeckung weiterer »Bachstätten« nicht ausgeschlossen. Im Bach-Jahrbuch 1999 wird von der Orgelprüfung Bachs in Weißensee/Thüringen berichtet, die laut Rechnungseintragung am 16. Dezember 1737 stattfand. Es handelte sich um eine Orgel Conrad Wilhelm Schäfers aus Kindelbrück, die Bach »mit einem großen Elogio justificiret« habe. – Die Literatur, in der Ergebnisse biographischer und werkgeschichtlicher Art veröffentlicht wurden, ist im jeweils 3. Teil aufgeführt. An Stellen, wo die Forschungssituation nur Vermutungen zuläßt, sind konstruierte Zusammenhänge als solche kenntlich gemacht, sie basieren stets auf verantwortbaren Hypothesen.

Jeweils unter Punkt 2. werden Gebäude, Gedenkstätten, Bilder, Denkmale und deren Geschichte beschrieben, auch Gebäude, die nicht mehr existieren oder an deren Stelle ein Nachfolgebau errichtet wurde. Aufmerksam gemacht wird dabei besonders auf Details, die schon zu Bachs Zeiten vorhanden waren und die von ihm mit ziemlicher Wahrscheinlichkeit wahrgenommen wurden. Wenn es dabei gelingt, daß der Leser bzw. Besucher von Bachstätten nicht nur eine Vorstellung von der Zeit Bachs erhält, sondern auch einen Eindruck von den bis heute unterschiedlichen Möglichkeiten des Umgangs mit historisch bedeutsamen Stätten, so ist dieser ›Nebeneffekt‹ durchaus erwünscht. Unter Punkt 3. wird, wie gesagt, auf weiterführende oder zugrunde gelegte Literatur hingewiesen.

Unter Punkt 4. schließlich werden Hinweise zu den Anreisemöglichkeiten, zu Adressen, Öffnungszeiten und Informationsmöglichkeiten gegeben. Alle diese Angaben unterliegen der zeitlichen Veränderung; sie werden ohne Gewähr gegeben.

Der Anhang gibt eine Zusammenstellung aller Orgeldispositionen, im Einzelfall auch der historischen Gestalt.

Dem allgemeinen Literaturverzeichnis schließen sich die Register der Namen, Orte und erwähnten Bachwerke an.

Am Schluß befindet sich eine Zeittafel zur Lebensgeschichte Johann Sebastian Bachs. Die mit I. gekennzeichneten Abschnitte im Zusammenhang und in der biographischen Reihenfolge dieser Zeittafel gelesen, ergeben eine kleine Bach-Biographie, deren Ziel es ist, über eine erste sachkundige Information zu Leben und Werk hinaus, im Lesenden den Wunsch nach dem Anhören von Bachs Musik zu wecken. Denn die direkteste Annäherung an Bach besteht noch immer darin, sein großartiges Werk in lebendigen Aufführungen anzuhören. Erst dann kann es seine einmalige Wirkung entfalten. In diesem Sinne habe ich – dem von Bach mit Bezug auf seine Klavierübungen formulierten Wunsch folgend – dieses Buch »Denen Liebhabern zur Gemüths Ergoezung verfertiget«. *Martin Petzoldt*

Altenburg

1. Etwa Anfang September 1739, einen Monat vor der Abnahme der neuerbauten Orgel von Heinrich Gottfried Trost (um 1681-1759) in der Schloßkirche, muß Bach Altenburg besucht und die Orgel in Augenschein genommen haben. Ein Schriftstück der herzoglichen Rentkammer teilt dazu mit, *»es haben auch verschiedene andere Kenner, die solches Orgelwerck vor der Übergabe aus Curiosité besehen und bespielet, als insonderheit der CapellMeister Bach zu Leipzig und CapellMeister Scheibe demselben einen besonderen Ruhm beygeleget«*.

Trost erbaute die Altenburger Orgel in den Jahren 1735 bis 1739. Für Bach könnte es bereits eine wiederholte Begegnung mit Heinrich Gottfried Trost gewesen sein, wenn man die von ihm um 1710 in Döllstedt und 1711 in Großengottern erbauten Orgeln als möglichen Anlaß für Begegnungen wertet. Zeugnisse dafür gibt es nicht, aber auf die Frage der Rentkammer, ob man Trost erlauben solle, einen Sachverständigen seiner Wahl zur Orgelprüfung hinzuzuziehen, ist die Bemerkung in den Akten überliefert, daß »besagter Capelmeister Bach sich auf bereits beschehenes ersuchen mit offeriret« habe.

So gestaltete sich Bachs Spiel an der Altenburger Orgel Anfang September 1739 offenbar zu einer Art inoffizieller, nicht verlangter Abnahme der Orgel, die wohl stärker die freundschaftliche Verbundenheit mit Heinrich Gottfried Trost zum Hintergrund hat als ein amtliches Interesse. Bach habe *»beyläuffig von der Construction des Wercks judiciret, daß es gut dauerhafft sey, und daß der Orgelmacher in Ausarbeitung ieder Stimme Eigenschafft und behöriger Lieblichkeit wohl reussiret habe.«*

Auf keinen Fall wird man aufgrund der Bemerkung auf dem Autograph der b a c h-Fuge von Johann Ludwig Krebs die Altenburger Orgel mit Bachs Besuch in Verbindung bringen dürfen, wonach diese Fuge *»der Verfasser auf der Orgel ausgeführt, da man ihm sagte, daß der alte Sebastian Bach in der Kirche sey«*.

Denn Johann Ludwig Krebs (1713-1780), Schüler Bachs in Leipzig von 1726 bis 1735, amtierte als Schloßorganist in Altenburg erst von 1756 bis zu seinem Tode, vorher an St. Marien in Zwickau und an der Schloßkirche zu Zeitz. Dagegen beansprucht jene Begebenheit, die im Jahr 1798 in den ›Dresdner Gelehrten Anzeigen‹ berichtet wird, auch über die Altenburger Trost-Orgel hinaus Interesse, da das umstrittene Problem der Orgelbegleitung des Gemeindegesangs – zumindest in Altenburg – eine gewisse Antwort erhält: *»Das Nachgeben des Organisten gegen die singende Gemeinde ist besser als sich durchsetzen wollen. Nur wenige vermögen die Gemeinde so zu lenken wie der alte Bach, der auf der großen Orgel in Altenburg einmal den Glauben [das Glaubenslied ›Wir glauben all an einen Gott‹] aus D-moll spielte, beim zweiten Vers aber die Gemeinde ins Es-moll hob, und beim dritten gar ins E-moll. Das konnte aber auch nur ein Bach und eine Orgel in*

Altenburg, Schloßkirche

Altenburg. Das sind und haben wir nicht alle.«

Weitere Besuche Bachs in Altenburg sind bisher nicht bekannt geworden.

2. Die **Schloßkirche** in Altenburg wurde Anfang des 15. Jahrhunderts als spätgotischer Bau anstelle einer spätromanischen Burgkapelle errichtet. Sie ist Teil einer Burganlage, deren Kern auf das 10. Jahrhundert zurückgeht. In den Jahren 1603 bis 1672 und von 1826 bis 1918 befand sich hier die Residenz des Herzogtums Sachsen-Altenburg. Der Kirchenbau paßt sich in seinem Grundriß und seiner Gestaltung dem engen und steil aufragenden Terrain an. 1413 wurde der Chorraum geweiht; doch bereits 1444 durch Feuer beschädigt, erhielt er danach erst unter der Leitung Moyses von Altenburg seine charakteristische Gestaltung mit den originellen Netz- und Sterngewölben. Überraschend sind die Maße des Bauwerkes: ein kurzes zweischiffiges Langhaus und ein langgestreckter Chorraum, auf dessen Nordseite sich die Trost-Orgel befindet. Das Äußere der Kirche nach Süden und Osten bietet reich dekorierte Strebepfeiler und einen interessanten Altan auf hohen Substruktionen. Die vielfältige Innenausstattung (Altar, Betstuben, Logen, Emporen) erhielt die Kirche in den Jahren 1645 bis 1649. Zu dieser Zeit wurde auch die Kanzel von 1595 erneuert und bemalt. Daneben behielt man das spätgotische Chorgestühl bei. Bemerkenswert ist die Bronzegrabplatte für die Kurfürstin Margarethe von Österreich († 1486), vermutlich ein Frühwerk Peter Vischers d. Ä. Außerhalb des inneren Burgtores ist am Fuße des Chorraumes der Schloßkirche eine Tafel angebracht, die an Bachs Orgelspiel erinnert.

Schloßkirche, Chorraum

Seit der Zeit um 1500 ist in der Schloßkirche eine **Orgel** nachzuweisen. Diese Orgel, die in einem Hauptwerk, einem Rückpositiv und dem Pedal über 16 Register verfügte, wird 1593 von Heinrich Compenius repariert, 1598 durch zwei Regalregister von Johann Lange erweitert, durch Josias Ibach 1636 bis 1638 einem Umbau bzw. Neubau unterzogen, der zwar schlechte Zeugnisse erhält, aber in Ober-, Brustwerk und Pedal 34 Register hat. Diese Orgel stand nachweislich bereits auf der Nordempore, also dem Platz der Trost-Orgel. Anscheinend ist es zu einer Vernachlässigung dieses Werkes durch den Orgelbauer Johann Jacob Donati gekommen, was Tobias Heinrich Gottfried Trost (1673-1759)

1723 die Dienstanweisung als Hoforgelbauer in Altenburg einbringt. Nachdem Trost im Dezember 1733 eine Disposition für eine Orgel mit Hauptwerk, Oberwerk, Rückpositiv, Pedal und fünf Transmissionen aus dem Hauptwerk ins Pedal eingereicht hatte, kommt es mit ihm am 13. Juni 1735 zum Abschluß des Gedinges. Während des Baues besichtigen der Gothaer Hofkapellmeister Gottfried Heinrich Stöltzel und Gottfried Silbermann, der 1734 bis 1737 im benachbarten Ponitz arbeitete, die Orgel, sowie 1739 Johann Sebastian Bach und Johann Adolph Scheibe. Die lateinische Inschrift in der Kartusche über dem Spieltisch lautet:

DEI.TRIVNIVS.	Des dreieinigen Gottes
GLORIAE.	Zur Ehre
HOC. SACRAE. MVSICES. ORGANVM.	Diese Orgel der heiligen Musik
AEDISQVE. HVIVS. ORNAMENTVM.	Und den Schmuck dieses Gebäudes
PIA. MENTE.	In frommem Sinn
DAT. DICAT. DEDICAT.	Gibt, bestimmt und übergibt
FRIDERICVS III	Friedrich III.
DVX. SAXONIAE. JVL. CLEV.	Herzog von Sachsen, Jülich, Cleve,
MONT. ANGAR. WESTPHAL. RELIQ.	Berg, Engern und Westphalen etc.
OPVS.	Das Werk ist
TRIENNO. ANTE. COEPTVM.	vor drei Jahren begonnen
ANO. CHRISTI. MDCCXXXVIII.	und ist im Jahr Christi 1738
PERFECTVM. EST.	vollendet worden.

Die Inschrift nennt als Jahreszahl der Fertigstellung 1738, tatsächlich kam es aber erst am 22. bis 24. Oktober 1739 zur Abnahmeprüfung, und die Einweihung soll sogar erst 1741 erfolgt sein. Jacob Adlung schreibt schließlich 1758 folgendes zur Disposition: »*Hr. Gottfried Heinrich Trost, hat diese Orgel in den Jahren 1736-1739 erbauet. Sie ist nicht allein wegen der vortrefflichen Materialien, welche alle auf Herzogliche Kosten dazu angeschaffet worden, sondern auch wegen der saubern und dauerhafften Arbeit, und am meißten wegen ihrer vortrefflichen Flötenstimmen, vor manchen andern Orgeln schätzbar. Vier, in der folgenden Zeit sehr berühmt gewordene Orgelbaumeister, nämlich Hr. C. E. Friderici in Gera, Hr. Casparini in Königsberg, Hr. Joh. Jacob Graichen und Hr. Joh. Nikolaus Ritter, beyde im Bayreuthischen, haben als damalige Gesellen nach und nach, unter dem Hrn. Trost an dieser Orgel gearbeitet. Der itzige Organist bey diesem Werke ist der, wegen seiner großen, vom seel. K. M. Bach in Leipzig erlernten Orgelspielkunst, sowohl, als wegen seiner schönen Compositionen für Orgeln, für andere Instrumente, und für die Kirchenmusik genug gerühmte Hr. Joh. Ludwig Krebs.*«

Reparaturen und Veränderungen hat es an diesem kostbaren Instrument bereits seit 1757 gegeben. Von diesen wirkte besonders verändernd der Eingriff Friedrich Ladegasts aus Weißenfels in den Jahren 1881 bis 1882; damals kam es zur Entfernung der Transmissionen und zur Veränderung der Trakturen und einzelner Register. Außerdem fügte er ein Schwellwerk hinzu. In den Jahren 1974 bis 1976 konnte das Werk dann vollständig restauriert und der Originalzustand der Orgel durch die Bautzner Firma Eule wiederhergestellt werden (Disposition siehe Anhang, S. 289).

3. Literatur

Ulrich Dähnert, Historische Orgeln in Sachsen. Ein Orgelinventar. Leipzig 1983

Felix Friedrich, Der Orgelbauer Heinrich Gottfried Trost, Leben – Werk – Leistung. Leipzig 1989

Felix Friedrich, Johann Ludwig Krebs. Leben und Werk. Beiträge zur Altenburger Heimatgeschichte, Heft 13. Altenburg 1988

Günter Keil und Uta Künzl, Schloß Altenburg, Thüringen. Schnell, Kunstführer Nr. 1901. München und Zürich 1991

Klaus Mertens, Die Schloßkirche zu Altenburg. Das Christliche Denkmal, Heft 79. Berlin 1969

4. Reiserouten, Auskünfte, Adressen, Öffnungszeiten

Altenburg liegt südlich von Leipzig an der Fernbahnstrecke Leipzig – Nürnberg. Von Leipzig aus erreicht man Altenburg über den erweiterten S-Bahn-Betrieb.

Mit Auto fährt man die 45 km von Leipzig aus über die B 95 bis Borna und von dort auf der B 93 bis Altenburg.

Anfahrt über A 9 von Norden bis Abfahrt »Naumburg«, weiter auf der B 180 über Zeitz – Meuselwitz ca. 42 km bis Altenburg, Anfahrt über die A 9 von Süden bis Hermsdorfer Kreuz, weiter auf der A 4 Richtung Dresden bis Abfahrt »Ronneburg«, auf der B 7 ca. 27 km bis Altenburg (ebenso bei Anfahrt aus westlicher Richtung auf der A 4). Aus Richtung Dresden über die A 4 Richtung Eisenach / Hermsdorfer Kreuz bis Abfahrt »Hohenstein-Ernstthal«, dann noch ca. 35 km bis Altenburg.

Auskünfte erteilen:
Stadtverwaltung Altenburg
Schloßverwaltung
Schloß 2
04600 Altenburg
Telefon 0 34 47-31 40 80
Fax 0 34 47-50 28 39

Schloß- und Spielkartenmuseum
Schloß 2-4
04600 Altenburg
Telefon 0 34 47-31 51 93
Fax 0 34 47-50 26 61

Besichtigung der Schloßkirche mit Orgelvorführungen über CD im Rahmen der stündlichen Museumsführungen.

Vorspiele der Trost-Orgel nach vorheriger Anmeldung.

Öffnungszeiten des Schloß- und Spielkartenmuseums:
Di-So 9.30-17.00

Arnstadt

1. Mit Bachs Anstellung 1703 als Organist an der Neuen Kirche (heute Bachkirche) in Arnstadt befinden wir uns am Ort seiner ersten selbständigen Berufserfahrungen. Zugleich war Arnstadt der Wohnort mehrerer Bachscher Familien. Bach mag, nach einer fehlgeschlagenen Bewerbung um das Organistenamt an der Jacobikirche in Sangerhausen 1702, den im folgenden Jahr erhaltenen Auftrag zur Abnahme einer neuen Orgel in der einstigen Bonifatiuskirche (nun Neuen Kirche) zu Arnstadt als echte Chance empfunden haben. Daß er, der gerade Achtzehnjährige, mit bisher nur wenigen Monaten Erfahrung als Hofmusiker in Weimar, diesen Auftrag erhielt, setzt einerseits einen gewissen Ruf als Organist voraus, andererseits aber wohl auch einen wohlwollenden und leicht protektionistischen Zug bei einem der Verantwortlichen in Arnstadt. Letzterer findet sich in den Arnstädter »Belegen zur Biergeldrechnung« von 1703, wo es heißt, daß *»Vf des hochgräfflichen Consistorii Befehl allhier ... Herr Johann Sebastian Bach, Fürstlich Sächsischer HoffOrganiste zu Weimar, das neue Orgel Werck in der neuen Kirchen zu beschlagen anhero erfordert worden«*. Unterzeichnet ist dieser Beleg vom Bürgermeister Martin Feldhaus, der mit der Bach-Familie verschwägert war.

Diesem Gönner des jungen Johann Sebastian dürfte es zu danken sein, daß aus dem Hofmusiker ein »Hoforganist« wurde. Die Probe der von Johann Friedrich Wender erbauten Orgel wurde am 3. Juli 1703 ausgeführt. Die Organistenbestallung vom 9. August 1703 zeigt das rasche Reagieren des Konsistoriums; offenbar hatte Bach die Orgel nicht nur in eindrucksvoller und kundiger Weise geprüft, sondern auch im Orgelspiel überzeugt. So konnte er seinen Dienst an der Neuen Kirche zum gleichen Zeitpunkt wie der neue Organist der Unterkirche (Liebfrauenkirche), Andreas Börner, antreten: am 14. August 1703. Von der einstigen Wender-Orgel mit 23 Stimmen sind in der Bachkirche der Prospekt und 7 Register, im Museum für Stadtgeschichte (Haus zum Palmbaum) der Spieltisch mit Schrank noch erhalten.

Der Orgelbauer Johann Friedrich Wender stammte aus Dörna, wo er am 6. Dezember 1655 getauft worden war. Er starb in Mühlhausen am 13. Juni 1729. Nach Orgel-Neu- (Bollstedt, Horsmar, Abtei Seligenstadt/Main) und Orgel-Umbauten (Rastenberg und Divi Blasii in Mühlhausen) baute er in Arnstadt seine insgesamt sechste Orgel. Zu diesem Auftrag war es nachweislich über eine Anfrage gekommen, die der Arnstädter Rat 1698 an Theodor Fischer, einen gebürtigen Arnstädter in Mühlhausen, gerichtet hatte. Fischer, seit 1685 Diaconus an Marien, seit 1691 in gleicher Stellung an Blasius, war der Beichtvater des Mühlhäuser Superintendenten Frohne; er starb am 29. Dezember 1699. Im September 1699 hatte er noch dem Arnstädter Rat in seinem Antwortschreiben Wender als Orgelbauer empfehlen können. Wender unterschreibt den Kontrakt in

JOH. CHRISTOPH. OLEARII
Hall. Sax.
HISTORIA
ARNSTADIENSIS.
Historie
der alt-berühmten
Schwartzburgischen
Residentz
Arnstadt/
Nach denen vornehmsten Histori-
schen reqvisitis und Umständen
in zwey Theilen kürtzlich
eingerichtet.
Jena/Verlegts Johann Bielcke.
ARNSTADT/
druckts Nicol. Bachmann/Hof-Buchdr.
Anno 1701.

Johann Christoph Olearius, Historia Arnstadiensis, 1701

Arnstadt am 17. Oktober 1699 und geht auf den 24. Juni 1701 als Termin der Fertigstellung ein, der jedoch nicht zu halten war. Erst am 1. Januar 1702 wird eine Teilfertigstellung gemeldet werden können; Wender muß zuvor den Orgelneubau in der Mühlhäuser Brückenhofkirche vollenden. Auf der teilweise fertiggestellten Orgel in Arnstadt tut interimistisch Andreas Börner Dienst. Die Orgelabnahme hat wohl am 3. Juli 1702, die Orgelweihe am 5. Sonntag nach Trinitatis, dem 8. Juli 1702, stattgefunden. Bach fungiert als einer neben anderen Prüfern (z. B. Christoph Herthum). Die Begegnung zwischen Bach und Wender in Arnstadt war folgenreich für Bachs berufliche Entwicklung: Wender war es höchstwahrscheinlich, der Bach später dann für die Mühlhäuser Organisten-Stelle mit empfohlen hat (⇒ Mühlhausen).

Fragt man nach dem Dienst Bachs in Arnstadt, so kann eine Wochenübersicht aller gottesdienstlichen Termine in den Kirchen darüber am besten Auskunft geben:

	BK	LK	NK	HK
Sonntag	9-10 Superintendent +A 1-2 Diakon*	6-7 Diakon* +A	9-10 Predigt	9 Uhr (öfter an Fest- und Sonntagen
Montag	7-8 Betstunde		7-8 Betstunde	7-8 Betstunde
Dienstag	7-8 Diakon* (der vom Sonntag 1-2/BK)			
Mittwoch			2 Uhr Vesper und Beichte	
Donnerstag			7-8 Predigt des Diakons* +A (vom Sonntag 6-7/ LK)	
Freitag	7-8 Superintendent + Litanei			7-8 Predigt
Samstag	1 Uhr Vesper und Beichte	12 Uhr Vesper und Beichte		

[Abkürzungen: BK = Barfüßerkirche oder Oberkirche; LK = Liebfrauenkirche oder Unterkirche bzw. Frühkirche; NK = Neue Kirche oder Bonifatiuskirche bzw. Sophienkirche, Kirche zur Hlg. Dreifaltigkeit, heute Bachkirche; HK = Hofkirche im Schloß; Diakon* = einer der drei Diakone / untergeordnete Pfarrer wechselweise; +A = mit Abendmahl]

An der Neuen Kirche kam es seit der ersten Besetzung der einzigen an ihr errichteten Predigerstelle zu häufigem Wechsel. Johann Christoph Olearius, Sohn des Superintendenten, Verfasser der aufschlußreichen »Historia Arnstadiensis« (Arnstadt 1701), führt die Reihe der Prediger 1694 an. Während Bachs Dienstzeit amtiert Justus Christian Uthe (1680-1716). Die Häufigkeit von Gottesdiensten in der Neuen Kirche, viermal pro Woche, läßt sie gleich nach der Oberkirche rangieren, in der der Superintendent Dienst tat. Doch zeigt das intensive liturgische und hymnologische Wirken des jungen Olearius, das zu Folgen in den Arnstädter Gottesdiensten führte, durchaus auch Spuren in Bachs Werk, denkt man z. B. an »Agnus Dei« und »Dona nobis pacem« der h-Moll-Messe (BWV 232). Es ist bekannt, daß mit diesen Stücken Parodien vorliegen: Mit dem »Agnus Dei« greift Bach auf sein Himmelfahrtsoratorium 1735 (BWV 11) und darüber hinaus auf seine Serenata »Auf! süß entzückende Gewalt« (BWV deest), einer Hochzeitskantate des Jahres 1725, zurück; mit dem »Dona nobis pacem« benutzt er den Eingangschorsatz der Ratswahlkantate »Wir danken dir, Gott, wir danken dir« von 1731 (BWV 29), der zunächst als Musik des »Gratias agimus tibi« der Missa von 1733 auftaucht (BWV 232,6), um dann später um 1748 auch als musikalische Grundlage für das »Dona nobis pacem« zu dienen.

Um so überraschender ist Bachs eigentümliche Textbehandlung und -aufteilung in diesem letzten Messeteil. Entweder handelt es sich um bloße Zufälligkeit oder um ein Opfer des Parodieverfahrens, wenn hier von der vor und nach Bach bekannten und regelmäßig in Messevertonungen praktizierten Textaufteilung abgewichen wird. Johann Christoph Olearius veröffentlichte 1709 eine »Hymnologia Passionalis«, in der er unter sechs Passionsgesängen auch das Lied »O Lamm Gottes unschuldig« auslegte. Dabei macht er zum »Agnus Dei« des Ordinarium Missae interessante Mitteilungen: Es gäbe, so sagt er, sechs verschiedene Formen des Agnus Dei, womit er die unterschiedlichen Gestalten meint, die durch variierende Wiederholungen von Textteilen zustande kommen. Die Textgestalt des »Agnus Dei« in Bachs h-Moll-Messe entspricht danach dem Agnus Dei-Dominicale bzw. -Feriale sonntägliches bzw. festtägliches Agnus Dei) und zeichnet sich dadurch aus, daß das »Dona nobis pacem« ohne die erneute Anrufung des »Agnus Dei« für sich steht.

In Arnstadt lernte Bach auch seine erste Frau Maria Barbara Bach näher kennen, die hier zusammen mit ihren Schwestern (spätestens seit dem Tod ihrer Mutter, 1704 in Gehren) lebte. Es wird vermutet, daß die drei Schwestern bei ihrem Vormund und Verwandten, dem Bürgermeister Martin Feldhaus, in einem der beiden durch Umbau heute zu einem Haus zusammengefaßten Gebäude »Zur Goldenen Krone« oder im »Steinhaus« wohnten.

In Arnstadt – so sagt es der Nekrolog auf Johann Sebastian Bach – »zeigte er eigentlich die ersten Früchte seines Fleisses in der Kunst des Orgelspielens, und in der Composition«. So wird heute allgemein angenommen, daß eine Reihe von Stücken aus dem ›Weimarer Orgelbüchlein‹ und aus den vor wenigen Jahren erst aufgefundenen ›Neumeister-Chorälen‹ in Arnstadt entstanden sind. Vokalstücke aus der Arnstädter Zeit kennen wir nicht, wenn man nicht die Kantate BWV 150 »Nach dir, Herr, verlanget mich« – dem Textbestand nach eine Kantate zum Sonntag Jubilate, dem dritten nach Ostern – so früh ansetzen will.

In die Arnstädter Zeit fällt eine Reise Bachs nach Lübeck zu Dietrich Buxtehude, deren eigenmächtige Verlängerung ihm eine Auseinandersetzung mit dem musikliebenden und ihm sonst wohlgesonnenen Superintendenten Johann Gottfried Olearius einbrachte. Aus dem darüber angefertigten Konsistorial-Protokoll und aus einem Protokoll über Streitigkeiten mit dem Schüler Geyersbach sind uns wichtige Einzelheiten von Bachs Dienst in Arnstadt bekannt. Am 29. Juni 1707 bittet Bach um Demission, um die Stelle an der Blasiuskirche in der Freien Reichsstadt Mühlhausen antreten zu können. Auf seiner Arnstädter Stelle folgt ihm sein Vetter Johann Ernst Bach (1683-1739).

2. An der **Bachkirche** erinnern zwei **Gedenktafeln** (von 1896 und 1957) an das Wirken Bachs in dieser Kirche, deren Vorläuferbau, die Bonifatiuskirche, bei einem großen Stadtbrand 1581 ein Raub der Flammen geworden war. (Eine lateinische Inschrift am Rathaus

Arnstadt, Bachkirche, Altar

hat dieses Unglück zum Inhalt.) Erst mit dem erneuten Wachstum der Stadt nach dem Dreißgjährigen Krieg hatte man 1676 an einen Wiederaufbau der Kirche denken können. Sie wurde bis 1683 als schlichter Saalbau mit frühbarockem Schaugiebel an der Ostseite wiedererrichtet. Mauerreste und Steine der ehemaligen Jacobskirche dienten als Baumaterial.

In der Bachkirche sind auf Nachfrage die **Abendmahlsgeräte** zu sehen, die während Bachs Wirken in Arnstadt benutzt wurden. Für die Jahre 1706 und 1707 ist die Abendmahlsbeteiligung der Bachfamilie im Konfitentenregister überliefert, wobei sich die Daten vermutlich auf den dem jeweils genannten Sonntag folgenden Freitag, an dem einer der drei Diakone Abendmahl in der Neuen Kirche zu halten hatte, beziehen:

Sexagesimae	7. 2. 1706	Johann Sebastian Bach
Laetare	14. 3.	Maria Barbara, Friedelena Margaretha und Barbara Catharina Bach
Judica	21. 3.	Johann Christoph Bach (Neffe des Johann Ambrosius)
6. Sonntag n.Trin.	11. 7.	Maria Barbara, Friedelena Margaretha und Barbara Catharina Bach
8. Sonntag n.Trin.	25. 7.	Johann Christoph und Johann Sebastian Bach
10. Sonntag n.Trin.	8. 8.	Maria Barbara, Friedelena Margaretha und Barbara Catharina Bach
2. Advent	5.12.	Maria Barbara, Friedelena Margaretha und Barbara Catharina Bach
4. Advent	19. 12.	Johann Sebastian Bach
Palmarum	17. 4. 1707	Johann Christoph, Johann Ernst, Maria Barbara, Friedelena Margaretha und Barbara Catharina Bach
Jubilate	15. 5.	Johann Sebastian Bach
7. Sonntag n.Trin.	7. 8.	Maria Barbara, Friedelena Margaretha und Barbara Catharina Bach
16. Sonntag n.Trin.	9. 10.	Maria Barbara, Friedelena Margaretha und Barbara Catharina Bach.

Die von Bach gespielte **Wender-Orgel**, von Johann Friedrich Wender vom 16. Oktober 1699 an in knapp vierjähriger Bauzeit erbaut, wurde nach 1864 mehrfach entscheidend verändert und vergrößert, nachdem schon vorher leichte Korrekturen vorgenommen worden waren. Die Initiative dazu (bis 1878) ging von Heinrich Bernhard Stade aus, der seit 1837 Organist an der Neuen Kirche war. Die Arbeiten wurden ausgeführt insbesondere durch den Orgelbauer Julius Hesse aus Dachwig bei Erfurt, der dem Eingriff insofern seinen Stempel aufdrückte, als er ein Register seines Namens hinterließ, ein Flötenregister mit der Bezeichnung ›Hessiana‹. Der Orgelbau von 1913 durch die Firma G. F. Steinmeyer & Co. aus Oettingen in Bayern kam einem Neubau gleich, obwohl Steinmeyer, gemessen an den Vorstellungen seiner Zeit, in großzügiger Weise bereit war, Teile der Vorgänger- und Vorvorgängerorgel zu übernehmen. Das betrifft nicht nur sieben originale Register der Wender-Orgel, sondern auch Anteile der Hesse-Orgel, z. B. die »Hessiana«. Vor allem konnte der Wender-Prospekt von 1703 bis heute erhalten bleiben. Der originale Spieltisch der Wender-Orgel, 1864 ausgebaut und auf Anweisung Stades benutzt zur Herstellung einer Kleinorgel, die ihren Dienst bei Chorproben in der Neuen Kirche bis 1901 versah, kam in diesem Jahr als eines der wichtigsten Exponate auf die Bach-Ausstellung nach Berlin. Auf dem Rücktransport erlitt sie starke Beschädigungen und wurde dann, nach erneuter Reparatur, im Arnstädter Museum (seit 1935 in der separaten Bach-Gedenkstätte) aufbewahrt, 1949 durch Anhängen eines neuen Registers Pfeifen zu einer Kleinorgel umgebaut, bevor sie 1984/85 von Wolfgang Wenke nach den erreichbaren Quellen restauriert worden ist. Sie befindet sich heute im Haus ›Zum Palmbaum‹. Die **Steinmeyer-Orgel** erfuhr 1938 eine Generalüberholung durch Wiegand Helfenbein aus Gotha, der einige Register hinzufügte. (Die Dispositionen siehe Anhang, S. 289-292.)

Johann Gottfried Olearius, Ölgemälde (Anonymus)

In der **Oberkirche** sieht man auf einem Gemälde den Superintendenten Johann Gottfried Olearius (1635-1711), Bachs unmittelbaren Dienstvorgesetzten. Dessen Verwandter war der Leipziger Theologieprofessor Johann Olearius (1639-1713); Bach hatte in seiner Bibliothek die fünfbändige »Biblische Erklärung« (Leipzig 1679-1681) eines anderen Olearius gleichen Namens stehen. Verwandt waren die Olearius' auch mit der Familie Georg

Friedrich Händels über dessen Großmutter Dorothea Taust (1618-1682). Während seines Diakonates an St. Marien in Halle leitete Johann Gottfried Olearius dort auch die Kirchenmusik. Seit 1688 war er bis zu seinem Tod 1711 als Superintendent in Arnstadt tätig.

Der **Alte Friedhof** mit seiner achteckigen Gottesackerkirche, auch Himmelfahrtskirche genannt (erbaut zwischen 1738 und 1743), befindet sich zwischen Bahnhofstraße und Wachsenburgallee; hier wurde noch bis 1894 begraben. Auch 25 Mitglieder der Bachfamilie fanden auf ihm ihre letzte Ruhestätte. In Arnstadt waren in Bachfamilien 17 Kinder zur Welt gekommen; 8 Trauungen in den Familien wurden hier gefeiert. Der Friedhof erhielt zwischen 1924 und 1926 eine Parkgestaltung. Die Begräbnisstätten der Bachs sucht man heute vergebens. Lediglich vier Grabstätten aus dem 19. Jahrhundert sind noch erhalten, darunter die Gräber von Willibald Alexis (1871) und Eugenie John-Marlitt (1887).

Auf dem **Marktplatz** erinnert ein **Bach-Denkmal** – eine am 20. März 1985 aufgestellte Bronzeplastik von Bernd Göbel, die Bach als jungen Mann darstellt – an die vier Jahre seines Wirkens in Arnstadt.

Am Markt steht auch das **Haus ›Zum Palmbaum‹**, in dem das Museum für Stadtgeschichte untergebracht ist. Im Jahr 1985 richtete der Rat der Stadt hier eine **Bach-Gedenkstätte** neu ein. Mittelpunkt der Sammlung ist unbestreitbar der originale zweimanualige **Spieltisch** der Wender-Orgel der Neuen Kirche. Hier auf dem Markt, zwischen Rathaus und Neuer Kirche, stand bis 1825 auch der **›Lange Stein‹**, ein Steintisch aus alter Zeit, wohl Zeichen der eigenen Gerichtsbarkeit der Stadt, in dessen unmittelbarer Nähe es am 4. August 1705 zu einer handgreiflichen Auseinandersetzung Bachs mit dem Schüler Geyersbach gekommen war.

An der Ecke Ledermarkt/Holzmarkt befinden sich jene später durch Umbau unter ein Walmdach vereinigten Häuser **›Zur Goldenen Krone‹** und das **›Steinhaus‹**, die dem Bürgermeister Martin Feldhaus gehörten. In ihnen wird **Bachs Wohnung** (zumindest zeitweise) vermutet.

Die **Wohnungen weiterer Mitglieder der Bachfamilie** sind in der Jacobsgasse 13/15 (Caspar Bach 1635-1642), im Hotel ›Goldene Sonne‹, vormals ›Haus zum nackenden Kindlein‹ (wahrscheinlich Treffpunkt der Bachschen Familientage in Arnstadt), in der Neutorgasse (Wohnung von Sebastians Großvater Christoph Bach), in der Kohlgasse 7 (Wohnung von Sebastians Onkel Johann Christoph und dessen Sohn Johann Ernst) und in der Zimmerstraße 18 (wo 1692 Heinrich Bach starb) zu sehen.

Sehenswert in Arnstadt sind außerdem das **Schloß** und das **Rathaus**.

3. Literatur

F. Apfelstedt, Beschreibende Darstellung der älteren Bau- und Kunstdenkmäler des Fürstenthums Schwarzburg-Sondershausen. 2. Heft: Die Oberherrschaft. Sondershausen 1887, Reprint Arnstadt 1991

Karl Müller und Fritz Wiegand, Arnstädter Bachbuch. Arnstadt 1957

Manfred Donhof, Denkmale im Kreis Arn-

stadt. Veröffentlichungen der Museen der Stadt Arnstadt, Heft 12. Arnstadt 1988
Manfred Donhof, Die Bachkirche zu Arnstadt. Arnstadt 1990
Manfred Donhof, Stadtführer durch Arnstadt. Arnstadt 1990
Johann Christoph Olearius, Historia Arnstadiensis. Arnstadt 1701. Faksimile-Ausgabe mit einem Nachwort von M. Petzoldt: Arnstadt 1998

4. Reiserouten, Auskünfte, Adressen, Öffnungszeiten

Arnstadt liegt an der Eisenbahnstrecke Erfurt – Meiningen und Erfurt – Saalfeld.

Mit dem Auto verläßt man die A 4 an der Anschlußsstelle »Erfurt West« und erreicht nach ca. 10 km auf der B 4 Richtung Ilmenau Arnstadt. Von der A 71 kommend, fährt man an der Anschlußstelle »Arnstadt Nord« oder »Arnstadt Süd« ab.

Auskünfte erteilen:
Arnstadt-Information Markt 3
99310 Arnstadt
Telefon 0 36 28-60 20 49
Fax 0 36 28-74 57 48
Öffnungszeiten
Mo-Fr 10.00-18.00
Sa 9.00-12.00

Stadtgeschichtsmuseum und Bachgedenkstätte Arnstadt »Haus zum Palmbaum«
Markt 3
99310 Arnstadt
Telefon/Fax 0 36 28-60 29 78

Öffnungszeiten
Mo-Fr 8.30-12.30 und 13.00-17.00
Sa, So und an Feiertagen 9.30-17.00
Einlaßschluß 30 Min. vor Schließung

Stadtkirchenamt
Pfarrhof 3-5
99310 Arnstadt
Telefon 0 36 28-74 09 63
Fax 0 36 28-74 09 64

Schloß
Schloßplatz 1
99310 Arnstadt
Telefon 0 36 28-60 29 32
Fax 0 36 28-4 82 64
Öffnungszeiten
April - Oktober
täglich 8.30-12.00 und 13.00-16.30
November - März täglich 9.30-16.00
Führungen nur nach vorheriger Anmeldung

Kirchen sind geöffnet:
Mai - Mitte Oktober So-Fr 14.30-16.30
Sa 10.00-12.00

Bad Berka/Ilm

1. Was mag Johann Sebastian Bach mitten in seiner Leipziger Zeit – etwa um 1739 – bewogen haben, die Disposition für ein zweimanualiges Orgelwerk des Weimarer Hoforgelbauers Nikolaus Heinrich Trebs (1678-1748) zu entwerfen, das Trebs wenige Jahre später erst, um 1742/43, fertigstellen würde? Erst der Frankenhausener Organist Johann Jacob Büchner berichtete im Jahr 1798 von der Erarbeitung dieser Disposition durch Bach. Er verfaßte in diesem Jahr, seinem Todesjahr, ein umfangreicheres Manuskript über den Orgelbau; dort redet er auch über den Orgelneubau von Berka, vor allem wohl deshalb, weil Trebs ein gebürtiger Frankenhausener war.

Trebs kam im heutigen Bad Frankenhausen am 10. August 1678 als Sohn eines Tischlers zur Welt. Den Orgelbau erlernte er bei Christian Rothe in Sal-

Bad Berka, Stadtkirche Sankt Marien

zungen. Das Walthersche Lexicon von 1732 betont, er habe »*die Orgelmacher=Kunst ... hierauf in verschiedenen Reichs= und See=Städten ... excoli*ret«, was wohl heißen will, daß er sich umgesehen und an mehreren Orten Orgeln gebaut hat. Dennoch vermag das Lexicon nur insgesamt 17 Orgeln aus seiner Werkstatt aufzuzählen. 1709 kam Trebs nach Weimar und erhielt hier 1712 das Privileg eines Hoforgelbauers.

Als er die Berkaer Orgel erbaute, war er inzwischen über sechzig Jahre alt; zusammen mit seinem Sohn Christian Wilhelm und einem Gesellen, dem später berühmten Johann Christian Immanuel Schweinefleisch (1721-1771) aus Altenburg, einem Neffen und Schüler des dortigen Orgelbauers Heinrich Gottfried Trost (um 1673-1759), hat er offenbar diesem Werk besondere Sorgfalt angedeihen lassen. Vielleicht sind Anknüpfungen nach Leipzig über Trost zustande gekommen, vermutlich aber auch über Schweinefleisch, dessen Aufenthalt als externer Thomasschüler in Leipzig 1731 bekannt ist. Später betreute er in der Nachfolge des Orgelbauers Scheibe bis zu seinem Tod die Leipziger Orgeln, also im Zeitraum von 1750 bis 1771.

Ob Bach in Berka zur Orgelprüfung anwesend war, läßt sich bislang nicht nachweisen. Unsere Darstellung geht davon aus und führt Bad Berka als Bachstätte. Erstaunlich erscheint dabei, daß Bach lange nach seiner Weimarer Zeit nochmals zu einem Zusammenwirken mit Trebs gelangte. In Eisenach, Ohrdruf, Arnstadt und Mühlhausen hatte er die Orgelbauer Stertzing und Wender kennengelernt, in seiner Leipziger Zeit arbeitete er vor allem mit Scheibe, Hildebrandt und Trost zusammen.

In Berka traf Bach auf den Ortspfarrer Christoph Fiedler, der aus Sulza stammte und die Stelle dort am Sonntag Quasimodogeniti 1742, also noch vor Abnahme der Trebsschen Orgel, angetreten hatte; vorher war er Pfarrer in Ullrichshalben/Rhön gewesen. Wer damals Organist in Berka war, ist leider nicht bekannt.

2. Die Kirchengebäude von Berka gehen auf mittelalterliche Anlagen zurück. In der urkundlich ersten Erwähnung Berkas von 1119 wird eine Marienkirche erwähnt, die Graf Wichmann der »*Größeren Kirche zu Erpesfort [Dom zu Erfurt], die der Ehre der seligen Gottesmutter geweiht ist*«, geschenkt habe. Freilich handelte es sich dabei um einen romanischen Kapellenbau im Gelände des heutigen **Liebfrauenweg**es, dessen Grundmauern 1906 bei Schachtarbeiten gefunden wurden. Da diese Stelle durch das immer einmal wieder auftretende Hochwasser der Ilm bedroht war, entschied man sich 1240 bei der **Klostergründung** unter Graf Dietrich d. Ä. von Berka wohl deshalb für den höher gelegenen Standort der heutigen »Kircheninsel«. Zisterzienserinnen siedelten und benutzten gemeinsam mit der Bevölkerung des Ortes, der 1414 das Stadtrecht erhielt, die **gotische Kirche St. Marien**. Doch schon 1422 wechselte das Kloster den Besitzer. An die neuen Besitzer, die Grafen von Witzleben, erinnern noch heute deren Wappen am **Pfarrhaus**: eines an der Fassade und eines im Schlußstein des Kreuzrippengewölbes der Kapelle. Unter dem Patronat dieser Familie wurde in Berka auch die Reformation eingeführt.

Traurige Berühmtheit erlangte der große Stadtbrand Berkas von 1608, nach dem es 119 Jahre bis zum Wiederaufbau der Kirche dauern sollte. Zunächst war es nur der **Kirchturm**, der auf Geheiß des Weimarer Herzogs Ernst August (1688-1748), einst Bachs Förderer und Dienstherr, wiedererrichtet und mit einer als Hirsch ausgebildeten Wetterfahne geziert wurde – Zeichen für das Jagdgebiet der Weimarer Herzöge um Berka. 1739 begann, mit Unterstützung des Herzogs, der Weimarer Landbaumeister Johann Adolf Richter auf den Grundmauern der gotischen Kirche einen einheitlichen **Barockbau** zu errichten. Das dürfte dann auch der Moment der Auftragsvergabe an Bach und Trebs gewesen sein, die Orgel zu planen und zu bauen. Am Sonntag Kantate, dem 30. April 1741, nahm man die Kirche in Gebrauch, doch zunächst ohne Orgel. Bemerkenswert sind der barocke **Kanzelaltar**, dessen Portikus mit dem auferstandenen Christus bekrönt ist, und die **Taufe**, deren Schale durch einen Baumstamm und durch den Täufer gehalten wird, der den im Wasser stehenden Jesus tauft. Über ihr hing vom Gewölbe der Deckel herab, mit der Sonne, dem Symbol Christi, geziert; auf ihn hat man später verzichtet. Die **Orgel** kam ein reichliches Jahr später zwischen 1742 und 1743 hinzu, das exakte Datum wissen wir jedoch nicht. Die letzte Renovierung erhielt die Kirche vor ihrem 250. Jubiläum von 1987 bis 1991.

Bad Berka hat auch in späteren Zeitläuften Katastrophen erlebt, von denen die Nachrichten des Turmknaufes manches zu berichten wissen. Erwähnt sei der Blitzschlag des 7. Juni 1795, der auch die Orgel betraf: »*Der stärckste Schlag aber ging rechter Hand der Orgel hinein und verteilte sich in viele Funcken, die allenthalben Schaden gethan, gleich als wäre ein Mörser mit Steinen geladen, gegen die Decke losgebrannt worden.*«

Dennoch konnten die Kirche und ihre Orgel gerettet werden, aber der Organist und Stadtschreiber Gülicke kam dabei ums Leben.

Von dem Entwurf Bachs zur Berkaer Orgel wissen wir nicht einmal einwandfrei, ob er realisiert wurde. Aufgrund der begrenzten Platzverhältnisse auf der zweiten Westempore scheint eher zuzutreffen, daß Trebs Verringerungen vornehmen mußte. Die Besonderheit der Orgeldisposition – wohl durch typische Vorstellungen Bachs geprägt – lag vor allem in der Möglichkeit, obligates Pedal spielen zu können. Außerdem dominiert in dem Entwurf die starke Betonung der 8-Fuß-Lage im Manual – allein sieben solcher Register finden sich in beiden Manualen –, sodann die terzhaltigen Register und das durch ein Zungenregister verstärkte voll klingende Pedal (Disposition siehe Anhang, S. 292).

Einhundert Jahre später, von 1839 an, kam es zu einer »vollständig[en]« Reparatur der Orgel durch die Firma Johann Friedrich Schulze, Paulinzella. Tatsächlich handelte es sich aber um eine neuerrichtete Orgel unter Beibehaltung des Prospektes und Übernahme einzelner Register. 1882 erneuerte die

Firma Poppe aus Stadtroda diese Orgel und reduzierte den Registerbestand von 28 auf 18. Im Jahr 1923 riß man bei Sanierungsarbeiten der Kirche die obere Westempore ab, auf der die Orgel bis dahin gestanden hatte, und versetzte diese auf die untere Westempore. Die Weimarer Orgelbaufirma Böttcher stellte das Instrument von mechanischer auf pneumatische Traktur um und veränderte grundlegend die Disposition. 1964 hören wir von einer »Großreparatur« der Orgel durch den Orgelbauer Kirchner aus Weimar, bei der erneut die Disposition im Sinne der damals üblichen »Barockisierung« verändert wurde. Daß der nun erreichte Zustand als unbefriedigend empfunden wurde, mag einleuchten. In einer Abendmusik am Ewigkeitssonntag 1988 erklang dieses Werk ein letztes Mal. Dann trug man es ab und lagerte 5 erhaltene Register aus der Bach-Trebsschen Orgel ein, um sie vor dem Verlust zu bewahren (in der Übersicht im Anhang mit * bezeichnet; die Mixtur ist nur teilweise erhalten).

Der Neubau der Orgel stammt aus der Werkstatt des Orgelbaumeisters Gerhard Böhm, Gotha, und verfügt über 26 Register. Zunächst hatte es den Plan eines Neubaus unter Verwendung originaler Teile gegeben. Offenbar hat sich das aber nicht realisieren lassen. So kam es zu einem völligen Neubau unter Verwendung des originalen Prospektes, der den neuen Bedingungen angepaßt wurde (Hubertus Hein und Walter Oschatz). Am 26. April 1991 erfolgte die Orgelabnahme durch KMD Preller aus Arnstadt; am Sonntag Kantate, 28. April 1991, konnte die neue Orgel in einem Festgottesdienst durch Landesbischof Dr. Leich, Eisenach, geweiht werden (Disposition siehe Anhang, S. 292).

3. Literatur

H. Löffler, Ein unbekanntes Thüringer Orgelmanuskript von 1798. Musik und Kirche 3, 1931

4. Reiserouten, Auskünfte, Adressen, Öffnungszeiten

Bad Berka/Ilm liegt südlich von Weimar; es bietet sich an, mit öffentlichen Verkehrsmitteln (Eisenbahn) zu reisen.

Mit dem Auto fährt man auf der A 4 aus westlicher Richtung bis Abfahrt »Weimar« und erreicht auf der B 85 nach 6 km in Richtung »Rudolstadt« Bad Berka; aus östlicher Richtung fährt man auf der A 4 bis Abfahrt »Apolda« und gelangt auf der B 87 Richtung Stadtilm/Ilmenau nach 9 km nach Bad Berka.

Auskünfte erteilen:
Evangelisch-Lutherisches Pfarramt
St. Marien
Herr Pfarrer Reinhard Werneburg
Pfarrgasse 1
99438 Bad Berka
Telefon 036458-4 19 93
Fax 036458-3 18 22

Kurverwaltung Bad Berka
Goetheallee 3
99438 Bad Berka
Telefon 036458-1 94 33 oder -57 90
Fax 036458-5 79 99
Besichtigung nach Vereinbarung

Berlin und Potsdam

1. Die Verbindung Johann Sebastian Bachs mit Berlin, Potsdam oder Preußen läßt Bachkenner in erster Linie an seine denkwürdige Begegnung mit Friedrich dem Großen im Mai 1747 in Potsdam denken und damit an das »königliche Thema«, das der Komponist nachträglich zum »Musikalischen Opfer« (BWV 1079) ausarbeitete. Daß die ersten Beziehungen Bachs zu Berlin jedoch nahezu 30 Jahre früher anzusetzen sind, überrascht zumeist.

Am 14. März 1719 erhielt der Kammerdiener Emanuel Leberecht Gottschalk in Köthen, wo Bach zu dieser Zeit als Fürstlicher Kapellmeister lebte, 8 Taler Fuhrlohn *»vor den Berlinischen Clavecyn«* erstattet, das Bach selbst knapp zwei Wochen zuvor in Berlin bei dem Hofinstrumentenmacher Michael Mietke gekauft hatte. Die »Cammer-Rechnung« vermerkt dazu unter dem 1. März, daß dem *»Capellmeister Bachen vor das zu Berlin gefertigte Clavessin und Reyse Kosten«* insgesamt 130 Taler ausgezahlt worden seien. Gottschalk war gewiß eine vertrauenswürdige Person und dazu ein Sachkenner, hatte er doch in Köthen bereits das Amt eines Organisten an der Agnuskirche bekleidet und wurde nun als Notenschreiber für die Hofkapelle herangezogen. Und Michael Mietke in Berlin galt weit über die Grenzen des Brandenburgischen Landes hinaus als kunsterfahrener Instrumentenbauer, der sich besonders mit Orgeln und mit dem Verfertigen von *»schönen Clavicymbeln«* einen weitbekannten Ruf erworben hatte. Die Berliner Hofkapelle beschäftigte ihn eine Zeitlang als ihren Klavierstimmer und Orgelbauer.

Zehn Jahre später berichtet der Kantor des Friedrichswerderschen Gymnasiums zu Berlin, Martin Heinrich Fuhrmann, in einem musikalischen Traktat vom Besuch der Leipziger Oster-Messe und davon, *»den weltberühmten Herrn Bachen«* gehört zu haben: *»Ich meinte, der Italiänische Frescobaldi hätte alle Clavir-Kunst allein gefressen, und Carissimi wäre ein allertheuerster und allerliebster Organist; Allein wenn man die 2. Italiäner in eine Wagschale zusammen mit ihrer Kunst und den Teutschen Bachen in die andere setzen solte, so würde dieser sehr praeponderiren [das Übergewicht haben], und die andere 2. in die Lufft marchiren.«*

Außerdem spielt er in seiner Schrift auf ein *»Trifolium Musicum ex B.«* an, ein musikalisches Kleeblatt auf B, in das er Buxtehude, Pachelbel (Fuhrmann schreibt »Bachelbel«) und Bach einbezieht. Diese drei gälten bei ihm *»so viel, als Cicero bey den Lateinern«*. Er erinnert damit indirekt an die »drey berühmten S.« des 17. Jahrhunderts – Schütz, Schein, Scheidt – wie sie Wolfgang Caspar Prinz in seiner »Historischen Beschreibung der Edelen Sing- und Kling-Kunst«, Dresden 1690, fast sprichwörtlich zusammensehen konnte. Der Bericht Fuhrmanns beansprucht über die Beziehung zu Berlin hinaus noch insofern Interesse, als darin vom öffentlichen Orgelspiel Bachs in Leipzig die Rede ist, wovon wir sonst kaum etwas wissen.

Ein weiterer Nachweis von Bachs Bekanntheit unter Berliner Musikern ist mit Johann Matthesons »Großer General-Baß-Schule« von 1731 gegeben. Mattheson bezieht sich darin auf das Jahr 1725: Damals habe der Kantor der Petrikirche zu Berlin, Johann Andreas Lüdecke, dem Rat seinen Sohn als Organisten vorgeschlagen; *»er wollte seinen Sohn im Advent und in den Fasten / da die Orgel des Orts etliche Wochen ruhet / nach L-[eipzig] zu dem berühmten B-[ach] schicken / der ihn noch weiter bringen sollte«*. Daß Lüdeckes Sohn durch den Rat begünstigt wurde – er erhielt die Stelle tatsächlich –, fußt auf einem Bericht Martin Heinrich Fuhrmanns, der diese Stelle seinem eigenen Sohn zugedacht hatte. Lüdecke d. Ä. taucht gelegentlich auch als Mitvertreiber von Musikwerken auf, darunter von Werken Bachs.

1741, im Juli und August, ist Bach erneut in Berlin gewesen, wie aus überlieferten Briefentwürfen seines Vetters und Privatsekretärs Johann Elias Bach deutlich wird. Johann Elias informierte Johann Sebastian von der schweren Erkrankung Anna Magdalenas. Man wünschte sich, Bach bald wieder gesund in Leipzig zu haben, *»weil sich unsere liebwertheste Frau Mamma schon seither acht Tagen sehr unbaß befindet, und man nicht weiß, ob etwa aus der hefftigen Wallung des Geblütes gar ein schleichendes Fieber, oder sonsten üble Folgerungen entstehen möchte, worzu noch dieses kömmt, daß Bartholomäi u. sodann die hießige Rathswahl in wenig Wochen gefällig ist, da wir denn nicht wüßten wie wir uns in Abwesenheit Ew. HochEdelgeb. deßfalls verhalten solten.«*

Nach einem nichterhaltenen Antwortbrief Bachs vier Tage später der erneute Hilferuf nach Berlin: Er möge doch zurückkehren. Man empfinde Sorge *»über die zunehmende Schwachheit unserer Hochwerthesten Fr Mamma, indem dieselbe schon seither 14 Tagen nicht eine einzige Nacht nur eine Stunde Ruhe gehabt, u. weder sizen noch liegen kan, so gar, daß man mich in vergangener Nacht geruffen u. wir nicht anders meynten, wir würden sie zu unserm größten Leidwesen gar verliehren.«*

Ob Bach bald zurückkehrte oder Anna Magdalenas Gesundheit sich doch rascher wieder einstellte, wissen wir nicht. Bachs Logis befand sich auf dieser Reise bei dem jungen Berliner Mediziner und Hofrat Dr. med. Georg Ernst Stahl (1713-1772), dessen Familie auch später noch in Beziehung zur Familie Bach stand. So widmet 1745 Wilhelm Friedemann Bach G. E. Stahl seine Cembalosonate D-Dur und schaltet den Vater in Leipzig und den Bruder in Berlin in den Mitvertrieb ein. Ungeklärt ist bis heute, was Bach denn 1741 in der verhältnismäßig langen Zeit seines Besuches in Berlin dort zu tun hatte, zumal der erste Brief Johann Elias' den Eindruck erweckt, Bach sei länger unterwegs geblieben als abgesprochen war. Man hat u. a. vermutet, daß der Aufenthalt nicht nur Berlin galt, sondern Bach eventuell bereits 1741 in Heiligengrabe weilte, wo er auf der 1725 von David Baumann (dem Erbauer der Orgeln im Dom und Schloß von Schwerin) neu errichteten Orgel der Stiftskirche gespielt haben soll (⇒ Heiligengrabe). Für diese Vermutung spricht, daß Heiligengrabe zwanzig Kilometer von Rheinsberg liegt, von wo Friedrich II. 1740 nach Potsdam und Berlin zog, um in der Nachfolge seines Vaters die Herrschaft in Brandenburg-Preußen anzutreten. Zum Gefolge Friedrichs in Ruppin und Rheinsberg gehörte seit 1738 Carl Philipp Emanuel Bach.

Anläßlich der Taufe von Carl Philipp Emanuels erstem Kind, Johann August, am 10. Dezember 1745 in der Friedrichswerderschen Kirche in Berlin, erscheint Johann Sebastian Bachs Name unter den Paten; daneben stehen auch der der Ehefrau Georg Ernst Stahls, Johanna Elisabeth Stahl, und der eines Schwagers von Stahl, des Hofrates Dr. med. Johann August Arends. Ob Bach im Dezember 1745 in Berlin anwesend war, geht aus dem Eintrag nicht hervor. Für Bachs Anwesenheit spricht, daß anderenfalls ein stellvertretender Pate vermerkt sein müßte.

Sicher belegt ist Bachs Reise nach Potsdam im Mai 1747. Zustande kam sie auf Wunsch Friedrichs II., wenn wir Johann Nikolaus Forkel Glauben schenken. In Begleitung Wilhelm Friedemanns langte er am Sonntag, dem 7. Mai, in Potsdam an. Er soll nicht einmal dazu gekommen sein, seine Kleider zu wechseln, so rasch erfolgte der Empfang durch Friedrich II. im Stadtschloß. Der König habe Bach ein Thema zu einer Fuge auf dem Klavier vorgespielt und ihm auferlegt, dieses sogleich in seiner Gegenwart durchzuführen. Ein zeitgenössischer Zeitungsbericht notiert: *»Hr. Bach fand das ihm aufgegebene Thema so ausbündig schön, daß er es in einer ordentlichen Fuga zu Papier bringen, und hernach in Kupfer stechen lassen will.«*

Jedoch war Bach wohl von seinem Vorspiel nicht so begeistert wie seine Zuhörer; in der Widmung des Druckexemplars heißt es, daß er sich entschlossen habe, *»dieses recht Königliche Thema vollkommener auszuarbeiten, und sodann der Welt bekannt zu machen«*. Dieses Werk (BWV 1079) erschien im Juli 1747 unter dem Titel

Musicalisches
Opfer
Sr. Königlichen Majestät in Preußen
etc.
allerunterthänigst gewidmet.

Friedrich II. hat sich nachweislich seines Bach vorgelegten Themas auch später noch erinnert. Er sang es dem österreichischen Gesandten am preußischen Hofe, Gottfried van Swieten, bei dessen Besuch 1774 mit hoher Stimme vor.

Man führte Bach während seines Aufenthaltes, wie Forkel berichtet, *»zu allen in Potsdam befindlichen Orgeln . . ., wie er vorher zu allen Silbermannischen Fortepiano geführt worden war«*. Demnach müßte er auf den Wagner-Orgeln der Heiliggeistkirche (erbaut 1730) und der Garnisonskirche (erbaut 1730-32) sowie auf der von Johann Michael Röder 1713 errichteten Orgel der Nikolaikirche gespielt haben. Bei seinem anschließenden Besuch in Berlin soll Bach dann das 1741 bis 1743 von Knobelsdorff erbaute Opernhaus besichtigt und die eigentümliche Akustik des darin befindlichen Speisesaales bewundert haben, die ihn an den des Weimarer Schlosses erinnert haben mag (⇒ Weimar).

Prospect der Stadt Potsdam, 1733

Das Widmungsexemplar des »Musikalischen Opfers«, gestochen von Johann Georg Schübler in Zella, enthält neben einem Widmungstext Bachs (der von Breitkopf in Leipzig in 200 Exemplaren gedruckt wurde) vier lateinische Beischriften, die neben der Verehrung für den Preußenkönig vor allem die Strenge der musikalischen Formen, die Bach verwendet, betonen:

Regis Jussu Cantio Et Reliqua Canonica Arte Resoluta.	Das auf Befehl des Königs ausgearbeitete Thema/Motiv und das übrige nach kanonischer Kunst bearbeitet.
Thematis Regii elaborationes canonicae.	Des königlichen Themas kanonische Ausarbeitungen.
Notulis crescentibus crescat Fortuna Regis.	Wie durch zunehmende Noten[werte] möge das Glück des Königs wachsen.
Ascendenteque Modulatione ascendat Gloria Regis.	Wie durch höhersteigende Modulation gelangt der Ruhm des Königs höher.

Vor Beginn des Rätselkanons notiert Bach die Bemerkung »Quaerendo invenietis«, was wörtlich übersetzt heißt: »Durch den zu Suchenden werdet ihr finden«.

2. In Potsdam und Berlin Bachsche Gedenkstätten heute aufsuchen zu wollen erweist sich als außerordentlich schwierig. Einige Wege seien angedeutet und vorgestellt. Wahrscheinlich ist, daß Bach das seit 1744 angelegte Areal des sogenannten **Schlosses Sanssouci** zu sehen bekam, von dem wenige Tage vor seiner Ankunft, am 1. Mai 1747, der östliche Teil feierlich mit einer Mittagstafel eingeweiht worden war. Doch Berichte darüber gibt es nicht. Der Name des Schlosses kam seit 1746 auf, nachdem der Künstler Trosberg eine Radierung der Anlage geschaffen hatte, die in einem Vierzeiler mitteilte, daß der König sich nach den Schlesischen Kriegen eine Zuflucht schaffen wolle, wo er *»Sorgen los – sans Souci«* leben könne. Trosberg reimte: *»Was dort das Althertum von sieben Wundern spricht, Das gleichet dieser Burg und seiner Schönheit nicht. Hier lebt der große Held von allen Sorgen los, Schweig Rom! und mache dich mit deinen Helden gros.«*

Freilich wird die mit Sanssouci gegebene Erinnerung an die Schlesischen Kriege für Bach am wenigsten Sorglosigkeit assoziiert haben. Leipzig hatte unter der Besetzung preußischer Truppen von November 1745 bis zum Ende des gleichen Jahres zu leiden. In einem Brief an seinen Vetter Johann Elias in Schweinfurt schreibt er im Jahre 1748: *»Mein Sohn in Berlin (Carl Philipp Emanuel) hat nun schon 2 mänliche Erben, der erste ist ohngefehr üm die Zeit geboren, da wir leider! die Preußische Invasion hatten; der andere ist etwa 14 Tage alt.«*

Einer zeitgenössischen Meldung nach hat Bach die Orgel der Potsdamer **Heiliggeistkirche** gespielt: *»Am Montage [8. 5. 1747] ließ sich dieser berühmte Mann in Der Heil. Geist-Kirche zu Potsdam auf der Orgel hören, und erwarb sich bey den in Menge vorhandenen Zuhörern allgemeinen Beyfall.«*

Die Kirche war erst zwischen 1725 und 1728 nach Plänen von P. von Gayette (der Turm nach dem Entwurf von Johann Friedrich Grael) erbaut worden. In ihr befand sich seit 1730 ein zweimanualiges Instrument des Berliner Orgelbauers Johann Joachim Wagner (1690-1749), das 1860 dann einem Neubau weichen mußte, aber in einigen wenigen Wagner-Stimmen innerhalb der neuen Orgel fortlebte. 1945 wurde die Kirche samt Orgel vollständig zerstört.

Der (Neu-)Bau aller Potsdamer Kirchen kurz nach 1720 scheint aus städtebaulichen Gründen von König Friedrich Wilhelm I. angeordnet worden zu sein. Die abgebildete Radierung »Prospect der Stadt Potsdam« des Berliner Kupferstechers Georg Paul Busch zeigt die ausgewogene und durch Kirchtürme dominierte Ansicht der Stadt. Als erste hatte Friedrich Wilhelm I. 1724 die mittelalterliche Pfarrkirche am Markt von Baumeister Philipp Gerlach durch einen Saalkirchenbau mit kreuzförmigem Grundriß und Turm an der Nordseite ersetzen lassen, der nun **Nikolaikirche** hieß. Die auf die Anfänge einer Feldsteinkirche aus dem Ende des 13. Jahrhunderts zurückgehende Kirche war mehrfach durch Brände zerstört (1536, 1550), um 1600 zunächst Katharinenkirche genannt und 1721 dann abgerissen worden. In der Nikolaikirche von 1724 befand sich eine von Johann Michael Röder (Lebensdaten nachweisbar zwischen 1708 und 1745) bereits 1713 für Berlin gebaute Orgel. Auch an dieser müßte der Mitteilung Forkels zufolge Bach gespielt haben. Im Jahr 1795 brannte St. Nikolai mitsamt der Röder-Orgel bis auf die Grundmauern ab. König Friedrich Wilhelm II. ließ sie, bis auf die erst 1753 hinzugekommene von Knobelsdorffsche Portalfassade (der Eingangsfront der römischen Kirche Santa Maria Maggiore nachgestaltet), abtragen und gab einen Neubauentwurf bei Friedrich Gilly in Auftrag. Doch kam es wegen der Ungunst der Zeiten erst 1826 durch König Friedrich Wilhelm III. zu der Entscheidung, am alten Platz einen Zentralbau mit Kuppel nach dem Vorbild der St. Pauls Kathedrale in London zu erbauen. Den Entwurf schuf Karl Friedrich Schinkel (1781-1841) auf der Basis des Entwurfs seines Lehrers Gilly. Doch entstand nach dem Einspruch des Königs zunächst ein weniger aufwendiger Bau, der 1837 eingeweiht wurde. Bereits zwischen 1843 und 1849 wurde er unter König Friedrich Wilhelm IV. mit der von Schinkel konzipierten Kuppel vervollständigt. Aus statischen Gründen verstärkte Friedrich Ludwig Persius die Gebäudeecken durch Glockentürme, um so die Last der Kuppel abzufangen. Auch diese Kirche wurde 1945 schwer beschädigt, konnte aber zwischen 1955 und 1960 wieder aufgebaut werden.

Zur selben Zeit der Bauanordnung für die neue Stadtpfarrkirche St. Nikolai gab Friedrich Wilhelm I. auch die **Garnisonskirche** in Auftrag. Doch schlechte Bauweise (Fachwerkbau) und unzureichender Baugrund machten bereits 1731-1735 einen Neubau notwendig, den Philipp Gerlach entwarf. Schon im Vorgängerbau hatte sich seit 1723 eine Orgel Johann Joachim Wagners mit 2 Manualen und 25 Registern befunden. Nun entstand zwischen 1730 und 1732 ein dreimanualiges Werk mit 42 Registern, ebenfalls von Wagner. Nach der Zerstörung der Garnisonskirche im Zweiten Weltkrieg galt dem DDR-Sozialismus dann Potsdam als Stadt im allgemeinen und der Turm der Garnisonskirche im besonderen als Merkmal preußischen Militarismus, so daß auch der nahezu unversehrt gebliebene Turm nach 1965 gesprengt wurde.

Auch das Potsdamer **Stadtschloß**, gleichfalls 1945 zerstört, wurde mit dieser Begründung in seinen Resten radikal beseitigt. Der Platz ist unbebaut geblieben. Hervorgegangen war das Schloß aus einer Burg zur Sicherung des Landes. Gegenüber einem slawischen Burgwall führte man im 13. Jahrhundert unter Markgraf Albrecht dem Bär die Gebäude massiv auf. Nach dem Aussterben der Askanier folgten die Wittelsbacher (1320), unter denen 1356 die Markgrafschaft zum Kurfürstentum erhoben wurde. Nach der zwischenzeitlichen Rückgabe der Kurwürde belehnte dann der Kaiser den Burggrafen Friedrich VI. von Hohenzollern mit dem Kurfürstentum (1417), der sich Friedrich I., Kurfürst von Brandenburg, nannte. Das Schloß diente später als Jagdschloß. Die Übereignung an Kurfürstin Katharina (1598) brachte bauliche Erneuerungen. Das Aussehen dieses Renaissancebaus ist nicht überliefert. Kurfürst Friedrich Wilhelm, genannt der Große Kurfürst, der sich um den Aufbau Potsdams nach dem Dreißigjährigen Krieg sehr verdient gemacht hat, wollte die Potsdamer Gegend in »ein Paradies« verwandeln. Auch das Schloß der Kurfürstin Katharina genügte nicht mehr. Statt des vorgesehenen ehrgeizigen Ausbaues des Schlosses im Stil holländischer Barockschlösser entschied sich der König zu Erweiterungsbauten, zu denen auch die 1685 westlich vom Schloß ausgeführte Orangerie, der spätere Marstall (1744 durch von Knobelsdorff erweitert) gehört. Sie wurde im Krieg teilzerstört, nach der Wiederherstellung für verschiedene Museumszwecke genutzt, bis sie nach grundlegender Sanierung zwischen 1977 und 1980 als Filmmuseum eingerichtet wurde. Die Abfindung für die dem Schloßbau weichen müssenden Bürgerhäuser, wie auch die Notwendigkeit, der Entvölkerung des Landes zu begegnen, führte von 1734 an zur Anlage neuer Stadtteile: der Kurfürstlichen Freiheit, später der französischen Kolonie, wo vor allem Hugenotten angesiedelt wurden, und schließlich des Holländischen Viertels. Der Entscheidung Friedrichs des Großen, die Stadt zu seiner Residenz zu machen, verdankte Potsdam später dann auch die Planung und Ausführung von Sanssouci. Freilich bedurfte auch der Marktplatz der weiteren Gestaltung, die besonders im Rathaus, nach einer Vorlage des Andrea Palladio für den Palazzo Angarano in Vicenza entworfen und von J. Boumann d. Ä. und Carl Ludwig Hildebrant 1753 bis 1755 erbaut, und in anschließenden Bürgerhäusern, vor allem dem sogenannten Knobelsdorff-Haus, der Nachbildung eines im »Vitruvius Britannicus« abgebildeten Hauses in Twittenham (Middlesex), zur Ausführung kam. Vom weiteren Ausbau der Stadt sei wenigstens noch auf die Französische Kirche, einen pantheonartigen Kuppelbau an der Südostecke des Bassinplatzes, nach dem Knobelsdorffschen Entwurf durch J. Boumann d. Ä. 1751 bis 1753 erbaut, verwiesen. Insgesamt strebte Friedrich der Große damit den Ausbau Potsdams nach Gesichtspunkten der Machtpräsentation und der Glaubenstoleranz an.

Friedrich II., Ölgemälde von J. G. Ziesemis, um 1770

Für Berlin kann als Gebäude lediglich die **Deutsche Staatsoper unter den Linden** genannt werden, wenn es um die Verbindung zu Bach geht. Erbaut von Georg Wenzeslaus nach Plänen Knobelsdorff in den Jahren 1741 bis 1743, nach dem Brand von 1843 durch Karl Ferdinand Langhans wiederaufgebaut und später mehrfach verändert, wurde sie im Zweiten Weltkrieg erneut durch Feuer zerstört. 1955 konnte sie nach dem Wiederaufbau unter Leitung von Rudolf Paulick wieder in Gebrauch genommen werden. Das ursprünglich längliche rechteckige Gebäude wurde durch verschiedene Anbauten entscheidend verändert. Das Langhanssche Bauwerk zeigt sich am deutlichsten noch in der Vorderfront, wo ein korinthischer Portikus mit Freitreppe den Besucher empfängt und durch skulptierte Arbeiten in die Welt des antiken Theaters geleitet: im Giebelfeld des Portikus das »Opfer des Apoll«, auf den Dachfirsten Apoll und die Musen, in den Nischen die Dichter Sophokles, Aristophanes, Menander und Euripides.

Der heutige **Apollosaal** befindet sich vermutlich an der Stelle des früheren Speisesaals im von Knobelsdorffschen Bauwerk. In einer Beschreibung Berlins aus dem Jahr 1779 heißt es zu diesem: *»In demselben [dem Opernhaus] ist gleich über dem Eingange ein schöner Saal, in welchem der Hof an den Redoutentagen speiset: oben gehet um denselben ein Geländergang für die Zuschauer; unten sind in zwey Ecken Kabinetter zum Umkleiden angebracht.«*

Mit diesem **Speisesaal** verbindet sich eine Begebenheit, die sich 1747 zutrug, als Bach von Potsdam aus seinen Sohn Carl Philipp Emanuel und dessen Familie besuchte. Reichlich 25 Jahre später berichtete dieser in einem Brief an Johann Nikolaus Forkel: *»Er kam nach Berlin, mich zu besuchen. Ich wieß ihm das Neue Opernhauß. Gleich fand er das gute und fehlerhafte (was nehmlich die Ausnahme der Musik betrifft). Ich wieß ihm den großen Speisesaal darin; wir giengen auf die Gallerie, welche in diesem Saale ober herum gehet; er besahe die Decke, u. ohne weiter nachzuforschen sagte er zum voraus: daß der Baumeister hier ein Kunststück angebracht habe, ohne die Absicht gehabt zu haben u. ohne, daß Jemand wuste, nehmlich: Wenn Jemand an der einen Ecke des länglichen viereckichten Saales oben ganz leise an die Wand einige Worte flisperte, so hörte es der andere, welcher übers Creuz an der andern Ecke mit dem Gesicht gegen die Wand stand, ganz deutlich, und sonst in der Mitte, oder an den übrigen Orten hörte von den anderen Personen keine nicht das geringste. Ein vor diesem sehr rares und bewundertes Kunststück der Baukunst! Es machten diesen Effect die angebrachten Bogen in der gewölbten Decke, die er gleich sahe.«*

Eindrucksvoll an dieser Begebenheit ist nicht nur Bachs Erfahrungshorizont, sondern auch der Sachverstand, mit dem er anerkannt schwierige Probleme aus einem Grenzbereich der Musik und Architektur wie dem der Akustik zu erfassen und zu beurteilen in der Lage war. Gewiß wird er sich an das gleiche akustische Phänomen in einer Galerie des Dachgeschosses im Weimarer Schloß erinnert haben, die aber bei einem verheerenden Schloßbrand im Jahr 1774 vernichtet wurde.

An dieser Stelle kann weder dem Leben der Bachschen Familien noch der intensiven Pflege Bachscher Werke in Berlin nachgespürt werden. Das Nennen der wichtigsten Namen von Söhnen und Schülern Bachs und ihres Aufenthaltes in Berlin muß genügen: Carl Philipp Emanuel Bach (1714-1788) lebte in der Stadt von 1740 bis 1767, Wilhelm Friedemann Bach (1710-1784) von 1774 bis zu seinem Tode, Johann Christian Bach (1735-1782) von 1750 bis 1755, Bachs Schüler Johann Philipp

Kirnberger (1721-1783) von 1758 bis zu seinem Tode, Bachs Schüler Johann Friedrich Agricola (1720-1774) von 1751 bis zu seinem Tode. Mit Blick auf die Bach-Pflege in Berlin ist besonders erwähnenswert die Singakademie. Der 1791 von Carl Friedrich Christian Fasch gegründete Chor spielte eine bedeutende Rolle bei der Wiederentdekkung der Werke Johann Sebastian Bachs. Die erste Aufführung der »Matthäus-Passion« nach Bachs Tod verwirklichte die Berliner Singakademie unter Felix Mendelssohn Bartholdys Leitung am 11. März 1829. Eine Aufführung der Motette »Komm, Jesu, komm« war vorangegangen, Aufführungen der »Johannes-Passion« (1833), der »h-Moll-Messe« (1834) und des »Weihnachtsoratoriums« (1857) folgten. Gegenwärtig kommt es zu alljährlichen Aufführungen der »Matthäus-Passion« durch die Singakademie am Karfreitag.

3. Literatur

Renate Kroll, Potsdamer Baugeschichte im Spiegel der Grafik. Berlin 1982

Hans-Günter Ottenberg, Carl Philipp Emanuel Bach. Leipzig 1982

Hans-Joachim Schulze, Studien zur Bach-Überlieferung im 18.Jahrhundert. Leipzig und Dresden 1984 (besonders das Kapitel IV. Überlieferung in Berlin)

4. Reiserouten, Auskünfte, Adressen, Öffnungszeiten

Berlin und Potsdam sind von allen größeren Städten Deutschlands problemlos, teilweise in Direktverbindungen zu erreichen, mit dem Auto aus allen Richtungen über die entsprechenden Autobahnen.

Auskünfte erteilen:
Berlin Tourismus marketing GmbH
Am Karlsbad 11
10785 Berlin
Telefon 030-25 00 25
Fax 030-25 00 24 24

Touristenzentrum Am Alten Markt
Friedrich-Ebert-Str. 5
14467 Potsdam
Telefon 03 31-27 55 80
Fax 03 31-2 75 58 99

Besucherzentrum der Stiftung Preussische Schlösser und Gärten Berlin - Brandenburg
Postfach 601462
14414 Potsdam
Telefon 03 31-9 69 42 02 Information
0331-9 69 42 00/201 Anmeldung für Gruppenführung
Fax 03 31-9 69 41 07

Öffnungszeiten: täglich
(Öffnungszeiten Weihnachten und Silvester bitte erfragen!)
April - Oktober 8.30-17.00
November - März 9.00-16.00
Montags geschlossen
Führungen für Einzelpersonen alle 20 Minuten

Celle

1. Seit jener Andeutung Carl Philipp Emanuel Bachs im Nekrolog seines Vaters von 1751/54 gehören wenige Bemerkungen zum Hof in Celle zu jeder Bachbiographie, und seien diese noch so kurzgefaßt: »*Auch hatte er von hier [Lüneburg] aus Gelegenheit, sich durch öftere Anhörung einer damals berühmten Capelle, welche der Hertzog von Zelle unterhielt, und die mehrentheils aus Frantzosen bestand, im Frantzösischen Geschmacke, welcher, in dasigen Landen, zu der Zeit was ganz Neues war, fest zu setzen.*«

Es fehlt bislang nicht nur jeder Beleg, der Bachs Besuch dort wenigstens wahrscheinlich machen könnte, es läßt sich auch weder von Bach selbst noch aus sekundären Quellen ein schlüssiger Zusammenhang rekonstruieren. Das einzige Argument, das für einen Besuch in Celle spräche – die Begegnung mit dem französischen Musizierstil –, ließe sich auch an anderen Lebensstationen festmachen. Hinzu tritt eine praktische Frage, die auf zureichende Antwort wartet: Wie sollte ein fünfzehn- bzw. sechzehnjähriger Schüler aus Lüneburg Zutritt zu höfischen Festen und Anlässen haben, ohne wenigstens in Begleitung einer eingeladenen oder dienstlich verpflichteten Person zu sein? Und wenn diese zu bestimmen wäre, wer könnte das gewesen sein? Georg Böhm (1661-1733) etwa? Frühere Überlegungen verwiesen auf einen Tanzlehrer der Lüneburger Ritterakademie, der zugleich Celler Orchestermitglied war: Thomas de la Selle. Aber auch dafür gibt es keine Belege.

So sollte jener Organist der Lüneburger Johanniskirche nicht aus den Augen gelassen werden – gebürtig aus Hohenkirchen bei Ohrdruf, in Goldbach und Gotha schulisch gebildet –, von dem erst vor wenigen Jahren erneut betont worden ist, wie sehr er während seiner Hamburger Zeit dem französischen Musizierstil ausgesetzt war und wie sehr ihn dieser Stil geprägt habe. Doch Tatsache ist: Böhm hatte in Lüneburg mit der Michaelisschule, Bach mit der Johanniskirche nichts zu tun. Vielleicht wurde Böhm für den jungen Bach weniger zum Lehrer als vielmehr zu jener Persönlichkeit, die ihn bei den musikalischen Kollegen in Celle einführte und bekannt machte. Immerhin wird für Böhms Hamburger Zeit zwischen 1690 und 1698 ein entscheidender Einfluß Johann Sigismund Kussers (1660-1727) angenommen, des Kapellmeisters der Oper am Gänsemarkt, der lange bei Jean-Baptiste Lully (1632-1687) studiert hatte, dann Orchestererzieher in Ansbach war und in seinen sechs Ouvertüren kompositorisch den »fameux Baptiste« imitiert hat. Und Böhm bekennt sich zu dieser Prägung u. a. durch seine Beteiligung an den Elmenhorst-Liedern Johann Wolfgang Francks (1644-1710), die im Verlag Johann Stern in Lüneburg gerade zum Zeitpunkt der Ankunft Bachs erneut und vermehrt im Druck erschienen.

Die skizzierte Rekonstruktion ist durch nichts bewiesen, doch sie könnte auf einleuchtende Weise den Wortlaut der genannten Äußerung Carl Philipp Emanuel Bachs erhellen, wonach sein

Herzog Georg Wilhelm von Braunschweig-Lüneburg, Ölgemälde

Vater in Celle die Gelegenheit hatte, *»sich durch öftere Anhörung einer damals berühmten Capelle ... im Frantzösischen Geschmacke ... fest zu setzen«*. Als Bach im Frühjahr 1700 in Lüneburg anlangt, befindet sich Böhm eben erst 18 Monate in dieser Stadt.

Später läßt sich durch seine Bereitschaft, Bachs Partiten BWV 826/827, die im Jahr 1727 erschienen, in Kommission zu nehmen und zu vertreiben, Böhms Nähe zu dem jüngeren Freund gut belegen. Seine Mitarbeit am Schemellischen Gesangbuch 1736 bringt Bach noch einmal in die Nähe Böhms, diesmal zu den bereits genannten Elmenhorst-Liedern. Das Passionslied »Die bittre Leidenszeit beginnet abermal« (BWV 450) geht nicht nur, dem Text nach, auf Hinrich Elmenhorst (1632-1704) zurück, sondern, seiner Melodie nach, auch auf J. W. Franck.

Mitgeteilt werden sollen wenigstens die zeitgenössischen Kirchenmusiker Celles, weil nicht anzunehmen ist, daß Bach in Celle sich nur um den Hof gekümmert hat. Hier ist zuerst Arnold Melchior Brunckhorst zu nennen, Organist der Stadtkirche zwischen 1697 und 1720. Neben ihm amtierte als Kantor Johann Georg Kühnhausen von 1661 bis 1714. An der Schloßkapelle war Wolfgang Weßnitzer (1629-1697) tätig, der zwischen 1679 und 1697 zugleich das Amt des Stadtorganisten versehen hatte.

Herzog Georg Wilhelm von Braunschweig-Lüneburg (1624-1705) und seine Gemahlin Eléonore Desmier d'Olbreuse (1639-1722) müssen als die eigentlichen und einzigen Vertreter des welfischen Neuen Hauses Lüneburg gelten, unter denen Celle Bedeutung erlangte. Die Stadt war seit 1378, dem Ende des Lüneburger Erbfolgekrieges, Residenz der Fürsten von Lüneburg. Georg Wilhelm regierte seit 1665 hier und verlieh durch umfangreiche Um- und Ausbauten dem Schloß seine heutige barocke Gestalt. 1666 gründete der Herzog die berühmte französische Hofkapelle, nachdem er ein Jahr zuvor die vorgefundene Hofkapelle aufgelöst hatte. Die Leitung übertrug er Phillipp La Vigne, der von 1666 bis 1706 in Celle tätig war. Die längeren Aufenthalte des Herzogspaares in Italien und seine guten Verbindungen zur Venezianischen Oper veranlaßten Georg Wilhelm, den Bau des Theaters voranzutreiben und 1674/75 zu beenden. Es ist der älteste noch bespielte Theaterbau Deutschlands.

Das Celler Schloß, seine Schloßkapelle und sein Theater entwickelten sich in den letzten Jahrzehnten des 17. Jahrhunderts zum Ort vorwiegend französischer und italienischer Musikpflege. Celle besaß sogar zwischen 1690 und 1699 ein fest engagiertes Opernensemble. Doch nach dem Tod des Herzogs wurde nicht nur die Hofkapelle aufgelöst, sondern auch die Hofhaltung gekündigt, die der Stadt eine so reiche kulturelle Identität beschert hat.

2. Wenn Bach Celle aufsuchte, dann um der Musik am Hofe des Herzogs willen. So liegt es nahe, sich vor allem dem **Schloß** zuzuwenden.

Es handelt sich um eine mächtige Vierflügelanlage, die aus einem Wachturm oder einer Zollstation hervorgegangen sein mag und nach und nach bis zu dem Renaissanceschloß wuchs, das unter Herzog Ernst dem Bekenner (1497-1546), der die lutherische Reformation 1530 einführte, und seinem Sohn, Herzog Wilhelm dem Jüngeren (1535-1592), ausgebaut und mit einer starken Befestigungsanlage versehen wurde. Kunstgeschichtlich der bedeutsamste Raum ist die **Schloßkapelle** mit ihrer vielgestaltigen Renaissanceausstattung. Die Kapelle findet schon 1434 Erwähnung, ihr baulicher Zustand stammt aber von 1485. In diesem Jahr wurde sie geweiht als gotische Kapelle mit einem fünfseitigen Chorschluß und der Überwölbung durch Kreuzrippen. Ihre Innenarchitektur und Ausstattung erhielt sie ab etwa 1560 unter Wilhelm dem Jüngeren. Der damalige bauliche Zustand des Schlosses ist auf dem linken Altar-Innenbild dokumentiert: Im Hintergrund ist das Celler Schloß inmitten der damals neuen Befestigungsanlagen dargestellt (im Vordergrund der betende Herzog). **Altar** und sämtliche Malereien der Kapelle – Einzelbilder, am Gestühl und in die Priechen einbezogen – sind dem Niederländer Marten de Vos (1532-1603) aus Antwerpen und seiner Werkstatt zu verdanken. Auf dem rechten Altar-Innenflügel sind die betende Herzogin Dorothea von Dänemark und das Gifhorner Schloß zu sehen; diese beiden **Personaltafeln** werden Ludger tom Ring d. J. (um 1570) zugeschrieben. Die Kreuzigungsszene im Zentrum des Altars sowie die Verkündigung und Anbetung der Hirten auf den Außentafeln malte ebenfalls de Vos. Die **Kanzel**, 1565 aus einem Sandsteinblock gearbeitet, zeigt an der Brüstung Reliefs Christi, der Apostel und Propheten und biblische Motive. Bemerkenswert sind die **Deckengehänge** (um 1572) mit abwechslungsreicher Gestaltung. Auf der Nordempore im Chorraum befindet sich eine **Schrankorgel**; sie wurde von Andrea del Marc aus Gent in Belgien 1565 erbaut. Schon diese Orgel hat mehrfach Veränderungen hinnehmen müssen. 1865 kam es zu einem Neubau durch Heinrich Vieth, Celle; er beließ lediglich das Gehäuse aus der Zeit um 1588. Nach dem Zweiten Weltkrieg setzte man sich mit Erkenntnissen von Ernst Palandt auseinander und kam 1957 zu einer Instandsetzung mit Dispositionsänderung durch den Göttinger Orgelbauer Paul Ott. Geblieben sind über die Jahrhunderte der Prospekt und die Anzahl der Register. Seit der Restaurierung der Kapelle 1986 ist der Orgelbauer Martin Haspelmath (Walsrode) für Wiedererrichtung und Pflege der Orgel zuständig. (Die Dispositionen Vieth und Ott im Vergleich siehe Anhang, S. 293).

Besondere Aufmerksamkeit verdient das **Bildprogramm** der Kapelle. Nicht weniger als 73 Gemälde widmen sich dem lutherischen Glauben an die Erlösung Jesu Christi. Der Text des Glaubensbekenntnisses bildet den roten Faden und hält die Reihung fest. Gleichsam den Eintritt in die Kapelle – oder auch den Ausgang – bildet die Allegorie der neuen christlichen Kirche, auch als Reformationsbild bezeichnet: in der Mitte sitzt Ekklesia, deren Herz als Wohnung des Heiligen Geistes mit der Taube bezeichnet ist. In der Linken hält sie Kreuzstab und Schild des Glaubens, in der Rechten die Heilige Schrift. Bedroht wird sie von Tod, Teufel, einem Versucher im Engelsgewand mit dem »Interim« in der Hand – Anspielung auf den Augsburger Kompromiß von 1548 – und von der reichen Gegenreformation. Von oben kommt ein Engel, der dieser Ekklesia den Siegeskranz der Überwinder aufzusetzen im Begriff ist.

Zwischen 1722 und 1866 wurde das Schloß nur noch unregelmäßig bewohnt und benutzt, teils als Verbannungsort der dänischen Königin Caroline Mathilde, teils als Sommerresidenz der Hannoverschen Könige nach 1814. Nachdem 1866 das Königreich Hannover aufgelöst worden war, mußte das Schloß sich unterschiedliche Nutzungen gefallen lassen: Lager für gefangene Offiziere (1914), Belegung durch den Arbeiter- und Soldatenrat (1918), Unterbringung obdachloser Bürger, Landeserbhofgericht (1934), Kunstgutlager (1945), Oberlandesgericht (bis 1989). Wiederhergestellt und renoviert sind inzwischen seit 1934-1939 das **Schloßtheater** und seit 1990 mehrere Bereiche der vier Gebäudeflügel, vor allem die **Staatsgemächer** im Nordtrakt. Einst von dem Architekten Lorenzo Bedogni aus Venedig 1665 zu bauen begonnen, wurde das gesamte Schloß nach 1670 von Guiseppe Arighini aus Brescia großzügig ausgebaut und durch den Stukkateur Giovanni B. Tornielli aus Norditalien ausgestattet. 1690 mußte dem Theater bereits ein zweiter Rang zugefügt werden. Ein Übermaß an Restaurierung in neuester Zeit scheint manchem Teil des Schlosses, so z. B. der Schloßkapelle, mehr geschadet als genützt zu haben. Besucher Celles müssen sich darauf einstellen, nicht alles sehen zu können, was wirklich sehenswert ist.

Bachs mögliches Interesse für die **Stadtkirche** und ihre Orgel wird gelegentlich beschworen. Es ist allerdings darauf hingewiesen worden, daß zu dieser Zeit noch nicht mit einer beruflichen Festlegung auf die Orgel zu rechnen ist. Dennoch sei wenigstens auf die prächtige **Orgel** verwiesen, die 1653 als erste Orgel Norddeutschlands nach dem Dreißigjährigen Krieg wiedererstand. Hermann Kröger und Behrend Huist erbauten sie. Zunächst sorgte der Herzog für eine Barockisierung der gesamten Kirche. Dabei wurde die Orgel über und über vergoldet. Anfang des 20. Jahrhunderts jedoch ersetzte man sie durch ein zeitübliches Werk; nur den repräsentativen Prospekt behielt man bei. Zur Zeit laufen zusammen mit dem Orgelbauer Rowan West (Ahrweiler) Bemühungen, den Stand von 1653/1687 zu rekonstruieren und baulich umzusetzen.

3. Literatur

Jean-Claude Zehnder, Georg Böhm und Johann Sebastian Bach. Zur Chronologie der Bachschen Stilentwicklung. Bach-Jahrbuch 1988

Uwe Pape, Die Orgeln der Stadt Celle. Berlin 2000 [in Vorbereitung]. Orgeldatenbank Berlin

4. Reiserouten, Auskünfte, Adressen, Öffnungszeiten

Celle liegt nordöstlich von Hannover an der Fernbahnstrecke Hannover – Hamburg.

Mit dem Auto von Hannover bis AK Hannover-Kirchhorst/A 7, dann in Richtung Celle B 3 ca. 26 km; aus Richtung Hamburg A 7 Abfahrt »Schwarmstedt«, B 214 in Richtung Celle reichlich 20 km. Aus Richtung Ostdeutschland/Berlin A 2 bis Abfahrt »Peine«, dann B 444; diese in Richtung Edemissen/Celle, 17 km auf der B 214, dann noch 23 km.

Auskünfte erteilen:
Tourismus Region Celle
Markt 6
29221 Celle
Telefon 0 51 41-1 94 33 oder -12 12
Fax 0 51 41-1 24 59

Schloß Celle
Telefon 0 51 41-1 23 73.
Fax 0 51 41-55 07 15

Öffnungszeiten
Führungen durch das Schloß finden von April bis Oktober täglich (außer montags) jede Stunde von 10.00-16.00 statt. Führungen an Feiertagen auf Anfrage. Führungen von November bis März (außer montags) jeweils um 11.00 und 15.00.

Collmen

1. In den späten Novembertagen des Jahres 1735 heiratete Magister Abraham Kriegel (1691-1759), Tertius der Thomasschule, in der kleinen Dorfkirche von Collmen bei Colditz die dortige Pfarrerstochter, Johanna Charlotta Wendt. Zur Hochzeit eingeladen waren auch Johann Sebastian Bach und der Rektor der Thomasschule, Johann August Ernesti (1707-1781). Beide gelangten gemeinsam in einer Kutsche nach Collmen und von dort wieder zurück nach Leipzig. Die Reise bot viel Zeit zum Besprechen von Wichtigem und weniger Wichtigem.

Kriegel, aus Volkersdorf stammend, war dort am 28. April 1691 geboren worden. Seit 1725 Quartus der Thomasschule, avancierte er im Februar 1731, nach Übernahme des Rektorats durch Johann Matthias Gesner (1691-1761), zum Tertius und blieb in dieser Position bis zu seinem Tode 1759. Als solcher übernahm er auch in der Nachfolge des früheren Tertius, Carl Friedrich Petzold (1675-1731), den Lateinunterricht des Kantors, den Bach mit Erfolg gleich zu Beginn seiner Tätigkeit 1723 gegen eine Vergütung von 50 Talern jährlich hatte abgeben können. Gesner, der Kriegel sehr befördert hatte – es heißt, *»daß ihm der Rektor sehr viel Lob gebe«* –, ließ sich während des Thomasschul-Umbaus von den täglichen Inspektionen im Alumnat, die auch den Rektor verpflichteten, durch seinen Tertius vertreten. Dem kam dadurch etwas Geld in die Kasse, immerhin 24 Taler jährlich.

Aus der Ehe mit der Collmener Pfarrerstochter entstammten mehrere Kinder, unter ihnen auch der spätere Quartus, Christian August Kriegel († 1801), und die Ehefrau des zweiten Nachfolgers Ernestis im Amt des Rektors der Thomasschule, Johann Friedrich Fischer (1726-1799). Fischer war seit 1746 mit Gotthold Ephraim Lessing (1729-1781) befreundet gewesen und hatte während seiner Studienzeit in Leipzig mit diesem zusammen gewohnt.

Aber auch für Schulbücher und wissenschaftliche Informationen sorgte Kriegel. So ist er der Verfasser einer vielgebrauchten »Chrestomathia Ciceroniana« für den Schulunterricht. Historikern, die sich mit Leipziger Stadt- und Universitätsgeschichte beschäftigen, ist er als Herausgeber der »Nützlichen Nachrichten von denen Bemühungen derer Gelehrten und anderen Begebenheiten in Leipzig« bekannt, die in Leipzig von 1739 bis 1756 erschienen. Schon seit 1733 brachte er zweimonatlich, zwischen 1748 und 1761 sogar zwölfmal im Jahr, Auszüge akademischer Schriften der Gebiete Theologie, Philosophie und Philologie heraus.

Sein Schwiegervater, der Collmener Pfarrer Gottlob Ehrenfried Wendt (1681-1761), der den Trau-Gottesdienst gewiß selbst gehalten hat, war als Sohn eines Schulverwalters in Königsbrück geboren worden; dann hatte er die Fürstenschule zu Grimma besucht, in Leipzig studiert und war nach einem Diakonat in Nerchau im Jahr 1712 als Pfarrer in die Gemeinde Collmen bei Colditz gekommen, wo er bis zu seinem Tode blieb. Nicht ohne Stolz mag er in die Rubrik der Trauungen des Kirchenbuches von Collmen folgenden Eintrag gemacht haben:

> 8.
> Den 22 p Trinit et seqq wurde copul. H. M. Abraham Kriegel. Coll. III bey
> der Schule zu St. Thomas in Leipzig,
> und Jgf. Johanna Charlotta; M. Gottlob
> Ehrenfried Wendts, Pastoris alhier
> ehel. älteste Tochter.

Die vorangestellte Ziffer weist darauf hin, daß es sich für Wendt um die achte Trauung im Kirchenjahr 1734/35 handelte, das gerade mit der Woche vor dem 1. Advent zu Ende ging. An drei Sonntagen, vom 22. Sonntag nach Trinitatis, 6. November, bis 24. Sonntag nach Trinitatis, 20. November, hatte er seiner Gemeinde das Aufgebot vorgetragen. So sah es die Kirchenordnung vor: *»Erstlich sollen die, so zur Ehe greiffen wollen, drey Sonntage vor der Gemeine öffentlich verkündiget, oder aufgeboten werden, mit solchen Worten: Hans N. und Greta N. wollen, nach göttlicher Ordnung, zum heiligen Stande der Ehe greiffen, begehren deßwegen ein gemein Christlich Gebet für sie daß sie solchen in GOttes Namen anfahen und wohl gerathe. Und hätte jemand was darein zu sprechen, der thue es bey Zeit, oder schweige hernach. GOtt gebe ihnen seinen Segen! Amen.«*

Von dieser Angelegenheit und ihrer Bedeutung für Bach wüßten wir gar nichts, hätte nicht Johann August Er-

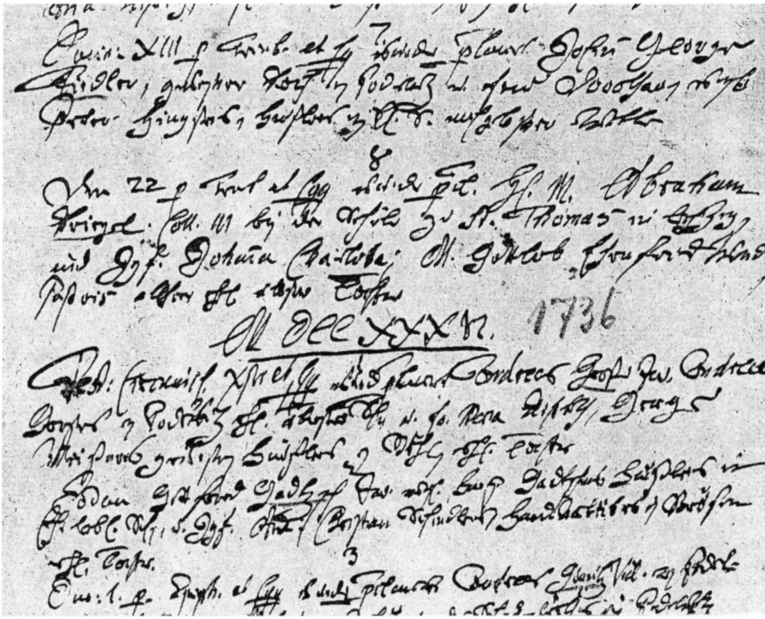

Collmen, Kirchenbuch 1735/36, Eintrag der Trauung Kriegel-Wendt

nesti in einer seiner Eingaben im Zusammenhang mit dem sogenannten ›Präfektenstreit‹ die gemeinsam mit dem Kantor unternommene Reise nach Collmen erwähnt. Innerhalb eines längeren Schriftsatzes vom 13. September 1736 versuchte Ernesti die Ursachen zu dieser Streitigkeit aus seiner Sicht darzulegen, nachdem Bach sich dazu in einem Promemoria vom 15. August bereits zum zweitenmal geäußert hatte. Ernesti schreibt: *»Die Sache verhält sich also: Als wir vor dem Jahr gegen Advent von Herrn M. Kriegels Hochzeit miteinander nach Hause fuhren, fragte er mich, ob dieser Krause mit Praefectus werden solte, denn es wäre nun Zeit, daß die gewöhnlichen SingeStunden so vor dem neuen Jahr gehalten werden von den Praefectis angiengen und müße also nun der NB. [nota bene = wohlgemerkt!] vierte nicht dritte, wie Herr Bach schreibt gemacht werden, denn die ersten 3. Praefecti waren damals Nagel, Krauß und Nitsche (daß man sich doch im Lügen so leicht verräth!). Er habe das Bedencken, daß er sonst ein liederlicher Hund gewesen. Ich sagte darauff; das letzte wäre freylich wahr, und hätte er vor 2. Jahren 20 rthl. Schulden gehabt (wobey ein Kleid à 12 rthl. gewesen) wie ich von Herrn Gesnern im Caution Buch angemerckt befunden; weil es ihm aber Herr Gesner communicatio mecum consilio [nach gemeinsamer Beratung* *mit mir], wegen seines trefflichen ingenii pardonnirt [Begabung entschuldigte], und die Schulden nun mehrentheils bezahlt wären, könne man ihn wohl nicht praeteriren [übergehen], wenn er anders tüchtig wäre einen praefectum abzugeben. Darauf antwortete er mir, wie Gott weiß, Ja tüchtig ist er wohl. und so ist er nachher dritter, anderer und erster Praefectus worden, und kann ich auf meine Ehre versichern, daß keine Klage über ihn kommen.«*

Der zitierte Abschnitt greift nur den Streitanteil heraus, der mit jener Besprechung auf der Fahrt von Collmen nach Leipzig im Zusammenhang steht. Für das Verständnis ist der Vorfall während einer Trauungs-Musik zu erwähnen, bei der Bach sich durch seinen Präfekten Gottfried Theodor Krauß (1713-1746) hatte vertreten lassen. Wegen ungebührlichen Betragens bestrafte Krauß einige Knaben hart und schlug, als diese sich wehrten, ungewollt noch härter zu. Daraufhin beschwerten sich beide beim Rektor, der eine öffentliche Prügelstrafe für Krauß anordnete. Doch dieser floh von der Schule, um sich der demütigenden Prozedur zu entziehen. Das machte Besetzungsveränderungen der Präfektenstellen nötig, die der Rektor dazu benutzte, einen von ihm bevorzugten Schüler in das Amt des ersten Präfekten zu bringen, was eigentlich den Bestimmungen der Thomas-Schulordnung nicht exakt entsprach. Bach versuchte vergeblich, den neuen Präfekten, Johann Gottlob Krause (1714- ?), um den sich das von Ernesti wiedergegebene Gespräch auf der Reise von Collmen nach Leipzig drehte, wegen musikalischer Untüchtigkeit wieder zu verdrängen. Er schrieb im August 1736 innerhalb von acht Tagen nicht weniger als vier Eingaben an den Rat der Stadt, die Ernesti mit zwei umfangreichen Äußerungen beantwortete. Da der Rat lange nicht reagierte, verfaßte Bach, der um seine Autorität als Kantor besorgt war, im November ein weiteres Schriftstück, reichte es aber erst im Februar 1737 beim Konsistorium ein. Sein Zögern hängt möglicherweise mit der Ende November 1736 ausgesprochenen Ernennung zum königlich-polnischen und kurfürstlich-sächsischen Hof-Compositeur zusammen, durch die er sich eine Steigerung seiner Reputation und Klärung der Sache in seinem Sinne erwartet haben mag. Als sich diese Hoffnung nicht erfüllte, wandte er sich im August erneut an das Konsistorium und verwies auf die seiner Meinung nach nicht mehr gültige Schulordnung von 1723. Ähnlich argumentierte er in einer weiteren Eingabe vom Oktober 1737, diesmal an den Kurfürsten. Danach verlief die Sache im Sande. Man kann davon ausgehen, daß auch der wechselseitige Groll versiegte und Bach und Ernesti in den folgenden Jahren verträglich miteinander auskamen.

Das alles jedenfalls betraf den Tertius der Thomasschule überhaupt nicht, und die Collmener Pfarrersleute werden davon – hoffentlich – nie etwas erfahren haben. Doch Collmen und die Freunde Bachs heute wissen durch Ernestis Gegenschrift, daß Bach diesen wunderschön gelegenen Ort einst aufsuchte.

2. Collmen hat eine landschaftlich außerordentlich reizvolle Lage: Die Landspitze im Zusammenfluß der Zwickauer mit der Freiberger Mulde oberhalb von Grimma wird durch einen Bergrücken bekrönt, auf dem sich das Dorf Collmen erstreckt. Inmitten des Ortes, etwas erhöht, liegt die **Kirche**, heute in der Gestalt des Umbaus von 1908/1909, bei dem man allerdings den sehr alten **Turm** beibehielt, der auf jeden Fall aus vorreformatorischer Zeit stammt. Es handelt sich bei diesem Baukörper um einen mächtigen, feldsteingemauerten Quader mit einer sich zunächst verbreiternden schiefergedeckten Dachbodenbekrönung auf dem Grundriß eines Quadrates, die sich dann in einen zwölfeckigen hohen Turmaufsatz verjüngt und mit Kugel und Wetterfahne gekrönt ist. Die urkundliche Ersterwähnung der Collmener Kirche nennt das Jahr 1215; das im Jahr 1192 gegründete Kloster Buch bei Leisnig nahm das Kollaturrecht wahr. Im Inneren beeindrucken die Jugendstil-Ausmalung und die einheitliche Ausstattung, in die der Altar mit einer Darstellung Jesu als des Guten Hirten, der Taufstein, die Kanzel mit Reliefs nach den Dürerschen Apostelköpfen, die Orgel und das Gestühl einbezogen sind. Die **heutige Orgel** erbaute die Firma Jehmlich (Dresden) 1908/1909; anläßlich der letzten Kirchenrenovierung 1982 erfuhr sie eine Überholung.

Die **Glocken** auf dem Turm haben alle ein beträchtliches Alter: die kleine Glocke mit Ritzzeichnungen, wahrscheinlich die heilige Barbara darstellend, stammt aus dem 14. Jahrhundert;

Collmen, Kirche

eine mittlere aus dem Jahr 1742 und eine große Glocke aus dem Jahr 1625. Bach dürfte also die kleine und die große Glocke gehört haben, als sie zum Trau-Gottesdienst seines Kollegen Kriegel in die Collmener Kirche riefen. Zur Frage nach einer **früheren Orgel** in dieser alten Kirche weiß der »Kirchliche Jahresbericht von Collmen bei Colditz« für das Jahr 1890 mitzuteilen: *»1723 wurde ein ›Positiv‹ angekauft; dieses unzulängliche Instrument hat bis 1836 seinen Dienst in der Kirche zu Collmen versehen«*. Hat Bach auf diesem Instrument gespielt, oder sollen wir annehmen – wenn überhaupt an eine Musik zur Traumesse zu denken ist –, daß es eine anderweit instrumentale oder vokale Musik gab?

An der Südseite der Kirche ist außen ein **Gedenkstein** aus der Zeit der Besiedlung in einen Stützpfeiler eingelassen, der erst während des Umbaus der Kirche entdeckt wurde. Er hatte mit der Schauseite nach unten gelegen und so die Funktion einer Türschwelle erfüllt. Zu sehen ist ein sitzender Ritter mit einem Schwert, von einem Kreuz überragt, unter den Füßen und über dem Kopf je eine Glücksrune, die dieses Bildwerk deutlich in die Zeit des Übergangs vom germanischen Heidentum zum Christentum verweist, also spätestens etwa aus dem Anfang des 12. Jahrhunderts stammen dürfte. Da jede Inschrift fehlt, läßt sich nicht sagen, ob dieses Bildwerk aus Rochlitzer Porphyr ursprünglich als Grabstein oder als Sühnestein diente.

3. Literatur

Karl-Heinz Schmidt, Zur Geschichte der Kirche Collmen. In: Rundblick-Jahrbuch 1998, Aus Natur und Heimat des Muldentalkreises um Grimma und Wurzen, 44. Jahrgang, hrsg. vom Sax-Verlag. Beucha 1998

4. Reiserouten, Auskünfte, Adressen, Öffnungszeiten

Collmen liegt südöstlich von Leipzig, es hat keinen Bahnanschluß. Bahnstrecke Leipzig – Rochlitz bis Sermuth, Collmen zu Fuß nach einer etwa 4 km Wanderung; oder mit Bahn auf gleicher Strecke bis Colditz, von dort zweimal täglich Busverbindung bis Collmen.

Mit dem Auto aus Richtung Leipzig A 14 kommend bis Abfahrt »Grimma«, B 107 Richtung Grimma-Colditz. Auf der Höhe Schönbach links abbiegen, Landstraße ca. 4 km Richtung Tanndorf/Leisnig bis Collmen.

Auf der A 14 aus Richtung Dresden bis Abfahrt »Leisnig«, Landstraße Richtung Leisnig bis Fischendorf, rechts abbiegen in Richtung Colditz, über Wiesenthal, Maaschwitz und Podelwitz nach Collmen.

Besichtigung der Kirche nach Vereinbarung möglich. Ansprechpartner ist
Evangelisch-Lutherisches Pfarramt Collmen
Kirchstraße 5
04680 Collmen
Telefon 034381-4 21 04

Dörna

1. Jede Beziehung Bachs zu Orgelbauern eröffnet ein eigenes Kapitel innerhalb seiner Lebensgeschichte und innerhalb der Kulturgeschichte der entsprechenden Region. Sieht man einmal von den Orgelbauern ab, die auf ihn als Kind in Eisenach und als Jugendlichen in Ohrdruf Eindruck gemacht und vielleicht auch Einfluß auf ihn gehabt haben mögen, zeigt sich in der Zusammenarbeit mit dem Orgelbauer Johann Friedrich Wender (1655-1729) die erste und wechselseitig fruchtbare Beziehung auf diesem Gebiet. Unter den Bachstätten darf Dörna – das keine originäre Bachstätte ist – in diesem Zusammenhang deshalb eine eigene Betrachtung erhalten, weil sich die Beziehung Bachs zu Wender heute dort in besonderer Weise niederschlägt.

Johann Friedrich Wender wurde an einem der ersten Tage des Dezember 1655 in dem westlich von Mühlhausen gelegenen Dorf Dörna geboren; belegt ist seine Taufe, die am 6. Dezember in der Ortskirche St. Georg stattfand. Weitere Angaben fehlen, weil die Kirchbücher Dörnas nicht mehr so weit zurückreichen. Wo und von wem Wender sein handwerkliches Können erworben hat, ist unbekannt. In Mühlhausen war zu dieser Zeit die Orgelbauerfamilie Sieburg ansässig, deren älterer Vertreter, Johann Just Sieburg, 1668/69 in der Kirche zu Pulsnitz eine Orgel errichtete. Außer ihm ist noch Andreas Sieburg bekannt. Ob Wender Schüler dieser Werkstatt war, kann nur vermutet werden; jedenfalls werden ihm sowohl für den Orgelbau selbst als auch für die Orgelprospekte lobende Zeugnisse ausgestellt. Es ist bekannt, daß er seine Prospekte selbst entwarf und ihren Bau überwachte. Typisch für sie ist ihre reiche Gestaltung mit Figuren und Schnitzwerk. Das betrifft sogar die originalen Tasten, deren Stirnseiten mit geflügelten Engelsköpfen geziert sind. Von 21 nachweisbaren Orgelbauten Wenders (Um- und Neubauten sowie Reparaturen) befinden bzw. befanden sich 13 in Mühlhausen oder in Dörfern der nächsten Umgebung. Sonst baute er in Rastenberg, Seligenstadt/Main, Weimar und Arnstadt, sowie je zwei Orgeln in Erfurt und Merseburg.

Die Kenntnis familiärer Daten ist eher rar: Nach dem Tode seiner ersten Frau 1699, seit 1688 verheiratet, ging Wender erneut eine Ehe ein. Von seinen Kindern kennen wir namentlich nur drei aus erster Ehe: Maria Magdalena (3. 8. 1690-6. 7. 1720) und die Zwillinge Christian Friedrich (7. 3. 1694-nach 1768) und Justus Christophorus (8. 3. 1694-?). Das Töchterchen Maria Magdalena tritt schlaglichtartig in den Blick durch erhaltene Blätter aus ihren Schulheften, die ihr Vater zum Abdichten der Windlade der Brückenhoforgel verwendete. Sein Sohn Christian Friedrich gehörte zu seinen Schülern, doch machte er dem Vater wenig Ehre. Anders verhält es sich mit den Schülern Johann Christoph Dauphin (in Kleinheubach am Main) und mit seinem Schwiegersohn – dessen Frau namentlich nicht bekannt ist –, dem späteren Fürstlich-Kasselischen Hoforgelbauer Johann Nikolaus Becker. Er kommt mit Bach 1732 wieder in Berührung, als dieser die von ihm erbaute Orgel in der Kasseler Martinskirche prüfte (⇒ Kassel). Neben Wender arbeitete in und um Mühlhausen auch Johann Conrad Allstedt als Orgelbauer. Er scheint ein etwas jüngerer Kollege Wenders gewesen zu sein, der 1710 als Meister auftritt und womöglich noch vor 1730 in Mühlhausen gestorben ist.

Die Bekanntschaft Wenders machte Bach anläßlich der spektakulären Orgelprüfung in Arnstadt 1703. Empfehlungen und Gegenempfehlungen haben dort beiden zu größerer Wirksamkeit verholfen (⇒ Arnstadt).

Obwohl seine Bestallung davon nichts vermerkt, mußte Bach seit seinem Dienstantritt in Mühlhausen in regelmäßigem Wechsel auch in der Brückenhofkirche die Orgel zum Gottesdienst spielen. Als Entgelt erhielt er für zwei Quartale 2 Gulden, 8 Groschen, 2 Scheffel Weizen und 8 Malter Roggen. Reihum tat Bach mit Johann Gottfried Hetzehenn (1664-1735) von Marien (dessen Nachfolger Bachs dritter Sohn einmal werden sollte) und Franciscus Anthon Neuforst von St. Nikolai an der heute in Dörna befindlichen Orgel Dienst. Offensichtlich kam es in der Brückenhofkirche zu

Bachs Zeit auch zu größeren Musikaufführungen, denn wir wissen immerhin, daß die »Cantorey« – aus welchen Mitgliedern mag sie wohl bestanden haben? – gemeinsam mit dem Stadtmusikanten Zacharias Knüttler »vor mehrmaliges Aufwarten« bezahlt worden ist.

Die Gemeinde bestand aus Bewohnern des Brückenhofes, vor allem aber aus den Zöglingen der Mädchenschule. Diese hatten den Gottesdienst regelmäßig zu besuchen. Ein Konsistorialbericht des Jahres 1762 gibt davon ein lebendiges, aber auch bedenkliches Bild: »*In der Kirche müssen die praeceptores [Lehrer] nicht zu weit von den Kindern stehen, damit sie auf solche acht geben und den Mutwillen oder rumor durch Zureden und Mienen wehren und in der Schule als dann realiter bestraffen können ... Da auch mit denen Feuer-Pfannen in der Kirche zu Winterszeit viel Unfug getrieben wird, in dem die Mädgen solche hervorholen, die Kohlen anblasen und wohl gar in der Kirche brodt darauff rösten, mit hin weder auf das Singen noch Predigt eine attention haben, so könnten solche [die Feuerpfannen] gar wohl abgestellet werden, zumahln da die Bethstunde nicht viel über eine Stunde anhält.*«

2. Die Mühlhäuser **Brückenhofkirche** bestand bis 1884. Der nach der Augustinischen Mönchsregel lebende Frauen-»Orden von der Buße der Heiligen Magdalena« gründete in Mühlhausen 1222 ein Kloster. Seine Kirche trug bis zur Reformation den Namen »Münster auf der Brücke zu den Weißfrauen«. Während der Unruhen der ersten reformatorischen Welle stürmten Mühlhäuser Bürger das Kloster. Die verbliebenen Gebäude dienten später teils als Altersheim, teils als Mädchenschule, im August 1565 vom Stadtrat eingerichtet. 1680 unterzog der Rat das Gebäudeensemble einer umfassenden Sanierung; doch nur neun Jahre später vernichtete sie der verheerende Stadtbrand vom 10. September 1689. Nach 12 Jahren waren die Gebäude einschließlich der Kirche wiederhergestellt. Am 28. September 1701 beging man einen festlichen Einweihungsgottesdienst, bei dem Bachs Amtsvorgänger, Johann Georg Ahle (1651-1706), die Strophenmotette »Lobt ihr Frommen nah und fern« erneut aufführte, die er zur Einweihung der Allerheiligenkirche am 22. Dezember 1680 komponiert hatte. Superintendent Johann Adolph Frohne (1652-1713) hielt die Predigt und betonte gleich zu Anfang, die Musik möge »*auch mit Recht ein Stücke der heilgen Tempel=Weihe seyn / dadurch der Tempel geheiliget wird / indem man den heiligsten GOTT in solchen Liedern sein Lob ertheilet / Ihm Danck abstattet und seinen Namen heiliget*«.

Der Auftrag für eine Orgel lag bereits seit dem 26. Februar 1701 bei Wender, doch erst im Jahr 1702 konnte sie fertiggestellt werden.

Sie gehört zu den kleineren Orgelbauten Wenders, doch ist ihr hinsichtlich des verwendeten Materials und der Verarbeitung eine hohe Solidität zuzusprechen. Erst 1727 mußte – noch von Wender selbst – erstmalig reparierend eingegriffen werden; 1736 – Bachs Sohn Johann Gottfried Bernhard war inzwischen Nachfolger Hetzehenns an der Marienkirche geworden – galt sie noch immer als »neu«, und bis 1831 gibt es keine Belege für Reparatur- und Stimmarbeiten.

Doch begannen zu dieser Zeit die Verhandlungen über die Aufhebung der Brückenhofkirche. Vorerst gab es lediglich Befürchtungen, daß der Wegfall der drei Glocken von 1701 den Zusammenklang des Stadtgeläutes negativ beeinträchtigen könnte. 1842 bitten die Vorsteher der Allerheiligenkirche um geschenkweise Überlassung der Orgel. 1843 setzt Orgelbauer Große das Werk nach Allerheiligen um. Auch jetzt bedurfte es keiner umfangreichen Reparaturen. Die Jahresrechnung von 1917 bemerkt u.a. lakonisch unter den Einnahmen: *»für die Zinnpfeifen 140,84 M ... Reichskriegsanleihe«*. 1920 hebt die evangelische Kirche den Gottesdienst in der Allerheiligenkirche auf. Zwischenzeitlich wird sie durch die Gemeinde der Altlutherischen Kirche genutzt; im Bericht über die Instandsetzung der Kirche und den ersten Gottesdienst dieser Gemeinde heißt es: *»An der Orgel hat der Zahn der Zeit gar arg genagt. Der Holzwurm macht sich eifrig darin zu schaffen und wird wohl kaum jemals wieder zu vertreiben sein. Von den sieben Registern, die die Orgel ehedem besaß, sind nur noch fünf erhalten, die, so gut wie es ging, spielbar gemacht worden sind und am morgigen Sonntag (29. August 1926) nach langer Zeit wieder einmal durch das Gotteshaus tönen werden.«*

Doch war dieser Nutzung keine lange Zeit beschieden. 1950 kann nur noch von einer »fast völlig zerstörten Orgel« berichtet werden. Erhalten sind nach einer mutigen Aktion von H. Peter Ernst (Mühlhausen) und Orgelbauer Karl Brode (Heiligenstadt) im Jahr 1985: das Gehäuse, abgebrochene Schleierbretter und Blindflügel, die originale Windlade mit mechanischer Traktur, Wellenbretter, einige Registerzüge und die originale Manualklaviatur (Disposition siehe Anhang S. 293).

Nach jahrelangem Bemühen wurde das Werk 1999 einer Restaurierung unterzogen und auf der Westempore der St. Georg-Kirche zu Dörna bei Mühlhausen wiederaufgestellt. Die Arbeiten führt die Firma Kristian Wegscheider, Dresden, durch. Mit der Restaurierung dieser Dienstorgel Bachs aus der Mühlhäuser Brückenhofkirche und ihrer Wiederaufstellung in der Taufkirche Wenders ist die Gewinnung einer »sekundären Bachstätte« am Ende des 20. Jahrhunderts verbunden.

Die **Georg-Kirche** zu Dörna befindet sich auf einer Anhöhe über dem Dorf, die einst ein heidnisches Heiligtum trug. In der Christianisierungsphase des 8. Jahrhunderts befand sich wohl neben diesem bereits eine christliche Kapelle. Eine erste urkundliche Erwähnung findet das Dorf unter dem Namen »Dornedhe« im Jahr 1004. Von der 1119 erbauten romanischen Kirche zeugen heute noch ein Teil der Nordwand und das erste Turmgeschoß. Um 1285 ist ein Kirchhof-Torhaus entstanden, das 1821 ersatzlos abgerissen wird. Für 1295 läßt sich die gotische Erweiterung der wohl zunächst dem heiligen Petrus geweihten Kirche feststellen. 1302 ist vom Verkauf des Dorfes an einen Mühlhäuser Bürger zu hören. Mehrfach wird Dörna trotz seiner wehrhaften Einfriedung, die seit etwa

1300 besteht, ausgeraubt und niedergebrannt. Inzwischen im Besitz von Mühlhausen, hatte die Stadt offenbar Interesse daran, den Dörnaer Kirchtum in das System ihrer Warttürme einzubeziehen. Während der Bauernkriegsunruhen 1525 wird Dörna bis auf die Kirche und zwei Häuser von der Eichsfelder Reisige unter dem Anroder Propst Luckart zerstört und niedergebrannt. Erst 1541 setzt sich in Dörna durch eine Visitation die Reformation durch, und 1563 öffnet am Kirchberg die erste Schule ihre Pforten.

Von der Innenausstattung sind bemerkenswert der gotische **Taufstein** und die **Kanzel** von 1661; 1680 ist erstmals von einer Orgel zu hören. Im Jahr 1713 kommt es zu einem großen Umbau der Kirche, mit dem das bis heute prägende äußere Erscheinungsbild entstand. Wenn nun die **Orgel der Brückenhofkirche** aufgestellt wird, erhält Dörna damit seine zweite Wender-Orgel, denn schon 1724 hatte Wender für seine Taufkirche ein Werk mit 13 Stimmen erbaut, das allerdings 1834 einer klassizistischen Orgel weichen mußte. Die **Bemalung der Tonnendecke, der Emporenbrüstungen und das St. Georgs-Gemälde** schuf 1744 Johann Georg Rieden aus Horsmar. Schon 1880 eliminierte eine Renovierung des Innenraumes die Decken- und Emporenmalerei durch Überstreichen. Die letzte große Instandsetzung 1965 bis 1970 legte zwar diese Malereien wieder frei und führte gar die Restaurierung von Teilen des Altars durch, ging aber leider mit bedauerlichen Eingriffen in die barocke Ausstattung einher, der u. a. der gesamte Aufbau des Kanzelaltars von 1744 zum Opfer fiel. **Einzelteile des Altars** sowie ein **Flügel eines gotischen Altars** mit Schutzmantelmadonna und Heiliger Sippe blieben erhalten.

3. Literatur

Hans Gräfe, Alt-Dörna und die Kirche St. Georg. 3 Teile. Dörna 1991-1992 (Ms.)

H. Peter Ernst, Bachs Wirken am Mühlhäuser Augustinerinnenkloster. Bach-Jahrbuch 1987

Christine Kröhner, Johann Sebastian Bach und Johann Friedrich Bach als Orgelexaminatoren im Gebiet der freien Reichsstadt Mühlhausen nach 1708. Bach-Jahrbuch 1995

4. Reiserouten, Auskünfte, Adressen, Öffnungszeiten

Dörna liegt nordwestlich der Stadt Mühlhausen, etwa 7 km entfernt. Von Mühlhausen aus besteht Busverbindung; mit dem Auto vom westlichen Stadtring in Mühlhausen aus über die Straße in Richtung Küllstedt/Heiligenstadt.

Auskünfte erteilt:
Evangelisch-Lutherisches Pfarramt Dörna
Hauptstraße 85
99976 Dörna
Telefon 0 36 01-44 76 42
Kirche und Orgel (im Aufbau) sind nach Vereinbarung zu besichtigen.

Dornheim

1. Am 29. Juni 1707 hatte Bach im Arnstädter Rathaus um seine Entlassung aus dem Dienst der Stadt gebeten und die Schlüssel zur Orgel der Neuen Kirche abgegeben; am 15. Juni war er zum Organisten in Mühlhausen berufen worden. Doch stand zu diesem Zeitpunkt sicher schon fest, daß er anläßlich seiner Hochzeit wieder in Arnstadt sein würde, handelte es sich bei der Braut doch um seine Base zweiten Grades, Maria Barbara Bach, die seit dem Tod ihrer Mutter hier im Hause des verwandten Bürgermeisters Martin Feldhaus lebte. Diese Verwandtschaft und eine freundschaftliche Verbundenheit mit dem Dornheimer Pfarrer mögen es gewesen sein, die zu dem Wunsch führten, die Trauung in der Bartholomäuskirche von Dornheim zu begehen, etwa vier Kilometer östlich von Arnstadt gelegen. Dort amtierte der Pfarrer Johann Lorenz Stauber (1660-1723), der acht Monate nach Johann Sebastian Bachs Trauung eine Tante Maria Barbaras, Regina Wedemann, heiratete. Bachs Ehe mit Maria Barbara und Staubers Ehe mit Regina brachte erneut zwei Familien einander näher, die schon durch frühere Heiraten verbunden waren. Staubers Frau Regina ist die jüngste von fünf Töchtern des ehemaligen Arnstädter Stadtschreibers Johann Wedemann (1611-1684); ihre beiden älteren Schwestern waren die Ehefrauen der Brüder Johann Christoph Bach (1642-1703) in Eisenach und Johann Michael Bach (1648-1694) in Gehren gewesen. Maria Barbaras und Johann Sebastians gemeinsamer Urgroßvater, Johannes Bach (?-1626), hatte drei Söhne, von denen Christoph Bach (1613-1661) der Großvater Johann Sebastians ist und Heinrich Bach (1615-1692) der Großvater Maria Barbaras.

Im Zusammenhang mit Bachs Heirat mit Maria Barbara in Dornheim auf die verwandtschaftlichen Beziehungen der weitverzweigten Familien besonders hinzuweisen liegt auch deshalb nahe, weil seine Bestallung in das Organistenamt an der Kirche Divi Blasii in der Freien Reichsstadt Mühlhausen wohl durch verwandtschaftliche Gewogenheit mitentschieden worden sein kann. Das Interesse an der Mühlhäuser Stelle beschäftigte damals nachweislich mehrere in Frage kommende Kandidaten in Thüringen. So wissen wir auch von Johann Gottfried Walther, der mit Bach über seine Mutter – sie war wie Bachs Mutter eine geborene Lämmerhirt – verwandt war, daß er *»am Sonntage Sexagesimae An[no]. 1707. auf Veranlassung des mülhausischen Orgelmachers, Herrn Wenders, und zweier dorthin-gesendeten Kirchen-Stücke von meiner Arbeit, mich daselbst einfinden, und die an der S. Blasius-Kirche, durch den Tod des seel. Joh. Rudolph Ahlens, ledig-gewordene Organisten-Stelle, mittels einer öffentlich-abzulegenden Probe, erlangen«*.

Auch Johann Sebastian Bach könnte durch den Orgelbauer Wender von der freigewordenen Mühlhäuser Organistenstelle erfahren haben, oder aber durch den Mühlhäuser Kammerschreiber Johann Hermann Bellstedt, einen angeheirateten Onkel Maria Barbaras.

Am Ostersonntag, dem 24. April 1707, ist es jedenfalls Bach gewesen, der die »Probe« in Mühlhausen ablegte; und diese »Probe« muß wohl aufgrund eines oder »zweier dorthingesendeter Kirchen-Stücke« erfolgt sein. Man geht davon aus, daß es sich dabei um eine Vorform der uns heute bekannten Kantate BWV 4, »Christ lag in Todesbanden«, gehandelt hat. Nach Bestallung in Mühlhausen am 15. Juni und Entlassung in Arnstadt am 29. Juni könnte es der Festtag Mariae Heimsuchung, Samstag, der 2. Juli 1707, gewesen sein, an dem Bach in Mühlhausen (⇒ Mühlhausen) sein Amt antrat. Er wird auch danach zwischen Mühlhausen und Arnstadt unterwegs gewesen sein. Außer den denkbaren Besuchen bei Maria Barbara gab es zumindest einen Anlaß, der ihn – womöglich mehrfach – in die Nähe Arnstadts, nach Erfurt führte: Am 10. August starb dort sein Onkel Tobias Lämmerhirt, der ihm testamentarisch fünfzig Gulden vermacht hatte. Mit der Trauerfeier für den Onkel wird gelegentlich die Kantate BWV 106 »Gottes Zeit ist die allerbeste Zeit« in Verbindung gebracht. Und schließlich sind es das erste Aufgebot in Arnstadt am 15. Sonntag nach Trinitatis, dem 2. Oktober 1707, und die Trauung in Dornheim am Montag, dem 17. Oktober 1707, die ihn nach Arnstadt führten. Ob weitere der üblicherweise drei Aufgebote stattgefunden haben, läßt sich nicht ermitteln. Maria Barbara findet sich am Sonntag, dem 9. Oktober 1707, ein letztes Mal zum Abendmahl in Arnstadt im Kreise ihrer Schwestern ein, ein beeindruckendes Zeugnis der Frömmigkeit dieser Zeit, die auf regelmäßige Abendmahls-Teilnahme achtete, wie auch auf Teilnahme an besonderen Veränderungen oder Höhepunkten im Leben der Angehörigen. Höchstwahrscheinlich ist es Pfarrer Johann Lorenz Stauber gewesen, der die Trauung vollzog. Doch welche Musik erklang, auf welcher Orgel gespielt wurde, wie der Altar damals aussah, vor dem Johann Sebastian und Maria Barbara sich das Ja-Wort gaben, ist nicht überliefert.

Zu dieser Hochzeitsfeier, zumindest in unmittelbarer zeitlicher Nachbarschaft zu ihr, entstand ein Werk Bachs, dessen Form im Bachschen Familienkreise offenbar sehr verschiedenartig, aber immer zur allgemeinen Erheiterung gepflegt wurde: das Quodlibet BWV 524. Es ist ein Hochzeitsquodlibet, in dessen Text immer wieder Anspielungen auf Personen der Bachfamilie oder verwandter Familien vermutet werden. Wir wollen diese Vermutungen nicht vermehren, stattdessen aber auf bestimmte Übereinstimmungen mit Stellen in den zu ihrer Zeit viel gelesenen phantasievollen Erzählungen und Romanen von Johann Beer (1655-1700) hinweisen, jenes Weißenfelser Hofmusikus, der als bedeutendster literarischer Nachfolger Grimmelshausens bezeichnet worden ist. Anspielungen lassen sich vor allem auf den ›Politischen Bratenwender‹ vermuten, den Beer unter dem Pseudonym Amandus Bratimerus in Leipzig 1682 veröffentlichte. Das reicht von bestimmten charakteristischen Begriffen wie Orlochschiff (Kriegsschiff, von niederländisch orlog = Krieg), Blaustrumpf (Verläumder, Angeber, von dem bei Beer gesagt wird, *»der Sehende trägt seine blauen Strümpfe nicht öffentlich, sondern ziehet andre drüber«*), Koffent (Dünnbier), plumpen, verplumpen (eine Dummheit machen), Goldschmieds Jung' (der Goldschmiedsjunge hatte damals die redensartliche Bedeutung unseres »Götz von Berlichingen«), Stockfisch, Trauermantel bis hin zu kleineren lateinischen Wendungen und ähnlich gereimten Gedichtzeilen:

Beer
Ist's denn ernst und bist du Freund
Oder sag, wie ist's gemeint?
Hat mich denn nichts Guts geritten,
Hat der Henker mich geführt
Daß ich in ein Haus geschritten,
Da man mich also tractiert?
Wir sind oft Freund
nur mit der Zung
Das Herz denkt wie
des Goldschmieds Jung'.

Bach
Ist es Freund oder Feind,
Oder wie ist es gemeint?
Was muß ich von fern erblicken
Sagt mir, wer reit' dort herein
Trägt ein großes Rad am Rücken
Der Henker muß gestorben sein.
Mancher stellt sich freundlich
mit feiner Zung
Und denkt doch in dem Herzen
wie Goldschmieds Jung.

Zur schon erwähnten Trauung des Dornheimer Pfarrers Stauber ist Bach abermals in Arnstadt. Am 5. Juni 1708 tritt der verwitwete Pfarrer Johann Lorenz Stauber (1660-1723) mit 48 Jahren ein zweites Mal in den Stand der Ehe; er heiratet die ihm gleichaltrige Tante Maria Barbaras, Regina Wedemann (1660-1730) aus Arnstadt. Vermutlich zu diesem Anlaß entstand Bachs Kantate BWV 196 »Der Herr denket an uns«; sie wurde mit einem kleinen Ensemble an jenem Tage in Arnstadt aufgeführt. Möglicherweise fand die Feier der Hochzeit in Dornheim statt, wo ja Stauber gewöhnlich seinen Dienst versah.

2. Außer als Ort der Trauung von Bach mit Maria Barbara ist Dornheim als Geburtsort des späteren Rektors der Erfurter Universität, Johann Jäger, genannt Crotus Rubianus (rubus = Dornbusch), bekannt geworden, der hier 1480 geboren wurde und Mitverfasser der »Dunkelmännerbriefe« ist.

Gewiß war hier sehr früh schon eine Kirche gegründet worden; darauf verweist das Patrozinium der Kirche: Bartholomäus. Es lenkt den Blick in das 10. Jahrhundert. Doch wie die kirchlichen Unterstellungsverhältnisse ursprünglich sich darstellten, ist nicht mehr feststellbar. Deutlich ist lediglich die frühe Beziehung zu dem alten kirchlichen Mittelpunkt Arnstadt.

Am 26. Oktober 1813 rückte der kleine Ort in den Blickpunkt der Geschichte, als sich nach der Völkerschlacht bei Leipzig der König von Preußen, der Zar von Rußland und der Kaiser von Österreich zur Verständigung über die weitere Kriegführung in der Nähe Dornheims trafen. Zur Erinnerung an dieses Treffen errichtete man 1863 das **Drei-Monarchen-Denkmal** am östlichen Ortsausgang der Hauptstraße Dornheims.

Die **Bartholomäuskirche** stammt in ihren ältesten Bauteilen (Turm und Teile der Westwand) aus dem 12. Jahrhundert. Damals befand sich hier wohl eine romanische Saalkirche, die offenbar bis 1474 bestand. Zu der Zeit wurde die Westwand nach Süden verlängert, die heutige Südwand errichtet und damit der gesamte Bau erweitert. Zu diesem spätgotischen Bestand gehört auch das Beinhaus an der südlichen Westwand. In solchem Zustand blieb die Kirche bis 1710/11 erhalten. So hat sie also auch Bach gesehen. Im Inneren befand sich zu dieser Zeit bereits das an der Ostseite der Kirche angebrachte Sandstein-Epitaph des Schwarzburgischen Ritters Christoph von Entzensberg (gest. 1585), geschaffen von dem Arnstädter Bildhauer und Baumeister Christoph Junghans, sowie ein heute nicht mehr vorhandenes Sandsteinbildnis des Pfarrers Johann Gottfried Gregorii, genannt Melissantes, geschaffen von Johann Friedrich Böhler. Wichtige Bauarbeiten erfolgten 1710/11, als der hölzerne Emporenaufgang durch den jetzigen Massivbau ersetzt wurde. 1723/24 kommen die Emporen-Einbauten hinzu. Statische Schäden veranlaßten 1817 den Abbruch der Sakristei und die Errichtung eines Glockenhauses an ihrer Stelle. 1985 wurde das Gebäude letztmalig baulich saniert, indem u. a. durch einen Ringanker der Druck des Dachstuhles auf die Grundmauern vermindert wurde.

Aus spätgotischer Zeit existieren noch – an der Nordwand des Altarraumes angebracht – zwei **Altarschreine**. Der größere ist das Mittelstück eines

Dornheim, Kirche

Marienaltars mit der Krönung der Gottesmutter und der Darstellung der heiligen Barbara und Johannes des Täufers. Daneben sind weitere männliche und weibliche Figuren zu sehen, teils nicht zu identifizieren, teils Apostelgestalten. Der kleine Altarschrein zeigt im Mittelteil die heilige Katharina umgeben von weiteren Gestalten, auch einem Bischof; auf dem rechten Flügel sind Petrus und Paulus, auf dem linken zwei männliche Figuren zu sehen. Möglicherweise zierte einer dieser Schreine den Altar bis mindestens 1710/11. Seit den Umbauten 1723/24 steht ein Kanzelaltar in der Kirche, der von dem Schwarzburgischen Hofbildhauer Christoph Meil und seinen Söhnen geschaffen wurde.

Nachrichten zur **Orgel** existieren erst seit 1723/24, wiewohl sich kaum denken läßt, daß Bach sich zur Trauung eine Kirche ausgesucht haben sollte, in der keine Orgel stand. Im Gefolge der umfangreichen Bauarbeiten an der gesamten Kirche kam ein Werk des Orgelbauers Johann Anton Weise (1672-1750) aus Arnstadt in die Kirche. Mit Weise zusammen hatte Bach 1716 die neue Orgel in der Augustinerkirche zu Erfurt geprüft. Heute befindet sich in der Dornheimer Kirche eine Orgel der Firma Karl-Heinz Schönefeld aus Stadtilm, die 1985 durch Umsetzung und Verwendung eines wertvollen spätbarocken Orgelwerkes aus dem 18. Jahrhundert einschließlich seines Prospektes von Justin Ehrenfried Gerhardt aus Lindig und Christian Sigmund Voigt aus Uhlstädt (um 1890 durch Gebrüder Poppe/Roda geringfügig umdisponiert) aus der Kirche Schöngleina (Kreis Stadtroda) stammt und 1766 entstand. Sie verfügt über eine mechanische Ton- und Registertraktur und über eine annähernd historische Pedalmensur (Disposition siehe Anhang, S. 294).

3. Literatur

F. Apfelstedt, Beschreibende Darstellung der älteren Bau- und Kunstdenkmäler des Fürstentums Schwarzburg-Sondershausen. Zweites Heft: Die Oberherrschaft. Sondershausen 1887, Reprint Arnstadt 1991

Manfred Donhof, Denkmale im Kreis Arnstadt. Veröffentlichungen der Museen der Stadt Arnstadt, Heft 12. Arnstadt 1988

4. Reiserouten, Auskünfte, Adressen, Öffnungszeiten

Dornheim liegt südlich von Erfurt in unmittelbarer Nähe von Arnstadt. Eisenbahn Strecke Erfurt–Ilmenau bis Arnstadt, anschließend besteht Busverbindung bis Dornheim; mit dem Auto A 4 bis Abfahrt »Erfurt West«, dann B 4 Richtung Arnstadt (9 km).

Besichtigung der Kirche
Der Schlüssel kann erbeten werden bei der Bäckerei Matthias Poppitz, Nr. 64, 99310 Dornheim; Telefon 0 36 28-60 30 58.
Die Kirche wird von der Kirchengemeinde Arnstadt mitverwaltet. Führungen sind möglich durch Herrn Neumann (Telefon 0 36 28-4 85 43), der Vorsitzender des Freundeskreises ist.

Dresden

1. Am Anfang von Bachs Verbindung mit Dresden steht eine Episode, die als »musikalischer Wettstreit« in die Bach-Biographik eingegangen ist. Als früheste Quelle für dieses Ereignis gilt die Streitschrift des Leipziger Magisters der Philosophie, Johann Abraham Birnbaum (1702-1748), von 1739, in der Angriffe Johann Adolph Scheibes (1708-1776) gegen Bachs Kompositionsweise abgewehrt werden. Birnbaums Interesse läuft darauf hinaus, Bachs Kunst als unvergleichlich im europäischen Maßstab hinzustellen und dadurch der Kritik Scheibes zu entheben. Zu diesem Zweck sammelte er Material – wahrscheinlich auch im direkten Gespräch mit Bach selbst. Birnbaum berichtet vom musikalischen Wettstreit Bachs mit dem Organisten der Pariser Franziskanerkirche, Louis Marchand (1669-1732), der den Titel eines »Organiste de la Chapelle du Roy« führte. Das Ereignis wird für Spätsommer bzw. Frühherbst 1717 angenommen, als Bach nach einer neuen Anstellung suchte, die ihm den Weggang von Weimar erlauben würde.

Auch sein Gastspiel in Gotha, gleichfalls im Jahr 1717, diente diesem Zweck. Doch weder in Dresden noch in Gotha hatten Bachs Absichten Erfolg; ein eher ernüchterndes Ergebnis, setzt man es zu dem Bericht ins Verhältnis, der 22 Jahre später mit der untertreibenden Bemerkung an die Öffentlichkeit gebracht wurde, es sei *»vor nicht eben gar zu langer Zeit«* geschehen. Birnbaum stellte seinem Streitpartner rhetorisch die Frage nach Personen, die Bach auf der Orgel und dem Clavier künstlerisch übertreffen; so verschaffte er sich selbst die Gelegenheit, auf einen sprechen kommen zu können, da dieser *»zu seiner Zeit für den größten Meister auf dem Clavier und der Orgel in ganz Frankreich gehalten wurde, wider welchen der Herr Hofcompositeur vor nicht eben gar zu langer Zeit die Ehre der Deutschen und seine eigene völlig behauptet hat. Es war solches* Mons. Marchand, *welcher bey seiner Anwesenheit in Dreßden, und da sich der Herr Hofcompositeur ebenfalls daselbst befand, auf Veranlassen und Befehl einiger Großen des dasigen Hofs, von dem letztern zum Versuch und Gegeneinanderhaltung beyderseitiger Stärke auf dem Clavier, durch ein höfliches Schreiben aufgefordert wurde, sich auch anheischig machte, verlangtermaßen zu erscheinen. Die Stunde, da zwey große Virtuosen eins miteinander wagen sollten, erschien. Der Herr Hofcompositeur nebst denenjenigen, so bey diesem musikalischen Wettstreite Richter seyn sollten, erwarteten den Gegenpart ängstlich, aber vergebens. Man brachte endlich in Erfahrung, daß selbiger bey früher Tageszeit mit der geschwinden Post aus Dreßden verschwunden war. Sonder Zweifel mogte der sonst so berühmte Franzose seine Kräfte zu schwach befunden haben, die gewaltigen Angriffe seines erfahrnen und tapfern Gegners auszuhalten. Er würde ausserdem nicht gesucht haben, durch eine so schnelle Flucht sich in Sicherheit zu setzen. So sahe es vor einigen Jahren aus.«*

Der Wettstreit sollte im Palais des Grafen Jakob Heinrich von Flemming (1667-1728), des sächsischen Premierministers, in der Pirnaischen Gasse stattfinden. Auch seien Anregung und Einladung Bachs zu diesem Wettstreit in Dresden von dem Konzertmeister der Hofkapelle, Jean Baptiste Volumier (um 1670-1728), ausgegangen. Ein Angehöriger der Familie Flemming trat später in Leipzig in freundschaftliche Verbindung zu Bach: Joachim Friedrich Graf von Flemming (1665-1740), der General der Kavallerie und Gouverneur der Stadt Leipzig mit Sitz auf der Pleißenburg. Ihm hat Bach mindestens viermal seine Reverenz durch eine Glückwunschkantate erwiesen.

Ist das Ereignis von 1717 ausschließlich eines im Umkreis des Hofes, so verändert sich die Situation bei dem nächsten nachweisbaren Termin deutlich: Es ist das Orgelkonzert Bachs am 19. und 20. September 1725 in der Sophienkirche. Bach sei von Hof- und Stadt-Virtuosen empfangen worden und habe zweimal *»in Praeludiis und diversen Concerten mit unterlauffender Doucen Instrumental-Music in allen Tonis über eine Stunde lang sich hören lassen«*.

In der Sophienkirche befand sich seit

November 1720 eine Orgel Gottfried Silbermanns. Daß Bach zu Christian Petzold, dem Organisten der Sophienkirche, in freundschaftlicher Verbindung stand, zeigt sich auch an der Übernahme des Vertriebes der Bachschen Partiten II und III (BWV 826 und 827) im September 1727 – eine ähnliche Verbindung wie zu dem Dresdner Kapellmeister Johann David Heinichen (1683-1729): Bach übernahm 1728 den Mitvertrieb der Generalbaßlehre Heinichens in Leipzig. Wer war dieser Christian Petzold? Ende Dezember 1677 in Weißig bei Königstein geboren, kennen wir als nächstes Datum erst seine Bewerbung um die Stelle des Sophienorganisten in Dresden am 13. Februar 1696. Im Jahr 1697 – am Beginn der Umstrukturierung der Hofmusik – wird er als Expectant dieser Organistenstelle bezeichnet. Im Jahr 1704 befand er sich auf Reisen: Prag und Wien. 1709 findet man ihn als Kammerkomponist und Organist tituliert. 1714 unternimmt er eine Reise nach Paris, zusammen mit Johann Georg Pisendel, Jean Baptiste Volumier, Johann Christoph Schmidt und Johann Christian Richter. Die George-Bähr-Kirche in Schmiedeberg wird am 7. Juni 1716 mit einer Komposition Petzolds eingeweiht. Dann reist er zusammen mit Pisendel, Richter und Jan Dismas Zelenka nach Venedig. 1718 nimmt er an der Orgelprüfung in Großkmehlen (Silbermannorgel) teil. Am 18. November 1720 weiht er »seine« Silbermannorgel in der Sophienkirche mit einer eigenen Musik ein. Auch an der Übernahme der Orgel in der Röthaer Georgenkirche am 9. November 1721 ist er als Organist beteiligt; Kuhnau aus Leipzig führte eine Festmusik auf. Von 1726 an scheint er sich Christian Heinrich Gräbner (1705-1769), den Sohn des Frauenkirchenorganisten Johann Heinrich Gräbner, inoffiziell als Substituten gehalten zu haben. Im Mai 1733 stirbt Petzold; er wird am 28. Mai 1733 begraben.

Außer bei einem Orgelkonzert in der Sophienkirche am 14. September 1731 um 3 Uhr vor Hofmusikern und Virtuosen, muß Bach auch sonst bei Hofe konzertiert haben. Sein Besuch in Dresden, mindestens vom 12. bis zum 22. September 1731, galt wahrscheinlich der Erstaufführung von Hasses Oper »Cleofide« am 13. 9. 1731. Jedenfalls entstand in jenen Tagen ein Gedicht, das den erblindeten Bettelpoeten Johann Gottlob Kittel († 1751), genannt Micrander, zum Verfasser haben soll:

Ein angenehmer Bach kan zwar das Ohr ergötzen,
Wenn er in Sträuchern hin durch hohe Felsen läufft;
Allein, den Bach muß man gewiß weit höher schätzen,
Der mit so hurtger Hand gantz wunderbahrlich greifft.
Man sagt: Daß, wenn *Orpheus* die Laute sonst geschlagen,
Hab alle Thiere er in Wäldern zu sich bracht;
Gewiß, man muß diß mehr von **unserm Bache** sagen,
Weil Er, so bald er spielt, ja alles staunend macht.

Die Nachfolge Petzolds trat Wilhelm Friedemann Bach am 23. Juni 1733 an, nachdem Bach sich unter dem 7. Juni zweimal schriftlich für seinen Sohn eingesetzt hatte. Ein offizielles Schreiben ging an den Rat zu Dresden, das andere ist an den Dresdner Oberkonsistorialrat Dr. Paul Christian Schröter (um 1685-1745) persönlich gerichtet. Aus welchen Zusammenhängen Bach Schröter kannte, ist nicht zu erkennen. Die Bewerbung jedenfalls hatte Erfolg; nach dem Ratsbeschluß vom 9. Juni fand am 22. die Probe statt, bei der Wilhelm Friedemann vor seinen Mitbewerbern Carl Hartwig und Christian Heinrich Gräbner – beide Schüler Bachs, auf den sie sich berufen – die Wahl für sich entscheiden konnte. Als Probestück spielte er seines Vaters Präludium und Fuge G-Dur (BWV 541), was durch das identische Wasserzeichen des verwendeten Papiers auch für die Briefe vom 7. Juni als erwiesen gelten kann. Nach der Wahl am 23. Juni erhielt er sogleich seine Instruktion und bekleidete diese Stelle bis zum 16. April 1746.

Reichlich einen Monat nach seiner Anstellung, am 1. August, bittet Wilhelm Friedemann den Rat um Gewährung einer finanziellen Entschädigung für einen Gehilfen beim Orgelstimmen. Der Brief ist möglicherweise von Bach selbst formuliert worden, der an diesem Tage noch in Dresden gewesen sein könnte, nachdem er am 27. Juli 1733 den Stimmensatz der Missa BWV 232 I überreicht hatte.

Für das Orgelkonzert am 1. Dezember 1736 auf der erst wenige Tage vorher eingeweihten Silbermannorgel der

Das Dresdnische Gesangbuch, 1760

Frauenkirche reist Bach erneut nach Dresden; sein Schüler Gräbner war kurz nach der Niederlage beim Probespiel um die Sophienkirchenstelle seinem Vater (Johann Heinrich Gräbner, Organist der Frauenkirche) substituiert worden. Nach dem Tod des Vaters übernahm er 1739 die Stelle, bis er 1742 auf die Organistenstelle der Kreuzkirche wechselte. Mit Bachs Konzert in der Frauenkirche tritt die Person eines wichtigen Förderers Bachs in Dresden ins Blickfeld, die des Grafen von Keyserlingk. Möglicherweise hatte er bereits bei der Überreichung der Stimmen der Missa 1733 eine Rolle gespielt; diesmal benutzte er den Anlaß, um Bach im Auftrag des Kurfürsten das Diplom zum Titel eines Hofcompositeurs zu überreichen.

Hermann Carl Graf von Keyserlingk stammte aus Okten/Kurland, wo er 1696 geboren wurde; gestorben ist er am 30. September 1764 in Warschau. Von 1733 bis 1745 und wieder von 1749 bis 1752 residierte er als russischer Gesandter am Dresdner Hof. 1741 in den Reichsgrafenstand erhoben, geht er 1745 als Gesandter nach Berlin. Mit ihm steht vor allem Bachs Klavierübung Teil IV (BWV 988), die sogenannten »Goldberg-Variationen«, in enger Verbindung. Überliefert ist deren Anlaß: Sooft der Graf schlecht schlafen konnte, mußte ihm sein Schützling und Diener Johann Gottlieb Goldberg (1727-1756), Schüler Wilhelm Friedemanns in Dresden und Johann Sebastians in Leipzig, auf dem Cembalo vorspielen. Für solche Zwecke habe Bach dem Grafen seine Klavierübung Teil IV übersandt; zum Dank für die Komposition soll Keyserlingk einen goldenen mit hundert Louis d'Or gefüllten Becher übersandt haben. In Berlin übernahm der Graf, der inzwischen preußischer Staatsminister war, am 26. September 1748 die Patenschaft bei dem dritten Kind Carl Philipp Emanuels, Johann Sebastian Bach d. J. (1748-1778). Keyserlingk teilte sich die Patenschaft mit den beiden Brandenburger Markgrafen und weiteren drei adligen Personen. Keyserlingks Bemühungen soll es außerdem zu danken sein, daß Bach sowohl den sächsischen Titel eines Hofcompositeurs erhielt als auch 1747 von Friedrich II. nach Potsdam eingeladen wurde. Gern wüßten wir heute, wie sich die persönliche Weiterleitung des Dekrets der Ernennung Bachs zum Hofcompositeur gestaltete: »*Den 28.* ejusd[em]. *ist das* Orig[inal]. *Sr.* Exc[ellence]. *dem Herrn* Bar[on]. *von Keyserling zugestellet worden.*«

Eine weitere Reise Bachs nach Dresden ist für November 1741 belegt, doch ist der Grund unbekannt. Bachs Vetter und Privatsekretär, Johann Elias Bach, begleitete ihn. Dessen Briefentwürfen ist zu entnehmen, daß beide auch dem Hause des Grafen einen Besuch abstatteten.

2. Die Konversion Augusts des Starken 1697 zum Katholizismus und seine residenzstädtischen Ambitionen veränderten in Dresden nach und nach auch das Gefüge musikalischer und kirchenmusikalischer Anstellungen und Zuständigkeiten. Betroffen davon waren die drei Dresdner Hauptkirchen, Kreuzkirche, Frauenkirche und Sophienkirche, sowie die Frage nach Hofkirche bzw. Hofgottesdienst und seiner Musik. Bachstätten in Dresden sind die Sophienkirche, die neue Frauenkirche und das Opernhaus.

Die musikalischen Dienste in den Kirchen verteilten sich wie folgt: Bis 1695/1707 wirkten die Organisten der Frauenkirche zugleich als Organisten der Sophienkirche. Für den Hofgottesdienst mußten von 1697 an zwei vokal-instrumentale Ensembles organisiert werden: die »Churfürstlich Sächsische Capelle« und die »protestantische Hofkirchenmusik«. Der Kreuzkantor blieb nominell zugleich für die Sophienkirche zuständig – bis 1945, bis 1896 sogar für die Frauenkirche; obgleich schon seit 1791 vom Schuldienst befreit, war er doch bis 1885 Mitglied des Lehrerkollegiums (Quintus) der Kreuzschule. 1737 verlegte man den evangelischen Hofgottesdienst aus der Schloßkapelle in die Sophienkirche. Organisten des katholischen Hofgottesdienstes gab es seit 1697; dieser Gottesdienst fand zunächst in einem Saal des Schlosses statt, zwischen 1699 und 1708 benutzte man die Schloßkapelle in Moritzburg, von 1708 an diente das Opernhaus am Taschenberg – von Wolf Caspar von Klengel 1667 erbaut – nach Umbau dem katholischen Gottesdienst. 1751 endlich konnte die katholische Hofkirche geweiht, ihre Silbermannorgel aber erst am 2. Februar 1754 übergeben werden.

Die **Sophienkirche** entstand als Kirche der Franziskaner, deren Kloster sich unter Heinrich dem Erlauchten (1218/1230-1288) in Dresden zwischen den späteren zwei Brüdergassen ansiedelte. Ihr relativ einfacher zweischiffiger gotischer Bau aus der Zeit Friedrichs des Strengen (1332/1349-1381) besaß keine Türme. Bis 1602 hieß die Kirche noch Barfüßerkirche, stand aber seit der Reformation ungenutzt; nun wurde sie von der Kurfürstinwitwe Sophie (1568-1622), der Gemahlin Christians I. (1560/1586-1591), dem Gottesdienst übergeben und nach ihr benannt. Als man vor 1737 die Schloßkapelle, in der Schütz musiziert hatte, baulich in den Bereich der Wohnung der kurfürstlichen Familie einbezog, erhob man die Sophienkirche zur evangelischen Hofkirche. Diese Veränderung fiel in die Dienstzeit des Oberhofpredigers Bernhard Walther Marperger (1681/1724-1746), des Dresdner Stadtsuperintendenten Valentin Ernst Löschers (1673/1709-1749) und des Organisten Wilhelm Friedemann Bach (1710-1784). Die Sanierung 1864-1866 bescherte der Kirche zwei Türme an ihrer Westfront. In der Dresdner Bombennacht vom 13. zum 14. Februar 1945 wurde sie bis auf die Grundmauern zerstört. Die Stadt beräumte 1963 widerrechtlich die Schuttstelle und errichtete auf dem Platz eine Schnellgaststätte.

Die Sophienkirche hat eine überschaubare **Orgel**geschichte, die nun freilich ausschließlich historisch bleibt: seit spätestens 1487 wissen wir von einem Instrument, 1624 kommt es zu einem Neubau mit 18 Registern auf 2 Manualen, Rückpositiv, Pedal, Tremulanten und Zimbelstern durch den Dresdner Orgelbauer Tobias Weller (gest. um 1665). Diese Orgel tut ihren Dienst bis 1721. Dann wird sie für 200 Reichstaler nach Radeburg verkauft. Wilhelm Friedemann Bachs Vorgänger, Christian Petzold, war an der

Entscheidung zu einem neuen Orgelwerk ausdrücklich beteiligt. Schon seit 1712 lag ihm die Disposition für eine neue Orgel vor. Johann Heinrich Gräbner, Frauenkirchenorganist und Orgelbauer, hatte sie erarbeitet und durch Petzold billigen lassen. 1718 kommt es zum Kontraktabschluß mit Gottfried Silbermann aus Freiberg. Die Übernahme durch den Rat der Stadt ging am 15. vonstatten, die Einweihung wurde am 18. November 1722 festlich begangen. Entwürfe für Prospekt und Gehäuse sollen von George Bähr stammen, der auch eine neue Chorempore auf der Südseite der Kirche und die Bälgekammer erbaute. Im Gefolge des Kirchenumbaus von 1866 erhielt die Orgel 1875 eine neue Aufstellung auf der neuerrichteten Westempore über dem Eingang. Die Orgel besaß 31 Register, Tremulant für das ganze Werk, Manualkoppel, zwei Manuale und Pedal.

Johann Sebastian Bach kannte beide: Dresdens alte **Frauenkirche**, und die neue, einen Bau des Dresdner Ratszimmermeisters George Bähr (1666-1738). Für dieses Bauwerk galt damals und gilt heute: Umstritten und bewundert! Auch daran wird Bach teilgehabt haben. Und auch dieser Umstand verbindet uns Heutige mit ihm. Zunächst stand bis 1722 noch das alte Bauwerk aus dem 12./15. Jahrhundert. Es war lange als Friedhofskirche verwendet worden, nachdem es eine eigene mittelalterliche Geschichte hatte. Nach der Einführung der Reformation in Sachsen stand die Kirche 16 Jahre ungenutzt. 1556 öffnete man sie dem evangelischen Gottesdienst, von 1559 an wurde sie zur Parochialkirche eines ausgedehnten Kirchspiels erhoben: bis 1674 gehörten viele Dörfer elbaufwärts in südöstlicher Richtung der Stadt zu ihr. Doch auch die Verselbständigung der Dörfer konnte auf Dauer den Platzmangel nicht wirklich beenden. So kam es 1721 zum Beschluß eines Neubaus; 1722 trug man den alten Bau ab und translozierte den Frauenkirchhof, auf dem sich auch das Grab des Dresdner Altmeisters der Kirchenmusik, Heinrich Schütz' (1585-1672), befunden hatte. Dann begann man mit einem Bauwerk, das 12 Jahre Bauzeit benötigen und in seiner Einmaligkeit zu dem protestantischen Kirchenbau Deutschlands schlechthin werden würde. Als die neue Kirche durch den Dresdner Stadtsuperintendenten Löscher am 28. Februar 1734 eingeweiht wurde, waren die aufregenden Zeiten der endgültigen Finanzierung noch immer nicht beendet, es fehlten noch wesentliche Teile ihrer Ausstattung zur Vollendung: Glokken, Orgel, Altar, oberste Kuppel mit Laterne. Die Deckung der Kosten bereitete damals ebenso Probleme wie heute; die Veranstaltung einer Lotterie reichte bei weitem nicht aus. Obwohl dieser Kirchenbau längst schon ein Politikum geworden war – er gehörte zur residenzstädtischen Planung Augusts des Starken –, führte ein öffentlich vollzogener Betrug des späteren Kanzlers Graf Brühl zur Deckung der fehlenden Finanzen: Superintendent Löscher empfing in Meißen die vom Erzbischof Firmian vertriebenen Salzburger Protestanten – Dresden durften sie mit Rücksicht auf den katholischen Kurfürsten nicht betreten –, um ihnen die Kollekte der evangelischen Gemeinden Sachsens

Dresden, Neumarkt mit Frauenkirche, Ölgemälde von Bernardo Belotto, Gemäldegalerie Alte Meister

einschließlich Dresdens zu überbringen. Im letzten Augenblick verfügte Brühl, daß die gesammelten 28 000 Taler zur Restfinanzierung der Frauenkirche zu verwenden seien.

Für die **Orgel** der Frauenkirche übergab Gottfried Silbermann am 8. Mai 1732 dem Rat eine Disposition; am 13. November kam es zum Kontraktabschluß. Schon Anfang Oktober 1733 erklärte er dem Rat, er könne mit dem Einbau beginnen, doch habe George Bähr weder Gehäuse noch Bälgekammer fertiggestellt. Dem folgten noch weitere Verzögerungen, da Bähr am vorbereiteten Gehäuse Änderungen vornehmen mußte. Über den Kontrakt hinaus lieferte er zwei Register zusätzlich: Chalumeau 8 f. im Brustwerk und Clarin 4 f. für das Pedal. Auf Wunsch Johann Heinrich Gräbners versah er das Hauptwerk mit doppelten Ventilen sowie einer Windkoppel aus dem Pedal. Endlich, am 22. November 1736, konnte die Orgel durch Konzertmeister Johann Georg Pisendel (1687-1755), Kreuzkantor Theodor Christlieb Reinholdt (1682-1755), Hoforgelbauer Johann Heinrich Gräbner und Frauenkirchenorganist Christian Heinrich Gräbner geprüft, übergeben und am 25. November eingeweiht werden. Schon sechs Tage später konzertierte Bach auf dem Werk. Der Orgel war bis zu ihrer vollständigen Zerstörung eine erstaunliche Dauerhaftigkeit beschieden. Wir hören von regelmäßigen Arbeiten an ihr, die sich aber meistens auf Reinigung und Stimmung beziehen. Nach der Beschießung Dresdens durch Friedrich den Großen 1760 hatte die Orgel sehr gelitten, obwohl dieser nach der erfolglosen Beschießung der Kuppel der Frauenkirche die Kreuzkirche unter Beschuß genommen hatte. Bei einer Prüfung 1844 baute der Dresdner Orgelbauer Jehmlich anstelle der Sesquialtera im Oberwerk eine Fugara 8 f. ein. 1902 blieb die Orgel trotz eines gefährlichen Blitzeinschlages bewahrt. Durch die Firma Johannes Jahn kam es 1912 zu einem weitreichenden Eingriff: Einbau eines Schwellwerkes auf Kegelladen und weiterer zusätzlicher Stimmen in Hauptwerk, Oberwerk und Pedal; im Brustwerk wurde anstelle des stumm gesetzten originalen Brustprinzipals ein Prinzipal 4 f. ergänzt, Manualerweiterungen und Einbau des viermanualigen Spieltisches. Kurz vor dem Krieg, 1938 – Ende der Arbeiten erst 1942 –, führte die Firma Jehmlich die Veränderungen am Brustwerk wieder zurück, fügte dem Pedal die Register Rohrflöte 2 f. und Singend Cornett 2 f. zu; vor allem aber kam es zur Aufstellung eines fünfmanualigen fahrbaren Spieltisches, von dem aus eine Chororgel auf dem vierten und eine Kuppelorgel auf dem fünften Manual spielbar war (jede der drei Orgeln hatte aber auch ihren eigenen Spieltisch). Planung und Beratung lagen wesentlich bei dem damaligen Organisten Hanns Ander-Donath (1898-1964). In der Bombennacht des 13./14. Februar 1945 verbrannte zusammen mit der gesamten Innenausstattung der Kirche auch die Orgel; die noch sichtbare Kuppel der Frauenkirche – Wahrzeichen Dresdens für reichlich 200 Jahre – sank am Morgen des 15. Februar in sich zusammen.

Der im Gange befindliche archäologische **Wiederaufbau der Frauenkirche** darf nicht nur als anspruchsvollstes Rekonstruktionsprojekt in der Geschichte der Denkmalpflege bezeichnet werden; es ist zugleich ein außerordentliches Architektur-Abenteuer. Nach dem Abschluß der archäologischen Enttrümmerung im Mai 1994 wurde inzwischen das Außenbauwerk, die neuen technischen Einrichtungen und die Kellergewölbe aufgebaut. Am 21. August 1996 fand die Einweihung der **Unterkirche** statt, in der nun regelmäßig Gottesdienste und Konzerte stattfinden. Ziel ist es, das Bauwerk zum Stadtjubiläum Dresdens 2006 vollendet zu haben. Auch für die Orgel existieren inzwischen greifbare Pläne. Es besteht die Absicht einer historisch getreuen Rekonstruktion der Silbermann-Orgel in Verbindung mit dem Neubau einer großen zweiten Orgel, die wesentliche musikalische Aufgaben in Gottesdienst und Konzert übernehmen kann. Dresden erhält damit eine authentische Bachstätte zurück: die Frauenkirche und ihre Orgel. Sie verband und verbindet jene beiden Meister miteinander, Gottfried Silbermann und Johann Sebastian Bach, obwohl beide sich nach bisheriger Kenntnis in Dresden nie begegneten. Das war einer späteren Gelegenheit in Naumburg vorbehalten.

Vor der Frauenkirche steht das **Denk-**

mal Martin Luthers von A. Donndorf, 1855 geschaffen. Das **Opernhaus** am Zwinger, von Matthäus Daniel Pöppelmann 1718-1719 erbaut, das Bach kannte und besucht hat, wurde 1841 durch das Haus Gottfried Sempers (1803-1879) ersetzt.

3. Literatur

Hans-Joachim Schulze, Ein »Dresdner Menuett« im zweiten Klavierbüchlein der Anna Magdalena Bach. Nebst Hinweisen zur Überlieferung einiger Kammermusikwerke Bachs. Bach-Jahrbuch 1979

4. Reiserouten, Auskünfte, Adressen, Öffnungszeiten

Dresden ist mit öffentlichen Verkehrsmitteln problemlos zu erreichen.
Mit dem Auto über A 4, A 13 und A 17 (im Bau) aus allen Richtungen.

Auskünfte erteilen:
Evangelisch-Lutherisches Pfarramt der Kreuzkirche Dresden
An der Kreuzkirche 6
01067 Dresden
Telefon 03 51-4 39 39 20
Fax 03 51-4 39 39 39

Öffnungszeiten:
Winter (Oktober-April) 10.00-16.00
Sommer (Mai-September) 10.00-18.00
außer in Zeiten kirchlicher Veranstaltungen

Tourist Information Dresden
Ostra-Allee 11
01067 Dresden
Telefon 03 51-49 19 20
Fax 03 51-49 19 21 16 oder -49 19 22 44

Eisenach

1. Daß Eisenach bedeutsame Ereignisse der deutschen Geschichte und das Leben und Wirken großer Persönlichkeiten auf engem Raum zusammenschließt, macht einen Besuch in dieser Stadt so eindrücklich. Offensichtlich war man sich in Eisenach dessen schon früh bewußt. So weist der Buchdrukker des Eisenacher Gesangbuches von 1673, Johann Günther Rörer in einer Vorrede darauf hin, daß die Stadt Eisenach *»die ehemalige Schutzheldin des verfolgten hochseeligen Mannes Gottes Lutheri«* gewesen sei, *»der damals durch Göttliche Gnade in dem Fürstl. Hause Warteburg / als unter einem sichern Schilde / verborgen / geborgen u. versorget wurde«*. Heute denken wir insbesondere auch an den Sängerkrieg auf der Wartburg, an die heilige Elisabeth von Thüringen, an Luthers und Bachs Schulzeit und an das Wartburgfest 1817 mit der Gründung der Burschenschaften.

Johann Sebastian Bach wäre am 21. März 1685 mit hoher Wahrscheinlichkeit in Erfurt zur Welt gekommen, hätte sein Vater Johann Ambrosius die von ihm 1684 beantragte Entlassung aus der Eisenacher Hofkapelle erhalten. Unter dem 2. April 1684 schrieb er an den Rat der Stadt, daß er *»nunmehro vor 12 Jahren zum Stadt Pfeiffer dienst hirher berufen und befördert worden [sei], solchen Dienst auch biß dato nach möglichkeit versehen, dieweil* *mir aber aus nachfolgenden Ursachen denselben länger zu halten schwer fallen will. Indem ich 1. mein Weib vnd 6 Kinder so mir Gott in meinem Ehestande gegeben zu verpflegen habe«*, er auch unter folgenden Punkten manche Erschwernisse aufzählen könne, die er in Eisenach zu ertragen habe, weshalb er »*nechst Gott gäntzlich entschlossen [sei], sobald Erffurt wegen der ausgestandnen Contagion [Pest] wieder aufgethan wird, mich mit den Meinigen dahin zu wenden*«.

Er, Johann Ambrosius Bach, hatte am 8. April 1668 in der Erfurter Kaufmannskirche Elisabeth geb. Lämmerhirt geheiratet. Bevor die Familie im Oktober 1671 nach Eisenach übersiedelte, waren in Erfurt zwei Kinder zur Welt gekommen. Von den bis 1685 insgesamt acht Geschwistern wuchsen nur drei zusammen mit Johann Sebastian im Elternhaus auf: Johann Balthasar, der aber bereits 1691 starb, Maria Salome und Johann Jacob. Johann Christoph war schon außer Haus, die übrigen Geschwister schon verstorben.

Das familiäre Leben erfuhr den bittersten Einschnitt durch den Tod der Mutter im Mai 1694. Bachs Schwester Maria Salome übersiedelte zu Erfurter Verwandten; und als dann auch der Vater, der nochmals geheiratet hatte, neun Monate später im Februar 1695 verstarb, nahm der 24jährige Johann Christoph seine Brüder Johann Jacob (13 Jahre alt) und Johann Sebastian (10 Jahre alt) zu sich in die Familie nach Ohrdruf.

Doch dürfte Eisenach für Johann Sebastian Bach in umfassenderer Weise

Eisenacher Gesangbuch, 1673, Frontispiz und Titel

prägend gewesen sein, als dies sein kindliches Alter beim Weggang von dort vermuten läßt. Zu erinnern ist an die erste musikalische Ausbildung, die er gewiß nicht nur vom Vater erhalten hat. Sichere Quellen fehlen dazu zwar, wie auch zur Schulausbildung, doch gehörte zu dieser die ganze Breite des damals Unterrichteten: Lesen, Schreiben, Rechnen und vor allem die Einübung in den christlichen Glauben durch Bibel, Gesangbuch, Katechismus und durch das Mitsingen im Chorus symphoniacus. Auch die Nähe des Sächsisch-Eisenachischen Hofes mit dem Bildungspotential seiner kulturellen Unternehmungen sollte man nicht unterschätzen, weilten doch verschiedene namhafte Künstler jener Zeit längerfristig oder auch vorübergehend am Ort: Genannt seien nur der Kapellmeister Daniel Eberlin, der Kantor Johann Andreas Schmidt, in späterer Zeit auch Telemann und Pisendel. Nicht unwesentlich sind aber auch die grundlegenden Eindrücke, die Johann Sebastian in seiner Eisenacher Zeit vom Orgelbau erhalten haben dürfte. Zwar kam es erst zwischen 1696 und 1707 zu einem Neubau der großen Orgel in der St. Georgenkirche durch den Ohrdrufer Orgelbauer Georg Christoph Stertzing, doch Johann Sebastians Onkel, der Organist Johann Christoph Bach (1642-1703), strebte seit vielen Jahren durch Umbauten eine Verbesserung seines Instrumentes in Eisenach an. Dieser Johann Christoph wird von Johann Sebastian in der Genealogie »Ursprung der musicalisch-Bachischen Familie« (um 1735) als *»profonder Componist«* bezeichnet, und Carl Philipp Emanuel fügte hinzu, dieser sei *»der große und ausdrückende Componist«* gewesen. Das läßt darauf schließen, daß Johann Sebastian schon in seiner Eisenacher Zeit durch Unterricht von seinem Onkel beeinflußt, zumindest aber durch Kenntnisnahme seiner musikalischen Leistungen gefördert worden ist.

Die Eisenacher Lateinschule konnte sich immer guter Lehrer rühmen. Während Bachs Schulzeit dominierten vor allem der Ephorus der Schule, Bachs Taufpfarrer M. Johann Christoph Zerbst (Generalsuperintendent und Pastor primarius seit 1691), der, allerdings schon kränkliche, Rektor Heinrich Borstelmann, der Konrektor M. Christian Zeidler (seit 1693 praktisch als Rektor tätig), der Tertius Rudolph Christian Hesselbarth und Andreas Christian Dedekind als Quartus und Kantor. Dedekind scheint mit den Bachs in einer näheren Beziehung gestanden zu haben, leistet er doch nach dem Tod des Vaters der Familie den Freundschaftsdienst der Kuratorentätigkeit, d.h. er übernahm die Vertretung der nicht rechtsfähigen Familienmitglieder in allen Rechts- und Erbangelegenheiten.

Ein Exemplar des Gesangbuchs, das in der frühen Lebenszeit Bachs in Eisenach benutzt wurde und das er als Gottesdienstbuch wie auch als Lehr- und Lernbuch wohl täglich in Händen gehabt haben dürfte, ist im Bachhaus zu sehen. Es ist mit zwölf kunsthistorisch und theologisch bedeutsamen Kupferstichen des Eisenacher Künstlers Johann David Herlicius versehen, jenes Malers, von dem vermutlich das Porträtgemälde Johann Ambrosius Bachs stammt.

Nach damaligem Brauch könnte Eisenach auch der Ort des ersten Abendmahlsganges des zehnjährigen Johann Sebastian gewesen sein. Die Feier der Konfirmation dürfte sowohl in Eisenach als auch in Ohrdruf noch nicht üblich gewesen sein, doch die Firmung – wie man die erste Abendmahlsteilnahme nannte – erfolgte, zeitgenössischer Überlieferung zufolge, etwa in diesem Lebensalter.

2. Neben der Wartburg und dem Lutherhaus ist das **Bachhaus** das erklärte Ziel der meisten Besucher Eisenachs. Schon seit 1868 weist eine Tafel am Haus Frauenplan 21 darauf hin, daß *»Johann Sebastian Bach am 21. März 1685 in diesem Hause geboren«* worden sei. Diese Ansicht war im wesentlichen das Ergebnis mündlicher Überlieferung in Eisenach. Das Haus gewann an Bedeutung, als im Jahr 1902 die Neue Bachgesellschaft den Abriß der alten Thomasschule in Leipzig nicht hatte verhindern können und nun bestrebt war, dieses Haus aus Privathand anzukaufen, zumal für das Areal am Frauenplan gleichfalls Abrißpläne bestanden. Am 6. Januar 1906 ging das Haus in den Besitz der Neuen Bachgesellschaft über. Der Wunsch Georg Bornemanns, eines ihrer Vorstandsmitglieder, läßt ahnen, was die Menschen damals angesichts des Bachhauses empfanden: *»daß alle diejenigen, die in Zukunft zu der Stätte pilgern werden, an der einer der größten Geister aller Zeiten Mensch geworden, davontragen möchten einen Funken seines dem Höchsten zugewendeten Idealismus und zugleich einen Teil der Demut vor dem Höchsten, die J.S. Bach zum Lebensmotto das Wort eingegeben hat: Soli deo gloria!«*

Auch die Beschreibung des Inneren des Bachhauses in der damaligen Eisenacher Tagespost ist von der verehrungsvollen Haltung bestimmt, mit der man sich dem Werk und dem Andenken Bachs zuwendete: Von einer Art Vorraum *»erreicht man das Geburtszimmer Bachs, einen engen dürftigen Raum, den Herr Dr. Bornemann ebenfalls wieder ganz in dem Stil der damaligen Zeit hergerichtet hat: Ein Himmelbett mit derber bunter Wäsche, davor eine Wiege ... ein uralter tiefgründiger Schrank. Die unbeworfene Lehmdecke und Wände erinnern lebhaft an die Bedürfnislosigkeit der Menschen jener Tage.«*

Dennoch befinden wir uns gerade in bezug auf das Bachhaus auf historisch unsicherem Boden. Bereits Mitte des vorigen Jahrhunderts waren Zweifel aufgekommen, ob das Haus am Frauenplan tatsächlich Bachs Geburtshaus ist. Seit 1928 hält man es für wahrscheinlicher, daß Johann Sebastian Bach nicht dort geboren wurde, sondern in einem Haus in der Fleischgasse, heute Lutherstraße 35, wenige Schritte vom Frauenplan entfernt. Das Haus am Frauenplan hatte sich im 18. Jahrhundert zwar zeitweise im Besitz Bachscher Familienmitglieder befunden, nachdem es zuvor der bereits erwähnte Rektor der Lateinschule, Heinrich Borstelmann, besessen hatte; doch nur das Haus Lutherstraße 35 wird in den Geschoßregistern der Stadt von 1675 bis 1695 zweifelsfrei als Eigentum von Johann Ambrosius Bach geführt. In den Jahren 1671 bis 1673 hatte die Familie

Bach zunächst in dem der Rückseite des Bachhauses gegenüberliegenden Wohnhaus des Oberförsters Balthasar Schneider, Ritterstraße 11, gewohnt.

Doch ändert diese Unsicherheit nichts an unserer Nähe zu Johann Sebastian Bach in Eisenach. Sie bestätigt nur erneut, daß die Lebensumstände Bachs dem heutigen Zugriff weitgehend entzogen bleiben. Um so gewichtiger und bedeutsamer steht sein Werk vor uns. Daß im Bachhaus am Frauenplan nicht nur informiert, sondern auch musiziert wird, ist Gewähr dafür, daß der zitierte Wunsch Georg Bornemanns sich bis heute an jedem Besucher des Bachhauses erfüllt. Das Haus in der Fleischgasse ist längst einem neueren Gebäude gewichen. Vom Haus am Frauenplan reichen einzelne Bauteile, besonders des Kellergeschosses, bis in das 13. Jahrhundert zurück. Seine heutige Gestalt hat es im wesentlichen um die Wende vom 16. zum 17. Jahrhundert erhalten. Nach starker Beschädigung im Zweiten Weltkrieg wurde es mit öffentlicher Hilfe stilvoll wiederhergestellt. Es erfüllt bis heute seine in der Satzung der Neuen Bachgesellschaft beschriebene Bestimmung: »*Das Bachhaus ist Gedenkstätte für Johann Sebastian Bach und sammelt und zeigt Gegenstände und Dokumente, die in Beziehung zu Bachs Leben und Werk stehen. Es wirkt durch Führungen, Vorträge, Konzerte, Publikationen, Sonderausstellungen u. a. in die Öffentlichkeit.*«

Direkt vor dem Bachhaus auf dem Frauenplan steht heute das **Eisenacher Bachdenkmal**. Schon anläßlich des 100. Todestages Bachs im Jahr 1850 war der Gedanke an ein solches Denkmal aufgekommen. Nach einer Sammelaktion, an der sich auch namhafte Künstler und Musiker beteiligten, u. a. Franz Liszt, Hans von Bülow und Joseph Joachim, hatte man im Jahr 1878 Adolf von Donndorf den Auftrag für das Denkmal erteilen können. 1884 wurde es dann, durch die Howalt-Gießerei in Braunschweig in Bronze gefertigt, auf der Rotunde vor dem Westeingang der Georgenkirche der Öffentlichkeit übergeben. Dort stand es bis 1938, mußte dann dem St. Georgsbrunnen weichen, der von der Mitte des Marktplatzes aus Gründen politischer Aufmärsche an seine Stelle versetzt wurde, und erhielt seinen heutigen Platz am Frauenplan vor dem Bachhaus. Aus perspektivischen und künstlerischen Gründen hatte der Sockel gekürzt und das Relief der H. Caecilie im Hintergrund der Anlage angebracht werden müssen, was den einstigen Eindruck des Denkmals nicht mindert.

Die **Georgenkirche** ist die Taufkirche Johann Sebastian Bachs. Er wurde hier am 23. März 1685 durch M. Johann Christoph Zerbst getauft. Neben dem Pfarrer standen als Paten der Berufskollege des Vaters, Sebastian Nagel aus Gotha, der Forstbedienstete Johann Georg Koch aus Eisenach und der Vater, vielleicht auch Geschwister Bachs, am **Taufstein**. Dieser Taufstein von 1503 befindet sich heute ebenso in der Kirche wie die Kanzel von 1676 mit der schraubenförmig gearbeiteten Säule, die vom Sinnbild des Weinstocks umwunden ist. Die Kreuzigungsgruppe auf dem Altar (entstanden um 1500) hat als einziges Werk thüringischer bzw. fränkischer Schnitzkunst die Zerstörungen des Bildersturms 1525 in der Georgenkirche überstanden. Sie verbindet die beiden Lateinschüler Martin Luther und Johann Sebastian Bach: Beide haben sicher unter dieser Kreuzigungsgruppe an der Kommunion teilgenommen. Eine **Weinkanne** des Abendmahlsgerätes stammt aus dem Jahr 1690 und weist durch ihre Gravur die damaligen Eisenacher Herzöge als Stifter aus. Von den vielen Sehenswürdigkeiten sei ansonsten nur auf das Doppelgemälde an der Nordwand des Chorraumes hingewiesen, das Herzog Johann Ernst I. 1618 zur Erinnerung an die Jahrhundertfeier der Reformation anbringen ließ. Die **Grabsteine** der Thüringer Landgrafen an den Wänden des Chorraumes, vermutlich in Anlehnung an ältere zerstörte Originale von einem Mönch am Ende des 13. und Anfang des 14. Jahrhunderts geschaffen, kamen erst 1952 in die Georgenkirche, nachdem sie Jahrhunderte im Hauskloster der Thüringer Landgrafen in Reinhardsbrunn standen.

Von der **Orgel**, die zwischen 1696 und 1707 von dem Ohrdrufer Orgelbauer Georg Christoph Stertzing (um 1666-1717) eingebaut wurde und die in ihrer Disposition auf Bachs Onkel Johann Christoph Bach (1642-1703) zurückgeht, ist heute noch der kostbare, von Friedrich Frank († 1742) geschnitzte Prospekt von 1719 zu sehen. Johann Christoph Bach hatte sich jahrelang um die Verbesserung der alten Orgel bemüht, die um 1575 unter Verwendung von Pfeifen eines Instrumentes aus der ehemaligen Franziskanerkirche erbaut worden war. Im Abstand von wenigen

Eisenach, Georgenkirche, Taufstein und Orgel

Jahren waren seitdem immer wieder Reparaturen und Erneuerungen notwendig geworden. Nach einem Mängelverzeichnis, das Johann Christoph Bach 1678 erstellt hatte, und nach mehreren Dispositionsvorschlägen zur Verbesserung der vorhandenen Orgel, war es 1697 endlich zum Vertragsabschluß für einen Orgelneubau gekommen. Johann Sebastian lernte als Schüler in der Georgenkirche noch die alte Orgel mit 26 Stimmen auf 3 Manualen und Pedal kennen. Die neue Orgel war dann ein Instrument mit 4 Manualen, Pedal und 69 Registern, über die Johann Christoph Bach bereits 1697 die prophetischen Sätze geschrieben hatte: *»Uff solche Weise bekommen wir mit Gottes hülffe ein zumal der Disposition halber schönes Orgellwerck, dessen Eisenach weit und breit, zumahl bey Or-*

gell- und Music Verständigen ruhm und Ehre haben, hingegen aber an denen benachbarten Orten dergleichen so nicht zu finden seyn wird. ... Ein solches Werck machet gar uff gewiße maße gute organisten, welches mir sehr viel in meinem thun und profession hette helffen sollen, wenn ich seit a[nn]o 1665 biß itzo ein solches Werck zu tractiren unter meinen Händen alhir gehabt hette; Gott gebe folgend zu diesem einen guten und endlichen Ausspruch.«

Nach mehrfachen Reparaturen erfolgte 1911 ein völliger Neubau mit 75 Registern durch die Firma Gebrüder Jehmlich, Dresden; diese Orgel wurde 1982 durch ein Werk der Firma A. Schuke, Potsdam, mit 60 Registern ersetzt (Disposition der Orgel siehe Anhang, S. 294 f.).

Seit 1939 steht in der Vorhalle der Georgenkirche ein **Standbild** Johann Sebastian Bachs, geschaffen von Paul Birr, Berlin. Die Zeit seiner Entstehung und Aufstellung fällt zusammen mit der der Versetzung des Donndorfschen Bachdenkmals vom Platz vor der Kirche (1938). Es verweist auf die Verbindung Bachs mit seiner Taufkirche.

Als Folge der Reformation wurde im Gebäude des 1235 errichteten Dominikanerklosters im Jahr 1554 die Georgenschule untergebracht, eine **Lateinschule**, die einst Luther besuchte und die nun seit 1525 evangelische Lehrer hatte. 1704 richtete man im oberen Stockwerk ein Theologenseminar ein. 1707 erfolgte die Umwandlung der Lateinschule in ein Gymnasium. Dieses bestand bis zum Ende des Zweiten Weltkrieges, zuletzt unter der Bezeichnung Karl-Friedrichs-Gymnasium; dann wurde es als Luther-

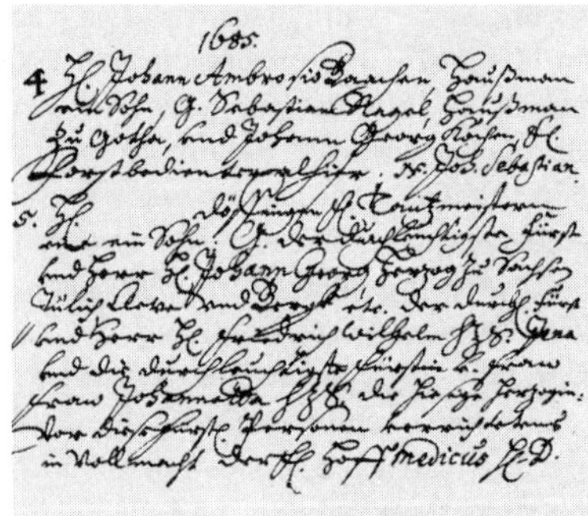

Eintragung im Taufregister von St. Georg vom 23. März 1685

Oberschule weitergeführt, bis 1955 die ehemaligen Klostergebäude ein Institut für Lehrerbildung aufnahmen. Im Jahr 1991 führte der Stadtrat das Gebäude seiner ehemaligen Bestimmung wieder zu, und es beherbergt nun wieder das Gymnasium der Stadt Eisenach. Zunächst gab es hier – wie in allen Lateinschulen – nur eine Kurrende, in der Luther mitsang und von der er gesagt hat: »Verachte mir einer solche Gesellen nicht, ich bin auch ein solcher Partekenhengst gewesen.« Doch seit 1629 bildete man aus den Begabteren einen Chorus symphoniacus. In den »Annales Isenacenses« des Eisenacher Chronisten Christian Franz Paullini von 1698 ist dazu zu lesen: »*Den ärmeren Schülern, die dreimal in der Woche heilige Psalmen auf den Straßen singen, wird die Möglichkeit gegeben, sich Almosen zu erwerben. Unter diesen war Luther, der freimütig bekennt, daß er um Gottes willen sich Brot erworben habe. Magister Jeremias Weinrich [der Rektor] aber wollte auch den übrigen Lernenden einen Antrieb geben und richte-*

te mit [dem Generalsuperintendenten] Götz zur geschmackvolleren Pflege der Musik einen Chorus symphoniacus ein. Zuerst gingen vier Scholaren singend durch die Stadt. Diese neue Sache gefiel den Einheimischen und Fremden sehr gut. Wie Götz einmal besonders aufmerksam zuhörte, wurden ihm die Wangen naß, und er dankte Gott für diesen einzigartigen Schmuck der Schule und der Stadt. Später wuchs die Zahl, da auch Söhne der vornehmeren Bürger sich dazu gesellten, bisweilen auf mehr denn vierzig, so daß nicht mehr die Lehrer zusammen mit einigen Bürgern sich der Mühe unterziehen brauchten im Chor Hymnen zu singen, da die Schüler jeglichem Wunsche entsprachen.«

Die Kurrende sang bis 1874. Auf Anregung der Neuen Bachgesellschaft wurde sie 1914 wieder ins Leben gerufen und war bis in die sechziger Jahre tätig. Johann Sebastian Bachs Teilnahme am Chorus symphoniacus ist nirgends ausdrücklich nachzuweisen, doch wird man davon ausgehen dürfen, daß der Sohn des »Haußmanns« und Stadtmusikus Johann Ambrosius Bach, dessen Eisenacher Schulzeit in der Lateinschule durch die Schülerlisten belegt ist, schon dort seine frühesten Erfahrungen mit Figuralmusik gemacht hat. Als wesentliches Material des Chorus symphoniacus diente das heute noch im Stadtarchiv aufbewahrte alte **Kantorenbuch**, das Stücke von Josquin de Prez, Johann Walther, Thomas Stoltzer, Heinrich Isaac, Ludwig Senfl, Heinrich Fink, Conrad Rein u. a. enthält. Es ist in der Art der alten großformatigen Cantionale angelegt, von denen – eine bestimmte Aufführungspraxis vorausgesetzt – auch bei Vielstimmigkeit nur ein einziges Exemplar für den ganzen Chor benötigt wurde.

Von den Lehrern Bachs ist nur ein einziger auf einem Bild zu sehen, das allerdings nicht in Eisenach, sondern in der Kirche in **Großenlupnitz** bei Eisenach rechts neben dem Altar hängt. Es handelt sich um Rudolph Christian Hesselbarth, der seit 1711 Pfarrer in dieser Gemeinde war. Während der Schulzeit Bachs war er Tertius, fungierte aber als Konrektor.

Das Gebäude der Schule am Predigerplatz ist gut erhalten und mit einer **Gedenktafel** an Bachs Schulzeit versehen.

3. Literatur

Claus Oefner, Die Musikerfamilie Bach in Eisenach. Schriften zur Musikgeschichte Thüringens, Heft 1. Eisenach 1996

4. Reiserouten, Auskünfte, Adressen, Öffnungszeiten

Eisenach liegt an der Eisenbahnmagistrale Frankfurt/Main – Erfurt – Berlin, IC/EC-Haltepunkt.

Mit dem Auto über die A 4; aus westlicher bzw. östlicher Richtung Abfahrt »Eisenach West« bzw. »Eisenach Ost«.

Auskünfte erteilen:
Evangelisch-Lutherische Superintendentur
Obere Predigergasse 1
99817 Eisenach
Telefon 0 36 91-20 34 32

Georgenkirche am Markt
Telefon 0 36 91-21 31 26
Öffnungszeiten
November – März 10.00-12.00 und 14.00-16.00
April – Oktober 10.00-12.30 und 14.00-17.00

Bachhaus Eisenach
Frauenplan 21
99817 Eisenach
Telefon 0 36 91-7 93 40
Fax 0 36 91-79 34 24
Öffnungszeiten
April – September Mo 12.00-17.45
Di-So 9.00-17.45
Oktober – März Mo 13.00-16.45
Di-So 9.00-16.45

Stadtkirchnerei Eisenach
Pfarrberg 2
99817 Eisenach
Telefon 0 36 91-73 26 62

Eisenach-Information
Markt 2
99817 Eisenach
Telefon 0 36 91-7 92 30 und –1 94 33
Fax 0 36 91-79 23 20
Öffnungszeiten
Mo 10.00-18.00
Di-Fr 9.00-18.00
Sa und So 10.00-14.00

Erfurt

1. Erfurt hätte durchaus der Geburtsort Johann Sebastian Bachs werden können, stammten doch seine Eltern aus dieser Stadt: seine Mutter, Maria Elisabeth (1644-1694), Tochter des Erfurter Kürschnermeisters und Ratsherrn Valentin Lämmerhirt († 1665), und sein Vater, Johann Ambrosius (1645-1695), Sohn des Erfurter Stadtmusikanten Christoph Bach (1613-1661). Aber nicht nur das: der Lebens- und Berufsweg des Vaters führte eigentlich nur zufällig nach Eisenach. Denn Johann Ambrosius Bach ergriff nach der Ausbildung durch seinen Vater Christoph Bach und seinen Onkel Johann Bach (1604-1673) mit 22 Jahren am 12. April 1667 den Beruf eines Erfurter Stadtmusikanten. Von der Übersiedelung der Familie 1654 an hielt er sich in Arnstadt auf, um nach dem Tod der Eltern wieder nach Erfurt zurückzukehren. In Erfurt heiratete er 1668, hier wurden auch zwei Kinder geboren, von denen das erste sechs Monate nach der Geburt verstarb. Sein Weg nach Eisenach muß als Zeichen des Willens zur Verselbständigung gesehen werden. Er trat dort am 12. Oktober 1671 den Dienst als Stadt- und Hofmusikant an. In Eisenach kamen noch sechs weitere Kinder hinzu, von denen das jüngste, Johann Sebastian, am 21. März 1685 geboren werden würde. Eigentlich wäre Johann Ambrosius gern nach Erfurt zurückgekehrt. Manches sprach gegen Eisenach, was Beruf und Familie betraf. Doch in Erfurt wütete, wie fast überall in Thüringen und Sachsen, in den Jahren nach 1680 die Pest, und es fielen ihr dort fast zehntausend Menschen zum Opfer, auch aus der näheren und weiteren Verwandtschaft der Bachs. Die Stadt wurde deshalb regelrecht geschlossen. Als sie im Frühjahr 1684 wieder geöffnet wurde, stellte Johann Ambrosius sogleich den Antrag auf Entlassung aus den Eisenacher

Diensten, der ihm jedoch abschlägig beschieden wurde.

Die Geschichte der Familie Bach in Erfurt hatte mit dem älteren Bruder von Bachs Großvater begonnen: Johann Bach kam 1635 in die Stadt. Durch das Wirken vieler Mitglieder der Familie bis 1805 wurde ihr Name schon bald identisch mit den Stadtmusikanten; 1716 sprach eine Notiz im Erfurter Ratsprotokoll sogar von den *»Stadt Musicanten oder so genannten Bachen«*. Johann Bach holte 1642 seinen jüngeren Bruder Christoph nach Erfurt, der bis dahin in Weimar und Wechmar ansässig gewesen war; doch dieser zog bereits 1654 nach Arnstadt. So erwies sich vor allem die Familie Johann Bachs mit seinen Nachkommen als besonders seßhaft und bildete mit anderen Erfurter Familien – Hoffmann, Hartung, Lämmerhirt, Buttstädt, Pachelbel, Adlung und Walther – einen großen und dominierenden Familienverbund, der bestimmend wurde und in gegenseitiger Hilfe Notsituationen zu überbrücken verstand. So lebten wohl die drei verwaisten jüngeren Kinder seines Bruders Christoph – Johann Ambrosius, Johann Christoph und Dorothea Maria – nach dem Tode ihrer Eltern 1661 vorübergehend im Hause Johann Bachs in Erfurt. Dieser Familienverbund tritt eindrucksvoll auch in der Organistenreihe der Predigerkirche in den Blick, der Ratskirche der Stadt, hier genannt in der Folge ihres Dienstbeginns:

1636	Johann Bach (1604-1673)
1673	Johann Effler († 1711 in Jena, ging 1678 nach Weimar)
1678	Johann Pachelbel (1653-1706, ging 1690 nach Stuttgart)
1690	Nikolaus Vetter (1666-nach 1732, ging 1691 nach Rudolstadt)
1691	Johann Heinrich Buttstädt (1666-1727)
1728	Jacob Adlung (1699-1762)

In der Predigerkirche hatte man mit dem Dienstantritt Johann Bachs eine neue Orgel durch Ludwig Compenius († 1671), Naumburg, zu bauen begonnen, nachdem in der Gemeinde lange überlegt worden war, *»entweder ihre alte sehr wandelbare Orgel renovieren und ausbessern oder aber eine gar neue fertigen zu lassen«* (Dingbrief mit L. Compenius vom 30. 12. 1647). Die neue mochte zu dieser Zeit – soeben ging der Dreißigjährige Krieg zu Ende – ihresgleichen suchen, jedoch wurde sie erst zum Jahresanfang 1650 vollendet.

Johann Sebastian Bach selbst kam in einen unmittelbaren nachweisbaren Kontakt zu Erfurt, jener »Bachstadt« in besonderem Sinne, durch den Auftrag der Orgelprüfung in der Augustinerkirche am 31. Juli 1716. Als Weimarer Hoforganist und Konzertmeister nutzte er das Orgelgutachten, um zusammen mit dem anderen Gutachter, dem Arnstädter Orgelmacher Johann Anton Weise (1672-1750), dem Orgelbauer Johann Georg Schröter (1683-vor 1749), zu dem »von ihme verfertigte[n] erstere[n] Meister-Stück«, das wohl geraten sei, zu gratulieren.

Erfurt, Augustinerkirche

Schröter stammte aus Berlstedt bei Weimar, wo er am 20. August 1683 geboren worden war. In welcher Werkstatt er sein Handwerk erlernt hatte, ist nicht bekannt. Er könnte bei dem Berlstedter Orgelbauer Vockerodt und bei einem der Ohrdrufer Stertzings gelernt haben. Bis zu seiner Einbürgerung in Erfurt 1712 arbeitete er offenbar bei verschiedenen Orgelbaumeistern in Thüringen. 1714 beantragte er bei der kurmainzischen Regierung in Erfurt ein Privileg für ausschließlich seine Tätigkeit im Bereich der Stadt und ihr zugehörigen Gebieten. Nach dem einmanualigen Orgelbau in der Klosterhofskapelle in Alach 1715 und einem zweimanualigen Werk in der Kirche zu Scherndorf war der Erfurter Auftrag für die Orgel der Augustinerkirche sein erster größerer Orgelbau. 1716 erhielt er das erbetene Privileg. Eine relativ große Zahl an Lehrlingen und Gesellen, aus denen auch prominente Vertreter des Orgelbaus hervorgegangen sind (Franciscus Volckland, Johann Paulus Trampeli und Johann Nikolaus Ritter), wurde ihm zum Verhängnis. Vor allem Volckland konnte ihm von 1726 an in Erfurt das Feld streitig machen. Seine Werbeschrift von 1723 weist ihn als geschäftstüchtigen Unternehmer aus; sie suchte zu ihrer Zeit gewiß ihresgleichen. Doch ist sie in Wirklichkeit Ausdruck großer geschäftlicher Bedrängnis: »*Churfürstl. Mayntzisches Gnädigstes PRIVILEGIUM, Wie auch Derer Clöster und Gemeinden ATTESTATA Wegen derer verfertigten neuen Orgel=Wercke / Ertheilet Johann Georg*

Schrötern / Bürgern und privilegirten Orgelmachern zu Erffurth. Gedruckt Anno 1723.«

Von 14 Orgelneubauten und zwei Reparaturen vereinigte er die Gutachten zusammen mit seinem Privileg von 1716, das ihn zu solcher Tätigkeit in der Stadt Erfurt und dem dazu gehörigen Landkreis bevollmächtigte, dem immerhin 72 Dörfer zugehörten. Insgesamt wissen wir von 22 Orgeln Schröters aus Erfurt und Umgebung. Die Erfurter Augustinerorgel war erst seine dritte, zugleich die größte, die er je gebaut hat (39 Stimmen), sie war aber nicht von ihm entworfen. Begonnen durch den Kasseler Orgelbauer Johann Friedrich Stertzing (1681-1731), mochten sich Merkmale in Disposition und Anlage finden, die Bach gelegentlich als Jugendlicher in der Eisenacher Georgenkirche (1696-1707) im Bau erlebt hatte (69 Register). Noch während des Eisenacher Orgelbaus hatte Georg Christoph Stertzing († 1717) 1706 unter Mitwirkung Johann Nikolaus Bachs (1669-1753) in der Jenaer St. Michaeliskirche ein 44 stimmiges Werk erbaut. Nach des jüngeren Stertzing Tod in Ohrdruf 1735 versuchte Schröter Erfurt zu verlassen und dort Fuß zu fassen. Doch hatte er damit kein Glück, und so blieb er in Erfurt. Die Aufträge gingen zurück, er befaßte sich zunehmend mit Reparaturarbeiten. Da Schröters letztes schriftliches Lebenszeichen aus dem Jahr 1747 stammt, seine Frau aber 1749 als Witwe in Erfurt verarmt stirbt, muß er während dieser Frist selbst auch verstorben sein.

Mitprüfer Bachs in Erfurt war der Orgelmacher Johann Anton Weise, seit 1698 in Arnstadt tätig; sein Vater Johann Moritz Weise (1632-1704) lebte als Orgelmacher in Gotha. Es dürfte für Bach das Wiedersehen mit einem Altbekannten gewesen sein, läßt es sich doch schlecht denken, daß Bach 1703 die Orgel der Arnstädter Neuen Kirche geprüft habe, anschließend dort für vier Jahre Organist gewesen sei und den ortsansässigen Orgelmacher Weise nicht kennengelernt haben sollte.

Ein späterer Besuchstermin Bachs in Erfurt wird von Jacob Adlung (1699-1762), dem Predigerorganisten und Verfasser zweier wichtiger musikologischer Werke – »Musica organoedi« 1758, »Anleitung zu der musikalischen Gelahrtheit« 1758 (mit Vorrede von Johann Ernst Bach [1722-1777], des Hofkapellmeisters von Weimar, Eisenach und Gotha) – erwähnt. Dieser Termin kann aber nicht vor Adlungs Übernahme der Organistenstelle der Predigerkirche am 1. Januar 1728 gelegen haben. Bach besuchte also Erfurt mindesten einmal von Leipzig aus. Bei dieser Gelegenheit habe Adlung ihn nach der einst geplanten Begegnung mit Marchand in Dresden gefragt: *»Als Herr Bach zu einer gewissen Zeit bey uns in Erfurt war, trieb mich die Begierde, alles genau zu wissen, an, ihn darum zu fragen, da er dann mir alles erzehlte ...«*

2. Die Erfurter **Augustinerkirche** entstand um 1290 an der Nordostecke der alten Stadt als Klosterkirche der Augustiner-Eremiten als dreischiffige gotische Basilika mit Tonnengewölbe. Deutlich sind ältere Bauteile einbezogen. Bei dem in Rede stehenden Neubau kam es zuerst zur Vollendung des einschiffigen Chorraums, etwa zwischen 1316 und 1324; das Langhaus wurde erst 1350 wirklich fertiggestellt. Der bis heute charakteristische achteckige Glockenturm entstand etwa 100 Jahre später; 1444 war er zusammen mit den anliegenden Klostergebäuden fertig geworden. Eine zum Teil während Luthers Erfurter Klosterzeit errichtete Bibliothek und weitere anliegende Gebäude wurden im Zweiten Weltkrieg zerstört. Martin Luther trat am 17. Juli 1505 in dieses Kloster ein, wurde im Folgejahr zur Profeß zugelassen und erhielt hier am 3. April 1507 die Priesterweihe. Anläßlich der Profeß hatte er sich vor dem Altar auf dem bis heute vorhandenen, jedoch 1714 erneut für den Erfurter Nonarius und Gymnasialrektor Zacharias Hogelius (1635-1714) benutzten und überschriebenen **Grabstein des Ordenstheologen Johann Zachariae** († 1428) mit ausgebreiteten Armen und Gesicht am Boden niederzulegen und die Gelübde des Ordens zu bekennen. Auf seiner Reise nach Worms predigte Luther am 7. April 1521 nochmals in der überfüllten Augustinerkirche.

Die von Bach und Weise geprüfte **Orgel** hatte 3 Manuale und Pedal, insgesamt 39 Register, Pedalkoppel und Tremulant, sowie »*Sternglocken durch alle Töne*«. »*Auch ist ein Glockenspiel darinnen angebracht*«. Dem Urteil der Orgelprüfer schloß sich auch die Gemeinde an; wie es heißt, bestätigte man das Gutachten, beide hätten keinen Defekt gefunden, »*ohngeachtet ihrer rigereusen Examination*«. Bald stellten sich aber Klagen ein, das Werk habe »*keine sonderliche Gravität*«. 1753 veränderte der Orgelbauer Hartung aus Schloßvippach vieles an dem Instrument. Aus dem Jahr 1818 ist noch ein Umbau durch den Orgelbauer John bekannt.

1850 erhielt die Kirche einen radikalen **Umbau**, da sie als Tagungssaal des Unionsparlamentes benutzt werden sollte. Tatsächlich hatten sich 1849, nach Ablehnung durch die süddeutschen Staaten, nur Preußen, Hannover und Sachsen zur »Deutschen Union«, einem Dreikönigsbündnis, zusammengeschlossen. Zur Tagung des Unionsparlaments vom 20. bis 29. März 1850 waren Hannover und Sachsen bereits wieder ausgeschieden und Preußen sah sich allein mit einer Reihe von nord- und mitteldeutschen Kleinstaaten. Zu diesem Zeitpunkt brach der Orgelbauer Knauff aus Groß-Tabarz die Schröter-Orgel von 1716 zunächst ersatzlos ab, bewahrte sie aber in einem Seitensaal des Waisenhauses auf. Doch ist ihr weiteres Schicksal unbekannt. Ihre Nachfolgerin wurde erst 1921 ein Instrument der Firma E. F. Walcker & Co. aus Ludwigsburg, das heute noch vorhanden ist (Disposition siehe Anhang, S. 295).

Heute noch vorhanden sind auch in drei Fenstern der Ostseite **Glasgemälde** aus dem Anfang des 14. Jahrhunderts und, neben der bereits erwähnten für Zachariae, noch wenige spätmittelalterliche **Grabplatten** (u. a. Heinrich von Friemar, † 1354, von J. Gerhart sowie Theoderich Brun, † 1462) und ein **Altarflügel** aus der Zeit um 1370. Eine Erneuerung erhielt die Kirche im 20. Jahrhundert durch Theo Kellner.

Denkt man an die lange Wirksamkeit vieler Mitglieder der Bachschen Familie in Erfurt, lassen sich neben der Augustinerkirche auch andere **Kirchen als »Bachstätten«** mit den Namen der Betreffenden nennen: **Predigerkirche**: 1636 Johann Bach, 1678 Johann Pachelbel; **Kaufmannskirche**: 1674 Johann Ägydius Bach, 1695 Johann Bernhard, Sohn des Johann Ägydius; **Michaeliskirche**: Johann Ägydius Bach; **Thomaskirche**: 1689 Johann Christoph Bach, ältester Bruder Johann Sebastians, 1693 Johann Christoph, Sohn des Johann Ägydius; **Georgskirche**: Johann Christoph Bach; **Reglerkirche**: 1746 Tobias Friedrich Bach als Kantor; **Barfüßerkirche**: 1763 Tobias Friedrich Bach als Kantor und Organist.

Als **Wohnhäuser Bachscher Familienmitglieder** lassen sich folgende nennen: **Zum Schwarzen Roß** auf der Krämerbrücke: Johann Bach 1635; **Zu den drei Rosen**, Junkersand 3: Johann Bach, Christoph Bach, Johann Nikolaus Bach in diesem ehemaligen Lämmerhirtschen Haus, letzterer erbte es 1673, später ging es auf Johann Ägydius über, der es um 1685 verkaufte; **Zum bunten Hirsch** des Dr. Johann Jacob Rehefeld, Rupprechtsgasse: Johann Bach 1638, Christoph Bach 1641 bis zu seinem Wegzug nach Arnstadt 1654; **Zur Silbernen Tasche**, Junkersand 1: Johann Christian Bach, Sohn des Johann Bach, er erwarb das Haus 1675, hier lebte auch Johann Ambrosius Bach in seiner Erfurter Zeit bis 1671; als Johann Pachelbel am 19. Juni 1678 Organist der Predigerkirche wurde, zog er in dieses Haus und kaufte es nach 1682; **Zum grünen Schild**, Ecke Kürschnergasse/Wenige Markt: gekauft 1685 von Johann Ägydius Bach; **Zum Rechen**, Johannisgasse: Johann Christoph Bach 1706, Sohn des Johann Ägydius; **Zum großen Hirschbach**, Neuwerkstraße 15 (nicht mehr vorhanden): Tobias Friedrich Bach 1763.

3. Literatur

Helga Brück, Die Brüder Johann, Christoph und Heinrich Bach und die »Erffurthische musicalische Compagnie«. In: Bach-Jahrbuch 1990

dies., Die Erfurter Bach-Familien von 1635 bis 1805. In: Bach-Jahrbuch 1996

Gerhard Löbling, Leben und Werk des Erfurter Orgelbauers Johann Georg Schröter. Diplomarbeit (Ms.). Leipzig 1986

4. Reiserouten, Auskünfte, Adressen, Öffnungszeiten:

Erfurt liegt an der Fernbahnstrecke Leipzig/Halle-Eisenach-Frankfurt.

Mit Auto A 4 von Osten her bis Abfahrt »Erfurt Ost«, dann ca. 8 km bis in die Stadt, von Westen her bis Abfahrt »Erfurt West«, dann B 4 ca. 9 km bis in die Stadt. Von Süden her künftig A 73 aus Richtung Nürnberg/Bamberg bis »Erfurter Kreuz«, dann in Richtung Hermsdorfer Kreuz bis Abfahrt »Erfurt West«.

Auskünfte erteilen:
Augustinerkloster zu Erfurt
Augustiner Str. 10
99084 Erfurt
Telefon 03 61-57 66 00
Fax 03 61-5 76 60 99

Tourismus GmbH Erfurt
Fischmarkt 27
99084 Erfurt
Telefon 03 61-6 64 00
Fax 03 61-6 64 02 40

Gehren

1. In Gehren befinden wir uns am Wirkungsort von Bachs erstem Schwiegervater Johann Michael Bach (1648-1694), der hier von Oktober 1673 bis zu seinem Tode am Himmelfahrtstag 1694 tätig war. Er stammte aus Arnstadt, wo er als zweiter Sohn Heinrich Bachs (1615-1692) zur Welt kam. Sein sechs Jahre älterer Bruder ist der später in Eisenach wirkende Johann Christoph Bach (1642-1703), der wohl auf den jungen Johann Sebastian großen Einfluß ausübte. Ausgebildet von seinem Vater und dem damaligen Arnstädter Stadt- und Hofkantor Jonas de Fletin (1610-1655), bekleidete er 1665 bis 1673 in seiner Geburtsstadt das Amt des Schloßorganisten. Von hier aus war sein Ruf immerhin schon so gefestigt, daß anläßlich der Altarweihe in der Erfurter Kaufmannskirche im Jahr 1671 von ihm ein 84. Psalm und eine Sonate aufgeführt wurden. Womöglich spekulierte Johann Michael gar auf die Stelle des Kaufmannsorganisten, die seit fast 40 Jahren Johann Adlung innehatte. Doch noch bevor dieser 1674 verstarb, berief der Erfurter Rat Johann Effler († 1711) – späteren Weimarer Hoforganisten und bis 1708 Vorgänger Johann Sebastians – aus Gehren an die Predigerkirche auf die Stelle des im Mai 1673 verstorbenen Johann Bach (1604-1673), Begründers der Erfurter Bach-Linie, so daß in Erfurt die Stellenbesetzungen anders entschieden wurden.

Nach absolviertem Probespiel Johann Michael Bachs, das der Gehrener Pfarrer substitutus und einige Ratsmitglieder zu beurteilen hatten, versprach man ihm jene 10 Gulden Zulage, die man seinem Vorgänger bereits gezahlt hatte. So rückte er in die Stelle eines Organisten und Gemeindeschreibers in Gehren ein; dort würde er bis zu seinem Tode reichlich 20 Jahre tätig sein. Neben seiner Stadtschreibertätigkeit widmete er sich noch anderen Aufgaben: wir kennen Kompositionen aus seinem Nachlaß, und wir wissen von seiner Begabung im Instrumentenbau, u. a. dokumentiert durch das von ihm verwendete Siegel, das je zwei Violinbögen und Geigenschnecken zeigt. Das Walthersche Lexicon von 1732 nennt als Kompositionen von ihm ausdrücklich »sehr viele Kirchen=Stücke, starcke Sonaten, und Clavier=Sachen«. Letztere meinen Choralvorspiele. Seine »Kirchen=Stücke« – gemeint sind Motetten – weisen jene eigentümliche Praxis auf, deren sich Johann Sebastian entsinnen und die er weiter vervollkommnen wird: das vokale Einspielen von Choralmelodien in textlich eigenständige motettische Sätze. So kommen musikalische Textdialoge zustande, die vom Hörer wie ein Gespräch aufgenommen werden wollen.

Nach einem reichlichen Jahr Dienst in Gehren heiratete Johann Michael in Arnstadt am 13. Januar 1675 die zweitälteste Tochter des dortigen Stadtschreibers Johann Wedemann, Catharina (1650-1704). Dem Trauregister sind Ort und Zeit des Ereignisses zu entnehmen: die Trauung fand am 1. Sonntag nach Epiphanias statt; sie wurde vom Subdiaconus-Substituten M. Martin Müller gehalten. Aus der Ehe gingen sechs Kinder hervor, deren Schicksal nicht in jedem Falle hinreichend aufklärbar ist. Die älteste der fünf Töchter ist Friedelena Margaretha (1675-1729), jene Schwägerin Johann Sebastians, die seit seiner Weimarer Anstellung im Hause leben und mit nach Köthen und Leipzig ziehen wird. Die zweite Tochter, Anna Dorothea, 1677 geboren, stirbt mit 24 Jahren in Gehren; die nächste, Catharina Barbara (1679-1737), bleibt unverheiratet in Arnstadt; von der vierten Tochter, Maria Sophia, kennen wir nur das Geburtsjahr 1682. Sie ist wahrscheinlich als Kleinkind, sicher aber noch vor 1704 gestorben, denn nach der Übersiedlung der Schwestern nach Arnstadt wird sie nicht mehr genannt. Die fünfte und jüngste, Maria Barbara (1684-1720), wird Johann Sebastians erste Frau werden. Aus dem Taufeintrag geht hervor, daß sie der 32. Täufling des Jahres 1684 in Gehren war und die Taufe am 21. Oktober stattfand: *»32. M[it]. G[ott]. d.[en] 20. 8bris dem Organisten H Johann Michael Bachen Von seinem Weibe Fr. Catharinen ein Töchterlein gebohren, und die seq.[uenti = am folgenden Tage] Maria Barbara getauft: Pathen Hrn Johann Weidemanns Stadtschreibers zu Arnstadt Eheliebste Fr. Maria, dann Hrn Johann Gottfried Bellstedts vice-Stadtschreibers daselbst Liebste Frau Barbara, und endlich Hr Martinus Feldhauß Bürgermeister ibidem.«*

Als namengebende Patinnen erschienen aus Arnstadt die Schwiegermutter Johann Michael Bachs, Maria Wedemann, und deren Tochter Susanna Barbara, die seit 1680 mit dem Vice-Stadtschreiber Bellstedt verheiratet war. Mitglieder der Familie Bellstedt arbeiteten bei den Stadtverwaltungen in Arnstadt und in Mühlhausen, wohl später ein wesentlich förderndes Element für Sebastians berufliche Interessen. Daß auch der Bürgermeister Feldhaus das Patenamt übernimmt, rundet den familiären Kontext ab, war er doch ebenfalls mit einer Wedemanntochter verheiratet, nämlich der Zwillingsschwester von Maria Barbaras Mutter. Am 18. März 1690 kommt noch ein Sohn zur Welt, Johannes Gottfried; doch schon im Alter von knapp 1 1/2 Jahren stirbt er am 20. August 1691. Daß Johann Michael selbst am Himmelfahrtstag, dem 15. Mai 1694, das Zeitliche segnet, muß einer familiären Katastrophe gleichgekommen sein. Seine Witwe schlägt sich mit ihren Töchtern noch 10 Jahre in Gehren durch bis sie 1704 ebenfalls stirbt. Die drei hinterbliebenen Töchter Friedelena Margaretha, nun 29 Jahre alt, Catharina Barbara, 25 Jahre, und Maria Barbara, 20 Jahre, lassen Gehren hinter sich und suchen familiären Anschluß und Auskommen bei den Arnstädter Verwandten.

In Gehren dürfte Johann Michael Bachs Nachfolger als Organist Johann Kistner (1660-1727) gewesen sein, eventuell bereits von 1694/95 an. Ihm begegnete Johann Sebastian Bach anläßlich der Orgelprüfung in Langewiesen im Jahr 1706.

2. Ob Johann Sebastian je in Gehren war, ist zwar nicht nachzuweisen; doch dürfte es eher unwahrscheinlich sein, daß er nie dort gewesen sein sollte. In einer Darstellung der Bachstätten darf der Ort ebensowenig fehlen wie

Gehren, Kirche mit Kantorat, Ölgemälde von Voigt, undatiert

Zeitz, handelt es sich doch um die Herkunftsstädte der beiden Ehefrauen Bachs. Im Zusammenhang mit der Orgelprüfung in Langewiesen 1706, wenige Kilometer nordwestlich von Gehren gelegen, könnte Bach selbst hier gewesen sein; doch bleibt das Spekulation.

Gehren soll den Namen von seiner Lage am Zusammenfluß zweier Wasserläufe, der Wohlrose und der Schobser, erhalten haben, den man ortsüblich als »Gehrn« oder »Gehren« bezeichnet. Urkundlich findet der Ort von 1318 an Erwähnung; 1532 noch als Dorf, seit 1549 als Stadtflecken geführt, erlangte er durch sein Schloß in der Schwarzburgischen Herrschaft mehr und mehr an Bedeutung. Seit dem Mittelalter übten hier zwei gräfliche Familien die Herrschaft aus, die Kevernburger und die Schwarzburger. Erst 1855 kam es zur Erhebung in den Status einer Stadt. Vor allem Graf Günther XLII. († 1643), der von 1587 an regierte, und seine drei Brüder, Anton Heinrich, Johann Günther und Christian Günther, bauten das Gehrener **Schloß** aus. Die folgende Generation unter Graf Christian Günther II. († 1666), seinen Brüdern Anton Günther I. und Ludwig Günther I., sorgten seit 1666 für den Bau der **Schloßkapelle** am Ostende des Nordflügels.

Für die Organisten bedeutete das, zumindest während der Zeiten der Hofhaltung in Gehren, auch zu höfischen Musiken herangezogen zu werden, vor allem zum Gottesdienst in der Schloßkapelle. Bemerkenswert dürfte neben verschiedenen Sehenswürdigkeiten das **Nordportal** des Südflügels am Gehrener

Schloß sein. Es entstand von 1557 bis 1560 für Schloß Neideck in Arnstadt, das nach Verlust seiner Residenzfunktion 1716 langsam verfiel, 1779 einstürzte und spätestens von 1811 an als günstiger Baustoffspender genutzt wurde. Das Portal kam 1881 nach Gehren und wurde so dem sicheren Untergang entrissen. Es gehörte zum Bild des Arnstädter Schlosses, wie es Johann Michael und Johann Sebastian Bach kannten.

Während der Wirkungszeit Johann Michael Bachs residierten hier von Arnstadt her die Schwarzburger Grafen Ludwig Günther II. († 1681) und Anton Günther II. († 1716). Nach Aussterben der Arnstädter Linie hielt Fürst Günther I. von Schwarzburg-Sondershausen († 1740) alljährlich für längere Zeit im Gehrener Schloß Hof.

Über 200 Jahre lang nutzte man in Gehren ein **Kirchengebäude**, das 1521 gebaut worden war. Gegen Ende des 17. Jahrhunderts, also eben während der Amtszeit Johann Michael Bachs, empfand man diesen Raum immer mehr als unzureichend. Deshalb erweiterte man die Kirche, konnte aber damit die Unzweckmäßigkeit des Gebäudes und die fehlenden Einfallsmöglichkeiten des Tageslichtes nicht beheben. So baute man 1729 eine neue Kirche auf dem Nachbargelände, ließ aber die alte ungenutzt stehen. Das erwies sich als hilfreich, als 1749 das neue Gebäude restlos abbrannte. Man begann, die alte Kirche wieder in Stand zu setzen, was bis 1756 andauerte. Währenddessen versammelte sich die Ortsgemeinde in der Schloßkapelle zum Gottesdienst. Erst 1830 brach man die alte Kirche, die langjährige Wirkungsstätte Johann Michael Bachs ab, und baute an ihrer Stelle die heutige **Stadtkirche**. Auch während dieser Bauzeit hielt man in der Schloßkapelle Gottesdienst. 1834 konnte die Stadtkirche eingeweiht werden. Was sie zu diesem Zeitpunkt für eine **Orgel** erhielt, ist nicht bekannt. Wohl aber dürfte es die Vorgängerorgel der jetzigen Sauerorgel sein, deren klassizistischer Prospekt erhalten blieb. Wilhelm Sauer (Frankfurt/Oder, op. 661) baute sie 1895 in das vorhandene klassizistische Gehäuse ein; sie hat Windladen, ausgebildet als pneumatische Kegelladen; nach 1950 kam es zu geringen Umdispositionen. An ihrem ursprünglichen Standort auf der zweiten Westempore wurde sie 1995 durch Christian Scheffler (Frankfurt/Oder) restauriert (Disposition, siehe Anhang, S. 296).

3. Literatur:

Helga Brück, Eine »Verordnung der Music« der Kaufmannskirche zu Erfurt von 1671 als Nachweis unbekannter Kompositionen von Johann Michael Bach (1648-1694). Bach-Jahrbuch 1998

4. Reiserouten, Auskünfte, Adressen, Öffnungszeiten

Gehren liegt südöstlich von Ilmenau/Thüringen, erreichbar über die Fernbahnstrecke Erfurt-Arnstadt-Ilmenau; von dort Busverkehr.

Mit dem Auto A 4 von Westen her bis Abfahrt »Neudietendorf«, von dort Landstraße Richtung Arnstadt über Ichtershausen, dann B 4 bis Ilmenau, von dort B 88 in Richtung Rudolstadt/Saalfeld ca. 8 km; A 4 von Osten her bis Abfahrt »Erfurt West«, dann B 4 in Richtung Arnstadt/Ilmenau wie beschrieben.

Auskünfte erteilen:
Evangelisch-Lutherisches Pfarramt Gehren
Herr Pfarrer H. Egert
Untere Marktstr. 7
98708 Gehren
Telefon 036783-8 11 00

Kulturamt der Stadt Gehren
Obere Marktstr. 1
98708 Gehren
Telefon 036783-8 80 23
Fax 036783-8 73 50

Gera

1. Gleich zwei Orgeln des Saalfelder Meisters Johann Georg Fincke d. Ä. (1680-1749) hatte Bach am 25. Juni 1724 in Gera zu prüfen, ein Ereignis, das wohl auch im Leben Bachs einmalig dastehen dürfte. Die Orgeln waren zwischen 1720 und 1724 in den Geraer Kirchen St. Johannis und St. Salvator erbaut worden. Der Nachweis dafür kann allerdings nur durch Rechnungseinträge über Honorar und Reisekosten geführt werden. Eine Nachricht von 1855 weiß noch von einer qualitativen Aussage Bachs zu berichten: »*Zu ihrer Beurtheilung und Probe hatte man den alten [!] jedem Musikfreunde wohlbekannten Meister des Orgelspiels, der Kirchenmusik und der Fuge, Sebastian Bach, berufen, welcher das Werk [in der Johanniskirche] für ein höchst gelungenes erklärte.*«

Auch wenn es sonst keine unmittelbaren Nachrichten von dem Ereignis der Orgelprüfungen gibt, so zieht doch der Personenkreis einiges Interesse auf sich, der mit dem Orgelbau zu tun bekam und mit dem Bach zusammentraf. Wenn wir den überlieferten Terminangaben trauen dürfen, dann war – am 23. Juni 1724 nur zwei Tage vor Bachs Prüfung der Orgeln – der Geraer Kapelldirektor und Organist an der Hauptkirche St. Johannis, Emanuel Kegel (1653-1724), gestorben. Dieser, ein Sohn eines Amtsschössers in Gotha, war nach dem Besuch des Gymnasiums in Gotha und der Universität in Jena Kantor in Neustadt an der Heide, in Saalfeld und in Gera geworden. Graf Heinrich XVIII. Reuß (*21. 3. 1677, † 1735), genannt Fundator, machte ihn 1719 zu seinem Kapelldirektor. Jedenfalls dürfte Kegel jener Geraer Organist gewesen sein, unter dessen Anleitung und Aufsicht die Orgeln in Gera geplant und gebaut worden sind. Der Sohn des Verstorbenen, Ludwig Heinrich Kegel (*25. 10. 1705 in Gera, † ?), wurde nach nur sieben Monaten Studium in Leipzig am 12. April 1726 von Heinrich XVIII. nach Gera auf die Stelle des Organisten der Salvatorkirche berufen. Um 1732 finanzierte ihm die Reußische Herrschaft ein musikalisches Kompositionsstudium bei Gottfried Heinrich Stöltzel in Gotha. Stöltzel seinerseits war Vorgänger Kegels sen. als hochgräflich Reuß-Plauischer Kapelldirektor, Musiklehrer am Gymnasium und Hoforganist zu Gera gewesen, und zwar vom 1. Januar 1718 bis zum 30. September 1719.

An den beiden Geraer Hauptkirchen St. Johannis (Unterkirche) und St. Sal-

Gera, Salvatorkirche um 1940

vator (Oberkirche) amtierten während des Orgelbaus neben vier Katecheten drei Geistliche, denen Bach begegnet sein dürfte: da ist zunächst der kommissarische Superintendent M. Johann Avenarius (1670-11. 12. 1736), der erst 1723 nach Gera berufen worden war. Aus seinem Leben ist bisher wenig bekannt: er ist Kantorensohn aus Schmalkalden; sein Vater, Matthäus Avenarius († 1692), stammte aus Eisenach und wirkte als Pfarrer in Steinbach/Thüringen. Bemerkenswert dürften Avenarius' Publikationen von predigthaften und theologischen Erläuterungen zu Kirchenliedern sein. Seit dem Tod des Superintendenten D. Johann Rudolph Cademann (1680-1720), eines gebürtigen Wurzeners, blieb die Superintendentur bis 1730 unter interimistischer Verwaltung. – Cademann war übrigens ein Bruder des Zschortauer Pfarrers M. Johann Adolph Cademann, mit dessen Sohn und Nachfolger, Johann Christoph Cademann (*11. 5. 1693, †20. 3. 1753) Bach anläßlich der Zschortauer Orgelprüfung 1746 zusammentraf. – Weitere Geistliche in Gera waren der Archidiaconus M. Johann Grüner (1658-1730, in Gera seit 1699, zwischen 1721 und 1730, von 1720 bis 1723 selbst Vertreter des Superintendenten) und der Diaconus Christian Friedrich Lenz (1692-1755), der 1720 aus Leipzig kommend als erster Prediger an der neuerrichteten Salvatorkirche in Gera sein Amt erhielt.

Ob Bach den Orgelbauer Johann Georg Fincke d. Ä. bereits kannte, bleibt im dunkeln. In Gera sind sich beide sicher begegnet. Auch muß Bach eine gute Meinung von Finckes Leistungsfähigkeit gehabt haben, wenn nur einigermaßen zutrifft, was wie ein Nachhall über Bachs Geraer Urteil aus dem 19. Jahrhundert bis zu uns dringt. Johann Georg Fincke wurde 1680 wahrscheinlich in Jena oder in der Nähe von Jena geboren. Er war der Sohn des Orgelbauers Christian Fincke (1648-1715), der im September 1715 in die Saale fiel und ertrank. Von 1707 an hatte er, nach vorheriger Wanderschaft, Orgeln im Umkreis von Jena gebaut. Da er wahrscheinlich die Lehre des Eisenacher Orgelbaumeisters Georg Christoph Stertzing († 1717) durchlaufen hatte, muß er am Bau der dreimanualigen Stertzing-Orgel der Jenaer Michaeliskirche im Jahr 1706 mitbeteiligt gewesen sein. Schon im Dezember 1708 erhält Fincke den Auftrag zum Bau der großen Johanniskirchenorgel in Saalfeld. Etwa Anfang des Jahres 1709 zieht er nach Saalfeld um und erhält dort im April das Bürgerrecht. Es gilt als sicher, daß der Jenaer Johann Nikolaus Bach, der 1710 die Saalfelder Orgel abnahm, eine für Fincke befördernde Rolle gespielt hat. Fincke wurde am 26. Mai 1749 begraben.

Gera zu nennen zwingt dazu, auf Christian Ernst Friederici (8. 3. 1709-4. 5. 1780) aufmerksam zu machen. Der Silbermann-Schüler und Gehilfe Trosts ist von April 1737 an Bürger Geras. Aus der von ihm gegründeten Klavier- und Orgelbauanstalt, die nach dem Stadtbrand von 1780 in der nächsten Generation noch als handwerklicher Möbelbetrieb fortbestand, sind rund 50 Orgeln und vor allem das aufrecht stehende Hammerklavier, genannt Pyramiden-Flügel, hervorgegangen. Instrumente Friedericis besaßen und spielten Carl Philipp Emanuel Bach, Leopold Mozart und die Eltern Goethes. Eines der letzten erhaltenen Orgelwerke Friedericis befindet sich seit 1973 in Großdeuben, südlich von Leipzig, nahe der Bundesstraße 2 gelegen, gebaut 1754/55 für die Kirche des von der Braunkohle verdrängten Dorfes Cröbern (15 Register).

2. In der **St. Johanniskirche** begann man am 25. Juni 1722 mit dem Abbruch der alten Compeniusorgel von 1646, die Samuel Scheidt aus Halle 1647 geprüft hatte; zwei Jahre später am gleichen Tag des Jahres 1724, dem 3. Sonntag nach Trinitatis, prüfte Bach die neue Orgel. Sie hatte 3 Manuale, 43 Register, und ging bei dem Stadtbrand vom 18. September 1780 verloren. Eine Beschreibung hat uns Jacob Adlung in seinem Werk »Musica mechanica organoedi« überliefert. Bach hat das Orgelwerk von St. Johannis, »von ungewöhnlicher Größe«, für höchst gelungen erklärt. Hans Löffler berichtet von dieser Orgel, Fincke habe ein Werk geschaffen, das *»für seine Zeit als ganz modern zu bezeichnen ist. Es besaß im Hauptmanual neben 3 Sechzehnfußstimmen (2 gedeckt, 1 Rohrwerk) bereits 6 Achtfüßer (5 labiale); die Streicher fehlen nicht (Gamba, Gemshorn, Gambenbaß), doch hielten die Nebenwerke noch die Beziehungen zum älteren Orgelbau wach. Die wohl letzte erhaltene Orgel Finckes befindet sich in Altenbeuthen, auf dem hohen Südufer der Saale in der Nähe von Ziegenrück gelegen, 1716 erbaut, 8 Register, Manual, Pedal. Die Johanniskirche wird erst etwa 100 Jahre später und an anderer Stelle neu errichtet.«*

Die wesentlichen künstlerischen Malerarbeiten in der Johanniskirche führte der Ratsherr und Vorsteher des Wolfgangs-Hospitals, David Nicke (um 1666-1726), aus. Nach Fertigstellung inspizierte er die Qualität der Arbeit am Samstag vor dem 20. Sonntag nach Trinitatis, 22. November 1726, und bemerkte die Notwendigkeit einer kleinen Nachbesserung über der Orgel. Deshalb stieg er auf ein hohes Gerüst. Nach dem letzten Pinselstrich blickte er rückwärts geneigt nach oben; dabei erfaßte ihn das Übergewicht, und der Sechzigjährige stürzte von oben über die Empore bis in die Weiberstühle des Schiffes hinab. Das ereignete sich vormittags während des Beichtehörens. Er *»lag auf grauenhafte Weise zerschmettert in der Nähe zweier kniender Steinfiguren, welche das gräfliche Begräbnis zierten«*.

Gera, Ruine der Johanniskirche

Die **Salvatorkirche** hatte Cademann – wenige Wochen vor seinem Tod – am 12. Juli 1720, dem in Reußischem Gebiet besonders begangenen Heinrichstag, eingeweiht. Ihr Grundstein war am 24. August 1717 durch Cademanns Vorgänger, D. Johann G. Pertsch (1651-1718), gelegt worden. Heinrich XVIII. verlieh die Patronatsrechte an den Geraer Stadtrat. In die nach Plänen des bedeutenden sächsischen Landbaumeisters David Schatz (1667-1750) errichtete Barockkirche baute Johann Georg Fincke d. Ä. (zeitlich vor der in der Johanniskirche) eine neue Orgel ein. Bach prüft sie am 4. Juni 1725 oder 1724. Über ihr Schicksal bis 1780 scheinen nähere Angaben zu fehlen, doch wird sie wohl auch bei dem verheerenden Stadtbrand 1780 vernichtet worden sein (vgl. das unten zitierte Gutachten). Wegen fehlender Finanzmittel war es erst zwischen 1778 und 1779 zur Errichtung des Turmes nach Plänen des Deutsch-Italieners Gerardo Hofmann durch den Ratszimmermeister Dicke gekommen.

Der große Stadtbrand vom 18. September 1780, ein magisches Datum der Stadtgeschichte Geras, legte neben der Johanniskirche auch die Salvatorkirche in Schutt und Asche. Ein Gutachten über den Zustand der Salvatorruine sagt: »*Diese Kirche, die ein Werck einer neuen und modernen Bauart (Barock) ist, hat außer der Bedachung durch die Flamme auch sein [= ihr] gänzliches Eingeweide verlohren. Die Mauern sind von Kirche und Turm allein übriggeblieben. Sie sind noch als hinlänglich trag- und nutzbar zu erkennen, da der Mörtel zwischen den Steinen durch die*

Flamme eher eine stärkere Verbindung als Zerstörung erlitten hat.«

Den Auftrag zum Wiederaufbau erhielt erneut der Ratszimmermeister Johann Gottfried Dicke. In nur zehn Monaten errichtet er mit den vielen ungenannten Handwerkern jenen markanten Bau, der auch heute noch das Geraer Stadtbild prägt. Zu Weihnachten 1782 kam es zur Einweihung. 1784 baute der Orgelmacher Johann David Schättlich aus Hohenleuben wieder eine Orgel in diese Kirche. Sie wurde 1841 durch ein neues Werk der Firma Poppe aus [Stadt-]Roda ersetzt; seit 1900 existiert wieder der Entschluß zu einer neuen Orgel, diesmal durch die Firma Ernst Röver aus Hausneindorf; 1905 konnte diese Orgel mit 2 Manualen und Pedal im Jugendstilprospekt und mit pneumatischer Traktur übernommen werden, nachdem 1903 durch die Initiative des Stadtbaurates Marsch die Kirche eine geschlossene Innenarchitektur im Jugendstil erhalten hatte. (Die heutige Disposition siehe Anhang, S. 296 f.) Ein Augenzeuge der Veränderungen von 1903 charakterisierte den stilistischen Wechsel der gesamten Kirche mit dem Urteil (E. P. Kretzschmer, 1925): *»Die damalige Kirche (vor 1903) war im Stile römischer Hochrenaissance in strengem Charakter ausgeführt. Dämmrige Emporen und vorgebaute Kapellen gaben der Kirche ein anheimelndes Halbdunkel. Heute ist alles lichtvoller, wenn auch nicht gerade stilvoll geworden. Ob der sogenannte Jugendstil sich zur Innenarchitektur von Kirchen eignet – sogar das Kreuz auf dem Altar hat man stilvollst hergestellt – bezweifle ich.«*

Heute erkennt man den Wert dieser einheitlichen Innengestaltung und kann sich an den einzelnen Elementen freuen, sei es nun der stilisierte Rosenfries, der dreiseitig – den Emporen folgend – die gesamte Kirche durchzieht, seien es die stilistisch durchgestalteten Architekturteile, wie die Emporen, Säulen, Orgelprospekt, Kanzel und Altar, oder seien es einzelne Zierate an Leuchten, Sitzbänken, Altargestühl, Türen und Türfüllungen, Beschläge und Griffe, vor allem auch die Vasa sacra (Abendmahlsgeräte). Viele Kunsthandwerker haben ihr Können unter Beweis gestellt: Bildhauer, Stukkateure, Kunst- und Glasmaler, Holzschnitzer, Goldschmiede, Mosaikbildner, Fliesenleger u. a. m.

3. Literatur:

Hartmut Haupt, Orgeln im Bezirk Gera. Gera 1989

Erdmann Werner Böhme, Gottfried Heinrich Stöltzel in Gera. In: Zeitschrift für Musikwissenschaft 13, 1930/31

4. Reiserouten, Adressen, Auskünfte, Öffnungszeiten

In Gera kreuzen sich die Eisenbahnstrecken Leipzig-Saalfeld über Zeitz-Gera und Erfurt-Chemnitz.

Mit dem Auto von Osten her A 4 bis Abfahrt »Gera«, dann auf B 2 in die Stadt; sonst aus allen Richtungen (A 4 und A 9) bis Hermsdorfer Kreuz, A 4 Richtung Dresden bis Abfahrt »Gera«. Von Norden A 9 bis Abfahrt »Eisenberg«, dann nach ca. 20 km auf B 7 über Eisenberg-Bad Köstritz nach Gera bzw. bis Hermsdorfer Kreuz, dann auf A 4 bis Gera. Von Süden her A 9 bis Abfahrt »Triptis«, von dort 6 km B 281 Richtung Triptis, dann B 2 bis Gera 23 km.

Auskünfte erteilen:
Evangelisch-Lutherisches Pfarramt der Johanniskirche
Telefon 03 65-8 00 12 64
(Sekretariat des Superintendenten)
0365-8 00 52 76
(Superintendent Dr. Hans Mikosch)

Evangelisch-Lutherisches Pfarramt der Salvatorkirche
Telefon 03 65-8 00 15 17

Gera-Information (Fremdenverkehrsbüro)
Ernst-Toller-Str. 14
07545 Gera
Telefon 03 65-61 93 02 oder -1 94 33
Fax 03 65-61 93 04

Gotha

1. Am Karfreitag, dem 26. März 1717, musizierte in Gotha der Weimarer »Concert Meister Bachen« und erhielt dafür unter dem 12. April 1717 aus des Herzogs Privatschatulle den ansehnlichen Betrag von 12 Reichstalern ausbezahlt. Auch wenn Bachs Anwesenheit in Gotha nicht sicher dokumentiert ist, da weder ein Vorname genannt wird, noch aus dem Eintrag des Rechnungsbuches hervorgeht, ob es sich um seine Anwesenheit oder um ein von ihm übersandtes Musikstück handelt, wird dies inzwischen doch als Tatsache betrachtet. Man halte sich die Situation vor Augen: Am 3. April 1717 war der Gothaer Hofkapellmeister Christian Friedrich Witt (1665-1717) nach schwerer Krankheit verstorben. Schon im September 1716 hatte der Sondershäuser Kapellmeister Johann Balthasar Freißlich (1687-1764) Witt in Gotha vertreten. Nach Witts Tod musizieren mehrfach auswärtige Kapell- und Konzertmeister, so Georg Philipp Telemann (1681-1767) aus Frankfurt/Main, Reinhard Keiser (1674-1739) aus Hamburg, die Kapellmeister Augustin Reinhard Strikker (um 1675-nach 1720) aus Köthen (Mai 1717) und Casimir (oder Caspar?) Schweitzelsberger aus Coburg (Juni 1717), ein Durlacher Opernmeister, der mit seiner »Operistenbande« auch in Nürnberg gastierte, der Kammermusikus Johann Christian Hertel (1697-1754) aus Merseburg (seit 1721 in Eisenach) und Gottfried Heinrich Stöltzel aus Gera, der dann Nachfolger Witts wird. Es sieht so aus, als ob es sich bei dieser Reihe, in die Bach gehört, um Interessenten bzw. potentielle Kandidaten für die Nachfolge Witts handelte. Für die Lieferung von Aufführungsmaterialien wurden die Kapellmeister Freißlich aus Sondershausen, Emanuel Kegel (1653-1724) und Konzertmeister Johann Friedrich Fasch (1688-1758) aus Gera – von 1722 an in Zerbst – honoriert.

Bach – so ist seit einigen Jahren bekannt – führte in Gotha an jenem besagten Karfreitag 1717 in der Gothaer Schloßkapelle eine Passionsmusik auf. Der Buchdrucker Christian Reyher lieferte dazu 20 Exemplare eines Text-

Gotha, Schloß Friedenstein, Stahlstich um 1850

druckes, von denen allerdings bisher kein einziges nachzuweisen ist; außerdem fallen verhältnismäßig großzügige Zahlungen an den Sekretär und Tenoristen Valentin Burckhardt und einen auswärtigen Altisten mit Namen Vogt sowie erhöhte Beträge für »gethane Schreiberey zur Fürstl. Capella« an, was auf das Ausschreiben von Stimmen für die Passionsmusik deutet.

Witt hatte sich große Verdienste um die geistliche wie hofische Musik am Gothaer Hof erworben. Seine Musik für Tasteninstrumente ist sehr einfallsreich gearbeitet. Besonderer Wertschätzung erfreute sich bis über die Mitte des 18. Jahrhunderts hinaus sein Choralbuch »Psalmodia sacra« (1715), das auf Befehl des Fürsten und mit seiner Bestimmung erstellt worden war *»daß durch dieses* Cantional, *alle und jede Lieder, an allen und jeden Orthen in Dero Landen, gleichförmig abgesungen und also einerley Melodien eingeführet werden sollen, welches auch durch fleißiges* exerciren *in denen Schulen und Sing=Stunden balden zu erlernen und einzuführen seyn wird.«*

In seiner Vorrede kommt der Gothaer Oberhofprediger Albrecht Christian Ludwig (1666-1733) auf Deformationen der Musik zu sprechen, womit er vor allem reformierte und pietistische Musikanschauung und -ausübung meint; als Beispiel nennt er ein Lied, das auch Bach gern übernommen und bearbeitet hat. Seine Kritik erscheint aber merkwürdig zurückgenommen: *»Zwar kan man nicht in Abrede seyn / daß öffters eine allzuweltliche* Composition *eines Gesanges mehr die Ohren belustige als das Hertz* afficire / *und daher wenige Andacht und wenigere Würckung daraus entstehe / wie zum Exempel das vortreffliche Lied:* **Liebster Immanuel / Hertzog der Frommen etc.** nach seiner Melodie / eine formale Sarabande *ist / andere sonst schöne / doch zu eitel gesetzte / Gesänge übergehe ich.«*

Daß eine deutliche Nähe von Melodieformen Witts in Bachs Werk zu finden ist, macht dieses Cantional in besonderer Weise interessant.

Ende des Jahres 1719 erhielt die Nachfolge Witts, wie gesagt, Gottfried Heinrich Stöltzel (1690-1749), dessen Weg den Bachs auch öfter noch gekreuzt haben mag. Er stammte aus Grünstädtel bei Schneeberg im sächsischen Erzgebirge – geboren am 23. 1. 1690 –, wo sein Vater Organist war. Musikunterricht erhielt er bei Kantor Christian Umlauft (um 1675-1755) in Schneeberg, einem Schüler von Bachs Amtsvorgänger Johann Kuhnau in Leipzig. Stöltzels Ausbildung durchlief Krisen, die für diese Zeit durch die Begegnung mit pietistischem Gedankengut nicht selten waren. So sei während seiner Gymnasialzeit in Gera durch den dortigen Kapelldirektor Emanuel Kegel »*seine Liebe zur Tonkunst so sehr angefeuret*« *worden,* »*als von einigen wunderlichen Köpffen, nach der Meynung Hrn. Rector Hübners [1668-1731, Hamburg], weil die Music von den gottlosen Nachkömmlingen Cains herkommen und daher zu fliehen sey, erstickt zu werden gesucht wurde*«. Als er aber während seines Studiums in Leipzig, von 1707 an, »daselbst gedachten Herrn Rector kennen zu lernen, ja auf seinen Geburtstag in seines Schwiegervaters Hause, eine Music aufzuführen, Gelegenheit hatte und ihn dann von dieser Sache weit gelinder reden hörete«, muß sich Stöltzels Neigung zur Musik endgültig befestigt haben. Er wurde Schüler von Georg Melchior Hoffmann (1679-1715), Musikdirektor an der Leipziger Neuen Kirche, und lernte Telemanns Stücke schätzen. Die erwähnte Begegnung Stöltzels am Geburtstag Hübners kann nur am 17. März 1708 oder 1709 in dessen Schwiegervaters, des Leipziger Theologieprofessors D. Johann Olearius (1639-1713) Hause stattgefunden haben. Nach einigen Zwischenstationen (Breslau, Halle, Naumburg, Gera) unternahm er von 1713 bis 1717 eine Bildungsreise nach Italien, Österreich und Böhmen. Ein Angebot Augusts des Starken lehnte er ebenso ab wie eines aus Bayreuth und das aus Sondershausen. In Gera ist er vom 1. Januar 1718 bis zum 30. September 1719 als Reuß-Plauenscher Kapelldirektor tätig; hier verheiratete er sich am 25. Mai 1719 mit Christiana Dorothea Knauer aus Schleiz, der Schwester Johann Oswald Knauers (1690-?), der zu Stöltzels, aber auch zu Bachs Textdichtern gehört. Aus dieser Ehe entstammen 9 Söhne und eine Tochter. Vom 24. Februar 1720 an findet er seine endgültige Stelle: als Herzoglich Gothaisch-Altenburgischer Hofkapellmeister. Sein reichhaltiges Werk enthält 12 geistliche Kantatenjahrgänge, 14 Passionskantaten, dazu Operetten, Serenaden, Tafelmusiken und besondere Kantaten. In Gotha starb er am 27. November 1749.

Bach kommt nach reichlich zwei Monaten seines Leipziger Dienstes in erneute Verbindung mit dem Gothaer Hof. Anläßlich des 47. Geburtstags Friedrichs II., Herzog von Sachsen-Gotha und Altenburg (1676/1691-1732, am 28.7. alten, 8.8. neuen Stils), initiierte der Baccalaureus der Philosophie Georg Grosch (1698-1771) am 8. August 1723 in Leipzig eine Universitätsfeierlichkeit, von deren Entstehung und Durchführung er selbst berichtete:

»In Leipzig hielte ich auf dem Gebuhrts Tag Ihro Hochseligsten Durchlaucht Hertzog Friedrichs des II., in danckbarer Erinnerung genossener Fürstlicher Wohlthaten, sonderlich auf der Reise, auf Einrathen B.[eati] Cypriani *eine* Oration de meritis Serenissimi Friderici II., in rem litterariam [& veram pietatem], *und recitirte solche* e cathedra Philosophica superiore, *worzu der damalige Decanus der philosophischen Facultät, Herr* L. Crell, *durch ein gedruckt* Programma *invitirte.«*

Grosch, geboren am 8. Oktober 1698 als Sohn eines Friedrichrodaer Bürgers, besuchte von 1703 an die Schule seiner Heimatstadt, von 1711 an das Gymnasium in Gotha. Dort genoß er Unterkunft bei dem Bruder seiner Mutter, dem Ratsherrn Brandenburg, und verbrachte eine sorglose Jugendzeit. Die Gothaer Lehrer, voran der dem Pietismus offene Rektor Vokkerodt, bereiteten ihn zwar gut für die Universität vor, die er 1717 in Halle bezog, orientierten ihn aber im pietistischen Sinne. In Halle hörte er Michaelis, Breithaupt, Anton und Lange, feierte dort das Reformationsjubiläum mit, mußte jedoch im folgenden Jahr wegen Krankheit nach Hause zurückkehren. Der bedeutende Gothaer Kirchenrat Ernst Salomon Cyprian (1673-1745), dem er mancherlei verdankte, griff nun korrigierend in sein Leben ein: er solle nach seiner Gesundung die Universität Jena beziehen, da die Theologie in Halle *»nicht rein sei«*. Diese deutliche Warnung vor dem Pietismus muß Grosch zum Umdenken bewogen haben; 1720 bezog er die Universität Jena, nach erneuter Rückkehr nach Gotha rieten ihm seine Gönner – wohl u. a. wieder Cyprian –, die akademische Bildung in Leipzig zu beschließen. Grosch langte hier gerade zu einem Zeitpunkt an, als die letzten Vorbereitungen für den Dienstantritt Bachs im Gange waren: am 11. Mai 1723 nahm er das Studium in Leipzig auf, legte am 6. Februar 1724 das Magisterexamen ab und hörte Theologie besonders bei Börner, Carpzov und Deyling. Noch 1724 erhielt er eine Anstellung als Prinzenerzieher in Gotha, im August 1729 wurde er ordiniert, war dann Pfarrer in mehreren Orten Thüringens und seit 1748 bis zu seinem Tode am

Georg Grosch, Ölgemälde, Gotthilfkirche Waltershausen

30. Dezember 1771 Superintendent in Waltershausen.

Was mag Grosch bewogen haben, Bach mit der Komposition einer lateinischen Ode für diesen Zweck zu beauftragen? Augenscheinlich handelte es sich um eine ähnliche Unternehmung wie die des Studenten Hans Carl von Kirchbach (1704-1753) anläßlich des Todes der sächsischen Kurfürstin im Jahr 1727. Mutmaßungen, deren politisch-religiöser Hintergrund sich jedoch aufdrängt, lassen wiederum Cyprian ins Bild treten, der nach Groschs Zeugnis nicht nur zu jener Veranstaltung riet, sondern auch die thematische Richtung der Festrede vorgab: Oratio de meritis Serenissimi ... in rem litterariam & veram pietatem, eine Rede über die Verdienste des Herzogs für die Wissenschaft und die wahre Frömmigkeit! Bach führte im Auditorium Philosophicum des Großen Fürstenkollegs jene Lateinische Ode (BWV Anh. 20) auf, deren Text und Musik leider verschollen sind. Auch Bachs Status hinsichtlich der Universitätsmusik ist zu diesem Zeitpunkt nicht hinreichend geklärt. Doch seine Bereitschaft, sich in solche Aufgaben einbinden zu lassen, muß nachdenklich machen.

2. Nach allem, was wir wissen, hat Bach am Karfreitag des Jahres 1717 in der Schloßkapelle auf dem Friedenstein in Gotha eine Passion aufgeführt. Das macht Gotha, besonders das Schloß Friedenstein zur Bachstätte. Heutige Besucher der Gothaer Residenz befinden sich in der **Schloßkapelle** am Ort des Grundsteins dieses beeindruckenden Gesamtensembles, gelegt am 26. Oktober 1643. Denn an der Nordostecke der Schloßkapelle begann Herzog Ernst der Fromme (1605-1675, Regierungszeit 1641-1674) mit dem Neubau eines Schlosses auf dem Gelände der ehemaligen Festung Grimmenstein, ehedem eine der mächtigsten Anlagen im mitteldeutschen Raum. Diese war im Auftrag des Kaisers durch den sächsischen Kurfürsten August (1526-1586) im Jahr 1567 im Gefolge der sogenannten »Grumbachschen Händel« belagert und schließlich restlos zerstört worden. Der damalige Gothaer Herzog Johann Friedrich II. (1529-1595) geriet dabei in Gefangenschaft. Von 1643 an ließ Herzog Ernst Zug um Zug die fürstliche Residenz errichten: Mit der Fertigstellung des Hauptflügels 1646 wird der Name »Friedenstein« eingeführt; 1648 wird der Westflügel vollendet, 1649/50 der Ostflügel und der Ostturm. Es schließen sich die Fortifikationsarbeiten an; 1655 ist der gesamte Bau vollendet.

Die Einweihung der Schloßkapelle feierte man 1646 mit der Taufe des späteren Herzogs Friedrich I. (1646/1674-1691). Bauschäden, die sich um 1695/97 zeigten, waren Anlaß zu ihrer Neugestaltung. **Stuckarbeiten** der kurbrandenburgischen Stukkateure Samuel und Johann Rust, eine **Orgel** des Zwickauer Meisters Severin Hohlbeck († 1700) im Jahr 1692 und ein **Deckengemälde** des Schwarzburg-Rudolstädter Hofmalers Seivert Lammers (1648-1711) von 1697 zieren seitdem das Bauwerk. Nur das Altarbild und die Sitzbänke des Schiffes sind erst im 19. Jahrhundert in diesen sonst original erhaltenen Raum hineingekommen. Die erneute Einweihung legte man auf den

21. Geburtstag des jungen Herzogs Friedrich II. am 28. Juli 1697. Die Hohlbeck-Orgel – Nachfolgerin eines Orgelpositivs, das seit Errichtung der Schloßkapelle gedient hatte und nach Gräfentonna verschenkt wurde –, von der heute nur noch der wunderschöne Prospekt vorhanden ist, hatte »35 klingende Stimmen mit metallenen Pfeiffen und 2. Clavieren von Elphenbein und Ebenholtz«; neben der wunderbaren Barockdisposition verfügte diese Orgel über »Vogelgesang« und »Cymbelräder«. Diese Orgel muß Bach kennengelernt und womöglich auch gespielt haben. 1850 baute der Orgelbauer Knauff aus Groß-Tabarz in den barocken Prospekt eine neue Orgel ein; sie hat 28 Register auf 2 Manualen und Pedal (Disposition siehe Anhang, S. 297). Beharrlich wird als Erbauer dieser Orgel auch Schulze (Paulinzella) genannt, ja sogar ein Orgelbauer Betz bzw. Boitz, der dann in die Niederlande ging, spielt eine Rolle. Doch die Nähe zu den Orgelbauten Knauffs sei so auffällig, daß auch in unserem Zusammenhang der Tabarzer Meister bevorzugt wird.

3. Literatur

Eva-Maria Ranft, Ein unbekannter Aufenthalt Bachs in Gotha. In: Bach-Jahrbuch 1985

Andreas Glöckner, Neue Spuren zu Bachs »Weimarer« Passion. In: Bericht über die Wissenschaftliche Konferenz 1994 – Passionsmusiken im Umfeld Johann Sebastian Bachs, Bach unter den Diktaturen 1933-1945 und 1945-1989 (= Beiträge zur Leipziger Bach-Forschung, Bd. 1). Hildesheim-Zürich-New York 1995

Hans Schneider, Cyprians Auseinandersetzung mit Gottfried Arnolds ›Kirchen- und Ketzerhistorie‹. In: Ernst Salomon Cyprian (1673-1745) zwischen Orthodoxie, Pietismus und Frühaufklärung, hrsg. von Ernst Koch und Johannes Wallmann (= Veröffentlichungen der Forschungs- und Landesbibliothek Gotha, 34). Gotha 1996

4. Reiserouten, Auskünfte, Adressen, Öffnungszeiten:

Gotha liegt an der Fernbahnstrecke Erfurt-Frankfurt/Main.

Mit Auto über A 4; vom Hermsdorfer Kreuz wie vom Kirchheimer Dreieck her Ausfahrt »Gotha« und über B 247 in die Stadt.

Auskünfte erteilen:
Schloß Friedenstein
Schloßmuseum
Telefon 0 36 21-8 23 40
Forschungs- und Landesbibliothek
Telefon 0 36 21-3 08 00
Schloßkapelle
Telefon 0 36 21-74 12 95

Öffnungszeiten Schloßkapelle
Mo-Fr 10.00-17.00
Sa 10.00-12.00

Fremdenverkehrsamt/Gotha-Information
Blumenbachstr. 1-3
99867 Gotha
Telefon 0 36 21-85 40 36 oder -22 21 38
Fax 0 36 21-22 21 34

Halle

1. Mit dem Tod des Hallenser Marienorganisten Friedrich Wilhelm Zachow (1663-1712) am 7. August 1712 beginnt eine ungewöhnlich lange Zeit des Interims bis zur Wiederbesetzung der Stelle. Zwei Jahre vergingen, bis im August 1714 Gottfried Kirchhoff (1685-1746) als Nachfolger Zachows seinen Dienst antrat. Einschneidend war die Zäsur vor allem deshalb, weil Zachow 28 Jahre lang an der Marienkirche tätig gewesen war. Er hatte das Musikleben Halles wesentlich geprägt und bedeutende Schüler hervorgebracht, u.a. Georg Friedrich Händel (1685-1759). Trotz der Bedeutung der Stelle ließ sich das Kirchenkollegium zunächst Zeit mit den Entscheidungen, was mit dem beginnenden Orgelneubau in Verbindung stehen mochte. Doch sollte sich das als verhängnisvoll erweisen. Bewerber gab es genug, und an Ideen, wie man zu einer möglichst guten Wahl kommen möchte, mangelte es nicht. So hatte man sich zwischenzeitlich dazu entschlossen, Johann Kuhnau (1660-1722) aus Leipzig und Johann Philipp Krieger (1649-1725) aus Weißenfels als Gutachter zu bestellen, was aber wieder fallengelassen wurde. Gewiß wollte das Kirchenkollegium die Sache mit der Beendigung des Gnadenhalbjahres für Zachows Witwe, also Mitte bis Ende März 1713, entschieden haben, um keine zusätzlichen Kosten entstehen zu lassen. Niemand konnte aber voraussehen, daß am 25. Februar 1713 der preußische König Friedrich III. [I.] (1657-1713) sterben würde. Das brachte den ganzen Plan für die Neubesetzung der Stelle in Gefahr; denn nun schloß sich die Landestrauer an, die bis zum Ende des Monats Juni andauerte.

Wie es scheint, forderte das Kirchenkollegium im Herbst 1713 Bach zur Kandidatur auf, nachdem von ihm Interesse an der Stelle signalisiert worden war. Unklar bleibt, warum für ihn nicht die gleichen Bedingungen galten wie für die anderen Bewerber: Probe als Organist, Aufführung einer eigenen Kantate, für die vorher der Text approbiert und zugestellt wurde. Doch nicht nur diese Verfahrensfragen sind für Bach im Unterschied zu den anderen Bewerbern eigens geklärt; auch seine Unterbringung in dem vornehmen Gasthaus ›Zum goldenen Ring‹ und die ausdrückliche Honorierung der Probekantate fällt aus den Gepflogenheiten heraus. Wie erst seit kurzem bekannt, wird Bach zwischen dem 28. November und 1. Dezember aus Weimar abgereist und wohl bis zum 15. Dezember in Halle geblieben sein.

In der Hallenser Bewerbung Bachs darf der entscheidende Impuls für die Entstehung des Weimarer Orgelbüchleins gesehen werden (⇒ Weimar). In verhältnismäßiger Ruhe sind ein Adventslied (BWV 601), zwei Weihnachtslieder (BWV 605, 606) und zwei Neujahrslieder (BWV 610, 614) eingetragen worden; daneben stehen aber aus derselben Zeit auch solche Eintragungen, die flüchtig (BWV 604) oder gar nur konzipierend (BWV 603, 608, 609) niedergeschrieben wurden. Am Mittwoch nach dem 2. Advent, dem

13. Dezember 1713, wurde Bach in Halle gewählt. Es ist überliefert, daß er in Zusammenhang mit seiner Präsentation *»gleich willens [war] wiederum fortzureisen, wenn des Herrn D. Heineccii Befehl und höfliches anhalten mich nicht genöthiget, das bewuste Stück zu componiren u. aufzuführen«*.

Bach hat also in Halle kurz nach seiner Präsentation auf Bitte des dortigen Oberpfarrers D. Johann Michael Heineccius (1674-1722) eine uns unbekannte Kantate komponiert und aufgeführt, möglicherweise eben zu dem 2. Advent, dem 10. Dezember 1713. Das schließt die Entstehung und Aufführung der oft für diesen Zweck angenommenen Kantaten BWV 21 »Ich hatte viel Bekümmernis« und BWV 63 »Christen, ätzet diesen Tag« in Halle aus, was auch das Detempore nahelegt. Der längere Aufenthalt in Halle reduzierte Bachs Tätigkeit in der Adventszeit in Weimar nun auf den 3. und 4. Advent, wozu passen würde, daß das erste und für diesen Entstehungszeitraum einzige Adventslied im Orgelbüchlein das in Detempore-Registern dem 4. Advent zugewiesene »Herr Christ, der einig Gottes Sohn« (BWV 601) ist. Bach wurde gewählt, doch die Bestallungsurkunde stellte man erst nach einer erneuten Sitzung des Wahlgremiums, eben des Kirchenkollegiums, am 11. Januar 1714 aus, freilich zurückdatiert auf den 14. Dezember 1713.

Nun schloß sich eine Zeit des Taktierens an. Bach nutzte die Bewerbung in Halle für »Bleibeverhandlungen« in Weimar. In Halle hatte das Kirchenkollegium noch am 1. Februar 1714 festgestellt, man könne Bach keine höhere Be-

Johann Michael Heineccius, unbezeichnetes Ölgemälde auf Holz

soldung anbieten, man erwarte aber von ihm eine endgültige Erklärung binnen zwei Tagen. Nun überbrachte der Hallenser »Cantzley Bothe« Tobias Christian Francke um den 5. Februar 1714 die Bestallungsurkunde. Für Botenlohn und Wartegeld erhielt er 1 Taler und 12 Groschen. Wenige Tage später muß Bach einen endgültigen Absagebrief geschrieben haben, der in Halle die Wahl des Leipziger Neukirchenorganisten Melchior Hoffmann (1679-1715) bewirkt. In Weimar kam es indessen am 2. März 1714 zur Ernennung Bachs zum Konzertmeister und zu der Beauftragung mit vierwöchentlicher Kantatenmusik aus der eigenen Feder. Man hat von Halle aus Bach unterstellt, es habe sich nur um eine Scheinbewerbung gehandelt. Doch diesen Vorwurf konnte er wohl ausräumen, wie sein weiteres gutes Verhältnis zu den Hallenser Stadt- und Kirchenbehörden beweist. Auch der eher vertraut klingende Brief Bachs vom 19. März 1714 an August Becker (1668-1750), den Vorsteher der Hallenser Marienkirche, läßt einen Eindruck der Verstimmung nicht aufkommen; vielmehr teilt Bach ihm ohne Umschweife den wesentlichen Grund seiner Absage mit: »*Zudem ist nicht zu praesumiren [erwarten] daß mann an einen Ohrt gehen solte, wo man sich verschlimmert.*«

Nur reichlich zwei Jahre später, im April 1716, lud das Hallenser Kirchenkollegium Bach zur Orgelprüfung des neuen Werkes in der Marienkirche ein. Es handelte sich um eine Orgel mit 65 Registern aus der Werkstatt des Halberstädter Meisters Johann Christoph Cuncius (1676-1722). An der Jahreswende 1712/1713 war der Kontrakt zustande gekommen. Zwischen 1713 und 1716 arbeitet die Werkstatt an dem Auftrag. Nun kam es vom 29. April bis zum 1. Mai 1716 zur Orgelprüfung. Zusammen mit dem Leipziger Thomaskantor Johann Kuhnau und dem Quedlinburger Stadtkantor Christian Friedrich Rolle (1681-1751) unterzog Bach die dreimanualige Orgel mit Pedal einer sorgsamen Untersuchung. Erhalten blieb das Gutachten, geschrieben von Johann Kuhnau und unterschrieben von allen drei Prüfern. In sechs abgewogenen Punkten wird die Qualität beschrieben, aber auch mancher Mangel aufgedeckt. Die kritischen Äußerungen halten sich in Grenzen; sie betreffen den Schutz der Bälge vor allzu starker Sonneneinstrahlung über ein in der Nähe befindliches Fenster, die ungenügende Windzufuhr besonders für das Oberwerk, den zu engen Raum in dem Orgelgehäuse, das zu dünne Blech der Zinnpfeifen im Prospekt, die noch nicht optimale Intonation und noch fehlende Stücke, »*nehmlich die* Copul, 2 Tremulant*en, 2 Sterne, eine lauffende Sonne auß dem Ober* Positiv *und den Vogel Gesang*«. Die Prüfer schauten sich vor allem die Mechanik an, die »üble Meister« mit gewissen Tricks scheinbar verbessern könnten, was aber Cuncius natürlich nicht tat. Darüber hinaus rühmten sie Cuncius' Fleiß, der über die Abmachungen des Kontraktes hinaus fünf Register eingebaut, dagegen aber vier dort vorgesehene weggelassen habe. Auch seien anstelle von zwei zweifachen zwei dreifache Cymbeln geliefert worden. Summa summarum: »*Im übrigen wünschen wir, daß es dem AllerHöchsten zu Ehren, und zu sonderbahrem Ruhme Derer HochEdlen Herrn* Patronen *auch der ganzen werthen Stadt im guten Friede und Ruhe zur heiligen Auffmunterung und Andacht sich jede Zeit wohl hören laßen und lange Jahre beständig dauren mögen.*«

Am Tage Philippi und Jacobi, dem 1. Mai 1716, nahm man in einem Festgottesdienst die neue Orgel, ein stolzes Werk mit 65 Registern auf drei Manualen mit Pedal, in Gebrauch; die Predigt hielt der Hallenser Oberpfarrer Johann Michael Heineccius, zwei festliche Kantaten musizierte der seinerzeit schließlich zum Organisten gewählte Gottfried Kirchhoff zusammen mit den Stadt-

Halle, Marktkirche Unser Lieben Frauen

pfeifern und dem Collegium musicum. Bezüglich der genannten Mängel versprach der Orgelbauer tags darauf Abhilfe. Noch bevor die Prüfer abreisten, zeigte sich das Kirchenkollegium durch ein außerordentlich reiches Festessen erkenntlich, das zu sprichwörtlichem Ansehen gekommen ist: »die Hallenser Orgelprobe«.

Über 22 Jahre, von 1746 bis 1764, wirkte Bachs Sohn Wilhelm Friedemann (1710-1784) als »Director Musices und Organist zu St. Marien in Halle« in dieser Kirche und führte hier manches Werk seines Vaters, z. T. mit veränderter Instrumentierung auf: »Man singet mit Freuden vom Sieg« (BWV 149), »Nun ist das Heil und die Kraft« (BWV 50) und einzelne umtextierte Sätze aus »Ein feste Burg ist unser Gott« (BWV 80). Es war die letzte feste Anstellung des ältesten Bachsohnes, möglicherweise auch durch Intervention seines Vaters zustande gekommen; wir wissen es nicht. Als Johann Sebastian gestorben war, eilte Wilhelm Friedemann nach Leipzig und blieb dort bis Ende Dezember 1750. Bei seiner Rückkehr empfing man ihn seitens der Stadt mit einem Verweis. Fast drei Monate später heiratete er Dorothea Elisabeth (1725-1791), die Tochter des Königlichen Steuereinnehmers Georgi, bei dem er schon seit seiner Ankunft in Halle wohnte. Hier in Halle wurden ihnen zwei Söhne (1752, 1754) und eine Tochter geboren, von denen nur Friederica Sophia (1757-1797) das Erwachsenenalter erreichte.

Bewerbungen Wilhelm Friedemann Bachs nach Zittau (1753) und Frankfurt/Main (1758) zerschlugen sich; nach Graupners Tod (1760) weckte man sein Interesse für die Hofkapellmeisterstelle in Darmstadt. Seine Starrköpfigkeit ließ ihn zwar den Darmstädter Titel erringen, nicht aber die Stelle. Am 12. Mai 1764 kündigte er überraschend die Stelle, wohl weil sich ihm eine Stelle in Fulda anbot. Kümmerlich bestritt er seine und seiner Familie Existenz durch Musikunterricht. Bis dahin empfing er Hilfe durch den Verleger J. J. Gebauer, verkehrte viel mit seinen begabten Schülern, u. a. Johann Christian Bach (1743-1814), Sohn des Hallenser Ulrichskantor Georg Michael Bach (1701-1771) und Verwandter der Meininger Linie; ihm schenkte er Manuskripte seines Vaters, u. a. das »Clavierbüchlein«. Einem anderen Schüler, dem Großvater des bedeutenden Herausgebers der Bach-Gesamtausgabe und Leipziger Thomaskantor Wilhelm Rust (1822-1892), Friedrich Wilhelm Rust, schenkte er das Manuskript der »Französischen Suiten«. Erst 1770 verließ er mit seiner Familie Halle in Richtung Braunschweig, nachdem er das seiner Frau gehörende Grundstück in Halle, hinter der Marktkirche mit Blick auf die Saale, versteigert hatte.

Nicht unerwähnt bleiben soll, daß an der Ulrichskirche von 1718 an Bachs Schüler Johann Gotthilf Ziegler (1688-1747) als Organist wirkte; von ihm sind drei Kantatenjahrgänge literarisch bekannt, deren einer auf den in Halle wirkenden Theologen Johann Jacob Rambach (1693-1735) zurückgeht (1720); Texte daraus wurden in theologisch stark bearbeiteter Form auch von Johann Sebastian Bach in Leipzig vertont (z. B. BWV 25). Möglicherweise wies Ziegler seinen Lehrer auf diese Texte hin.

Bleibt noch hinzuzufügen, daß Bach dreimal einen Besuch bei Georg Friedrich Händel (1685-1759) in Halle plante (1719, zwischen 1730 und 1740, 1752 oder 1753); keiner kam zustande. Lebenslang hat man beider Kunstfertigkeit verglichen. So auch in der Auseinandersetzung Johann Abraham Birnbaums mit Johann Adolph Scheibe um Bachs Kompositonsweise; dort fragt Birnbaum, wen Scheibe wohl gemeint haben mag, der Bach vergleichbar sein könne: *»Zielt er etwan damit auf einen gewissen grossen meister der Music eines auswärtigen reiches, der wie man sagt, seiner gantz besonderen geschicklichkeit wegen, nach dem gebrauch des landes, die Doctor würde in der Music zur würdigen belohnung erhalten hat?«*

Später noch wird auch Händel, wie früher schon Marchand, unter die eingereiht, die vor Bachs Größe die Flucht ergriffen hätten: *»Händel vermied iede Gelegenheit sich mit Bach ... einzulassen. Bach wünschte ihn, als er aus England 2 mal nach Halle kam zu sehen, aber er machte sich zeitig davon.«*

2. Halles Stadtbild, geprägt seit dem späten Mittelalter durch **fünf Türme**, die beiden Turmpaare der Marktkirche Unser Lieben Frauen und des einzeln stehenden Roten Turms auf dem Markt, ist bis heute typisch für die Stadt. Zugleich wird mit ihnen Halles Innenstadtgeschichte, speziell ein wesentliches Stück Kirchengeschichte, bezeichnet. Denn die heutigen Westtürme der Marktkirche sind die der ehemaligen St. Gertrudenkirche, der Pfarrkirche der Talgemeinde um den noch heute sogenannten Hallmarkt; die östlichen Türme sind die Westtürme der älteren Marienkirche, die im Zuge einer Stadterweiterung im 12. Jahrhundert gebaut wurde. Der Rote Turm, ein freistehender Glockenturm, kam erst zwischen 1418 und 1506 hinzu. Gegen Ende des dritten Jahrzehnts des 16. Jahrhunderts, also noch vor Einführung der Reformation, führten kirchenrechtliche Maßnahmen zu jener baulichen Veränderung, die sich uns heute noch in der **Marktkirche** mit vier Türmen zeigt: Von 1529 an brach man die beiden alten Kirchenschiffe ab und fügte zwischen die beiden stehengebliebenen Turmpaare ein neues Schiff ein; zugleich erhöhte man die Marientürme. Mitten in diesen Umbau hinein fiel der Weggang Kardinal Albrechts von Brandenburg (1490-1545), des Erzbischofs von Magdeburg und Mainz, und die Einführung der Reformation unter Justus Jonas (1493-1555) in Halle 1541. Das geschah am Karfreitag, dem 15. April dieses Jahres, durch eine Predigt von Justus Jonas. Natürlich zog dieses Ereignis kräftige Änderungen in der Planung der im Entstehen begriffenen Marktkirche nach sich. Man gewann nach dem Tod des bis dahin den Bau leitenden Ratswerkmeisters Caspar Kraft († 1540) Nickel Hoffmann aus Pirna. Er führte den Bau einschließlich der Emporeneinbauten von 1549 und 1550 im Jahr 1554 zu Ende. 1697/98 setzte man auf die Nordempore noch eine zweite aus Holz auf. Auch die beiden Ratsstuben unter der Westempore stammen aus dieser Zeit.

Die **Kanzel** ist ein Werk aus der Werk-

Halle, Marktkirche Unser Lieben Frauen, Stich 1749

statt Nickel Hoffmanns und entstand wohl erst 1547; die Beschriftung des Eingangs erinnert an die Einführung der Reformation 1541 und das damit wieder erklingende Christuszeugnis: Christus introibit / Ps. 24, »Christus zieht ein, vgl. Psalm 24«. Der sehr aufwendige Schalldeckel, ein achteckiger Stern, erzählt in bedeutsamen Einzelheiten die Christusgeschichte: ein Kruzifix, umgeben von den vier Evangelisten, die Verklärung Christi auf der obersten Spitze, außen auf den Spitzen des Sterns Engel mit den Marterwerkzeugen. An dieser Kanzel arbeiteten Heinrich Heidenreitter als Bildschnitzer und der Maler des großen Wandgemäldes der Ostwand, Heinrich Lichtenfelser, 1595/96 zusammen. Die Marienbibliothek, heute gegenüber der Südseite der Kirche untergebracht, bewahrt noch eine hölzerne Kanzel auf, die als Provisorium dem Gottesdienst in der noch nicht fertiggestellten Kirche diente. Auf ihr dürften 1539 und weitere zwei Male Martin Luther und 1541 Justus Jonas gepredigt haben.

Wenige Jahre vor Fertigstellung der Kanzel vollendete der genannte Maler Lichtenfelser sein **großes Bild**. Anders als in den strengen und monumentalen Altarbildern setzt sich hier eine lockere Erzählweise durch, die Szenen der Apostelgeschichte ausbreitet: Paulus vor Damaskus, die Taufe des Kämmerers aus dem Mohrenland, die Aussendung der Apostel durch Christus und die Ausgießung des Pfingstgeistes im Obergemach des Hauses der Maria.

Den vorrreformatorischen **Altar** stiftete 1529 noch Kardinal Albrecht, wohl aber ursprünglich nicht für die gerade geplante erneuerte Marktkirche, sondern für sein Neues Stift St. Mauritius am Dom. Es handelt sich um einen vierteiligen Altar des sogenannten »Meisters der Georgsmessen« oder »Meister Simon« zugeschrieben, einem der Cranachschule nahestehenden Maler. Eine feststehende Mitteltafel zeigt Maria mit dem Kind auf der Mondsichel, umgeben von einem Engelskranz und dem links knienden Stifter Kardinal Albrecht, dem das Christuskind ein Büchlein reicht. Bei zugeklappten Flügeln erscheint die Verkündigung an Maria, die links vor einem Betpult kniet, während rechts der Engel Gabriel naht. Die weiteren acht Flügelseiten zeigen je eine großfigurige Heiligengestalt: Mauritius, Alexander, Magdalena, Johannes, Augustinus, Katharina, Ursula, Erasmus. Die Predella zeigt die vierzehn Nothelfer in je halber Figur. 1840 mußte dieser Altar weichen, als man einen neuen nach Entwürfen von Karl Friedrich Schinkel, gemalt von Julius Hübner (Düsseldorf/Dresden), in die Kirche stellte. Zwar blieben die Bildwerke erhalten, doch der originale Rahmen und das schmückende Beiwerk gingen verloren. Eine Darstellung der Bergpredigt Jesu bildete den Mittelpunkt dieses Altars; sie ist heute provisorisch an der Rückseite des Altars befestigt.

Zwischen 1808 und 1837 unterzog man die **Orgel** von Johann Christoph Cuncius größeren Reparaturen; Johann Friedrich Schulze (Paulinzella) baute sie 1844 weitgehend um. Im Jahr 1897 ersetzte man diese durch einen völligen Neubau mit 60 Registern der Firma Rühlmann (Zörbig) unter Beibehaltung des prächtigen Prospektes, der auch heute noch zu bewundern ist. Lange Zeit war er nicht farblich gefaßt, sondern im unbehandelten Holzton zu sehen. Die weiße Bemalung mit der golden gefaßten Akanthus- und Bandelwerkschnitzerei kam erst anläßlich einer der neueren Sanierungen hinzu, die die Kirche während jedes Jahrhunderts bisher etwa dreimal erfahren hat. Ein Einbruch von Hitze und Dampf nach dem Bersten der Fernwärmeleitung zerstörte 1967 dieses Werk. Inzwischen befindet sich in dem Prospekt von 1716 jedoch eine Orgel der Potsdamer Firma Alexander Schuke von 1984 mit 56 Registern auf drei Manualen und Pedal (Disposition siehe Anhang, S. 298).

Gegenüber auf der Ostempore vor dem großen Wandbild steht die **Reichel-Orgel**, erbaut 1663/64 von Georg Reichel, restauriert 1972 durch die Firma Schuke, Potsdam. Auf ihr soll Georg Friedrich Händel durch seinen Lehrer Zachow unterrichtet worden sein. Ihr Spielschrank befindet sich auf der Rückseite. Sie hat nur sechs Register und ähnelt in ihrer Disposition jenen Orgeln, für die Händel in England seine Orgelkonzerte schrieb (Disposition siehe Anhang, S. 299).

Weiter ist an Sehenswürdigkeiten der Marktkirche beachtenswert: Teile des spätmittelalterlichen **Gestühls**, die **Tauffünte**, die vermutlich aus einer der beiden Vorgängerkirchen stammt – 1430 in Magdeburg gegossen –, zwei **Kruzifixe**, das große an der Mittelsäule der Orgelempore angebrachte, und das kleine von Peter Hinz 1978 unter Verwendung eines Kreuzes aus dem 19. Jahrhundert geschaffene Versöhnungskreuz am dritten Nordpfeiler von Osten. An **Reformationsdenkmalen** sind vorhanden: Wappen und Inschrift des Justus Jonas am Gesims der Südempore, Inschrift und Lutherrose mit Bild des Reformators von dem Hallenser Goldschmied Jobst Kammerer von 1553 gegenüber der Kanzel, Wachsabgüsse von Gesicht und Händen Luthers, am 19. Februar 1546, dem Tage nach dem Tod Luthers, auf Veranlassung Justus Jonas' in Eisleben angefertigt; sie befinden sich in der Sakristei, in der Luther während seiner Überführung nach Wittenberg aufgebahrt wurde. Außen an der Ostseite brachte man 1883 ein

Lutherdenkmal mit Porträtmedaillon an, geschaffen von dem Bildhauer Schober. Ein reicher Schatz der Gemeinde ist die 1561 durch den damaligen Superintendenten Sebastian Boetius gegründete **Marienbibliothek**. Sie befindet sich seit 1889 in einem Gebäude hinter den Häusern südlich der Kirche.

Im Advent 1713 logierte Bach im **Gasthaus zum goldenen Ring**; es befand sich gegenüber der Marktkirche, am Markt Nr. 22 gelegen. Das Haus war 1505 erbaut worden und hatte früh den Ruf einer Adelsherberge und zählte zu Bachs Zeit zu den ersten Häusern am Ort. 1905 ersetzte man es durch einen größeren Neubau.

Das **Händelhaus**, eine Erwerbung des Vaters des Komponisten, des Leibchirurgus Georg Händel, aus dem Jahr 1666, wurde 1558 erstmals urkundlich erwähnt; älteste Teile des Gebäudes stammen aus dem 12. Jahrhundert. Hier wurde Georg Friedrich Händel 1685 geboren. Seit dem 18. Jahrhundert schon gibt es Bemühungen, in Händels Geburtshaus eine Gedenkstätte einzurichten. 1937 kaufte die Stadt dieses Gebäude, 1948 öffnete es seine Pforten als Memorialmuseum für Händel und Musikmuseum der Stadt Halle. Zum 300. Geburtstag des Komponisten erfuhr das Haus eine Erweiterung durch Einbeziehung des benachbarten Renaissancegebäudes.

3. Literatur

Peter Wollny, Bachs Bewerbung um die Organistenstelle an der Marienkirche zu Halle und ihr Kontext. In: Bach-Jahrbuch 1994

4. Reiserouten, Auskünfte, Adressen, Öffnungszeiten

Halle liegt an den Fernbahnstrecken Frankfurt/Main-Berlin (über Halle) und Dresden-Magdeburg.

Mit Auto über A 9 und A 14, künftig auch A 38.

Auskünfte erteilen:
Evangelische Marktkirchengemeinde
An der Marienkirche 1-3
06108 Halle/Saale
Telefon und Fax 03 45-5 17 08 94
Öffnungszeiten Marktkirche
Mo, Di, Do-Sa
10.00-12.00 und 15.00-18.00
Mi nur 15.00-16.00

Marienbibliothek Telefon 03 45-5 17 08 93
Mo und Do
13.00-17.00 oder nach Vereinbarung

Händel-Haus Halle
Große Nikolaistraße 5
06108 Halle/Saale
Telefon 03 45-50 09 00 oder -50 09 02 25
Fax 03 45-50 09 04 11
Geöffnet täglich 9.30-17.30, Do bis 19.00

Hamburg

1. Der Nekrolog auf Johann Sebastian Bach von 1754 bestätigt grundsätzlich, was auch als Anekdote überliefert ist: St. Katharinen und der dort wirkende Organist Jan Adam Reinken (1623-1722) wurden von Bach schon während seiner Lüneburger Zeit besucht. Und er muß auf Bach geradezu magische Anziehungskraft ausgeübt haben. Friedrich Wilhelm Marpurg berichtete unter Berufung auf Bach selbst, aber in den Einzelheiten wohl kräftig übertrieben: »*Er war auf der Schule zu Lüneburg, in der Nähe von Hamburg, wo damals ein sehr gründlicher Organist und Componist, Nahmens Reinecke blühte. Da er um diesen Künstler zu hören, öfters eine Reise dahin machte, so geschah es eines Tages, da er sich länger in Hamburg aufgehalten hatte, als es das Vermögen seiner Börse erlaubte, daß er bey seiner Zurückwanderung nach Lüneburg, nicht mehr als ein paar Schillinge in der Tasche hatte. Noch nicht hatte er den halben weg zurück gelegt, als ihn ein starker Appetit anwandelte, und er zu dem Ende in einem Wirthshause einkehrete, wo ihm bey dem köstlichen Geruch aus der Küche, die Lage, worinnen er sich befand, noch zehnmal schmerzhafter vorkam. Mitten in seinen trostlosen Betrachtungen darüber hörte er ein knarrendes Fenster öfnen, und sahe, daß aus selbigem ein paar Heringsköpfe auf den Kehrigt geworfen wurden. Als einem ächten Thüringer, fieng ihm beym Anblick dieser Figuren der Mund zu wässern an, und er säumte keinen Augenblick sich ihrer zu bemächtigen; und siehe, o Wunder! er hatte kaum angefangen sie zu zergliedern, so fand er in einem jeden Kopfe einen dänischen Ducaten versteckt; welcher Fund ihn in den Stand setzte, nicht allein nunmehro eine Portion Braten zu seiner Mahlzeit hinzuzufügen, sondern annoch mit ehestem mit mehrer Gemächlichkeit eine neue Wallfahrt zum Hrn. Reinecke nach Hamburg zu unternehmen. Besonders ist es, daß der unbekannte Wohlthäter, der ohne Zweifel am Fenster gelauschet haben wird, um zu sehen, welchem Glückskinde sein Geschenk zu theil werden würde, nicht die Cüriosität gehabt hat, die Person und Eigenschaften desselben näher zu recognosciren.*«

Reinkens Musik dürfte einen bedeutenden Einfluß auf Bach ausgeübt haben, nur vergleichbar mit dem Einfluß Buxtehudes, durch die Reise nach Lübeck, und mit der Begegnung mit Georg Böhm in Lüneburg. Daneben liefern die von Bach bearbeiteten Reinkenschen Sonatensätze BWV 954, 965 und 966 einige konkrete Anhaltpunkte dafür, wie intensiv Bach sich gerade mit diesem Meister beschäftigt hat.

Daß Bach die Gelegenheit erhielt, 1720 vor Reinken, vor dem Magistrat und vielen anderen Vornehmen der Stadt mehr als zwei Stunden zu improvisieren, muß ihm wie ein Geschenk des Himmels erschienen sein. Denn er schätzte nicht nur Reinken aufgrund seiner früheren Kontakte, vor allem dürfte er detaillierte Kenntnisse von seinen improvisatorischen und kompositorischen Fähigkeiten gehabt haben.

»Reinken, der damals bey nahe hundert Jahre alt war, hörete ihm mit besonderem Vergnügen zu, und machte ihm, absonderlich über den Choral: An Wasserflüssen Babylon, welchen unser Bach, auf Verlangen der Anwesenden, aus dem Stegreife, sehr weitläuftig, fast ein halbe Stunde lang, auf verschiedene Art, so wie es ehedem die braven unter den Hamburgischen Organisten in den Sonnabends Vespern gewohnt gewesen waren, ausführete, folgendes Compliment: Ich dachte, diese Kunst wäre gestorben, ich sehe aber, daß sie in ihnen noch lebet. Es war dieser Ausspruch von Reinken desto unerwarteter, weil er vor langen Jahren diesen Choral selbst, auf die obengemeldete Weise gesetzet hatte: welches, und daß er sonst immer etwas neidisch gewesen, unserm Bach nicht unbekannt war. Reinken nöthigte ihn hierauf zu sich, und erwies ihm viel Höflichkeit.«

Seit Generationen glaubt man über diesen Besuch zu wissen, daß Bach das genannte Choralvorspiel, wahrscheinlich ein BWV 653/653 b nahe verwandtes, spielte, und auch Präludium und Fuge g-Moll, BWV 542.

Jacob Adlung, der Erfurter Predigerorganist und der wohl bedeutendste Orgelkenner seiner Zeit, sah sich in seinem Buch »Musica mechanica organoedi« von 1768 veranlaßt, den Principalbaß 32 Fuß der großen Orgel der St. Martinskirche von Tours/Frankreich, *»dessen F von 24 Fuß im Gesichte steht, und sehr wohl anspricht«*, besonders zu loben; in einer Anmerkung dazu bemerkte er folgendes: *»Der seel.[ige] Hr. Kapellmeister Bach in Leipzig, versicherte eine ähnliche gute und durchaus vernehmliche Ansprache bis ins tiefste C, von dem 32füßigen Principale, und der Posaune im Pedale der Catharinenorgel in Hamburg: er sagte aber auch, dies Principal wäre das einzige so groß von dieser guten Beschaffenheit, das er gehöret hätte.«*

Diese Kenntnisse konnte Bach nur durch eigene Erfahrung erworben haben. Bis längstens zum 23. November 1720 weilte er in Hamburg, dann forderte die Pflicht in Köthen ihr Recht, er mußte zurückkehren.

Bach hat wohl erst während seines Aufenthalts in Hamburg bei Reinken von der freigewordenen Stelle gehört. Der Jacobiorganist Hinrich Friese, Inhaber des Amtes seit 1674 und damals Nachfolger des bedeutenden Matthias Weckmann (1621-1674), war am 12. September 1720 gestorben. Reichlich 2 Monate später, am 21. November, versammelte der Hauptpastor Erdmann Neumeister (1671-1756), der erst seit 1715 hier wirkte, das Wahlgremium im Kirchensaal von St. Jacobi: Neben ihm selbst waren anwesend die zwei Ratsherren Walther Beckhoff und Henning Lochau als Kirchspielherren, die Leichnamsgeschworenen Bernhard Cropp und Friedrich Wahn sowie die Jahrgeschworenen Johann Luttas und Johann Caspar Weber. Ihnen lagen Bewerbungen von acht Interessenten vor: von Matthias Christoph Wideburg, Heinrich Zinck, Vincent Lübeck jr., Johann Joachim Heitmann, Johann Sebastian Bach, und von den Herren Frenkel, Lüders und Hertzog. Man legte fest, daß alle *»Competenten die Probe zu thun [hätten], wenn sie solches verlangeten«*. Weiterhin legte man die Zusammensetzung eines Gutachtergremiums fest, die Übernahme des Wahlmodus vom 26. November 1674 (Wahl Frieses), den Termin des Probespiels; zur Frage des Verkaufs der Organistenstelle an den Meistbietenden – eine durchaus übliche Praxis bei der Vergabe von öffentlichen Ämtern in norddeutschen Städten – wird entschieden, es solle die Wahl nach der Kompetenz geschehen. Sollte der Gewählte nach der Wahl Geld bezahlen wollen, so würde es zum besten der Kirche angenommen. Daraufhin verschickte man Einladungen für den 28. November. An jenem Tage stellte man bei neuer Zusammenkunft fest, daß von acht Geladenen vier nicht erschienen waren. Es handelte sich um Bach, der *»den 23 Nov: nach seinen Fürsten reisen müssen«*, um Lübeck, der am 25., und um Hertzog, der am 27. November abgesagt hatte. Wideburg war unentschuldigt weggeblieben. Nun fand mit den anwesenden vier Bewerbern das Probespiel statt, für das Gerstenbüttel Aufgaben vorbereitet hatte: Spiel eines Hymnus aus Franz Elers' Cantica Sacra (1588), eine extemporierte Fuge und das Lied »Helft mir Gotts Güte preisen«. Nach der Probe verabredete man sich zur Wahl auf Donnerstag nach dem 2. Advent, dem 12. Dezember. Inzwischen hatte Luttas von Bach eine Nachricht erhalten, er werde sich zu seinem Interesse an der Stelle noch äußern. Deshalb bat Luttas um Aufschub der Wahl. Dieser Aufschub wurde gewährt, was ein deutliches Interesse einiger Mitglieder des Wahlgremiums zeigt. Man einigte sich auf den folgenden Donnerstag, den 19. Dezember.

Betrachtet man die Situation unter taktischen Gesichtspunkten, so ist eine Parteinahme Neumeisters für Bach zu unterstellen. Von ursprünglich vier zur Wahl aufgeforderten Gutachtern dürfte Bach in dem Katharinenorganisten Jan Adam Reinken und dessen Schwiegersohn, dem Petriorganisten Andreas Kniller, Fürsprecher gehabt haben. Bei der Wahl des letzteren hatte sich Reinken 1685 gegen den Director musices und Kantor des Johanneums Joachim Gerstenbüttel (um 1650-1721) durchsetzen können. Das war jedoch jetzt nicht zu erwarten.

Die Situation der Hamburger Kirchenmusik befand sich zu diesem Zeitpunkt in einer tiefen Krise. Sie hatte durch die eingeschränkten Funktionen innerhalb des Gottesdienstes erheblich an Attraktivität eingebüßt. Hinzu kam, daß – zwar nicht an St. Katharinen – an St. Jacobi wie an anderen Kirchen mit dem Organistenamt Schreiberdienste verbunden waren. Schon seit 1699 legte eine Vesper- und Gottesdienstordnung fest, daß alles mehr zum Singen als zum Spielen einzurichten sei. So waren gerade im Jahr 1720 in der Stadt auch die seinerzeit von dem Hauptpastor Johann Friedrich Mayer (1650-1712) protegierten Passionsaufführungen der »Operisten« an St. Jacobi eingestellt worden. Schon seit 1674/75 bestand keine funktionstüchtige Kantorei mehr, 1700 waren die Ratsmusikanten verringert worden. Um 1720 lebten die Organisten der Stadt und der Kantor bereits in höherem Alter und verstarben, bis auf Vincent Lübeck sen. (1654-1740) an St. Nikolai, alle bis spätestens 1727: Hinrich Friese an St. Jacobi († 1720),

Joachim Gerstenbüttel († 1721) am Johanneum, Jan Adam Reinken (1623-1722) an St. Katharinen, Andreas Kniller an St. Petri (Datum unbekannt), und auch der Nachfolger Frieses, Heitmann, starb bereits 1727.

Luttas jedenfalls erhielt einen Brief Bachs, dessen Inhalt er auch den Verantwortlichen mitteilte. Doch dieser Brief ist verlorengegangen; wir wissen heute nichts von seinem Inhalt. Da aber nach dem Verlesen des Briefes ohne weitere Rücksichtnahme zur Wahl geschritten wurde, darf man vermuten, daß Bach sein Interesse zurückgezogen hatte. Das Protokoll vermerkt nun nur noch: »*Worauff resolviret in Gottes Nahmen zur Wahl zu schreiten und ist also, Johann Joachim Heitmann, per majora, vivà voce zum Organisten und Schreiber der Kirchen St: Jacobi erwehlet worden*«.

Johann Mattheson (1681-1764), Musiker, Musikwissenschaftler und Publizist in Hamburg, kritisierte die Organistenwahl von 1720 in seinem »Musikalischen Patrioten, Hamburg 1728«: »*Ich erinnere mich, und es wird sich noch wol eine gantze zahlreiche Gemeine erinnern, daß vor einigen Jahren ein gewisser grosser Virtuose [= Bach], der seitdem, nach Verdienst, zu einem ansehnlichen Cantorat befördert worden [Thomaskantorat zu Leipzig], sich in einer nicht kleinen Stadt [Hamburg] zum Organisten angab, auf den meisten und schönsten Wercken [von St. Katharinen und St. Jacobi] tapffer hören ließ, und eines jeden Bewunderung [Reinken, Stadträte und Öffentlichkeit], seiner Fertigkeit halber, an sich zog; es meldete sich aber auch zugleich, nebst andern untüchtigen Gesellen, eines wolhabenden Handwercks-Mannes Sohn an, der besser mit Thalern, als mit Fingern,* praeludiren *kunnte, und demselben fiel der Dienst zu, wie man leicht erachten kann: unangesehen sich fast jeder darüber ärgerte. Es war eben um die Weih-Nacht-Zeit, und der beredte Haupt-Prediger [Neumeister], welcher gar nicht mit in den Simonischen Rath [Simonie: Verkauf geistlicher Gaben gegen Geld] gewilliget hatte, legte das Evangelium von der Engel-Music bey der Geburt Christi [Lk 2,13-14] auf das herrlichste aus: wobey ihm denn natürlicher Weise der jüngste Vorfall, wegen des abgewiesenen Künstlers, eine Gelegenheit an die Hand gab, seine Gedancken zu entdecken, und den Vortrag ungefehr mit diesem merckwürdigen* epiphonemate *[Nachrede] zu schliessen: Er glaube gantz gewiß, wenn auch einer von den Bethlehemitischen Engeln vom Himmel käme, der göttlich spielte, und wollte Organist zu St. J.[acobi] werden, hätte aber kein Geld, so mögte er nur wieder davon fliegen.*«

2. Die **Jacobikirche** zu Hamburg, ursprünglich eine Vorstadtpfarrkirche für Handwerker und reisende Kaufleute, wurde 1254/55 erstmals urkundlich erwähnt. Ihr Patron, der heilige Jacobus, wird als Schutzheiliger aller Reisenden verehrt. Die Lage der Kirche an der heutigen Steinstraße, der schon 1264 genannten »platea lapidea«, unterstreicht die damit verbundene Sinngebung. Im 14. Jahrhundert kam es zum Neubau einer dreischiffigen Hallenkirche, die 1512 noch um ein viertes erweitert wurde, das sogenannte Stra-

Hamburg, Jacobikirche, Schnitger-Orgel

ßenschiff. Der Turm stammt aus dem 16. Jahrhundert. Nur Teile der Kirche konnten nach dem Bombardement am 18. Juni 1944 auf Hamburg wiederverwendet werden: Umfassungsmauern, Unterteil des Turmes, wertvolle Stücke der Innenausstattung, sowie das »klangerzeugende Material« der Arp-Schnitger-Orgel.

1959 war die Kirche wieder hergestellt. In ihr fanden die erhaltenen Stücke der Innenausstattung wieder Platz: der **Hauptaltar**, jener von der Böttcherzunft am Anfang des 16. Jahrhunderts gestiftete Trinitatis-Altar; das linke Seitenschiff erhielt wieder den 1499 für den Hamburger Dom (1806 abgerissen) geschaffenen **Lukas-Altar** des Maleramtes von Hinrich Bornemann – der Legende nach malte Lukas die Mutter Maria, weshalb er zum Patron der Maler wurde. In der Taufkapelle steht der **Altar der Kaner-Bruderschaft**, d.h. der Fischerzunft, der Darstellungen zum Leben des Petrus und der Gertrud zeigt. Die aus Marmor und Alabaster gearbeitete **Kanzel** des Georg Baumann von 1610 ist ebenso bemerkenswert wie das Bild »**Der reiche Mann und der Tod**« von David Kindt aus dem Jahr 1622.

Alle diese Stücke sind erhalten geblieben, weil der Kirchenvorstand von St. Jacobi nach dem Verlust der Lübecker Totentanzorgel 1942 und der St. Katharinenkirche Vorsorge traf und im Kirchenfundament einen Bunker für Kunstschätze und vor allem für das »klangerzeugende Material« der **Arp-Schnitger-Orgel** errichten ließ. Orgelgehäuse, Prospekt und Spieltisch begrub der einstürzende Turm unter sich, als das Feuer von den benachbarten Häusern, dem Schinkel- und dem Hochbahnhaus auf die Kirche übergegriffen hatte.

Die Orgel wurde zwischen 1688 und 1693 erbaut; Arp Schnitger (1648-1719) befand sich zu diesem Zeitpunkt auf der Höhe seines Schaffens. Es war die zweite Orgel dieser Art, nachdem er mit dem Bau der Orgel in der Nikolaikirche 1682 seine Werkstatt nach Neuenfelde bei Hamburg verlegt hatte. Die Nikolaiorgel umfaßte 67 Register auf 4 Manualen und Pedal. Die Jacobiorgel erhielt 60 Register auf ebenfalls 4 Manualen und Pedal. Es war nicht die erste Orgel in St. Jacobi: Nachrichten über das Vorhandensein einer Orgel datieren von 1301, 1443 und 1512. Die letzte Nachricht bezieht sich schon auf eine recht große Orgel; es handelt sich um ein Werk mit 2 Manualen und Pedal von Jakob Iversand und Harmen Stüven. Aus dieser Orgel sind noch heute Register vorhanden. Es folgen weitere Umbauten, bis es zu dem Kontrakt mit Arp Schnitger kommt. Er übernahm insgesamt 14 Register aus der Vorgängerorgel. Bereits 1690 konnte ein Teil der Orgel (Manual) gespielt werden. Der damalige Hauptpastor Johann Friedrich Mayer, im Amt an St. Jacobi von 1686 bis 1701, hielt zur Übernahme eine schöne Orgelpredigt. Die Einweihung geschah am 14. Februar 1693 während der Amtszeit von Hinrich Friese als Organist und von Mayer als Hauptpastor. Zu dieser Orgelabnahme war Reinken nicht eingeladen worden, ein deutliches Zeichen der bis 1720/21 andauernden Spannungen vor allem zwischen ihm und Gerstenbüttel.

Die Gutachter waren Christian Flor von St. Johannis in Lüneburg, Andreas Kniller von St. Petri in Hamburg und Vincent Lübeck, damals noch Organist von St. Cosmae in Stade. (Die Disposition der Orgel siehe Anhang, S. 300 f.)

Nach dem Bombardement auf Hamburg und dem Kriegsende öffnete man im Herbst 1945 den Bunker, in dem auch die Schnitger-Orgel lagerte. 85 Prozent des Materials hatte überdauert. Zunächst stellte man sie restaurierend wieder her. Die Firma E. Kemper und Sohn (Lübeck) baute sie zwischen 1948 und 1950 zu ebener Erde im Straßenschiff wieder auf. Nach Wiederherstellung der Kirche konnte auch die Schnitger-Orgel an ihrem angestammten Platz am Sonntag Septuagesimae, 29. Januar 1961, ihrer Bestimmung erneut übergeben werden. Zur Ergänzung der historischen Schnitger-Orgel konnte 1960 durch die Firma Kemper eine zweite Orgel errichtet werden; sie wurde 1970 erweitert. Die **Kemper-Orgel** dient neben den gottesdienstlichen Aufgaben vor allem der Darstellung virtuoser und moderner Orgelmusik (Disposition siehe Anhang, S. 299 f.).

Die **Katharinenkirche** ist eine spätgotische Basilika der Zeit zwischen 1380 und 1425. Anstelle einer Kapelle erbaut, erhielt sie erst 1657 bis 1659 den heute bekannten, in holländischem Barock gehaltenen Turm (P. Marquardt); die Turmfassade geht auf eine Gestaltung von Johann Nikolaus Kuhn aus den Jahren 1732 bis 1737 zurück. Auch St. Katharinen wurde im Zweiten Weltkrieg schwer zerstört. Erhalten blieben nur der Turmstumpf mit Fassade, Umfassungsmauern und Pfeiler. 1956 konnte die Kirche wieder eingeweiht werden; 1957 war der bekannte Turm wieder hergestellt. Die Turmspitze zeigt eine Figur der heiligen Katharina mit Rad, was an ihr Martyrium erinnern soll. Die früher schon typischen Unregelmäßigkeiten dieses Bauwerkes sind auch beim Wiederaufbau beibehalten worden: Abweichen des Turmes von der Mittelachse, über die Seitenschiffe ausgreifendes Gesamtdach, zugemauerte Fensterregion im Mittelschiff, die die basilikale Struktur in eine Halle verwandelte, die Asymmetrie des polygonalen Chores. Von der originalen Ausstattung ist fast nichts erhalten geblieben.

Später erworben sind die spätgotische **Plastik der heiligen Katharina** sowie das aus dem 13. Jahrhundert stammende **Kruzifix** (Augsburger Dom) im Südseitenschiff, das **Wetken-Epitaph** (1566) im nördlichen Seitenschiff. Neu hinein kamen **Glasfenster** von Hans-Gottfried von Stockhausen (* 1920): im Ostchor das Fenster »Wachet auf ruft uns die Stimme – J. S. Bach – Kantate 140« (1956), im nördlichen Seitenschiff zwei Fenster »Weihnachten« und »Sündenfall/Taufe«. **Hauptaltar**, der sogenannte **Pfingstaltar**, und der **Bilderfries** sind Arbeiten des Züricher Bildhauers Otto Muench. Im nördlichen Seitenschiff brachte man 1957 eine **Gedenktafel** für die mit dem Segelschulschiff »Pamir« untergegangenen Seeleute an. Die **Orgelgeschichte** von St. Katharinen ist lang. Bach lernte eine Orgel kennen, die 1674 erbaut wurde und knapp 50 Jahre lang von dem großen Orgelmeister Jan Adam Reinken gespielt wurde.

3. Literatur:

Heinz Wunderlich, Das kleine Orgelbuch der Hauptkirche St. Jacobi, Hamburg. Hamburg 1977

Christoph Wolff, Johann Adam Reinken und Johann Sebastian Bach: Zum Kontext des Bachschen Frühwerks. In: Bach-Jahrbuch 1985

Joachim Kremer, Die Organistenstelle an St. Jacobi in Hamburg: eine »convenable station« für Johann Sebastian Bach? In: Bach-Jahrbuch 1993

4. Reiserouten, Auskünfte, Adressen, Öffnungszeiten

Hamburg ist über die Ferneisenbahn aus allen Richtungen direkt zu erreichen.

Mit Auto über A 1, A 7, A 23, A 24.

Auskünfte erteilen:
Evangelisch-Lutherisches Pfarramt der Hauptkirche St. Jacobi
Jacobikirchhof 22
20095 Hamburg
Telefon 0 40-32 77 44
Fax 0 40-30 38 07 66

Evangelisch-Lutherisches Pfarramt der Hauptkirche St. Katharinen
Katharinenkirchhof
20457 Hamburg
Telefon 0 40-33 62 75
Fax 0 40-33 91 05

Heiligengrabe

1. Einer nicht mehr nachprüfbaren Überlieferung zufolge soll die damals noch recht neue Orgel der Klosterkirche von Johann Sebastian Bach gespielt worden sein, als er Heiligengrabe 1747 besuchte. Dies könnte in Zusammenhang mit Bachs Besuch am Hofe Friedrichs des Großen (1712-1786) geschehen sein, der am 7. Mai 1747 in Potsdam stattfand. Wir wissen, daß Bach sich anschließend noch in Berlin aufhielt. Am Donnerstag, dem 18. Mai 1747, war er wieder in Leipzig, er nahm mit zweien seiner Söhne am Abendmahl in der Thomaskirche teil. Spätestens vom 10. Mai an könnte Bach sich auf der Weiterreise befunden haben, die ihn auch nach Heiligengrabe geführt haben mag. Sehr lange dürfte er nicht auswärts geblieben sein, denn nach seiner Rückkehr arbeitete er sein »Musikalisches Opfer« (BWV 1079) aus, übergab es dem Stecher Johann Georg Schübler (1720- ?) in Zella, um es dann an den prominenten Adressaten verschicken und der Öffentlichkeit anbieten zu können. Der Rechnungseintrag für den Druck des Widmungstextes von Bachs »Musikalischem Opfer«, der in 200 Exemplaren durch Breitkopf in Leipzig hergestellt worden war, datiert vom 7. Juli 1747.

Auch für das Jahr 1741 besteht eine gewisse Wahrscheinlichkeit von Bachs Anwesenheit in Heiligengrabe. Bach plante nach Berlin zu fahren und wollte auf der Hinreise in Halle Station machen. Im letzten Moment aber entschied er sich, direkt nach Berlin zu reisen und kam dort wohl Anfang Juli an. Er logierte bei dem ihm und seinen beiden ältesten Söhnen verbundenen Hofrat Dr. Georg Ernst Stahl (1713-1772), besuchte sicher auch Carl Philipp Emanuel, der mit Regierungsantritt Friedrichs II. am 31. Mai 1740 mit der Hofkapelle aus Rheinsberg nach Berlin gekommen war. Bachs Reise zog sich wohl bis Mitte August hin; es existieren zwei Briefentwürfe vom 5. und 9. August aus Leipzig, mit denen er wegen der Erkrankung Anna Magdalenas zur schnellsten Rückkehr bewogen werden sollte. Über den Erfolg dieser Rückrufaktion wissen wir nichts. Warum Bach aber nicht reagiert hat, könnte seinen Grund darin haben, daß diese besorgten Briefe seines Vetters Johann Elias Bach ihn in Berlin gar nicht erreicht haben, weil er nicht mehr dort, sondern in Heiligengrabe war.

Kloster- bzw. Stiftspfarrer in Heiligengrabe war seit 1730 Joachim Lehfeld (1695-1771). Friedrich II. hatte das Kloster 1741 zum Stift erhoben und dabei die ein Jahr zuvor noch unter Friedrich Wilhelm I. zur Domina des Klosters erwählte Juliane Augusta Henrietta von Winterfeldt († 1790), eine Witwe aus dem Hause Schmarsow in der Uckermark, zur Äbtissin gemacht. Im Januar 1746 ernannte Friedrich einen Verwandten der Äbtissin, Joachim Detleff von Winterfeldt († 1787), zum Stiftshauptmann. Da das Kloster dem König und seinem Hof für Hebungen zur Verfügung zu stehen hatte, gibt es für 1747 die Vermutung, Bach habe gleichsam als Honorar für sein Spiel vor dem König in Potsdam an einer solchen Hebung teilgenommen. Eine solche Teilnahme käme freilich für 1741 nicht in Frage, da ja sein Besuch von 1747 ausdrücklich auf Wunsch des Königs stattfand, der Bach kennenzulernen wünschte. Bachs Besuch in Heiligengrabe – wenn er denn je stattgefunden hat – gibt also bleibende Rätsel auf.

Heiligengrabe, Stiftskirche

2. Das Zisterzienserinnenkloster Heiligengrabe geht auf eine Gründung im Jahr 1289 zurück. Der einschiffige spätgotische Backsteinbau der **Klosterkirche** mit Kreuzrippengewölbe entstand im 15. Jahrhundert, wurde aber in seinem Inneren durch einen verheerenden Brand am 15. September 1719 fast völlig vernichtet. Erst 1737 begann der Wiederaufbau. Zu den erhaltenen kostbaren Ausstattungsstücken gehören **acht Holztafeln** mit der Darstellung der Gründungssage des Klosters; sie stammen aus dem 15. oder 16. Jahrhundert. Der **Altar**aufsatz erhielt im 16. Jahrhundert Gemälde, die heute seine Flügel bilden.

Wir wissen von einer alten **Orgel**, die 1713 von dem Orgelbauer Christian Kreynow instandgesetzt worden war.

Doch hielt dieses Werk auch nach der Reparatur nicht das, was man sich von ihm versprochen hatte. So kam es 1725 zu einem Neubau durch den Orgelmacher David Baumann, den Erbauer der Orgeln im Dom und Schloß von Schwerin, für 300 Taler. Diese Orgel ist auch heute noch vorhanden, z. T. hat sie Materialerneuerungen erfahren, zuletzt durch die Firma Alexander Schuke, Potsdam, im Jahr 1955/56 (Disposition siehe Anhang, S. 301).

Auf der Nordseite der Kirche schließt sich der **Kreuzgang** mit Klausurgebäuden an, die im Laufe des 18. und 19. Jahrhunderts mehrfach verändert worden sind. In unmittelbarer Nachbarschaft stößt der Besucher auf die **Kapelle des heiligen Grabes**, einen einschiffigen spätgotischen Backsteinbau von etwa 1490 mit Sterngewölbe. Im 19. Jahrhundert erfuhr dieses Bauwerk eine entstellende Sanierung; lediglich der reiche Staffelgiebel der Westwand kündet von der spätmittelalterlichen Entstehung.

3. Literatur

Katharina Klumpp, Kloster Stift zum Heiligengrabe. Berlin 1979

Werner von Kieckebusch, Chronik von Heiligengrabe. Potsdam 1939-1949; Manuskript in: Kirchliches Zentralarchiv, Berlin-Charlottenburg, Jebensstraße 3; Klosterstiftsarchiv Heiligengrabe

Christoph Trautmann, Was Theodor Fontane und die Bachforschung links liegen ließen. In: Bachiana et alia Musicologica, Festschrift für A. Dürr. Kassel 1983

4. Reiserouten, Auskünfte, Adressen, Öffnungszeiten

Heiligengrabe liegt nordwestlich von Berlin und ist mit Regionaleisenbahnen bis Wittstock oder Pritzwalk erreichbar. Von dort besteht Busverbindung.

Mit dem Auto auf der A 19 von Norden bis Abfahrt »Wittstock«, von dort ca. 6 km in Richtung Pritzwalk; auf der A 24 bis Abfahrt »Pritzwalk« (von Süden her kurz nach AD »Dosse«), von dort ca. 3 km in Richtung Pritzwalk.

Auskünfte erteilen:
Amt Heiligengrabe/Blumenthal
Am Birkenwäldchen 1 a
16909 Heiligengrabe
Telefon 033962-670 oder -5 02 14
Fax 033962-6 73 33

Evangelisches Pfarramt
Wittstocker Str. 46
16909 Heiligengrabe
Telefon 033962-5 02 71

Kloster Stift zum Heiligengrabe
Stiftsgelände 1
16909 Heiligengrabe
Telefon 033962-5 02 16
Kommissarische Äbtissin, Frau Rosemarie Geiger
Telefon 033962-5 02 58

Karlsbad

1. Bach reiste von Köthen aus mehrfach nach Karlsbad. Die Kuraufenthalte des jungen Fürsten Leopold von Anhalt-Köthen (1694-1728) dort waren offenbar stark durch Musik bestimmt – inmitten von vorwiegend höfischen und adligen Kreisen wird die Musik im unmittelbaren Vergleich und heimlichen Wettstreit wahrscheinlich die Rolle eines Statussymbols gespielt haben. Leopold dürfte mit seinem Hofkapellmeister Bach und den mitreisenden Musikern nicht schlecht abgeschnitten haben.

Im Jahr 1718 reiste der Fürst mit seinem Gefolge am 9. Mai von Köthen ab. Bereits am 6. Mai sind Honorare an sechs Mitglieder der Hofkapelle *»mit zur CarlsBader Reise gezahlet worden«*. Jene Bediensteten wurden gesondert honoriert, die *»das Fürstliche ClaviCymbel in CarlsBad tragen geholffen«*. Am 12. Juni kehrte die Gesellschaft nach Köthen zurück.

Eine zweite Reise kam zwischen dem 25. Mai und 17. Juli 1720 zustande. Sie nahm für Bach ein trauriges Ende: *»Nachdem er mit seiner ersten Ehegattin 13. Jahre eine vergnügte Ehe geführet hatte, wiederfuhr ihm in Cöthen, im Jahre 1720. der empfindliche Schmerz, dieselbe, bei seiner Rückkunft von einer Reise, mit seinem Fürsten nach dem Carlsbade, todt und begraben zu finden; ohngeachtet er sie bey der Abreise gesund und frisch verlassen hatte. Die ernste Nachricht, daß sie krank gewesen und gestorben wäre, erhielt er beym Eintritte in sein Hauß.«*

Maria Barbara war am 7. Juli gestorben und kurz danach beerdigt worden.

Ein weiteres Mal könnte Bach im Jahr 1725 zusammen mit dem Fürsten in Karlsbad gewesen sein, er blieb ja nach seinem Weggang von Köthen bis zum Tod des Fürsten Fürstlich Anhalt-Köthenscher Kapellmeister. Für die Zeit vom 17. Juni bis zum 8. Juli 1725 existieren Belege für Planung und Aufführung von fünf fremden Kantaten in den Leipziger Hauptkirchen, was darauf hindeutet, daß Bach abwesend war und sich vertreten ließ. In diese Zeit des Übergangs vom Frühjahr zum Sommer fielen gewöhnlich die Kurreisen Leopolds nach Karlsbad, darin einem zeitgenössischen Rat folgend, wonach man solche unternehmen solle, *»wenn einem zu wählen erlaubet, zu Ende des Frühlings und Anfange des Sommers, wie auch im Anfange des Herbsts, am besten, als um welche Zeit die Lufft sehr* temperirt *ist, und weder die Hitze noch die Kälte zu sehr herrschet, jedoch mehr warm als kalt ist«*.

Ob auf die Aufenthalte Bachs in Karlsbad auch die Bekanntschaft mit dem böhmischen Reichsgrafen Franz Anton von Sporck (1662-1738) zurückgeht, kann nur vermutet werden. Auch Sporck reiste jährlich nach Karlsbad. Und auch er wird sich mit seinen Musikern in den musikalischen Vergleich eingebracht haben. In Leipzig war Sporck zudem kein Unbekannter: mit Handelsleuten und Gelehrten der Messestadt pflegte er Kontakte; weilte er in Leipzig, so wohnte er im Schelhaferischen Haus auf der Klostergasse (seit

Karlsbad, Einfahrt in die Stadt auf der neuen Kunst-Straße, gezeichnet und gestochen von Eduard Gurk

1767 Hôtel de Saxe). Picander widmete ihm seinen ersten geistlichen Gedichtband »Sammlung Erbaulicher Gedancken über und auf die gewöhnlichen Sonn= und Fest=Tage, in gebundener Schreib=Art entworffen« von 1725 nicht ohne Grund; das hinzugesetzte Widmungsgedicht läßt den Schluß zu, Picanders innere Wandlung, die er im Herbst 1724 erlebte, gehe auf den Einfluß des böhmischen Reichsgrafen zurück.

Bleibt noch Bachs Vermerk zum Verbleib der Stimmen auf der Partitur seines Sanctus von 1724 (BWV 232 III): »*NB. die Parteyen sind in Böhmen bey Graff Sporck*«. Da nicht anzunehmen ist, daß eine Komposition nach nur kurzer Bekanntschaft verliehen wurde, läßt diese Aufschrift ebenfalls vermuten, daß Bach und Sporck sich schon nach 1718 kennenlernten.

Wer war dieser Reichsgraf, um den sich manches Thema des Bachschen Lebens rankt? Sporck gilt als einer der Begründer der Freimaurerei im östlichen Europa. Außerordentlich freisinnig, blieb er doch zeitlebens ein frommer Katholik. Seine Schwestern übersetzten aus fremden Sprachen erbauliche Schriften, deren Herkunft meist alles andere als katholisch war, und gaben sie – wohl unter seiner Protektion – im Druck heraus. Ein von Sporck unterhaltener Verlag in Lissa/Lysa wurde wegen dieser Drucksachen kurzerhand verboten. Der Graf – inspiriert durch eine Mineralquelle – begann bereits 1692, auf seiner Besitzung Kukus/Kuks, wenige Kilometer südöstlich von Königinhof/Dvůr Kralove an der Elbe gelegen, ein hölzernes Badehaus und eine Marienkapelle zu errichten, erste Teile einer größeren Kur- und Badeanlage (Dianenbad, Brücke mit Harlekinfiguren, Lustschloß, Taubenschlag und Fontänen), die wenige Jahre später wieder weichen mußten, weil er nun an deren Stelle ein Theater, Gästehäuser, Handwerkerunterkünfte, ein Spital für verarmte Untertanen, ein Schloß für sich und seine Familie sowie eine Dreifaltigkeitskirche bauen ließ. Musikgeschichtlich bedeutsam sind seine Förderungen der Oper sowie die Einführung des Waldhorns als Konzertinstrument.

Wie mag sich zu damaliger Zeit der Grenzübertritt aus dem Sächsischen in habsburgische Herrschaft vollzogen haben? Die Alltagsforschung steckt noch in den Anfängen, doch von Goethe z. B. ist bekannt, daß er sich seufzend jener Durchreisen durch verschiedene Länder erinnerte, die er auf dem Wege von Frankfurt nach Weimar zu passieren hatte. Einem wandernden Handwerksburschen empfiehlt ein Handbuch von 1800, Brieftasche, Reisepaß und Wanderbuch wohl in acht zu nehmen: *»Einen falschen Paß, [falsche] Kundschaft oder [falsches] Wanderbuch zu haben ist höchst gefährlich; es ist die erste Ursache, um bei Polizei= oder Militärbehörden in den schlimmsten Verdacht, in Gefängniß und in scharfe Verhöre zu kommen.«*

Und auch: *»Vom Gelde mußt du dich nie ganz entblößen, zumal da in mehreren Ländern der reisende Geselle, auf der Grenze oder im Polizeiamte seine Baarschaft vorzeigen muß, und wenn diese nicht befriedigend ist, ihm der Eingang verweigert wird.«*

2. Die Entstehung von Karlsbad/Karlovy Vary hängt mit der Nutzbarmachung mineralreicher Thermalquellen in der südlichen Erzgebirgsbruchzone des Tepltals nahe seiner Einmündung in die Eger zusammen. Eine sagenartige Erzählung berichtet von der Entdekkung dieser Quellen durch Kaiser Karl IV. (1316/1346-1378):

*»Denn, als derselbe entweder ungefehr auf der Jagd, indem ein Jäger einen, dem Wilde nachsetzenden, und in das warme Wasser gefallenen, Hund heulen gehöret, ... an diese Wasser gerathen, oder auf Einrathen seines Leib=*Medici, Petri Baieri, *den Gebrauch derer vorhin schon bekannten Wasser an einem ungesunden Schenckel dienlich und heilsam befunden: hat er an diesem Orte, welcher vor diesem wüste, einöde und voller Wald gewesen, ein Gebäude aufgeführet, und den Grund zur Erbauung der Stadt geleget.«*

Karl IV. verlieh Karlsbad 1370 das Stadtrecht der benachbarten Stadt Elbogen/Loket. An der Stelle des einstigen Jagdschlosses, das wohl schon 1350 bestanden haben mag, befindet sich noch heute der 1608 gegründete **Stadtturm**, das Rathaus. In der Mitte des 16. Jahrhunderts setzte sich in Karlsbad die Reformation durch, die freilich 1628 durch die Gegenreformation wieder verdrängt wurde. Brände, Überschwemmungen, Pest und Verwüstungen des Dreißigjährigen Krieges warfen die Stadt zurück, nachdem es nach 1521 einen Aufschwung durch die innerliche Anwendung des bis dahin nur äußerlich benutzten Thermalwassers gegeben hatte. Mit dem Ende des 17. Jahrhunderts stellte sich der Ruhm Karlsbads erneut ein. So ließ beispielsweise der sächsische Kurfürst August der Starke ein **Lusthaus** erbauen. In dem hier vorhandenen Sächsischen Saal und in dem benachbarten Böhmischen Saal fanden in jenen Jahrzehnten prunkvolle Feste statt. Das Nachfolgegebäude dieser Lokale ist heute das **Hotel Pupp**. In den Jahren 1732 bis 1736 errichteten die Kreuzherren – böhmischer Orden mit rotem Stern aus Prag – auf Anregung Kaiser Karls VI. (1685/1711-1740) anstelle des gotischen Vorgängerbaus die barocke **Stadtpfarrkirche St. Maria Magdalena** nach einer Architektur von Kilian Ignaz Dientzenhofer (1689-1751).

Heute hat die heißeste der 12 noch bestehenden Quellen, der **Sprudel**, 72 Grad Celsius und springt in einer Fontäne von 12 Metern mit einer Minutenschüttung von 2000 Liter in die Höhe. Bachs Eindruck von Karlsbad und besonders von dieser Quelle muß etwa der Beschreibung entsprochen haben, die in dem »Großen Universal-Lexicon« von Zedler 1736 gegeben wird: »*Und eben dieses ist derjenige beruffene Brunn, welcher gleich an dem Tepel=Ufer, neben dem Steige, so von der Kirche nach dem Marckte zugehet, hervorbricht, dem weder an Ueberfluß noch Hitze und* Force, *noch gesunder Art des Wassers, kaum irgend einer in der Welt vorzuziehen, wenige aber gleich zu schätzen. Es springet selbiger mit grossem Geräusche und vielem Rauch aus dreyen Ständern herfür, aus deren einem das siedheisse und brausende Wasser mit solcher Gewalt heraus stösset, daß man gesehen, wie solches, wenn jener oben mit keinem Kasten bedeckt gewesen, denen nächstgelegenen Häusern an Höhe fast gleich gestiegen. Weswegen er insgemein der* **Brudel** *und* **Springer** *genennet wird, in welchem auch dieses anmuthig zu sehen, daß er das künfftige Regen=Wasser durch sehr dicke Dünste anzeiget, bey heiterem Himmel aber einen gar dünnen, und leichtlich in die Lufft sich zertheilenden Rauch ausdufftet … Dieser Brunne ist der vornehmste und heisseste, aus welchem das Wasser sowohl zum trincken geschöpffet, als auch durch höltzerne Rinnen in sehr viele Bad=Stuben geführet, ingleichen zur Anfeuchtung des Futters vor das Vieh, und zu vielerley Küchen=Arbeit gebraucht wird. Das Wasser zum Trincken wird von denen Bedienten, in die Häuser und Zimmer, darinne die Gäste* logi*ren, in töpffernen Krügen wohl bedeckt, gebracht. Zum Bade hat man zwey öffentliche Oerter, deren einer, nicht weit vom Brudel, in zwey Theile vor Manns= und Weibs=Personen, so von reiner und gesunder Haut seyn, unterschieden, der andere aber, welcher gleich an jenen stösset, vor Krätzige und Aussätzige in mehr Bäder eingetheilet. Die übrige Bäder insgesammt sind in denen* Privat-*Häusern.*«

Der Stadtbrand von 1759 unterbrach noch einmal die Entwicklung Karlsbads. Unter österreichisch-ungarischer Monarchie kam es zum großzügigen Ausbau der Stadt; 1762 entstand das erste öffentliche Badehaus, das **Mühlbadehaus**, das aber schon Jahrzehnte früher bezeugt wird. Karlsbad wandelte sich spätestens nach den Befreiungskriegen bis zur Mitte des 19. Jahrhunderts von einem Luxusbad Mächtiger zum Weltbad des Bürgertums. Die im Laufe unseres Jahrhunderts rasch wechselnden politischen Ansprüche haben Karlsbad mehr geschadet als genützt. Es sieht so aus, als ob nun eine Konsolidierung wieder bessere Zeiten heraufführt. Dazu gehört gewiß auch die Entwicklung des Bewußtseins einer Bachstätte, über deren Bedeutung für Bach selbst allerdings vorerst noch wenig bekannt ist.

3. Literatur

Spezielle Literatur kann an dieser Stelle nicht empfohlen werden.

4. Reiserouten, Auskünfte, Adressen, Öffnungszeiten

Karlsbad/Karlovy Vary liegt im Nordwesten der Tschechischen Republik. Mit Ferneisenbahnen von Leipzig und Nürnberg direkt erreichbar.

Mit Auto vom Nordosten Deutschlands über A 13 und A 4 bis AD Chemnitz, dann A 72 Richtung Hof bis Abfahrt »Chemnitz-Süd«, dann ca. 52 km auf B 95 in Richtung Annaberg/Oberwiesenthal, in Tschechien ca. 13 km als Fernstraße 25 über St. Joachimsthal/Jáchymow nach Ostrov/Schlakkenwerth, dann Fernstraße 13 ca. 13 km bis Karlovy Vary/Karlsbad; vom Norden, Westen bzw. Süden Deutschlands in Richtung Nürnberg, dann A 9 bis Abfahrt »Bad Berneck«, B 303 bis Marktredwitz-Schirnding, weiter wie von Regensburg über A 93 bis Marktredwitz, dann B 303 Richtung Schirnding nach Cheb/Eger, dann Fernstraße 6 über Sokolov/Falkenau bis Karlovy Vary/Karlsbad.

Auskünfte erteilt:
Kur-Info
Vridelni Kolonada
Cz-36001 Karlovy Vary
Telefon 0042 17-3 22 40 97
Fax 0042 17-3 22 46 67

Kassel

1. Die Einladung zur Orgelprüfung nach Kassel mag schon längere Zeit vorgelegen haben, als man am letzten Tage des August 1732 die noch nicht 1 1/2 jährige Christiana Dorothea aus der Kantorenwohnung in Leipzig zu Grabe trug. Sie war das achte Kind der Ehe Johann Sebastians mit Anna Magdalena, aber bereits das vierte, das nach nur kurzer Lebenszeit verstorben war. Womöglich dürfen wir in der gemeinsamen Reise der Eheleute Bach nach Kassel, sie folgten der Einladung des Kasseler Stadtrates, unter Vorsitz des Bürgermeisters Leonhart Hartmann, ein entlastendes Aufatmen sehen, das beide sich nach Wochen und Tagen des Bangens und Hoffens gönnten. Ungewöhnlich war das gemeinsame Verreisen bei den Bachs freilich nicht. Wir wissen von verschiedenen Gelegenheiten gemeinsamer Reise. Doch sollten wir nicht vergessen, daß es sich aus mancherlei Gründen nicht immer so günstig fügen mochte wie diesmal.

Erst eine reichliche Woche nach Anreise des Ehepaares Bach berichtet die »Casselische Zeitung / Von Policey, Commercien, und andern dem PU-

BLICO dienlichen Sachen« in ihrer Rubrik »X. Fremde / so in Cassel vom 21. bis den 27. *Septembr.[is] incl.[usive]* ankommen«, daß Bach durch das Neustädter Tor, d. h. von Osten her im Gefolge der heutigen Leipziger Straße in Kassel eingereist sei. Der Wirt des Gasthofs »Stadt Stockholm«, wo man unterkam, Herr Holtzschue, berechnete später 84 Taler »*Zehrungs Costen dem Cappelmeister Hn. Bach et uxori [und seiner Ehefrau] alhier die Zeit über sie alhier logiret*«. Aber auch noch weiteres erfährt man aus dem städtischen Rechnungsbuch Kassels auf das Jahr 1732: Nur 2 Taler und 12 alb.[us] betrugen die Kosten für »Porteurs«, die Bach auf nicht weniger als 25 Gängen in der Stadt in einer Sänfte zu tragen hatten. Neben Talern und Pfennigen rechnete man hier mit dem sogenannten Hessen-Albus (1 Taler hatte 22 Hessen-Albus, Hessen-Kassel rechnete 1 Albus zu 9 Pfennigen). Ein Diener stand dem Ehepaar Bach zur Aufwartung zur Verfügung; dafür wurde 1 Taler berechnet. Den zweitgrößten Posten nach den Zehrungskosten machen 76 Taler aus, die für Reise und ein Präsent an Bach »accordiret worden«. Im übrigen belegt der Name von Holtzschues Gasthof, »Stadt Stockholm«, die Geschäftstüchtigkeit seines Besitzers, war doch der regierende Hessen-Kasselsche Landgraf, Friedrich I. (1676-1651), noch bevor er 1730 in seinem Territorium die Regierung übernahm, schon seit 1720 schwedischer König.

Auch auf die Kirchenmusik in Kassel hatte die Übernahme des schwedischen Königsthrones Auswirkung gehabt: Nach einer Blüte lutherischen

Kassel, Martinskirche, Stertzing-Orgel (bis 1943)

Gottesdienstes im Reformationszeitalter mußte sich die Kirchenmusik durch die zwangsweise Einführung des reformierten Bekenntnisses im Jahr 1605 in der Landgrafschaft erhebliche Restriktionen gefallen lassen. Als Landgraf Friedrich I. 1720 König von Schweden wurde, trat er zum lutherischen Bekenntnis über. 1731 konnte sich deshalb in Kassel eine lutherische Gemeinde gründen, deren Organist später Johann Christoph Kellner (1736-1803) war, Sohn des Bachverehrers und Gräfenrodaer Organisten Johann Peter Kellner (1705-1772).

In einem Bericht der »Casselischen Zeitung« bereits vom 22. September werden die Leser von dem Programm zur Orgeleinweihung in Kenntnis gesetzt: von Bach erwartete man die Wahrnahme zweier Termine, der Orgelprüfung und der Orgeleinweihung. Die Orgelprüfung sollte Bach unter Zuziehung des Kasselschen Hof- und Stadtorganisten Carl Möller (1679-1758) vollziehen, eines ortsansässigen Musikers, der bereits seit 1703 am Hof als Organist und Instrumentist angestellt war. Die Orgeleinweihung geschah wie üblich im Gottesdienst, nun des 16. Sonntages nach Trinitatis, dem 28. September. Aus diesem Anlaß dürfte in der Martinskirche Konsistorialrat Johann Balthasar Ingebrandt (1669-1737) gepredigt haben. Nach einer Notiz von Michael Gotthard Fischer (1773-1829), des Predigerorganisten in Erfurt und Schülers von Johann Christian Kittel (1732-1809), soll Bach in diesem Gottesdienst seine Dorische Toccata und Fuge (BWV 538) gespielt haben. Fischer vermerkte es auf einer Abschrift dieses Werkes, die sich heute in der Library of the School Music der Yale University/New Haven (USA) befindet.

Erbprinz Friedrich von Hessen-Kassel 1720/1760-1785), der damals erst 12 Jahre alt gewesen ist, soll Bach aus Begeisterung seinen edelsteingeschmückten Ring geschenkt haben; das wußte Constantin Bellermann (1696-1758), der Rektor des Gymnasiums von Hannoversch-Münden in seinem Gymnasialprogramm von 1743 zu berichten: Friedrich habe vor allem die Kunst der Füße Bachs bewundert, *»die so beflügelt über die Pedale eilten, daß die wuchtigsten Klänge wie Blitz und Donner in den Ohren der Hörer widerhallten ... Wenn schon Bachs Fußfertigkeit ein solches Geschenk verdiente, was hätte ihm der Prinz geben müssen, wenn er noch die Hände dazugenommen hätte.«*

2. Kassel teilt das Schicksal derjenigen Städte Deutschlands, die vorrangiges Ziel von Bombenangriffen im Zweiten Weltkrieg waren. In dem Luftangriff vom 22. Oktober 1943 wurde fast die gesamte Altstadt ausgelöscht; zehntausend Menschen kamen ums Leben. Auch die **Martinskirche** wurde bis auf die Grundmauern vollständig zerstört. Die beiden dominanten neugotischen Turmhauben, die 1892 mit großzügiger Hilfe des preußischen Staates – Hessen-Kassel gehörte seit 1866 zu Preußen – auf dem gotischen Westwerk von 1450 errichtet worden waren, waren nach einem halben Jahrhundert bereits wieder verschwunden. Dabei konnte sich Kassel rühmen, durch mächtige Festungsbauten, begonnen durch Landgraf Philipp von Hessen (1504/1509-1567) – unter ihm war 1526 die Reformation eingeführt worden – und 1580 vollendet durch dessen Sohn Wilhelm IV. (1532/1567-1592), für fast zwei Jahrhunderte als uneinnehmbar zu gelten. Selbst während des Dreißigjährigen Krieges sah die Stadt keinen Feind in ihren Mauern. Dieser Ruhm blieb ihr aber nur bis zum Siebenjährigen Krieg (1756-1763).

Die Außenansicht der 1367 geweihten Martinskirche bestimmte über Jahrhunderte ihr gewaltiger **Südturm**, dessen Bau nach der Errichtung des Kirchenschiffes, 1450, mehr als ein Jahrhundert brauchte. Nach seiner Fertigstellung 1565 fand hier auch die 1441 gegossene **Osannaglocke** aus der 1526 abgebrochenen Cyriakskirche ihren endgültigen Ort. Wegen einer Beschädigung

1818 eingeschmolzen und aus demselben Material durch die Kasseler Firma C. und W. Henschel neu gegossen, war sie bis zur Bombennacht 1943 zu hören. Heute befindet sie sich – ohne ihre Krone, die herausgebrochen ist – im Vorraum der Kirche unter den Türmen. Ihre Aufschrift von 1818, noch gut lesbar, mag Bachfreunden und Besuchern der Martinskirche zum Nachdenken dienen:

Nur ewigen und ernsten Dingen
Sey mein metallner Mund geweiht
Und stündlich mit den schnellen Schwingen
Berühr' im Fluge ich die Zeit.
Und wie der Klang im Ohr vergehet,
Der mächtig tönend mir entschallt,
So lehre ich, daß nichts bestehet,
Daß alles Irdische verhallt.

Die **Orgel** der Martinskirche bis 1730 war ein von Hans Scherer d. J. (um 1570-nach 1631) aus Hamburg in den Jahren 1610 bis 1614 erbautes dreimanualiges Werk mit 33 Registern. Schon aus dem Jahr 1395 ist die Erwähnung eines Instrumentes bezeugt. Zwischen 1730 und 1732 kam es zu einem grundlegenden Umbau durch den Mühlhäuser Orgelbauer, den späteren Kasselischen Hoforgelbauer, Nikolaus Becker (Lebensdaten unbekannt), des Schwiegersohns von Johann Friedrich Wender; andere Quellen wissen davon, daß auch der Kasseler Hoforgelbauer Johann Friedrich Stertzing an diesem Umbau mitbeteiligt gewesen ist. Die exakte Disposition dieser von Bach geprüften Orgel ist bislang nicht bekannt. Nur die veränderte und erweiterte Disposition von 1844 kennen wir; sie hatte 41 Register. Auch ein Gutachten Bachs konnte bisher nicht gefunden werden. Reparaturen und Veränderungen der Orgel aus verschiedenen Gründen in der Folgezeit sind bezeugt: nach dem Siebenjährigen Krieg 1756-1763, eine Erweiterung der Orgel 1797, Reparatur 1837, Reparatur 1843, Veränderung der Disposition 1869. Die Orgel blieb bis 1896 in Gebrauch, bis in jene Zeit, in der die gesamte Kirche einer neugotischen Sanierung durch den Architekten Hugo Schneider unterzogen wurde. Der in diesem Jahr errichtete Neubau der Fa. Friedrich Ladegast aus Weißenfels behielt den Prospekt ohne das schon früher abgebaute Rückpositiv bei: 40 Register auf drei Manualen und Pedal. Ladegast behielt nur den Prospekt bei. Diese Orgel wurde bei der Zerstörung der Kirche 1943 total vernichtet. Da die wiederaufgebaute Martinskirche mit Hilfe einer Glaswand eine Teilung in eine Festtags-/Konzertkirche und eine Chorkirche vornahm, ergab sich die Notwendigkeit des Einbaus zweier Orgeln. Für die **Chorkirche** baute die Firma Emil Hammer, Hannover, zunächst ein einmanualiges Instrument mit zehn Registern, das später eine Erweiterung um drei Register auf zwei Manualen und Pedal durch die Firma Bosch, Kassel, erfuhr (Disposition siehe Anhang, S. 302).

Der größere Teilraum, die **Festtagskirche**, erhielt ein Werk der Fa. Bosch, Kassel, das 1964 eingebaut wurde: 3 Manuale, Pedal, 57 Register. Die Disposition lieferte Helmut Bornefeld (siehe Anhang, S. 302 f.).

Durch diese Orgeln, die bestehende Martinskantorei und durch die Gründung des Vocalensembles Kassel wurde der kirchenmusikalische Anspruch von St. Martin erneut bestätigt. Der erste Kantor der Nachkriegszeit, Klaus Martin Ziegler, wirkte hier über 30 Jahre lang und erarbeitete den Ruf St. Martins als einer Stätte der Kirchenmusik, besonders der neuen Musik. Dieses Erbe wird von seinem Nachfolger konsequent weiterentwickelt.

Die wiederaufgebaute Martinskirche wurde am 1. Juni 1958 in einem festlichen Gottesdienst wieder eingeweiht. Sinnfällig geteilt wird der gesamte Raum nicht nur durch die trennende Glaswand zwischen Chor- und Festtagskirche, sondern vor allem durch die unterschiedliche Gestaltung der **Fenster**. Während im großen Raum eine neutrale Fenstergestaltung vorherrscht (Glasmaler Hans Leistikow), erzählen die Fenster der Chorkirche biblische Geschichten. Hans Gottfried von Stockhausen (* 1920) entwarf und malte 1958 und 1959 fünf Fenster, deren mittlere den Weltenrichter, die äußeren die Werke der Barmherzigkeit zur Darstellung bringen und die Unbarmherzigkeit an der Passion Christi erläutern. Für den Vorraum der Chorkirche entwarf Hans Leistikow ein Fenster mit 43 Wappen der althessischen Ritterschaft. Der **Altar** der Chorkirche nimmt in dem Mosaik von Christiane Wollenhaupt-Brenner das Weltenrichterthema der mittleren drei Chorfenster auf: Christus ist umgeben von Engeln und den gekrönten 24 Ältesten, nach Offenbarung des Johannes 4. In der Festtagskirche bildet ein roh behauener Steinblock den Altar. Auf ihm steht das 1958 von Albert Schilling aus Basel geschaffene Kruzifix aus Bronze. Mit den nach oben weisenden Kreuzesquerbalken erinnert es an das Lebensbaummotiv aus dem mittleren Fenster des Chorraumes.

3. Literatur

Ferdinand Caspecken, Fünfhundert Jahre Kasseler Orgeln. Kassel 1966

4. Reiserouten, Auskünfte, Adressen, Öffnungszeiten

Kassel liegt im Herzen Deutschlands an der Eisenbahnmagistrale Hamburg-München.

Mit dem Auto A 7 von Norden bis Abfahrt »Kassel-Nord« sowie A 44 bis »Südkreuz Kassel« über bzw. und A 49 bis Abfahrt »Kassel-Waldau«; günstig das AD »Kassel-Mitte«, von dort über A 49 bis Abfahrt »Kassel-Waldau«.

Auskünfte erteilen:
Evangelisches Pfarramt der Martinskirche
Pfarrer Dr. Willi Temme
Telefon 05 61-77 02 67
Rudolf Schleuning, Küster der Martinskirche
Telefon 05 61-1 30 21

Kassel Service GmbH
Königsplatz 53
34117 Kassel
Telefon 05 61-7 07 71 64 oder -70 77 07
Fax 05 61-7 07 71 69

Kleinzschocher

1. Bachs Bereitschaft, bei der Übernahme der Rittergüter Kleinzschocher (heute südwestlicher Stadtteil von Leipzig), Knauthain und Cospuden (seit 1985 dem Braunkohletagebau teilweise geopfert) am 30. August 1742 durch den Kammerherrn Carl Heinrich von Dieskau (1706-1782) eine »Cantate en burlesque« zu komponieren und aufzuführen, erinnert an eine ähnliche, knapp fünf Jahre zurückliegende Begebenheit in Wiederau (⇒Wiederau). Hier in Kleinzschocher war es eine alteingesessene Familie, der die Huldigung galt. Carl Heinrich von Dieskau war seit 1664 der sechste Besitzer dieser Rittergüter aus seiner Familie und zugleich der letzte. Nachdem sein Vater Carl Hildebrand von Dieskau 1739 gestorben war, verwaltete seine Mutter Christiana Sibylla von Dieskau, geb. von Vitzthum-Eckstädt, die Rittergüter wenige Jahre bis zu ihrem Tode 1742. Nach Carl Heinrichs Tod dann kaufte sein Schwager, ein Mitglied der Familie von Trebra, die Güter.

An jenem Augusttag 1742 war nicht nur eine »Huldigung« (ein Zeremoniell, bei dem die Untertanen dem neuen Rechtsträger Gehorsam und Dienstwilligkeit zu schwören hatten) zu feiern, sondern zugleich der 36. Geburtstag des neuen Herrn; Grund genug für den leutseligen Kammerherrn, diesen Tag nicht nur mit seiner Familie – seiner Frau und den fünf Töchtern – zu verbringen, sondern auch mit den Bewohnern von Kleinzschocher.

Da von Dieskau nicht nur mehrere Güter besaß, sondern in seiner Person auch mehrere Ämter vereinigte, liegt nahe, wie Bachs Bereitschaft zu deuten ist: Von Dieskau amtierte als Direktor der Königlichen Kapell- und Kammermusik in Dresden, er war Kreis-Hauptmann und Steuereinnehmer des Leipziger Kreises. Bach, der (nach dem dazu 1736 aus Dresden erteilten Diploma) seit 1738 auch offiziell im Hof- und Staatskalender als Hof-Compositeur des Dresdner Hofes offiziell geführt wurde, mag sich dem Direktor der Königlichen Kapell- und Kammermusik verpflichtet gefühlt haben. Auch für den Autor des Kantatentextes, Christian Friedrich Henrici, genannt Picander, lassen sich naheliegende Gründe für sein Engagement finden, war er doch unlängst erst, 1740, zum Kreis-, Land- und Stadt-Trank-Steuereinnehmer avanciert und unterstand so dem Kreis-Hauptmann von Dieskau.

Wie in seinem Kantatentext für Wiederau noch vorsichtig angedeutet, so verdichtet Picander in der Kantate »Mer hahn en neue Oberkeet« (BWV 212) nun kräftig sein Wissen sowohl um die Stellung und Einflußsphäre des Geehrten als auch um die dörfliche Situation. Und Bach verstärkt den Reichtum an Anspielungen noch durch ausgesuchte musikalische Gestaltungskunst, indem er neben Arien, die nach allen kompositorischen Regeln durchgearbeitet sind, auch volksmusikalische Anteile untermischt, die gewiß ihre Wirkung nicht verfehlten. Auch die interne musikalische Faktur zeigt viel Doppelbödiges: So kann die »siebengliedrige Flickenouvertüre« (Satz 1;

W. Neumann) nur als Anspielung auf den Vorgänger des amtierenden Pfarrers Erlmann, auf Samuel Gottlieb Baumann (1688-1726, seit 1716 in Kleinzschocher), gedeutet werden, wenn man bedenkt, daß dieser gleich nach seinem Dienstantritt für die Erteilung von Tanzunterricht in einem eigens dafür hergerichteten Saal im völlig umgebauten Pfarrhaus sorgte. Auch wenn dazu nur die Söhne und Töchter wohlhabenderer Dorfbewohner Zugang erhielten, scheint dies auch auf die Tanzlust der übrigen Bevölkerung abgefärbt zu haben, die, als Einwohner »ohne eigene Hofstätte«, nur im alten Gasthof ›Zum Grauen Wolf‹ den burlesken Stampfer wagen konnten. Am Rande sei erwähnt, daß Baumann auch eine Erziehungs- und Bildungsanstalt, ein Seminar zur Ausbildung von Lehrerinnen und eine Koch- und Nähschule betrieb, also erstaunlich progressiv in seiner Gemeinde gewirkt hat. Der Text der »Cantate en burlesque« läßt ein bäuerisches Liebespaar agieren, das im ersten Duett (Satz 2) – vereinzelt auch später noch – in obersächsischer Mundart sich hören läßt. Danach werden in der Abfolge von 11 Rezitativ-Arien-Paaren Themen abgewickelt, die von allgemeinem Interesse sein dürften. Der Pfarrer Johann Gottlieb Erlmann (1698-1774; seit 1726 in Kleinzschocher) gilt, im Unterschied zu seinem Vorgänger, als Gegner des Tanzens: *»Der Pfarr' mag immer büse tun ...«*; der neue Gutsherr und seine Frau dagegen erhalten gute Beurteilungen: *»Unser Herr schilt nicht«*, *»Der Herr ist gut«*, *»unser Herr [ist] der beste«*, er *»ist ein kumpabler* (frz. »capable« – fähig, ital. »compagno« – von gleicher Art, fließen zusammen) *Mann«*. Der Herr schützt seine Untertanen vor Söldnerwerbung (Satz 9), wie vor *»caducken Schocken«*, d. h. fälligen Zusatzsteuern. Den Bewohnern der mit Kleinzschocher rivalisierenden Ritterguts-Orte Knauthain und Cospuden weist Picander nach, daß sie keinen Deut besser sind (Satz 10). Die *»gnädge Frau ist nicht ein prinkel stolz«* (Satz 11), bezieht sich auf die Gutsherrin, Friederica Augusta Rudolphina, geborene von Ende. Sie war nach dem Tod ihres ersten Mannes, Georg Heinrich von Bernstein, 1735 eine zweite Ehe mit Carl Heinrich von Dieskau eingegangen. Als Gegenstück zum neuen Gutsherrn wird neben dem Pfarrer auch der Amtsschösser, jener Johann Wilhelm Müller (1699-1773), Vater des für die Entwicklung der Stadt Leipzig außerordentlich bedeutenden Oberbürgermeisters Carl Wilhelm Müller (1728-1801), charakterisiert. Er ist ein rechter *»Schwefelsmann«*, der – ehe man sichs versieht – Verzugszinsen in Höhe eines *»Neu-Schocks«* verhängt (Satz 5) und auch sonst mit den Leuten *»schlimm«* (Satz 6) umgeht, ähnlich wie der Advokat Gottlieb Christoph Ludwig und der Steuer-Revisor (Satz 23).

Picanders Ironie trifft sie alle, wie auch den geehrten neuen Kammerherrn, der *»zehntausend Dukaten ... alle Tage ein«* nehme, er möge sich nur auf seine Bemühungen hin ein *»Gläschen Wein«* gönnen (Satz 16). Nur vom Geld zu reden ist am Ende *»liederlich«*; angesichts der anwesenden *»hübschen Leute«* (Satz 17) wünsche man

Kleinzschocher, Rittergut

der gnädigen Frau männlichen Nachwuchs, der bei den Dieskaus bislang ausgeblieben war: »*Gib Schöne, viel Söhne von artger Gestalt, und zieh sie fein alt; das wünschet sich Zschocher und Knauthain fein bald!*« (Satz 18). Noch Mitte des 19. Jahrhunderts ist über Kleinzschocher zu hören: »*Zu großer Töchtersegen ist eine verhängnisvolle Gabe, dies erfuhr auch Carl Heinrich von Dieskau.*« Am Ende unserer Kantate erreicht das Pärchen endlich die Schenke zum Trinken und zum Tanzen: »*Wir gehn nun, wo der Tudelsack in unsrer Schenke brummt*« (Satz 24).

2. Im Jahr 1742 zählte man in Kleinzschocher 52 Güter und Häuser mit Nachbarrecht, dazu neben Ziegelei, Schäferei und Hirtenhaus 38 sogenannte »eingebaute« Häuser (mit Bewohnern minderer Rechte, eben solche »ohne eigene Hofstätte«). 1703 hatte eine Feuersbrunst 26 Häuser und Güter sowie einen Teil des Rittergutes mit Schule und Pfarrhaus in Schutt und Asche gelegt. Dabei waren auch die Kirchenbücher vernichtet worden, so daß viele Nachrichten der Zeit vor 1703 nur mündlich weitergetragen wurden oder durch auswärtige Berichterstatter überliefert sind.

Mit Sicherheit aber führte ein **Gasthof** an der Straße nach Großzschocher seit dem Ende des Dreißigjährigen Krieges etwa den Namen **›Zum grauen Wolf‹**, und seit seiner Renovierung just im Jahr 1742 lud der Wirt, Gottfried Schumann, mit einem besonderen Schild ein: »*Hier ist der graue Wolf, ihr Gäste kehret ein, Der Wirth wird gar kein Wolf, vielmehr recht billig sein.*«

Diese Werbung kann ihre Wirkung nicht verfehlt haben, denn der ›Graue

Wolf‹ war bis in die ersten Jahrzehnte des 19. Jahrhunderts ein beliebtes Ausflugslokal der Leipziger und ihrer Gäste. Gleichwohl war diese Lokalität nicht selten Schauplatz wilder Schlägereien, die auch Menschenleben forderten. Den ›Grauen Wolf‹ meint wohl auch Bachs Kantate, wenn sie von »unserer Schenke« redet. Der Gasthof ist nicht mehr erhalten.

Das Rittergut mit **Gutshaus** war nach Carl Heinrich von Dieskaus Tod mehrfach verkauft worden. Von 1812 an bis zu seinem Tod, 1827, besaß es der Leipziger Kaufmann Johann David Förster, der zur Verschönerung und Verbesserung des Anwesens sehr viel beitrug. Er ließ das angrenzende ›Hölzchen‹ im Auenwald, in dem früher – wohl schon zu Dieskaus Zeiten – eine Fasanerie betrieben worden war, in einen **Park** umgestalten und legte große Gewächshäuser an, aus denen schon bald eine Rittergutsgärtnerei entstand, die sich weit und breit einen guten Ruf erwarb. Försters Sohn aber mußte das Gut versteigern lassen; so kam es in den Besitz des Leipziger Verlegers Bernhard von Tauchnitz (1816-1895). Dieser ließ das Herrenhaus in großartigem Stil umbauen. Kleinzschocher galt seitdem als eines der schönsten Rittergüter im Königreich Sachsen. Im Zweiten Weltkrieg wurde es bis auf das barocke Eingangsportal zum Gutshof zerstört. An diesem erinnert seit 1962 eine Tafel an Bachs Aufenthalt: *»In diesem Grundstück führte Joh. Seb. Bach am 30. Aug. 1742 seine Bauernkantate auf.«* Der zu Anfang des 19. Jahrhunderts angelegte Park ist mit seinen alten Gehölzen und Wegen noch erhalten.

Die alte **Kirche**, eine mittelalterliche Chorturmkirche, nahm den Platz unmittelbar vor dem Hauptportal des heutigen Kirchgebäudes ein. Nach der Neuerrichtung ihres Turmes auf sehr alten Grundmauern (1688) kam es 1744 unter Einfluß Carl Heinrich von Dieskaus zu einer Renovierung, der eine weitere in der Mitte des 19. Jahrhunderts folgte. Seit 1844 bestand ein Kirchbauverein, der mit dem Neubau der neuromanischen Taborkirche zwischen 1901 und 1904 zu seinem Ziel gelangte. Aus der alten Kirche, die erst nach der Einweihung des Neubaus abgerissen wurde, übernahm man **Grabstein und Epitaph** des Gebhardt von Dieskau (1661-1683), beide Johann Caspar Sandthagen zugeschrieben. Der Grabstein befindet sich seitdem im Bereich des Haupteingangs, das Epitaph im Chorraum der Kirche. Auf dem Kirchenboden wird der **Pestwagen** aufbewahrt, der schon seit 1680 auf dem Boden der alten Kirche gestanden hatte. Die Pest soll in diesem Jahr in Kleinzschocher wie sonst nirgends gewütet haben. Im Zentrum des barocken Altars befand sich seit dem 19. Jahrhundert ein **Thorvaldsenscher Christus**, der von der alten Kirche in die **Friedhofskapelle** übernommen wurde.

3. Literatur

Otto Moser, Die Umgebung Leipzig's in geschichtlichem Abriß der nächstliegenden Sechsundfünfzig Dörfer dargestellt. Leipzig 1868

Werner Neumann, Johann Sebastian Bachs Rittergutskantaten BWV 30a und 212. In: Bach-Jahrbuch 1972

Hans-Joachim Schulze, Melodiezitate in Bauernkantate und Goldbergvariationen. In: Bach-Jahrbuch 1976

4. Reiserouten, Auskünfte, Adressen, Öffnungszeiten
Kleinzschocher gehört zum Stadtgebiet Leipzig. Straßenbahnlinie 4 Richtung Knautkleeberg bis Haltestelle Schwartzestraße, Kirche an der Windorfer Straße, dahinter Gutshof mit Park; mit dem Auto in Richtung der südwestlichen Stadtteile Leipzigs, Zschochersche Straße, durch Stadtteile Lindenau und Plagwitz, dann Dieskaustraße bis Schwartzestraße, Windorfer Straße.

Gutshof und Parkanlagen sind immer zu besichtigen, die Kirche nach Vereinbarung.

Auskünfte erteilt:
Evangelisch-Lutherische
Taborkirchgemeinde
Windorfer Straße 45 a
04229 Leipzig
Telefon 03 41-4 24 30 75

Köthen

1. Zwischen der Bestallung Bachs zum Kapellmeister der Köthener Hofkapelle am 5. August 1717 und seinem Dienstantritt im Dezember liegen knapp vier Monate. Offensichtlich war Bach in Verbindung mit seinem Weggang aus Weimar zwischen die Interessenssphären der beiden Weimarer Herzöge Wilhelm Ernst (1662-1728) und (dessen Neffen) Ernst August (1688-1748) geraten. Letzterer spielte wohl eine positive Rolle, indem er Bach an seinen Schwager Leopold von Anhalt-Köthen vermittelte. Doch lassen diplomatische Vorgänge mit »Cöthnischen Bedienten« am Weimarer Hof im Oktober 1717 und die überaus strenge Bestrafung Bachs mit Arrest »*wegen seiner halßstarrigen Bezeügung u. zu erzwingenden dimission*« am 6. November, die von Wilhelm Ernst ausging, einen Machtkampf vermuten. Bach wurde erst am »*2. Dec darauf, mit angezeigter Ungnade, Ihme die dimission durch den HofSecr[etär Bormann] angedeütet, und [er] zugleich des arrests befreyet*«.

In Köthen ging Bach der Ruf eines ausgezeichneten Orgel- und Cembalovirtuosen voraus. Ganz anders als am Weimarer Hof stand hier die Ausübung der Hofmusik zunehmend im Vordergrund. Seit 1715, nach Beendigung der Vormundschaftsregierung durch die Mutter des Fürsten, der Fürstin von Anhalt-Köthen Gisela Agnes, einer geborenen von Rath (1669-1740), regierte Fürst Leopold (1694-1728) das Land. Zwischen Mutter und Sohn stand der konfessionelle Zwiespalt.

Anhalt-Köthen war in der herrschenden Dynastie und in der Bevölkerung seit 1596 erzwungenermaßen reformierten, Gisela Agnes und der Landadel dieses kleinen Fürstentums aber waren lutherischen Bekenntnisses. Ihre Heirat mit Emanuel Leberecht 1692 war gegen den Willen der Familie geschehen, insbesondere gegen den Willen der Vettern des Fürsten. Doch folgten aus dieser Heirat für die Lutheraner im Lande eine ganze Reihe von Erleichterungen. Sichtbarstes Zeichen dafür war der aus einer Mischung von Machtsicherung und kluger Konfessionspolitik Gisela Agnes' hervorgehende Bau einer lutherischen Kirche in Köthen, dessen Grundsteinlegung zum 25. Geburtstag der Fürstin am 9. Oktober 1694 erfolgt war. Aus diesem Anlaß wurde eine Münze geprägt, deren trotziges Symbol und Aufschrift alles verraten, was das damalige Klima charakterisierte: Auf dem Avers ist das Bildnis des Fürsten Emanuel Leberecht zu sehen, auf dem Revers ein gegen einen Fels springendes Pferd mit der Umschrift »Virtus repulsae nescia sordidae!« – *»Tugend, die nichts von erniedrigendem Widerstand weiß!«* Mit solch stolzem Selbstverständnis begegnete man den politischen und kirchenpolitischen Grundlagen eines konfessionell gegensätzlichen Fürstentums, das sich offensichtlich auf den Augsburger Religionsfrieden von 1555 in einer Weise berief, als ob der Dreißigjährige Krieg und der ihm folgende Westfälische Frieden nicht stattgefunden hätten. Und dies, obgleich der Westfälische Frieden es erst ermöglicht hatte, daß die Reformierten durch ihre Kennzeichnung als »Augsburger Religionsverwandte« erstmals reichsrechtlich akzeptiert worden waren.

Gisela Agnes versuchte, die Rechte der Lutheraner zu sichern, Belastungen zu mildern und den Aktionsraum der lutherischen Gemeinde in Köthen zu erweitern. Das geschah zunächst in unmittelbarer Auseinandersetzung mit dem reformierten Superintendenten Nathanael Gottlieb Splithusen (1654-1719) – einem unversöhnlichen Charakter, der seit 1691 im Amt war –, später dann mit ihrem Sohn Leopold, dem sie 1715 die Regierung übergeben mußte. 1708 hatte sich Gisela Agnes ihre Rechte und die der lutherischen Gemeinde in einem Vormundschaftsvergleich bestätigen lassen, die sie nun 1715 und 1716 gegenüber ihrem großjährigen Sohn in Rezessen zu befestigen verstand.

Als Bach nach Köthen kam, hatte Paulus Berger (um 1670-1732) aus Groß Rosenburg bei Barby das Amt des lutherischen Hofpredigers inne. Er hatte Theologie in Halle und Wittenberg studiert, wo er spätestens seit 1700 als Magister Vorlesungen hielt und in Disputationen hervortrat, bis er – nach kurzer Pfarrerstätigkeit in seinem Geburtsort – 1712 Hofprediger und Beichtvater der Fürstinmutter sowie Pastor der lutherischen Gemeinde in Köthen wurde. 1725 erwarb er in Wittenberg noch den Titel eines Licentiaten und 1727 den eines Doktors der Theologie. In der Richtung einer unversöhnlichen Orthodoxie stehend, entsprach sein zwielichtiges und streitsüchtiges Wesen dieser Bildung ganz und gar nicht; zudem schuf er sich durch betrügerisches Finanzgebaren und durch politische und kirchenpolitische Unzuverlässigkeit in der Köthener Gemeinde mehr und mehr Gegner, denen sich auch Gisela Agnes anschloß. Neben ihm amtierte seit 1719 als Diaconus der Lutherischen Gemeinde Georg Friedrich Zeideler (1684-1745), ein aufrichtiger Charakter.

Bachs Köthener Zeit war also von Anfang an von kirchenpolitischen Auseinandersetzungen überschattet. Doch wäre das Bild unvollständig, gedächte man nicht der Persönlichkeit, die für die damalige Entwicklung eine verändernde Rolle gespielt hat: Johann Conrad Lobethan (1688-1735) wurde

1720 Nachfolger des Superintendenten Splithusen. Mit ihm setzten brüderliche Beziehungen zu den Lutheranern ein. Das mag auch an den pietistischen Einstellungen Lobethans gelegen haben, denen sich von dieser Zeit an Gisela Agnes zunehmend anschloß. Es muß sich atmosphärisch in Köthen sofort vieles geändert haben, wenn auch die Administration heftig nachhing. Lobethan findet man sowohl als Gründer eines Waisenhauses wie auch im selbstverständlichen Zusammenwirken mit den lutherischen Pastoren Allendorf und Zeideler, als es 1732 um die Betreuung der durchziehenden Salzburger Emigranten ging. Johann Friedrich Fasch stellt ihm ein schönes Zeugnis aus, wenn er an den Grafen Zinzendorf schreibt: *»Von des Superintendent Lobethan zu Cöthen unpartheischen Gemüthe bin völlig überzeüget, und stehet mit dem Hofprediger Allendorf in recht guter Harmonie, wie es auch unter Kindern Gottes nicht anders seyn kan«*.

Bachs Köthener Jahre beschäftigen die Bachforschung immer wieder. Gemäß seinem Aufgabenfeld äußerte Bach sich in Köthen vorrangig durch Instrumentalwerke. Die sicher beschwerliche konfessionelle Differenz darf für ihn und seine Familie gerade unter dem konfessionell nicht eingegrenzten und nicht eingrenzbaren Aufgabenfeld am Köthener Hof als erträglich angesehen werden. Vermutlich hätte Bach zu einer Stelle mit kirchenmusikalischen Aufgaben unter reformierten Bedingungen – hätte es eine solche gegeben – sich nicht verstehen können. Im übrigen nahm er zusammen mit seiner Familie völlig selbstverständlich die Angebote seiner Konfession wahr, die zur Verfügung standen. Ja, mehr noch, er unterzog sich auch den Erschwernissen, die ihm aus dem Bekenntnis zur lutherischen Konfession in reformierter Umgebung erwuchsen, ohne von diesem Bekenntnis zu weichen. Für Köthen ist die Beziehung Bachs und seiner Familie zur Kirche gut dokumentiert (Abendmahlsteilnahme und Kirchenstuhlregister), auch sind drei Buchtitel, die von theologischem Interesse zeugen, auf dem Titelblatt des »Clavier-Büchleins vor Anna Magdalena Bachin Anno 1722« notiert.

Ohne Zweifel bedeutete Köthen eine beträchtliche Aufwertung von Bachs sozialer Stellung. Im Blick auf seine Aufgaben – seine Bestallung ist nicht erhalten, so daß sein Aufgabengebiet nur erschlossen werden kann – läßt sich nicht eindeutig sagen, daß er ausschließlich instrumentale Musik bevorzugt habe und vokale Werke eher nebenbei entstanden sind. Offensichtlich war er bei seinem Weggang zur Hinterlassung der von ihm erstellten Musikalien verpflichtet, doch sind diese größtenteils nicht erhalten. Der Rückschluß von aufwendigen Buchbinder- und Kopistenrechnungen läßt ahnen, wie reichhaltig seine Tätigkeit gewesen sein muß und wie lückenhaft unser Bild von Bachs Köthener Werk ist. Die Reihen der Konzerte (Violinkonzerte, rekonstruierbare Solokonzerte), der Brandenburgischen Konzerte, der Ouvertüre C-Dur, der Kammermusikwerke, der Klavierwerke und der Kantaten sind nur ein Teil dessen, was von ihm verlangt wurde.

Dazu kommen mit großer Wahrscheinlichkeit Aufführungen oder auch Wiederaufführungen von Kirchenkantaten (eventuell in Bachs Gemeindekirche, der Agnuskirche), von denen Köthener Stimmenmaterial überliefert ist. Es sind die Kantaten BWV 132 »Bereitet die Wege, bereitet die Bahn«, BWV 172 »Erschallet, ihr Lieder«, BWV 199 »Mein Herze schwimmt in Blut«, eventuell auch BWV 59 »Wer mich liebet, der wird mein Wort halten« und BWV 82 »Ich habe genung«. Von insgesamt zwölf bekannten Anlässen der Musiken für den Geburtstag des Fürsten und zu Neujahr können nur neun näher bestimmt werden, z. T. nur auf Grund von spärlichen Hinweisen, auf jeden Fall unvollständig. Die Übersicht zeigt das Dilemma deutlich auf:

Datum	Kantate	Titel	Aufführungsort Kirche/Schloß
10. 12. 1717		[unbekannt]	
1. 1. 1718	BWV Anh. 5	Lobet den Herrn alle seine Heerscharen	K
10. 12. 1718	BWV 66 a	Der Himmel dacht auf Anhalts Ruhm	S
1. 1. 1719	BWV 134 a	Die Zeit, die Tag und Jahre macht	K
10. 12. 1719		[unbekannt]	
1. 1. 1720	BWV Anh. 6	Dich loben die lieblichen Strahlen	K
10. 12. 1720	BWV Anh. 7	Heut ist gewiß ein guter Tag	S
1. 1. 1721	BWV 184 a	[Text und Musik unbekannt]	K
10. 12. 1721		[eventuell BWV 184 a]	
1. 1. 1722	BWV 194 a	[Text und Musik unbekannt]	K
10. 12. 1722	BWV 173 a	Durchlauchtster Leopold	S
1. 1. 1723	BWV Anh. 8	[Text und Musik unbekannt]	K

In Bachs Köthener Zeit fallen familiär schmerzliche Veränderungen. Auch wenn er 1730 seinem Jugendfreund Erdmann in Danzig bekannte, er habe sich in Köthen sehr wohlgefühlt und »vermeinete«, dort seine »Lebenszeit zu beschließen«, so kann dieses späte Urteil nicht darüber hinwegtäuschen, daß er das Ende seines Familienglückes erster Ehe nur schwer hatte verwinden können: Sein jüngster Sohn Leopold August war nach nur 10 Monaten Lebenszeit 1719 verstorben, und neun Monate später verlor Bach in Köthen seine Frau Maria Barbara. Sie wurde vermutlich in seiner Abwesenheit, am 7. Juli 1720, begraben. Es heißt, er habe seine Familie ohne sie vorgefunden, als er von einer Reise nach Karlsbad mit dem Fürsten zurückkam (⇒ Karlsbad). Die Kinder Catharina Dorothea (11), Wilhelm Friedemann (9), Carl Philipp Emanuel (6) und Johann Gottfried Bernhard (5) waren nach dem Tod der Mutter in der Obhut von deren unverheirateter Schwester Friedelena Margaretha, doch der Schmerz über den Verlust muß Bach so überwältigt haben, daß er von Köthen wegstrebte. Noch im November desselben Jahres bewarb er sich um die Organistenstelle an der Jacobikirche in Hamburg. Dort war der Organist Hinrich Friese im September 1720 ge-

Johann Sebastian und Maria Barbara Bach, unbezeichnete Schattenbilder

storben, und Bach war einer unter acht Bewerbern um das Amt an der erst zwischen 1689 und 1693 von Arp Schnitger erbauten Orgel. Man wählte ihn nicht (⇒ Hamburg).

Ein Jahr später, im September 1721, steht Bach am Taufstein der Schloßkapelle als Pate des Söhnleins des Kellerknechtes Christian Hahn, zusammen mit der fürstlichen Sängerin Anna Magdalena Wilcke, die im Sommer an den Köthener Hof gekommen war. Verlobte bat man damals gern zugleich als Paten: Am 3. Dezember 1721 werden Johann Sebastian und Anna Magdalena »auf Fürstl. Befehl in Hause copuliret«. Nach einer Bemerkung Bergers muß es wohl Zeidler gewesen sein, der die Trauung vollzog.

Auch später rissen Bachs Verbindungen zu Köthen nicht ab. Er blieb bis zum Tode Leopolds 1729 Anhalt-Köthenscher Kapellmeister und suchte als solcher die Stadt immer wieder einmal auf, so zu musikalischen Gelegenheiten im Juli 1724, zum Geburtstag von Leopolds zweiter Gemahlin, Charlotte Friederike Wilhelmine, im November 1725, dann im Dezember 1725, im Januar 1728, als Pate zu einer Taufe im August 1728 und schließlich zu den Trauerfeierlichkeiten für Leopold am 23. und 24. März 1729, zu denen BWV 244 a in der Jacobskirche erklang.

2. Wer Bachs Lebens- und Wirkungsstätten in Köthen heute aufsuchen will, muß auf die Jacobskirche, auf das Schloß und auf die Agnuskirche verwiesen werden. Ein unzweifelhaft als **Wohnhaus Bachs** dokumentiertes Gebäude läßt sich nicht benennen. Bachs Probentätigkeit vollzog sich möglicherweise, ähnlich wie unter seinem Vorgänger Augustin Stricker, in dem Haus des Kramers Lautsch, Schalaunische

Straße 44. Dort könnte er auch zeitweise gewohnt haben. Vermutungen, das Haus Wallstraße 25 stehe mit Bachs Aufenthalt in Köthen in Verbindung, hatten zu dem Entschluß geführt, vor diesem Gebäude am Bachplatz ein **Bachdenkmal** aufzustellen. Es stammt von der Hand des Berliner Bildhauers Heinrich Pohlmann und wurde anläßlich des 200. Geburtstags Bachs im Jahr 1885 errichtet, finanziert durch Spenden Köthener Bürger.

Das heutige **Schloß** ging aus einem Renaissancebau hervor. Unter Verwendung älterer Teile begann man 1597, also ein Jahr nach dem offiziellen Übergang Anhalts zum Calvinismus (von der Landesteilung 1606 an allein für Anhalt-Köthen geltend), unter Johann Georg von Anhalt, diese Anlage dreiflügelig auszubauen. 1599 war der im Westen gelegene Johann-Georgs-Bau vollendet, dreigeschossig und mit reizvollen Erkern und Giebeln ausgestattet. 1604 folgte der im Süden sich anschließende ebenfalls dreigeschossige Ludwigsbau mit Giebeln und zwei Treppentürmchen, die mit welschen Dachhauben abschließen. Im Obergeschoß befand sich der **ehemalige Thronsaal** Leopolds; hier musizierte Bachs Collegium musicum. 1822 erfolgte der Umbau durch G. Bandhauer zum ›Spiegelsaal‹ im klassizistischen Stil. Am östlichen Treppenturm des Ludwigsbaues erinnert eine Tafel an Bachs Köthener Tätigkeit von 1717 bis 1723. Hier befindet sich im Erdgeschoß auch die ehemalige **Schloßkapelle**, Ort der Taufe des letzten Kindes aus Bachs erster Ehe, Leopold August, am 17. November 1718. Erst 1962 konnte dieser im Lauf der Jahrhunderte stark verbaute Raum durch Ausschachtungsarbeiten zurückgewonnen und 1991 im barocken Stil wiederhergestellt werden. Heute dient die Kapelle musikalischen, sakralen und musealen Zwecken. Der nördliche Flügel heißt Ferdinandsbau, ebenfalls von G. Bandhauer klassizistisch gestaltet; dort befindet sich heute das Johann-Friedrich-Naumann-Museum, eine Sammlung zum Lebenswerk des Ornithologen J. F. Naumann (geb. 1780 in Ziebigk bei Köthen). Zu Bachs Zeit war das Schloß von einer barocken Parkanlage großen Ausmaßes umgeben, was auf dem bekannten Stich von Merian gut zu erkennen ist.

Die **Stadt- und Kathedralkirche St. Jacob** ist eine repräsentative spätgotische Hallenkirche, deren Bau 1400 begonnen und erst im Jahr 1514 vollendet wurde. Die dreischiffige Anlage der Kirche ist mit Netz- und Kreuzrippengewölben versehen; unter dem einschiffigen Chorraum befindet sich die **Fürstengruft**, in der Mitglieder des Anhalt-Köthenschen Fürstenhauses beigesetzt sind. Wertvoll sind die spätgotischen **Glasmalereien** im mittleren Chorfenster. Seit der Einführung des Calvinismus am Ende des 16. Jahrhunderts wurde die Kirche von der großen reformierten Stadtgemeinde genutzt.

Im 19. und 20. Jahrhundert erhielt sie jeweils Erneuerungen, wobei 1872 eine dreimanualige **Orgel** mit 46 Registern von Friedrich Ladegast (1818-1905) aus Weißenfels eingebaut wurde. Es handelt sich um Schleifladen mit mechanischer Traktur. Ladegasts Instrumente sind ausgezeichnete Zeugnisse romantischer Orgelbaukunst, die ver-

Köthen, Gisela Agnes mit Bild der Agnuskirche und -schule, Ölgemälde von Antoine Pesne

schiedene Einflüsse miteinander zu verbinden suchen: den französischen romantischen Orgelbaustil (Cavaillé-Coll) mit Silbermannschen Prinzipien unter Beibehaltung der mechanischen Traktur. Abgesehen von der Veränderung dreier Register 1972 ist die Orgel im Originalzustand erhalten (Disposition siehe Anhang, S. 303).

Nach dem Beschluß der Fürstin Gisela Agnes, 1693, eine lutherische Kirche mit Schule und Damenstift zu erbauen, erfolgte 1694 die Grundsteinlegung, am 7. Mai 1699 dann die Einweihung der Kirche, 1711 schließlich die Gründung eines Fräuleinstifts für adlige Lutheranerinnen. Die barocke **Agnuskirche** wurde im wesentlichen durch Kollektenspenden lutherischer Länder und Städte aus ganz Deutschland finanziert und blieb die Gemeindekirche der Lutheraner. Bereits 1746 gab es Umbaupläne. Der zu dieser Zeit angefertigte Grundriß des Altarraumes weist einen Altar ohne Retabel auf, hinter dem die Kanzel errichtet war. Heute befindet sich auf der Mensa ein **spätgotischer Flügelaltar** vom Anfang des 16. Jahrhunderts in neugotischer Rahmung, in dessen Mittelschrein der auferstandene Christus zu sehen ist, umgeben von der Mutter Maria und Johannes, auf dem linken Flügel die heilige Barbara und Dorothea und auf dem rechten Flügel Jacobus minor und Laurentius. Die nördliche Chorwand wird fast völlig von einem lebensgroßen **Bildnis der Fürstin Gisela Agnes** von Anhalt-Köthen eingenommen, der Erbauerin und Schutzpatronin der Kirche, 1713 gemalt von Antoine Pesne. Links neben Gisela Agnes in halber Höhe bezog der Maler ein von Putten getragenes Bild Emanuel Leberechts ein, darunter eine ebenfalls von einem Putto gehaltene Darstellung von Kirche und Schule. Dieses Werk Pesnes hat unverkennbar demonstrativen Charakter, erinnert es doch den Betrachter wie den Kritiker an die konfessionelle Weitherzigkeit des Fürsten und an den Erfolg der Anstrengungen der Fürstin.

Darüber hinaus befindet sich in dem eher schlichten und schmucklosen Raum noch eine Abendmahlsdarstellung aus der Cranach-Werkstatt (1. Hälfte des 16. Jahrhunderts). Ebenso schlicht sind auch das **Abendmahlsgerät** und die **Altarleuchter** aus der Anfangszeit der Kirche. Die Kirche verfügt seit ihren Anfängen auch über eine **Orgel**. Nachrichten dazu sind bislang erst ab 1881 zu erhalten, dem Jahr, in dem Wilhelm Rühlmann aus Zörbig eine mechanische Schleifladenorgel einbaute, mit 33 Registern auf drei Manualen und Pedal. Das I. Manual ist mit einer Barkermaschine ausgestattet. Die Orgel wurde 1991/92 durch die Firma »Halberstädter Orgelbau« von dem Orgelbaumeister Reinhard Hüfken restauriert (Disposition siehe Anhang, S. 304).

Im **Historischen Museum** Köthen befindet sich seit 1980 eine **Bach-Gedenkstätte**. Die zahlreichen Materialien zum Leben und Wirken Bachs in Köthen (z. T. als Dauerleihgabe zusammengetragen) sind in den historischen Kontext eingebunden und vermitteln eine Vorstellung von Stadt und Schloß sowie der historischen Instrumente des 18. Jahrhunderts, außerdem der Bachfamilie, der Hofkapelle und Bachs Köthener Schaffen im Rahmen seines Gesamtwerkes.

Das Grab der Maria Barbara auf dem **Alten Friedhof** (heute: Friedenspark), der sich zwischen Bärteichpromenade und Friedhofstraße hinzog, lag im östlichen Teil des Friedhofes. Daran erinnert eine Tafel auf dem als Park-Anlage genutzten Areal.

3. Literatur

Cöthener Bach-Hefte: Heft 1, 1981; Heft 2, 1983; Heft 3, 1984; Heft 4, 1986; herausgegeben vom Historischen Museum in Köthen

4. Reiserouten, Auskünfte, Adressen, Öffnungszeiten

Köthen liegt südwestlich von Dessau an der Eisenbahnstrecke Magdeburg-Halle/Leipzig.

Mit Auto über Autobahn A 9; von Norden bis Abfahrt »Dessau Ost«, dann B 185 über Dessau noch ca. 26 km; aus südlicher Richtung A 9 bis Abfahrt »Zörbig«, noch ca. 25 km auf B 183 Richtung Zörbig-Köthen, über A 14 bis Abfahrt »Könnern«.

Auskünfte erteilen:
Köthen-Information
Hallescher Turm
Hallesche Str. 10
06366 Köthen/Anhalt
Telefon 0 34 96-21 62 17 und 03496-1 94 33
Fax 0 34 96-21 62 17

Stadtverwaltung – Kulturamt
Marktstraße 1-3
06366 Köthen/Anhalt
Telefon 0 34 96-42 51 52

Schloß Köthen
Schloßplatz 4
06366 Köthen/Anhalt
Telefon 0 34 96-21 25 46 und
03496-21 40 68
Fax 0 34 96-21 40 68

Im Schloß sind das Historische Museum Köthen, die Bach-Gedenkstätte, der Spiegelsaal und die Schloßkapelle zu besichtigen.
Öffnungszeiten
Mo geschlossen
Di-Fr 9.00-17.00
Sa 14.00-17.00
So 10.00-12.00 und 14.00-17.00

Führungen durch die Kirchen nach Vereinbarung mit dem Pfarramt.
Evangelisches Pfarramt St. Jakob
Hallesche Straße 15 a
06366 Köthen/Anhalt
Telefon 0 34 96-21 41 57

Evangelisches Pfarramt der Agnuskirche
Stiftsstr. 11
06366 Köthen/Anhalt
Telefon und Fax 0 34 96-21 20 84

Frau Kirchenmusikdirektorin Martina Apitz
Mittelstraße 6
06366 Köthen/Anhalt
Telefon 0 34 96-57 10 08

Langewiesen

1. Bachs Orgelprüfung in Langewiesen im November 1706 fällt in die Zeit seiner Anstellung als Organist an der Neuen Kirche zu Arnstadt und in eine Zeit, in der sich dort offenbar entscheidende Veränderungen ergeben hatten. Über die Jahreswende 1705/06 unternahm Bach die für ihn außerordentlich wichtige Reise nach Lübeck. Etwa vier Monate muß er von November 1705 an von Arnstadt abwesend gewesen sein, wenn der Vorwurf aus dem Konsistorium stimmt, daß er »*nur auf* 4. *Wochen*« um Urlaub gebeten, »*aber wohl* 4. *mahl so lange außenblieben*« sei. Jedenfalls muß er sich das am 21. Februar 1706 anhören und dazu noch andere Vorwürfe: »*Nechst deme sey gar befrembdlich, daß er bißher gar* musiciret *worden, deßen Ursach er geweßen, weiln mit den Schülern er sich nicht* comportir*en wollen, Dahero er sich zu erclähren, Ob er so wohl* Figural *alß* Choral *mit den Schühlern spiehlen wolle? Dann man ihm keinen Capellmeister halthen könne. Da ers nicht thuen wolte, solle ers nur* categorice *von sich sagen, damit andere gestalt gemachet vnd iemand der dießes thäte, bestellet werden könne.*«

Diese Kritik hält das ganze Jahr über an, ja, mehr noch: Bach perfektioniert zielstrebig und eigensinnig sein Orgelspiel, kümmert sich aber nicht um die Figuralmusik. Ob sie von Anfang an zu seinen Aufgaben gehörte, geht aus seiner Bestallung vom 9. August 1703 nicht hervor; auch ob er zwischenzeitlich den Auftrag zum Figuralmusizieren bekam, dazu aber keine Neigung verspürte, ist nicht überliefert. Jedenfalls wird gegen Ende des Jahres »*...dem* Organist*en Bachen vorgestellet, daß er sich zu erclähren, ob wie ihm bereits anbefohlen er mit denen Schühlern* musi*ciren wolle oder nicht; dann wann er keine schande es achte bey der Kirchen zu seyn, vnd die Besoldung zu nehmen, müste er sich auch nicht schähmen mit den Schühlern so dazu bestellet so lange biß ein anderes verordnet, zu* musiciren. *Dann es sey das absehen daß dieselbe sich* exercir*en sollen, vmb dereinsten zur music sich beßer gebrauchen zu laßen.*«

Bei der Unterredung, zu der er am 11. November 1706 ins Konsistorium geladen wird, liegt der Akzent auf dem Auftrag, die Schüler musikalisch zu bilden, um sie später für die Kirchenmusik einsetzen zu können. Man hofft auf Bachs Bereitschaft, und dies mit einem moralisierenden Unterton, der die Aufgabenstellung als nicht eindeutig vertragsgemäß erscheinen läßt. Überdies kommt es zu einem weiteren unterschwelligen Vorwurf moralischer Art: »*Stellen ihm hierauf ferner vor auß was macht er ohnlängsten die frembde Jungfer auf das* Chor *biethen vnd* musicir*en laßen.*«

Auf beide Vorhaltungen reagierte Bach – dem erhaltenen Protokoll zufolge – sehr knapp: Zu der einen wolle er sich schriftlich erklären, von der anderen Sache habe er M. Uthe unterrichtet. Vielleicht gehörte jener M. Justus Christian Uthe (1680-1716), zwischen 1704 und 1709 als Prediger an Bachs Arnstädter Kirche tätig und dann nach Langensalza berufen, zu dem Kreis, dem Bach sich in Arnstadt anvertraute. Denn schon seit langem wird vermutet, daß es sich bei der »frembden Jungfer« um seine spätere Frau, Maria Barbara, handelte.

Nur reichlich zwei Wochen nach jenem »Personalgespräch« im Konsistorium zu Arnstadt sehen wir Bach als Orgelprüfer in Langewiesen, einem Flecken in unmittelbar nordwestlicher Nachbarschaft von Gehren an der Ilm gelegen. Das Langewiesener Kirchenbuch, in welchem alle Taufen, Trauungen und Bestattungen zwischen 1627 und 1749 verzeichnet sind, macht ausdrücklich auf das Ereignis aufmerksam: Pro Memoria – Zur Erinnerung!

2. Erwähnt wird ein Dorf mit der Namensform »Longawitzi« bereits im Jahr 1074; seit 1489 trägt es die Bezeichnung Flecken. Erst 1855 wurde Langewiesen zur Stadt erhoben, nachdem es von 1503 an gewisse städtische Rechte wahrzunehmen befugt war. Ursprünglich mit zwei Kirchen ausgestattet, Petrikirche und Liebfrauenkirche, kann Langewiesen auf eine reichere kirchliche Vergangenheit verweisen. Im Ort sollen sich ehedem auch zwei Klöster befunden haben, das eine in der Kiliansgasse, das andere in der Mönchsgasse. Bis zur Reformation gehörte der Ort kirchlich zu Gehren. Da dort zwei Geistliche angestellt waren, wechselten zwischen beiden auch nach der Reformation Sonntag um Sonntag die Gottesdienstpflichten. 1618 verselbständigte sich Langewiesen; seitdem hat es einen eigenen Pfarrer.

Ein spätmittelalterlicher Vorgängerbau der **Liebfrauenkirche** von 1404 fiel 1675 einer Brandkatastrophe zum Opfer. Fünf Jahre dauerte der Wiederaufbau, bei dem man Reste der Grundmauern des alten Gebäudes wiederverwendete. Währenddessen fanden die Gottesdienste in der **Petrikirche** statt, südlich des Ortes auf dem Petersberg gelegen. Der helle freundliche Innenraum der Liebfrauenkirche ist mit einem hölzernen Tonnengewölbe nach oben abgeschlossen. Der Altartisch des barocken **Kanzelaltar**s ist von einer Steinplatte abgedeckt, die 1679 ein gewisser Hans Wilhelm Marschalck von Dannheim stiftete. Der klassizistische **Taufstein** kam im späten 18. Jahrhundert hinzu.

Erst 25 Jahre nach Abschluß des Wiederaufbaus der Kirche ging man auch an den Bau einer neuen **Orgel**. Diesem Ereignis ist die mit »Pro Memoria« überschriebene Eintragung des Langewiesener Kirchenbuches gewidmet: »*In diesem 1706 Jahre ist unser neües Orgelwerck fertig worden und hat es Herr* Johann *Albrecht von Coburg mit seinen Gesellen* Johann Sebastian *Erhardt von Gehrn gemacht, hat davon zu verfertigen bekommen 550 thll ohne die Kost nemlich alle Wochen 2 fl hat biß 26 Wochen daran gearbeitet. hat 9. thll zum tranckgelde, der Geselle aber 2 thll bekommen.*«

Nach der genannten Aufrechnung begann der Coburger Orgelbauer Johann Albrecht († 1719) Ende März 1706 mit den Arbeiten zur Errichtung der Orgel in der Kirche. Möglicherweise war er zu dem Auftrag durch seinen Gesellen Johann Sebastian Erhardt (1676-?) gekommen, der aus Gehren stammte und ein Musik-Schüler Johann Michael Bachs gewesen sein könnte.

Albrecht dürfte ein ehemaliger Geselle von Christoph Junge († 1688) gewesen sein, einem Schlesier, der in Thüringen einige Orgeln (Sondershausen, Weimar, Erfurter Dom) gebaut hat.

Die traditionelle Verbindung Langewiesens nach Gehren zeigte sich auch darin, daß man zur Orgelprüfung von dort den Organisten Johann Kistner (1660-1727), den Ortspfarrer Christian Balthasar Fiedler († 1736) und den Amtmann einlud, dazu Johann Sebastian Bach aus Arnstadt. Das ganze ereignete sich am 1. Advent, dem 28. November 1706, in der Liebfrauenkirche. Es sieht so aus, als ob Pfarrer Fiedler (seit 1683 in Haßleben, von 1690 bis zu seinem Tode am 4. Februar 1736 Pfarrer in Gehren) die Predigt zu diesem Ereignis gehalten habe und der Gehrener Amtmann die wirtschaftliche Seite zu begutachten hatte. Die Orgel ist nicht erhalten.

Langewiesen, Liebfrauenkirche um 1930

140 Jahre später, im Jahr 1845, ersetzte die Firma Johann Friedrich Schulze und Söhne aus Paulinzella die Albrecht-Orgel durch ein neues Werk mit zwei Manualen und Pedal. Kirche und Orgel wurden 1991 renoviert (Disposition siehe Anhang, S. 304).

Über Bach hinaus erwähnenswert ist, daß Langewiesen der Geburtsort des bedeutenden Jenenser Theologieprofessors Johann Musäus ist. Er wurde hier am 7. Februar 1613 geboren und starb in Jena am 4. Mai 1681. Die Jenenser Fakultät geriet in den Augen der Wittenberger während des 17. Jahrhunderts in den Verdacht der Heterodoxie, weil sie sich in Fragen des Synkretistischen Streites – vor allem durch die Vorstellungen Georg Calixts in Helmstedt entfacht – äußerste Zurückhaltung auferlegte. Musäus erwies sich als der Theologe, der von seinen Jenenser Kollegen am selbständigsten und souveränsten mit den Problemen umging. Nicht wenige von Bachs Lehrern, vor allem in Eisenach und in Ohrdruf, hatten die Jenenser Universität besucht und ihre theologische Bildung durch Musäus erhalten.

3. Literatur

F. Apfelstedt, Beschreibende Darstellung der älteren Bau- und Kunstdenkmäler des Fürstenthums Schwarzburg-Sondershausen, Sondershausen 1887, Reprint Arnstadt 1991

4. Reiserouten, Auskünfte, Adressen, Öffnungszeiten

Langewiesen liegt in Thüringen zwischen Ilmenau und Gehren. Mit regionaler Eisenbahn über Strecke Meiningen-Erfurt, Umsteigen in Ilmenau, Regionalbahn bis Langewiesen bzw. Gehren. Aus Richtung Saalfeld/Rudolstadt Regionalbahnverkehr über Bad Blankenburg/Königssee.

Mit Auto künftig über A 73 zu erreichen; auf A 4 von Osten her bis Abfahrt »Apolda«, dann B 87 Richtung Ilmenau; von Westen her A 4 bis Abfahrt »Erfurt-West«, dann B 4 bis Ilmenau. Von Ilmenau auf B 88 ca. 5 km in Richtung Rudolstadt/Saalfeld.

Auskünfte erteilt:
Evangelisch-Lutherisches Pfarramt
Herr Pfarrer Böhme
Hauptstraße 42
98704 Langewiesen
Telefon 0 36 77-81 44 71
Telefon/Fax 0 36 77-80 01 44

Leipzig

1. In Leipzig hat Bach 27 Jahre lang als »Director musices und Cantor zu St. Thomas« – also die längste Zeit seines Lebens – gearbeitet. Hier liegt er begraben, hier sind mit der Thomas- und der Nikolaikirche die wichtigsten Gebäude seines Wirkens noch vorhanden, hier wird sein Werk durch den Thomanerchor und manche andere Institution gepflegt, hier wird Bachforschung professionell betrieben.

Als Bach nach Leipzig kam, stand er im 39. Lebensjahr; er war nach dem Tod seiner ersten Frau Maria Barbara zum zweitenmal verheiratet: Anna Magdalena, geborene Wilcke, war gerade 21 und ein reichliches halbes Jahr alt und hatte den Haushalt eines Witwers mit 4 Kindern bzw. Jugendlichen übernommen: Catharina Dorothea, knapp 15, Wilhelm Friedemann, 13, Carl Philipp Emanuel, 9, und Johann Gottfried Bernhard, gerade 8 Jahre alt. Dazu lebte im Haushalt seit Johann Sebastians Weimarer Zeit die ältere unverheiratet gebliebene Schwester Maria Barbaras, Friedelena Margaretha, die inzwischen als Siebenundvierzigjährige das älteste Familienmitglied war. Just in den aufregenden Tagen der Bewerbung und der ungewissen Zeit des Wartens auf den Ausgang dieser Bewerbung brachte Anna Magdalena ihr erstes Kind, Christiana Sophia Henrietta, zur Welt. Der Rufname »Henrietta« dürfte, entsprechend der Namensgebung für Maria Barbaras letzten Sohn »Leopold August«, aus Gründen der Devotion gegenüber der jungen Köthener Serenissima Friederica Henrietta gewählt worden sein, die vielleicht zu den Paten von Anna Magdalenas erstem Kind gehörte, wie seinerzeit die fürstlichen Brüder Leopold und August Ludwig bei dem letzten Kind Maria Barbaras. Wir wissen es nicht, weil ein Taufeintrag dieses Töchterchens nicht auffindbar ist.

Bachs Arbeitspensum muß in den ersten Jahren in Leipzig enorm gewesen sein. Er strebte vollständige Kantatenjahrgänge an, und – wie es scheint – diese am Anfang sogar als Doppeljahrgang. Denn außer den sogenannten tempora clausa (stille Zeiten: 2. bis 4.

Advent und Invokavit bis Karsamstag), in denen die Kirchenmusik in Leipzig bis auf Ausnahmen schwieg, benötigte er sonntags eine Kantate als Kirchenmusik im Anschluß an die Evangelienlesung und dann noch eine als Figuralmusik während der Austeilung des Abendmahls. An Festtagen kamen je nach deren Grad figurale Kyrie- und Gloriateile sowie ein Sanctus hinzu. Auch Motetten benötigte Bach für den Beginn des Gottesdienstes; doch sind Werke dieser Bestimmung von ihm selbst nicht überliefert. Seine Motetten sind zum größten Teil als Auftragswerke zu Trauerfeierlichkeiten entstanden. Zu den Ausnahmen der Musik während der tempora clausa gehörte eine gerade erst unter Bachs Vorgänger Johann Kuhnau begonnene Tradition, die der oratorischen Passion. Bachs früheste Passionkomposition stammt allerdings nicht erst aus seiner Leipziger Zeit, sondern aus der Weimarer.

Mit seinem Interesse an oratorischer Passion traf Bach in Leipzig auf einen liturgisch nicht festgelegten Raum. Die Vesper des Karfreitag, zu der die Passion musiziert wurde, gab es erst seit wenigen Jahren. So konnte hier ein Werk angesiedelt werden, das sonst die Dimensionen der ohnehin schon langen Gottesdienste gesprengt hätte. Nach dem Chorsatz »Da Jesus an dem Kreuze stund« setzte sofort der erste Teil der Passion ein. Zwischen dem ersten und zweiten Teil war die Predigt vorgesehen, nach Abschluß der Passion erklangen das »Ecce, quomodo moritur iustus« des Jacobus Gallus, ein Versikel von den Altaristen, ein Dankgebet und der Gemeindegesang »Nun danket alle Gott«. Die Kürze dieser Ordnung zeigt deutlich, daß ein gewisser Rahmen für Experimente gegeben war. Wir sind heute in der Lage, die Folge der von Bach in den ersten Jahren aufgeführten Passionen, zwischen St. Thomas und St. Nikolai jährlich wechselnd – wie auch die Darbietung der Kantate Sonntag um Sonntag zwischen Thomas und Nikolai wechselte –, bis zum Jahr 1736 mit einigen Lücken zu kennen:

7. 4. 1724	Johannespassion, 1. Fassung, Nikolaikirche
30. 3. 1725	Johannespassion, 2. Fassung, Thomaskirche
19. 4. 1726	Markuspassion v. Rein. Keiser, Nikolaikirche
11. 4. 1727	Matthäuspassion, 1. Fassung, Thomaskirche
26. 3. 1728	Johannespassion, 3. Fassung, Nikolaikirche
15. 4. 1729	Matthäuspassion, 2. Fassung, Thomaskirche
7. 4. 1730	Lukaspassion, Anonymus, Nikolaikirche
23. 3. 1731	Markuspassion, Thomaskirche
11. 4. 1732	Komposition unbekannt, Nikolaikirche
3. 4. 1733	ohne Passion wegen der Trauerzeit nach dem Tod Augusts des Starken
23. 4. 1734	Komposition unbekannt, Thomaskirche
8. 4. 1735	Komposition unbekannt, Nikolaikirche
30. 3. 1736	Matthäuspassion, 2. Fassung, Thomaskirche

Der erste Jahrgang von Bachs Kantaten in Leipzig, beginnend mit dem 1. Sonntag nach Trinitatis (so auch die Folgejahrgänge), enthält eine Reihe von

Übernahmen aus der Weimarer Zeit. Von den zugrundeliegenden Texten kennen wir inzwischen einige. Vergleiche zeigen, daß erhebliche Eingriffe vorgenommen wurden, die Textkürzungen zum Ziel hatten, aber auch interessante theologische Korrekturen und Angleichungen enthalten. Das betrifft die Kantaten zum 12., 13., 14. Sonntag nach Trinitatis und zum 3. Christtag. Der zweite Kantatenjahrgang wird als »Choralkantatenjahrgang« bezeichnet, weil die Textgrundlage jeweils ein vollständiges Kirchenlied ist, dessen Rahmenstrophen als Texte für den Eingangschor und den Schlußchoral dienen, dessen Binnenstrophen aber in der Regel zu Rezitativ-Arien-Paaren umgedichtet wurden. Auch hier beeindruckt der theologische Wille, doch steht über allem die hohe Kunst der musikalischen Gestaltung, die durch eine vielfältige musikalische Variabilität immer wieder neu zu faszinieren vermag. Der Choralkantatenjahrgang bricht mit der Kantate zum Festtag Mariae Verkündigung (25. März) ab, aus Gründen, die wir nicht kennen. Bach muß in Leipzig fünf Jahrgänge Kirchenkantaten geschrieben haben, davon geht auch sein Biograph Forkel aus. Das ist, gemessen an der Produktion seiner uns bekannten Zeitgenossen, wenig. Erhalten sind davon etwa drei (knapp 200 Kantaten).

Nach erfolgter Probe, zu der Bach am Sonntag Estomihi, dem 7. Februar 1723, im Gottesdienst der Thomaskirche vermutlich zwei Kantaten aufgeführt hat – BWV 22 »Jesus nahm zu sich die Zwölfe« und BWV 23 »Du wahrer Gott und Davids Sohn« – wurde er in der Ratssitzung des 22. April zum zwölften evangelischen Thomaskantor gewählt. Schon am 19. April hatte man ihn, nach der Enttäuschung mit Georg Philipp Telemann, einen provisorischen Revers unterschreiben lassen, in dem er versprechen mußte, »*binnen dato und 3 oder höchstens vier Wochen von der bey dem HochFürstlich Anhalt-Cöthenschen Hoffe*« ihn bindenden Anstellung sich loszumachen und dem »*Rathe den Dimißion-Schein einhändigen*« zu wollen. Am 5. Mai wurde ihm das Wahlergebnis offiziell mitgeteilt, und er hatte einen endgültigen Anstellungsrevers zu unterschreiben. Danach folgte – damals wie heute notwendig – die Herstellung des Einvernehmens zu dieser Wahl mit der Kirche, in diesem Falle mit dem Leipziger Konsistorium. Zuvor war Bach als künftiger Lehrer einer theologischen Prüfung unterzogen worden. Der Leipziger Theologe Johann Schmid (1649-1731), Professor an der Theologischen Fakultät der Universität seit 1700 und Assessor am Konsistorium, prüfte ihn und befand:

Dominus Johannes Sebastianus Bach ad questiones a me propositas ita respondit, ut eundem ad officium Cantoratus in Schola Thomana admitti posse censeam.	Herr Johann Sebastian Bach hat auf die von mir gestellten Fragen so geantwortet, daß ich ihn zum Kantorenamt an der Thomasschule zulassen zu können meine.

Dem stimmte mit Unterschrift auch der offensichtlich beisitzende Superintendent D. Salomon Deyling (1677-1755) zu: Consentit!

Der Umzug Bachs nach Leipzig vollzog sich am Samstag nach Pfingsten, dem 22. Mai 1723: Vier Wagen mit Hausrat und zwei Kutschen mit der achtköpfigen Familie langten um 12 Uhr mittags bzw. um 2 Uhr nachmittags am Thomaskirchhof an. Nach häuslichen Einrichtungsarbeiten muß Bach am Montag darauf mit dem Studium seiner Antrittskantate BWV 75 »Die Elenden sollen essen« sowie mit Vorbereitungen der dann folgenden Kantaten begonnen haben. BWV 75 brachte er am 1. Sonntag nach Trinitatis, dem 30. Mai 1723, im Gottesdienst der Nikolaikirche zur Aufführung. »Mit guten applausu«, wie die Annalen berichten, was wohl soviel heißt wie: »zur Zufriedenheit aller«. Schon am Montag, dem 31. Mai, kam es – wie mehrfach bei solchen Anlässen – zu einer Kompetenzrangelei zwischen der Stadt und dem Konsistorium als einer kurfürstlichen Institution. Deyling, sich einer jahrhundertealten Unklarheit der Kompetenzen bewußt, war unter Hinweis auf andere Verpflichtungen der Amtseinweisung ferngeblieben und hatte seinen Vertreter, den Pastor der Thomaskirche und Inspektor der Thomasschule, Lic. Christian Weise (1671-1736), gebeten, seine Aufgabe wahrzunehmen. Weise, der sich der Kompetenzunklarheit vermutlich nicht weniger bewußt war, scheute aber eine Auseinandersetzung wohl weniger, als es der Superintendent von Amts wegen tun mußte, und beanspruchte das kirchliche Mitspracherecht bei der Amtseinweisung des Thomaskantors. Heute erfolgt diese in zwei getrennten Akten; damals pflegte in einem Aktus zuerst der Oberstadtschreiber im Auftrag des Rates zu reden und dann ein Vertreter des Konsistoriums. Weiß nutzte die Situation unter Berufung auf seine Beauftragung durch den Superintendenten und auf die dazu ergangene Verordnung des Konsistoriums zu einer ausführlichen Ansprache.

Bach scheint, nach allem was bekannt ist, auf das Leipziger Kantorat bewußt zugegangen zu sein, wohl wissend, welch schwieriges Feld sich ihm an dieser Schnittstelle zwischen Kirche und Schule, d. h. auch zwischen Stadt, Land und Kirche, auftat. Nachweislich hat er am Schicksal seines Lüneburger Kantors und Lehrers August Braun unmittelbar miterleben können, daß ein Kantorat viele Chancen in sich barg, aber auch nicht wenige, unwägbare Lasten. In seiner Leipziger Zeit sprach er im Zusammenhang mit der geplanten Aufführung einer Passionsmusik selbst einmal davon, daß es ihm nur ein »onus« (eine Last) sei und er »ohnedem nichts darvon« hätte. Es gab zu viele Funktionsträger und Institutionen, die das Recht zum Mitreden zu haben meinten.

Die Vielfalt seines Kantorates mag ein wenig überschaubarer werden, wenn man sich die unterschiedlichen Tätigkeiten, die er täglich, wöchentlich, in viertel- oder ganzjährigem Abstand zu erfüllen hatte, vor Augen hält: An erster Stelle stand die regelmäßige Vorbereitung und Aufführung der sonntäglichen »Haupt Music«. Dazu gehörte eine vorausschauende Planung der zu vertonenden Texte; geeignete Textdichter waren zu gewinnen und mit ihnen musikalische, aber auch theologische Fragen zu beraten – in Leipzig lag nachweislich die theologische Verantwortung für die Texte beim Kantor. Daß Bach diese Aufgabe wahrgenommen hat, zeigen die bereits genannnten Beispiele aus seinem ersten Kantatenjahrgang und die inzwischen rekonstruierbare Entstehung des Textes der Matthäuspassion (BWV 244). Wenn die Komposition der Kantaten fertig war, waren die Stimmen auszuschreiben, wozu Bach Kopisten und, zunehmend, auch Mitglieder seiner Familie beschäftigte. Dazu war regelmäßig mit dem Schülerchor zu üben, mit den Kunstgeigern und Stadtpfeifern, seinem Instrumentalensemble, zu probieren. Auch

Johann Sebastian Bach, Bildmontage von G. Schlick, nach 1843

der Textdruck der Kantaten war vorzubereiten und alle vier bis acht Wochen bei dem Buchdrucker Immanuel Tietze ein Textheft, das dann den Gottesdienstbesuchern angeboten wurde, in Auftrag zu geben. Auch dies lag in seiner Verantwortung, wie die detaillierte Vorbereitung aller sonntäglichen Gottesdienste überhaupt: Bestimmung und Mitteilung der Lieder an den Kustos der Kirche; die Berufung von Altaristen (der an Ministranten erinnernden liturgischen Hilfen am Altar) und deren Vorbereitung auf den liturgischen Dienst, der in St. Thomas, der Neukirche und St. Petri durch Thomasschüler, in St. Nikolai durch Nikolaischüler wahrgenommen wurde.

Unregelmäßig, aber häufig, kamen Verpflichtungen auf Bach und den Schülerchor zu, wenn anläßlich von Leichenbegängnissen oder Gedächtnisgottesdiensten zu singen, bei Trauungen und zu Terminen, die durch Legate festgelegt waren, mitzuwirken war. Es waren dies die nicht zu unterschätzenden Quellen der sogenannten Akzidentien, die zum Fixum des Gehaltes hinzukamen. Auch mußten regelmäßig Prüfungen abgenommen werden: für Alumnenanwärter, Stadtpfeifer, Kunstgeiger oder Organisten. Hinzu kamen Bachs zusätzliche Verpflichtungen: Orgelprüfungen, Glückwunsch- oder Huldigungskantaten, die Mitarbeit bei der Herausgabe eines Gesangbuches in Zeitz, die Verantwortung für die Universitätsmusik (später nur noch an Hohen Festtagen, dem Reformationsfest und zu Quartalsorationen) und, nicht zu vergessen: die Leitung des Collegium musicum. Das alles verlangte ihm ein hohes Maß an Verstehens- und Verständigungsbereitschaft, an organisatorischem Talent und an Detailwissen ab. Es ist erstaunlich, daß er nicht viel öfter in ärgerliche Streitigkeiten verwickelt wurde, die – soweit sie bekannt geworden sind – ihm den Ruf eines streitbaren Zeitgenossen eingebracht haben. Er hatte es allein auf den je vier Stellen an beiden Hauptkirchen während seiner 27 Leipziger Jahre mit etwa 30 verschiedenen Geistlichen zu tun, nicht eingerechnet die häufig wechselnden Sonnabendsprediger. Der Umgang mit dem Personenkreis in der Schule, bei den städtischen und kirchlichen Behörden, der Universität und im Bereich des Kleinhandwerks setzten persönliche Flexibilität und ein enormes Verhandlungsgeschick voraus.

Gern wüßte man mehr über Bachs engsten persönlichen Umkreis, über seine Empfindungen, seine täglichen Freuden und seinen täglichen Ärger. Doch die Quellen schweigen, und zwar sehr viel mehr als in vergleichbaren Fällen. So ist von dem 200 Jahre älteren Martin Luther ein Vielfaches mehr an detaillierten Einzelheiten bekannt, das sich zu einem Gesamtbild zusammenfügen läßt. Bei Bach sind wir weitgehend auf sekundäre Mitteilungen angewiesen. Es scheint, als solle dadurch sein Werk – so wie es auf uns gekommen ist – einen um so gewichtigeren Platz einnehmen.

Die Darstellung zu Bach in Leipzig schließt mit Angaben zur familiären Situation (Tauf-, Sterbe- bzw. Bestattungsdaten der Kinder zweiter Ehe, wobei zwischen Geburts- und Taufdaten sowie Sterbe- und Beerdigungsdaten nicht unterschieden wird):

Christiana Sophia Henrietta (*Frühjahr 1723 † 29. 6. 1726)
Gottfried Heinrich (*27. 2. 1724 † 12. 2. 1763)
Christian Gottlieb (*14. 4. 1725 † 21. 9. 1728)
Elisabeth Juliana Friederica (*5. 4. 1726 † 12. 2. 1763)
Ernestus Andreas (*30.10. 1727 † 1. 11. 1727)
Regina Johanna (*10. 10. 1728 † 25. 4. 1733)
Christiana Benedicta (*1. 1. 1730 † 4. 1. 1730)
Christiana Dorothea (*18. 3. 1731 † 31. 8. 1732)
Johann Christoph Friedrich (*23. 6. 1732 † 26. 1. 1795)
Johann August Abraham (5. 11. 1733 † 7. 11. 1733)
Johann Christian (*7. 9. 1735 † 1. 1. 1782)
Johanna Carolina (*30. 10. 1737 † 16. 8. 1781)
Regina Susanna (*22. 2. 1742 † 14. 12. 1809)

2. Wie andere Bachstädte so leidet auch Leipzig unter einer bis in die jüngste Zeit andauernden, z. T. gewaltsam herbeigeführten Minimierung von Gebäuden, die in unmittelbarer Beziehung zum Leben und zum Werk Bachs stehen. Da ist zunächst die **alte Thomasschule**, die Bach seit dem 22. Mai 1723 mit seiner Familie bewohnte. Es war das Gebäude aus dem Jahr 1553, das auf der Langseite drei Türen besaß: eine linke zur Wohnung des Kantors, eine mittlere zur Schule und eine rechte zur Wohnung des Rektors. Über der Schul- und Alumnatstür war der Spruch zu lesen:

Non hic Pierides, non vanum numen Apollo,
Non de mentiti vertice nata Iovis,
Ipse sed aeterni Christus sapientia patris
Praesidet, est soli cui locus iste sacer.

[Nicht sind hier die Musen, nicht Apollo, der eitle Wille,
Nicht die aus dem falschen Haupt des Jupiter Entsprungene,
Sondern Christus selbst, die Weisheit des ewigen Vaters,
Herrscht hier, dem allein dieser heilige Ort gehört.]

Die Abbildung auf dem Frontispiz der Thomasschulordnung von 1723, gestochen von Johann Gottfried Krügner d. Ä., zeigt das Gebäude in dieser ursprünglichen Gestalt. Nach dem Tod des älteren Rektors Ernesti (1729) ging der Rat daran, die Schule zu erneuern, doch kam es dazu erst im Frühjahr 1731. Dabei blieben lediglich die Umfassungsmauern der alten Schule unverändert. Das Innere der Schule sollte anfangs soweit wie möglich erhalten bleiben, doch hatte die Schadensaufnahme so viele Mängel ergeben, daß dann doch tiefgreifende Erneuerungen notwendig wurden. Bachs Familie wohnte während des Umbaus, seit etwa Juni 1731 bis zum 24. April 1732, im Hause von Dr. Christoph Donndorf auf der Hainstraße, im Haus ›Zum goldenen Hahn‹, etwa dort, wo sich heute der Eingang zum Filmtheater ›Passage‹ befindet. Zur Einweihung der erneuerten und auch vergrößerten Thomasschule am 5. Juni 1732 um 9 Uhr – man hatte zwei Stockwerke aufgesetzt – kam es zur Aufführung von Bachs Kantate BWV Anh. 18 »Froher Tag, verlangte Stunden« (Musik verschollen), deren erster Teil vor einem Redeaktus von fünf Schülern sowie einer lateinischen Weiherede des Rektors Johann Matthias Gesner erklang, der zweite Teil danach. Genau 100 Jahre später empfand man erneut den Mangel des durch die Generationen und die Jahrzehnte verbrauchten Gebäudes. Im Jahr 1829 wurde das Gebäude vom 19. Juni bis in den November hinein umgebaut; der Umbau sollte für dieses Gebäude der vorerst letzte sein. Anläßlich seiner Einweihung charakterisierte Superintendent Großmann die Thomasschule als eine Verbindung von Gelehrtenschule, Internat und Musikinstitut, ohne – in gewissen *»trüben Gedanken«* – die Frage zu unterschlagen: *»wie wird es nach hundert Jahren unserem Werke ergehen, dem neuen, das jene alte verdrängt hat?«*

Knapp fünfzig Jahre danach, im Jahr 1877, zog die Schule und, nach nochmals drei Jahren, auch das Alumnat aus diesem Gebäude aus, um neue Bauten an der Schreber- und Hillerstraße zu beziehen. 25 Jahr später, im Jahr 1902, wurde es auf Beschluß des Stadtrates abgerissen. Dabei fand man in einer 1732 zugesetzten Tür als Füllmaterial Schulhefte Wilhelm Friedemann Bachs, die heute im Bachhaus in Eisenach aufbewahrt werden. Seit dem 185. Todestag Bachs, dem 28. Juli 1935, war an der heute am Ort der alten Thomasschule stehenden Superintendentur eine **Gedenktafel** angebracht, die an das einstige Gebäude und dessen Wert erinnerte: »*An dieser Stelle stand bis zum Jahre 1902 die alte Thomasschule. In ihr wohnte Johann Sebastian Bach 1723-1750.*« Die Tafel wurde im Zweiten Weltkrieg eingeschmolzen, und erst 1950 kam eine Tafel mit dem gleichen Text an die gleiche Stelle.

Die **Thomaskirche** gehört zu den erhaltenen Gebäuden, die immer wieder erneuert und verändert wurden. Ihr heutiges Aussehen, sowohl innen wie außen, gleicht in wesentlichen Details nicht dem Gebäude, das Bach erlebte. So vermittelt der Innenraum seit der Renovierung von 1964 eher den Eindruck eines dreischiffigen spätgotischen Hallenkirchenbaus, wie er in Obersachsen mehrfach zu finden ist bzw. war (Universitätskirche St.Pauli zu Leipzig; Annenkirche zu Annaberg; Wolfgangskirche zu Schneeberg; Dom zu Freiberg). Dem um 1150 entstandenen ersten Kirchenbau an gleicher Stelle folgte zwischen 1355 (Choraum) und 1496 (Fertigstellung des Langhauses) das heutige Gebäude. Seit 1212 ist der Kirchenbau in die Anlage eines Augustiner-Chorherren-Klosters einbezogen, in dem für schulische Belange und für den regelmäßigen liturgischen Dienst in den Gottesdiensten gesorgt wurde. Der Schülerchor der Thomasschule – »Thomanerchor« heißt der Chor erst seit dem 19. Jahrhundert – erneuerte sich regelmäßig durch bildungsfähige Kna-

Thomaskirche und Thomasschule, Stich von Johann Gottfried Krügner, um 1723

ben der sozial schwächeren Schichten der Bevölkerung. Sie hatten sich durch Kurrendesingen ihren Unterhalt zu verdienen und erfuhren darin auch Unterstützung durch gestiftete Freitische von wohlhabenden Bürgern. Von Anfang an betrieb das Kloster für diese ein Alumnat, das nicht zur Disziplinierung, sondern ausnahmslos zur Beherbergung und Beköstigung der Schüler diente, die die Aufgabe der Kirchenmusik in den Stadtkirchen Leipzigs zu besorgen hatten.

Diese Aufgabe von Chor und Alumnat wurde selbst durch die Reformation nicht bestritten, sie besteht bis heute unverändert fort. Der Dienstraum des Thomanerchores in der Kirche dürfte bis zur Reformation der Chorraum, von 1539/43 an mehr und mehr die Chorempore gewesen sein. Leider aber lassen sich für die aufführungspraktische Situation auf der Empore nur

Thomaskirche zu Leipzig, bis 1885
Aquarell von Hubert Kratz

sehr ungenaue Angaben machen, weil es weder bildliche Darstellungen noch Bauzeichnungen gibt, die eine verläßliche Rekonstruktion ermöglichen. Hinreichend unterrichtet sind wir dagegen über manch andere Details: So verschenkte Superintendent Deyling 1722, ein Jahr nach seinem Dienstantritt, den **Altar der Thomaskirche** an Plauen, die Stadt seines ersten Dienstes, für die dortige Gottesackerkirche, heute Lutherkirche. Dieser Altar bezieht einen spätgotischen Altarschrein mit doppelten Flügeln in einen Renaissanceaufbau ein. Er ist in dieser Form zwischen 1587 und 1614 hergestellt worden. Insgesamt ist er dem Passionsthema gewidmet (der ehemalige Altar der Nikolaikirche dem Osterthema). Der Mittelschrein zeigt die Beweinung Christi und stammt von einem Erfurter Meister aus der Zeit um 1500; in der Predella ist die Grablegung zu sehen, geschaffen um 1520, die Flügel enthalten vier Szenen der Geißelung Christi, und im Aufbau, entstanden unter maßgeblicher Beteiligung von Valentin Silbermann, sind die Kreuzigung Christi, die Darstellung von Maria Magdalena und Thomas, des triumphierenden Christus sowie der vier Engel mit Marterwerkzeugen zu sehen.

Die Initiative für einen **neuen Altar** ging von dem 1709 verstorbenen Bürgermeister Jacob Born aus, der ein Legat von 1000 Talern zu diesem Zweck vermacht hatte, zu dem seine Witwe 2000 und der Stadtrat noch 1000 weitere Taler hinzulegten. August der Starke schenkte erzgebirgischen Marmor, und Dresdner Künstler, der Hofmarmorsteinmetz Johann Maria Fossati, der Hofsilberarbeiter Johann Jacob Irminger und der Bildhauer Paul Herrmann, schufen den Altar, eine barocke Architektur, in deren Zentrum ein Kruzifix stand. Als der Altar 1887 abgetragen wurde, urteilte man, daß er den *»Charakter eines katholischen trage«*. Es war der Altar, an dem Johann Sebastian Bach unter dem heute noch erhaltenen **Kruzifix** von Caspar Friedrich Löbelt (1687-1763) 27 Jahre lang das heilige Abendmahl empfing. Das Kruzifix befindet sich heute am zweiten nordöstlichen Pfeiler des Langhauses gegenüber der Kanzel. Von der Zeit der neugotischen Erneuerung zwischen 1884 und 1889 an stand jener ganz **vergoldete Altar** im Chorraum, der seit der Renovierung 1961 bis 1964 nun die Südkapelle schmückt. Begnügte man sich seit dieser Renovierung mit einem Hauptaltar, der lediglich das Kruzifix von Löbelt auf der Mensa stehen hatte, so veränderte sich die Situation 1982 mit dem Angebot der Universität, den **Paulusaltar** der 1968 gesprengten Universitätskirche St. Pauli nach Restaurierung der Thomaskirche als Dauerleihgabe zur Verfügung zu stellen. Seit Herbst 1984 findet dieser Altar Aufstellung (Altarweihe am 2. Advent 1984), und es kamen dabei Erkenntnisse zur Anwendung, die die Wiederherstellung des geplanten und ehemals auch vorhandenen Bildungsprogramms zum Ziel hatten. Die Restaurierung wurde 1993 abgeschlossen, und der Altar konnte am 1. Pfingsttag, dem 30. Mai 1993, endgültig in Gebrauch genommen werden. Nun läßt der um 1500 entstandene Altar wieder seine herrlichen Plastiken und Reliefs, die mit dem Erfurter Bildhauer Linhart Koenberg in Verbindung gebracht werden, in restaurierter und originaler Zusammenstellung sehen. Die neugotische Einbindung von 1912 zeigt in der Mitte den heiligen Paulus, umgeben von acht Reliefs (Mariae Tempelgang, die Verkündigung an Maria, die Geburt Christi, der zwölfjährige Jesus im Tempel, die Kreuzigung, die Auferstehung, die Ausgießung des Geistes und die Marienkrönung). Die erste Wandlung erzählt auf acht gemalten Bildern die Passion Christi, die zweite Wandlung Szenen aus dem Leben des Paulus. In der filigran geschnitzten Predella, die ursprünglich durch bemalte Flügel mit Darstellungen aus dem Leben des Paulus und des Petrus Martyr verschlossen werden konnte, ist die Bekehrung des Paulus zu sehen.

Im Chorraum ist der **Taufstein** der Thomaskirche erwähnenswert, da an diesem elf Kinder aus Bachs zweiter Ehe getauft wurden. Er erscheint künstlerisch durch eine auffällige Gestaltung hervorgehoben. Dabei zeigt er in seiner heutigen Gestalt nur noch den letzten Teil einer ursprünglich interessanten architektonischen und künstlerischen Komposition. Im Jahr 1614/15 arbeiteten an diesem Taufstein Georg Kriebel aus Magdeburg (Aufbau und Marmorarbeiten), der Drechsler Christoph Wermann, der Kannengießer Samuel Keßler, der Maler Hans Deitling und der Kleinschmied Melchior Knaubus zusammen. Der Marmor war aus Dresden von Johann Maria Nosseni geliefert worden. Neben den Stein- und Marmorteilen gehörten ein kunstvoll gearbeiteter hölzerner Deckel dazu,

Thomaskirche,
Taufstein mit verlorenem Deckel (Montage)

achteckig, zum Abheben an Seilen aufgehängt, der in zwei Etagen im Zusammenklang mit den bildnerischen und wörtlichen Aussagen des Marmorteiles ein ganzes biblisch-theologisches Programm zum Thema der Taufe zur Darstellung brachte. Der Aufbau dieses Programmes muß folgendermaßen ausgesehen haben (B = Bildwerk; T = ausgeschriebener Text):

<table>
<tr><td colspan="2" rowspan="2">[Deckel:]</td><td colspan="4">Mk 10,14 b (T)
Mk 10,14 (B)</td><td colspan="2" rowspan="2"></td></tr>
<tr><td colspan="4">Mt 28,19 (T)
Mt 3,11 (T)
Mt 3 (B)</td></tr>
<tr><td>Mt
17,5 b</td><td>Rm
6,3</td><td>Hes
36,25</td><td>Tit
3,5 b</td><td>Sach
13,1</td><td>1 Petr
3,21</td><td>Gal
3,27</td><td>Apg
2,38</td></tr>
<tr><td colspan="8">[Taufstein:]</td></tr>
<tr><td>Philippus tauft d. Kämmerer (B)</td><td>Marcy 16.
Wer da gleubt vnd getaufft wird, Der wird selig werden. (T)</td><td>Sintflut (B)</td><td>1 Petri 3.
Godt harret einmals vnd hatte gedult zu den Zeiten Noe, da man die Archa zurüstet, in welcher wenig, das ist, 8. Seelen behalten wurden durchs wasser, welchs nu auch uns Selig machet in der Tauffe, die durch jenes bedeutet ist. (T)</td><td>Petri Fischzug (B)</td><td>Johan: 3
Es sey denn, daß Jemand geborn werde aus Wasser vnd Geist, so kan er nicht in das Reich Gottes komen. (T)</td><td>Israels Durchzug durch das Rote Meer (B)</td><td>Ebre: 11
Durch den Glauben gingen sie durchs Rote Meer als durch trocken Land, welchs die Egypter auch versuchten, und ersoffen. (T)</td></tr>
</table>

Sowohl die zeitgenössischen Katechismen als auch die damals in Leipzig üblichen Dogmatiken bewegen sich vorwiegend im Rahmen dieser Bibelstellen, wenn sie die theologischen Überzeugungen von der Taufe darlegen. Vor allem die Einbeziehung alttestamentlichen Gedankengutes in Bild und Text (Sintflut, Durchzug Israels durch das Rote Meer, Besprengung mit reinem Wasser zur Abwaschung der Sünden, Prophetie von dem Brunnen gegen die Sünde in Jerusalem) gibt der Vorstellung von der Taufe ein typisches Kolorit.

Der Taufstein stand nicht immer in der Mitte des Chorraumes. Ursprünglich befand er sich unter dem sechsten Joch des Langhauses unmittelbar vor der Mittelsäule der Chorempore, wo er von einem kunstvollen schmiedeeisernen Gitter umgeben war, das nach Schneeberg in die St. Wolfgangskirche gekommen und dort beim Bombardement auf Schneeberg im Zweiten Weltkrieg zerstört worden sein soll. Von seinem ursprünglichen Platz wurde der Taufstein 1808 unter den östlichen Bogen der Vierung gebracht, schon damals ohne den im Gewölbe hängenden kunstvollen Deckel, dessen Zerstörung wie das Verschwinden seiner Teile teilweise zu Lasten der Benutzung der Thomaskirche als französisches Militärmagazin (1806) geht, teilweise aber zu Lasten der Verbringung des Deckels in ie Sammlung des Vereins für Geschichte der Stadt Leipzig. Es gibt Anhaltspunkte, daß der Deckel 1885 noch relativ vollständig vorhanden war. Der Taufstein wanderte vermutlich im Zusammenhang mit dem Einbau der Gasheizung oder der Renovierung 1884 und wohl anläßlich der Vorbereitung des Bachgrabes 1948/49 noch um zwei kleinere Etappen ostwärts, zuerst bis an den Anfang des Chorraumes, wo sich heute das Bachgrab befindet, und schließlich an seinen heutigen Platz mitten in den Chorraum.

Die lebensgroßen **Bildnisse der Superintendenten** hängen an den Wänden des Chorraumes; hingewiesen sei hier auf Nicolaus Selnecker (1530-1592), auf Martin Geier (1614-1680, der in Dresden als Oberhofprediger für Heinrich Schütz 1672 die Leichenpredigt hielt), auf Elias Siegmund Reinhard (1625-1669, der das Schicksal Paul Gerhardts in Berlin teilte, bevor er nach Leipzig kam), auf Salomon Deyling (1677-1755, dessen Dienstzeit in Leipzig zwischen 1721 und 1755 Bachs Amtszeit umgreift), auf Johann Gottfried Körner (1726-1785, den Freund Schillers und Großvater des Dichters Theodor Körner), auf Christian Leberecht Großmann (1783-1857, den Gründer des Gustav-Adolf-Vereins) und auf Johannes Theodor Oskar Pank (1838-1928, den großen Organisator des kirchlichen Lebens im größer werdenden Leipzig der Jahrhundertwende).

Orgeln der Thomaskirche sind seit 1356 nachgewiesen. Ein verhältnismäßig großes Werk von 25 Registern, bereits aus dem Jahr 1420 stammend, kommt 1525 aus dem Kloster Eicha bei Naunhof in die Thomaskirche. Es erfährt immer wieder Renovierungen und Umbauten, so 1590, 1619/20 (Zufügung von neun Registern), 1721/22, 1739/40, 1755 (neues Rückpositiv mit 12 Registern und neues Pedal). In dem nun erreichten Umfang von 41 Registern kommt es 1772/73 zu einem Totalumbau durch den Leipziger Orgelbauer Johann Gottlieb Mauer, der einem Neubau gleicht. Noch einmal wird an dem Werk 1794/95 gebessert, bevor es 1885 einem Neubau weichen muß. – Als Opus 501 vollendete Wilhelm Sauer (1831-1916) im Jahr 1889 die von seiner Firma aus Frankfurt/Oder erbaute Orgel. Sie erhielt nach ihrer Fertigstellung ausdrücklich positive Urteile. Doch kommt es, zunächst aus Gründen zu schwacher klanglicher Wirkung, in Abständen zu einem weiteren Ausbau und einer Verstärkung der Orgel: Die ursprüngliche Gestalt als mechanische Kegellade mit 63 Registern auf drei Manualen und Pedal verändert sich 1902 durch den Einbau einer Röhrenpneumatik und weiterer Register auf 65. Auf Betreiben von Karl Straube (1873-1950; 1902-1918 Thomasorganist, 1918-1940 Thomaskantor) erweiterte Wilhelm Sauer 1908 die Orgel auf ihre heutige Größe von 88 Registern; Sauer führt sie nun unter der Opus-Zahl 1015. Die Disposition entsprach Straubes Vorstellungen und bietet ein geschlossenes klangliches Konzept. Zwischen 1933 und 1962 wurden weitreichende Veränderungen, vor allem der Austausch von ganzen Registern, vorgenommen, die von der Vorstellung barocken Klangideals ausgingen, das aus der Orgelbewegung kam. Dieses Klangideal schien auch dazu zu raten, die Sauer-Orgel gegen eine neobarocke Orgel einzutauschen. Gewiß wäre das auch geschehen, wenn nicht der Zweite Weltkrieg und die Zeit danach andere Aufgaben als vordringlicher hätten erscheinen lassen. Von 1954 existiert ein Protokollvermerk, wonach der Kirchenvorstand »die jetzige Orgel um ihres einmaligen Charakters willen erhalten wissen« will. Im gleichen Jahr kommt es zu dem Vorschlag des Baus eines zweiten Werkes, das als Barockorgel die stilgerechtere Wiedergabe der Bachschen und vorbachschen Orgelliteratur ermöglichen soll. Von 1966 bis 1967 erbaut die Potsdamer Firma Alexander Schuke auf der Nordempore am Ostabschluß des Langhauses eine Schleifladenorgel mit mechanischer Traktur, 47 Registern, 3 Manualen und Pedal. Im Zuge der Gesamtsanierung wurde das Werk ausgebaut und an den Mariendom in Fürstenwalde verkauft.

Neben großen Orgeln besaß (und besitzt) die Thomaskirche zu allen Zeiten auch kleinere Werke: Bereits 1489, also inmitten der Phase der baulichen Vollendung des spätgotischen Langhauses, wird eine kleine Orgel erwähnt, die – zunächst neben der großen Orgel an der Westwand der Kirche stehend – dann von 1639 bis zu ihrem Abriß 1740 durch den mit Bach befreundeten Orgelbauer Zacharias Hildebrandt auf dem sogenannten Schwalbennest stand, einer Empore in schwindelnder Höhe über dem Triumphbogen an der Ostwand des Langhauses. Sie besaß im Oberwerk 7, im Brustwerk 3, im Rückpositiv 7 und im Pedal 3 Register. Nachweislich erklang sie vor allem an hohen Festtagen; an sie muß vorrangig unter Hinweis auf Bachs Matthäus-Passion (BWV 244) erinnert werden. Auf ihr wurde der Cantus firmus des Eingangschores »O Lamm Gottes unschuldig«

intoniert, möglicherweise auch noch in der Fassung der Passion, die diesen Cantus firmus vokal ausführen läßt, denn anläßlich der Passionsaufführung am Karfreitag 1736 notiert der Thomasküster Rost: »1736. St. Thomae mit beyden Orgeln.«

Teile der kleinen Thomas-Orgel, deren Abriß am 1. Juni 1742 begann, lebten weiter in der **Orgel der Johanniskirche** zu Leipzig, die zwischen 1742 und 1744 von Johann Scheibe neu erbaut wurde. Schon ein Jahr später konnte das noch nicht ganz fertiggestellte Instrument erstmalig gespielt werden. Es hatte 22 Register, und noch im 19. Jahrhundert – bis hin zu seinem Abbruch aufgrund des Neubaus der Johanniskirche 1893/94 – erzählte man sich, wahrscheinlich wegen der von Bach bescheinigten außerordentlichen Qualität, anekdotenhafte Dinge: Bach habe auf dieser Orgel bis zu seinem Tod jeden Sonntag gespielt und, da St. Johannis damals Hospital- und Friedhofskirche war, auch bei jedem feierlichen Begräbnis. Das letztere könnte nur im Ausnahmefall zutreffen, denn hierfür war eigens ein Organist tätig. Später habe man die Orgelbank mit einem Holzgitter umzäunt, weil die Touristen häufig Andenken herauszuschnitzen versuchten. Auch habe man die Orgel, die erst jahrelang unbenutzt gestanden hätte, schließlich deshalb in der Taufkapelle der Kirche nicht wieder aufgebaut, weil sie wegen ihrer Höhe dort nicht genügend Platz fand. Das alles mag für die hohe Qualität sprechen, die auch durch die von Bach und Zacharias Hildebrandt vorgenommene Prüfung bestätigt wurde: *»Er verstund nicht nur die Art die Orgeln zu handhaben, die Stimmen derselben auf das geschickteste miteinander zu vereinigen, und jede Stimme nach ihrer Eigenschaft hören zu lassen in der größten Vollkommenheit; sondern er kannte auch den Bau der Orgeln aus dem Grunde. Das letztere bewies er sonderlich, unter andern, einmal bey der Untersuchung einer neuen Orgel, in der Kirche, ohnweit welcher seine Gebeine nunmehr ruhen.*

Der Verfertiger dieses Werks war ein Mann, der in den letzten Jahren seines hohen Alters stund. Die Untersuchung war freilich eine der schärfsten, die jemals angestellet worden. Folglich gereichte der vollkommene Beyfall, den unser Bach über das Werck öffentlich ertheilete, so wohl dem Orgelbauer, als auch wegen gewisser Umstände, Bachen selbst, zu nicht geringer Ehre.«

Leider haben wir gerade von dieser Orgelprüfung kein Gutachten Bachs. Nach dem Abbruch bewahrte man in reliquienhafter Form Spieltisch und Spielbank dieser Orgel auf; sie befinden sich heute im **Musikinstrumenten-Museum der Universität Leipzig**. Auf der Notenablage – sofern sie original ist – sind die Buchstaben »SJ« eingelassen. Sie verweisen unzweideutig auf den Orgelbauer Johann Scheibe, der aber mit der Umkehrung seiner Namensinitialen einen geistlichen Sinnspruch – eine damals oft geübte Eigenheit – zum Ausdruck brachte: **S**olus **J**esus (= Jesus allein).

Bleibt nachzutragen, daß sich seit 1932 auf dem Orgelchor der Thomaskirche ein Continuo-Instrument befindet, zunächst das »Kemper-Positiv«, gefertigt nach Mensuren des Hamburger Orgelbauers Arp Schnitger, das 1958 verkauft wurde, um statt dessen eine Continuo-Orgel der Firma Alexander Schuke anschaffen zu können, die 5 Register auf einem Manual besitzt.

Die Sauer-Orgel versuchte man seit 1988 auf den Zustand von 1908 zurückzuführen und so (im doppelten Sinn) ein Instrument »zu erhalten« das durch seine Qualität und Größe zu den bedeutendsten des ausgehenden 19. Jahrhunderts gehört (Disposition siehe Anhang, S. 305 f.). Karl Straube sprach sich in seinem Abnahmegutachten von 1908 insgesamt lobend aus und schloß mit dem Satz: »*Wollte ich von der Schönheit der einzelnen Stimmen sprechen, so würde der Bericht Bände füllen müssen, es genügt zu sagen, daß auch jede einzelne Stimme in der Schönheit ihres Tones von einem Meister erbaut worden ist.*«

Durch die Wiederherstellung des Zustandes von 1908 ist die Orgel der Thomaskirche das erste Werk (vergleichbarer Dimension) Wilhelm Sauers, das wieder in seinen Originalzustand versetzt wurde. 1999 begann man, in Verbindung mit der Sanierung der gesamten Thomaskirche anläßlich des 250. Todestages von Johann Sebastian Bach im Jahr 2000, damit, einen stilgerechten Ersatz für die Schuke-Orgel zu schaffen. Das Ziel besteht in der Gewinnung einer für das Spiel der Bachwerke adäquaten Orgel. Sie soll auf der Mitte der Nordempore errichtet werden (Disposition siehe Anhang, S. 306 f.).

Das **Bachgrab** gehört neben dem **Bachfenster** zu den erst in neuerer Zeit zur Thomaskirche hinzugekommenen Besonderheiten. Im Zuge der neugotischen Innenrenovierung der Jahre nach 1885 kam es zum Einbau der vier farbenprächtigen Fenster auf der Südseite der Kirche: Gustav-Adolf-Fenster, Bach-Fenster, Luther-Fenster und Kaiser-Wilhelm-Fenster. Zugrunde lag die Planung einer Fünf-Fenster-Komposition, die aber wegen des Einspruches einer antisemitischen Leipziger Vereinigung 1889 Torso geblieben ist. Erst zum 150. Todestag Felix Mendelssohn Bartholdys am 4. November 1997 konnte das schon 100 Jahre zuvor vorgesehene Memorialfenster übergeben werden. Es verdankt sich der großzügigen Stiftung zweier ehemaliger Leipziger Thomasschüler, Dr. Wolfgang Jentzsch und Senator Klaus Jentzsch. Entwurf und Ausführung des Fensters stammen von Hans Gottfried von Stockhausen.

1929 baute man ein Gedächtnisfenster für die Gefallenen des Ersten Weltkrieges ein. Die schwersten Zerstörungen beim Luftangriff auf Leipzig erlitt 1943 das Bach-Fenster. Dank der Initiative des Leipziger Kaufmanns Rudolf Kaiser konnte das zu fast einem Drittel zerstörte Fenster 1974 durch den Glasmaler Rolf Stokinger wiederhergestellt werden. So wird die Erinnerung an Johann Sebastian Bach nun schon über ein Jahrhundert lang durch dieses Fenster in der Thomaskirche sichtbar wachgehalten, während Bachs letzte Ruhestätte sich anfangs auf dem Johannisfriedhof befand, östlich vor der Stadt, sechs Schritte von der Südtür der Johanniskirche entfernt – wie mündlich überliefert ist. Bach war dort am 30. Juli 1750 in einem eichenen Sarg begraben worden. Nach dem Auffinden dieser Ruhestätte durch den Anatom der Universität Leipzig, Wilhelm His, setzte man Bach, wie auch Christian Fürchtegott Gellert (1715-1769), in einem Sarkophag aus französischem Kalkstein in einer eigens dazu hergerichteten Gruft unter dem Chorraum der Johanniskirche bei. Unweit des ehemaligen Grabes brachte man an der Südwand der Kirche eine Tafel mit folgendem Wortlaut an: *»An dieser Stelle der jetzigen Kirchenmauer lag der große Thomaskantor Johann Sebastian Bach begraben. Als das alte Kirchenschiff abgebrochen wurde, öffnete man am 22. Oktober 1894 das Grab. Nach Vollendung des Neubaues wurden am 16. Juli 1900 die Gebeine Bachs in die Gruft unterm Altar beigesetzt.«*

Zum 28. Juli 1949, dem 199. Todestag Bachs, ließ der damalige Superintendent, Oberkirchenrat D. Heinrich Schumann, den Sarg Bachs aus der im Krieg zerstörten Johanniskirche in die Thomaskirche überführen und ihn in einer von dem Architekten Kunz Nierade und Walter Tiemann entworfenen Grabtumba an den Stufen zum Chorraum beisetzen. Er kam damit Plänen der damaligen Stadtverwaltung zuvor, die, politisch motiviert, in den Ringanlagen ein Bach-Mausoleum zu errichten beabsichtigte. Im Zuge der Renovierung der Thomaskirche von 1962 bis 1964 wurde diese Ruhestätte nur um ein weniges in den Chorraum hineinverlegt. Dort ruht Bach jetzt, und das Gedenken an ihn wird dadurch bei vielen Besuchern an einem Ort lebendig, der für sein Leben ebenso wichtig war wie für seine Musik, die eben in dieser Kirche erklang und weiter erklingt.

Leipzigs **Bachdenkmäler** stehen in unmittelbarer Nähe zur Thomaskirche. Das ältere, das sogenannte **Mendelssohnsche Bachdenkmal**, hat eine interessante Entstehungsgeschichte. Robert Schumann rief am 29. Juli 1840 in der ›Neuen Zeitschrift für Musik‹ zu einem Stiftungskonzert Mendelssohns auf: *»Dem 6. August, abends 6 Uhr, wird Herr MD. Dr. Mendelssohn-Bartholdy in der Thomaskirche ein Orgelkonzert geben. Die Einnahme ist zu einem Denkstein für Johann Sebastian Bach bestimmt, der in der Nähe seiner ehemaligen Wohnung gesetzt werden soll. Ein alter Wunsch, gewiß unzähliger, geht somit in Erfüllung, und wir wissen unsere Freude über diesen Zug schönkünstlerischer Pietät in Worten kaum auszudrücken.«*

Mendelssohn bereitete dieses Konzert an der Orgel so intensiv vor, daß er seiner Mutter gestand, er könne *»kaum mehr auf den Füßen gerade stehen«* und *»nichts als Orgel-Passagen auf der Straße«* gehen. Er gewann nicht nur den ihm nahestehenden Professor der Dresdner Kunstakademie, Eduard Bendemann, für den Entwurf, er kümmerte sich auch um alle wichtigen Fragen, die im Zusammenhang mit dem »Monument« standen. Die Ausführung besorgte der Leipziger Bildhauer Hermann Knaur. Im Dezember 1842 war das Denkmal bereits fertig, es blieb aber bis zur Einweihung am 23. April 1843 im Anschluß an ein von Mendelssohn im Gewandhaus veranstaltetes Konzert verhüllt, worüber die »Neue Zeitschrift für Musik« folgendes berichtet: *»... von Mendelssohn veranstaltetes Konzert..., dessen Hauptbe-*

Salomon Deyling, Superintendent, Gemälde im Chorraum der Thomaskirche

standteile eine Suite für Orchester, das d-moll-Konzert, eine Kantate und das Sanctus aus der h-moll-Messe bildeten. Indeß war das Denkmal enthüllt worden. Die Einweihungsfeier wurde ganz einfach nur durch den Vortrag zweier Choräle und eines Motettenstückes von Bach, zwischen welchem ein Ratsmitglied eine Rede hielt, begangen. Der Gefeierte des Tages war – außer Bach – der einzige seiner noch lebenden Enkel, ein noch rüstiger Greis von 81 Jahren mit schneeweißem Haar und ausdrucksvollen Zügen, der mit Frau und zwei Töchtern von Berlin herübergekommen war. Niemand hatte von ihm gewußt, selbst Mendelssohn nicht, der so lange in Berlin gelebt, der sich gewiß nach allem, was Bach betraf, emsig umgetan – und der Mann lebte doch seit über vierzig Jahren in Berlin.«

Es handelte sich dabei um Wilhelm Friedrich Ernst Bach (1759-1845), den Sohn Johann Christoph Friedrich Bachs (1732-1795), des sogenannten »Bückeburger Bach«. Das »Monument« – wie Mendelssohn es bezeichnete – zeigt nach Norden hin den dem Haußmannschen Gemälde nachempfundenen Bachkopf, die anderen Seiten weisen in kleinen Halbreliefs auf drei Tätigkeitsfelder aus dem Leipziger Wirken Bachs hin: nach Osten auf den Instrumental- und Orgelvirtuosen, nach Süden auf den Komponisten der Passionen, nach Westen auf den Lehrer und Kantor.

Nach ersten Anstößen im 200. Geburtsjahr Bachs, in Leipzig ein neues Bachdenkmal zu errichten, die von Karl Riedel (Gründer und Leiter des Riedelvereins) und von Heinrich von Herzogenberg ausgingen, kam es schließlich nach über zehn Jahren zur Gründung eines Denkmalskomitees, dem auch Johannes Brahms angehörte. Vorgeschlagen wurde, das Bach-Denkmal in der Johanniskirche gegenüber dem Gellert-Denkmal (H. von Herzogenberg) zu errichten oder an der südlichen Außenseite der Johanniskirche (W. His). Der Rat griff jedoch die zuerst von Gustav Wustmann gegebene Anregung auf, das Denkmal in der Nähe von Bachs Wirkungs- und Wohnstätte zu errichten. Doch stand auf dem südlichen Thomaskirchhof an der Stelle des jahrhundertelang dort vorhanden gewesenen goldenen Brunnens seit 1883 das von Universität und Stadt gemeinsam gestiftete und von Ernst Hähnel geschaffene Leibniz-Denkmal, auf dessen Sockel die vier Fakultäten als Frauengestalten dargestellt sind. Es wurde wegen seiner Proportionen und seiner Wirkung zum Vorbild des neuen Bach-Denkmals. Das Leibniz-Denkmal sollte anfangs auf den Nikolaikirchhof versetzt werden, doch beanspruchte es dann die Universität mit dem Argument, mit Leibniz' Leipziger Studium sei die Grundlage für seine Bedeutung geschaffen worden. So fand es nach langen Vorverhandlungen am 1. April 1905 auf dem Paulinerhof Aufstellung, wo es bis 1968 auch blieb. Im Zusammenhang mit dem Willkürakt des Abrisses von Universitätskirche und alter Universität wurde das Denkmal auf einem Lagerhof in Stötteritz lange Jahre abgestellt, bis es an der Südseite der Universitätsbauten unweit der Einmündung der Universitätsstraße in die Schillerstraße seine vorläufig letzte Aufstellung erhielt.

Den Auftrag für das neue **Bach-Denkmal** erhielt der Leipziger Bildhauer Carl Seffner (1861-1932), der in seinem Standbild den Komponisten, Dirigenten und Organisten darzustellen versuchte; den Guß besorgte die Leipziger Firma Brückner & Noack. Die Notenrolle in der Hand Bachs ersetzte den Taktstock des ersten Entwurfs, der aus musikgeschichtlichen Gründen wegbleiben mußte. Seffner modellierte zunächst nach den Angaben des Leipziger Anatomen Wilhelm His eine Büste, die auch für die Gestaltung des Denkmals von Bedeutung war. 1896 waren diese Büste und ein Kleinstandbild aus Bronze entstanden. His schrieb, daß es Seffner nach vielfachen Schädelmessungen gelungen sei, *»einen Kopf zu schaffen, der die wesentlichen Eigenschaften der zu Gebote stehenden Bilder von Johann Sebastian Bach in sich vereinigt, und der an Leben sowie an charaktervollem Ausdruck jedes einzelne dieser Bilder übertrifft«*.

Das Denkmal zeigt sich im neubarocken Stil und hält so noch die ursprüngliche Ortsbestimmung wach, nämlich die vor der neubarocken Außenfassade der erneuerten Johanniskirche, nahe der Bachgruft von 1894 (der Standort des Denkmals vor der Thomaskirche wurde durch die Beisetzung des Bachsarges 1949 in dieser Kirche gleichsam nachträglich legitimiert). Nach einem mißlungenen ersten Guß des Denkmals erfolgte die Einweihung am Sonntag Kantate, dem 17. Mai 1908; sie stand im Mittelpunkt eines Bachfestes des Leipziger Bachvereins.

Die **Nikolaikirche** gilt seit alters als die eigentliche Haupt- und Stadtpfarrkirche Leipzigs. Eine städtische Urkunde, die auf das Jahr 1160 angesetzt wird, berichtet von der Anwesenheit des Bischofs Johannes von Merseburg, der entweder den Grundstein zur Nikolaikirche legte oder ihren Neubau weihte. Ihr Name erscheint erstmals 1213 in einer Stiftungsurkunde der Augustinerchorherrn von St. Thomas, denen gegen den Widerstand der Leipziger Bürger die Nikolaikirche unterstellt wurde.

Nikolaikirche bis 1785, Blick zum Altar. Darstellung von Carl Benjamin Schwarz

Von dem romanischen Kirchenbau blieb bis heute lediglich das Westwerk erhalten, in dem sich noch bis 1759 das Haupttor aus der Zeit der Erbauung befand. Es bestand aus fünf Rundbögen, die sich nach innen verjüngen. Das Westwerk strebte in zwei hohen spitzen Türmen empor, wie auf einer Darstellung von 1547 noch zu erkennen ist. Doch schon 1555 büßen diese ihre Höhe zugunsten eines dominierenden Mittelturmes ein, der eine ähnliche Renaissancebekrönung erhält wie der Turm des alten Rathauses. In dieser Zeit kam es insgesamt zu einer Instandsetzung der Kirche, die in etwa bereits das Bild bot, wie es aus der Bachzeit bekannt ist. Der Umbau zu einer spätgotischen Hallenkirche, bei der aber der gotische Altarraum erhalten blieb, vollzog sich von 1513 bis 1525. 1610 kam es zu einem erheblichen Umbau des Daches; und nach dem Dreißigjährigen Krieg zeigte sich erneut Baulust, die sich im Anbau verschiedener Privatkapellen äußerte, rings um die Kirche herum. 1720 meldete der Obervogt Johann Michael Senckeisen dem Rat, daß der Turm baufällig sei. Erst 1730, während Bachs Dienstzeit, erfuhr der Turm eine totale Erneuerung mit einer Erhöhung um eine Etage im Bereich der Türmerwohnung und der Aufführung der bis heute weit sichtbaren Barockhaube.

Auch der Innenraum veränderte sich nach und nach. Bei der Gesamterneuerung 1662 bis 1664 wurden 14 biblische Historienbilder von Christoph Spetner (1617-1699) angebracht, die aber – wie manch anderes – bei der innenarchitektonischen Veränderung 1785 verschwanden. Kurfürsten- und Ratsstuhl entstanden in der Form, wie sie auf einem der Bilder von Carl Benjamin Schwarz (1757-1813) zu sehen sind. Ebenso gab es einige Emporeneinbauten und viele Holz- und Steinepitaphien wie auch Spruchtafeln. Eine davon ist in der Südkapelle erhalten geblieben, eine Stiftung der Frau des Bürgermeisters Johann Lorenz von Adlershelm von 1672. Die sogenannte **Lutherkanzel** von 1521 trägt die Überzeugung durch die Zeiten, der Reformator habe in der Nikolaikirche gepredigt, was sich aber nicht belegen läßt. Sie blieb auch dieser Nachricht wegen als einziges Stück der mittelalterlichen Ausstattung nach 1784 erhalten. Anfangs stand sie am mittleren Südpfeiler; von einem späteren Zeitpunkt an bewahrte man sie ohne Treppe und Schalldeckel in der südlichen Turmhalle auf. Sie ist aus Sandstein gearbeitet und war sicher reich bemalt, wie noch vorhandene Gold- und Farbspuren vermuten lassen. Im mittleren der fünf Felder steht Christus mit der Dornenkrone auf einem Totenkopf, durch den sich die Schlange windet, Zeichen für die Erfüllung der Stelle 1. Mose 3,15, die schon während der altkirchlichen Zeit als erste evangelische Verheißung verstanden wurde. Rechts und links in den Feldern wird Christus entsprechend mittelalterlicher Theologie und Frömmigkeit von vier Gestalten der Alten Kirche umgeben: Hieronymus mit Pilgerhut, Augustinus mit Bischofshut, Bischofsstab und durchbohrtem Herz, Ambrosius mit Mitra, Bischofsstab und geschlossenem Evangelienbuch, Gregor der Große mit Krone, Kreuzstab und aufgeschlagenem Buch.

Gegenüber dem deutlichen Passionsprogramm des Altars der Thomaskirche enthielt der **Altar der Nikolaikirche** ein österliches Bildprogramm. Ob mittelalterliche Teile eines gotischen Vorgängeraltares in diesem durch den Bildschnitzer Valentin Silbermann (um 1560- nach 1617) 1605 geschaffenen Altar einbezogen waren, läßt sich nicht mehr feststellen. Die folgende Rekonstruktion des Bildprogramms gelingt mit zwei Hilfen: mit der Innenansicht der Nikolaikirche in Richtung Osten von Carl Benjamin Schwarz von 1785, das sich heute noch zusammen mit einer weiteren Darstellung (in Richtung Westen) in der Nikolaikirche befindet, und mit dem als Manuskript überlieferten »Versuch einer Geschichte und Beschreibung der Haupt- und Stadtpfarrkirche zu Sct Nicolai in Leipzig von ihrer Erbauung bis auf die neuesten Zeiten von Friedrich Cichorius, Famulus an der Nicolaikirche, Leipzig 1821« (im Nikolaiarchiv):

	Himmelfahrt Christi, von den Jüngern umgeben			
Matthäus	Markus	I II III ? IV bis X	Lukas	Johannes
Christus zeigt Thomas die Nägelmale	Reise der Jünger nach Emmaus	Auferstehung Jesu**	Erscheinung des Auferstandenen vor Maria Magdalena	Erscheinung Christi nach seiner Auferstehung
		Einsetzung des Abendmahles*		

Cichorius schreibt dazu: »*Einen neuen Altar, welchen der damals berühmte Bildhauer, Valentin Silbermann verfertigte, und welcher 2234 Gülden kostete ließ man 1605 in diese Kirche setzen. An diesem hohen, aus Holz verfertigten, mit Säulen Bildern und Sprengwerk gezierten und starck vergoldeten Altare, welcher in dem 1513 erbaueten, 32 Ellen langen Chore stand, sah man unten in der Fronte die Einsetzung des Abendmahls, worunter folgende lateinische Inschrift zu lesen war:*

Hoc accipite in pane
Empfangt das im Brot,
quod pependit in cruce,
was am Kreuze hing,
Hoc accipite in calice,
empfangt das im Kelch,
quod fusum est
was geflossen ist
*e Christi latere.**
aus der Seite Christi.

Über diesem, im mittleren Theile des Altars, war die Auferstehung Jesu künstlich in großen Bildern aus Holz gearbeitet, und am Rande des Grabes stand:

*Requies ejus gloriosa.***
Seine herrliche Ruhestätte.

Rechts erblickte man in einem Gemälde den auferstandenen Heiland, wie er der Jungfrau Maria in Gestalt eines Gärtners erscheinet, auf der linken Seite der Emauntischen Reise, neben diesen beiden, in Holz gearbeitet, die Erscheinung Christi nach seiner Auferstehung, und wie Christus den Jüngern seine Nägelmale und seine offene Seite, worein Thomas seine Hand legt, zeigt, ganz oben die Himelfahrt Christi und den Oelberg, um welchen die Jünger stehen, und dem gen Himel fahrenden Jesum nachsehen, und auf den Capitälern die vier Evangelisten.«

Die Aufschrift am Grab** auf dem mittleren Bild der Auferstehung bezieht sich auf die Übersetzung von Jesaja 11,10 durch Luther »seine Ruhe wird Ehre sein« und auf die Deutung, die dieser Stelle gemäß der Übersetzung Luthers traditionell zuteil wurde. Sie begegnet uns bei Bach im Text des Schlußchores der Johannespassion BWV 245,39): »*Ruht wohl, ihr heiligen Gebeine, Die ich nun weiter nicht beweine, Ruht wohl, und bringt auch mich zur Ruh!*«

Eine zeitgenössische Bibelkonkordanz deutet entsprechend: »*Seine, des Meßiä Ruhe, da er nemlich mit Gnaden in den Herzen der Gläubigen wohnet, wird Ehre sein, d. i. voller Herrlichkeit und Ansehen.*«

Dieser Altar wie auch die **Orgel** von Zacharias Thayssner verschwanden zwischen 1784 und 1789 restlos, Nachrichten von einer großen Orgel am Westabschluß der Südempore der Nikolaikirche gibt es schon von 1457 an. Der erste in seinen wichtigen Details feststellbare Orgelbau ist der von Johann Lange aus Kamenz. Diese Orgel stand, wie ihre Vorgänger schon, auf der Südempore und wurde am Michaelistag 1598 eingeweiht. Ihr ging ein großer Ruf voraus, dem sie aber wohl nicht gerecht wurde: Der Bauherr, der damalige Bürgermeister Peilicke, muß sehr enttäuscht gewesen sein und schrieb unter die Rechnung:

»Ingratitudo bene meritorum praemium.« Was soviel heißt, wie »Undank ist der Welt Lohn«. Diese Orgel hatte 29

Register und einen herrlichen Renaissanceprospekt, der von dem Leipziger Bildschnitzer Valentin Silbermann, dem Maler Thomas Lichtenstein und seinem dänischen Gesellen Heinrich Eckersen aus Middelburg in Seeland gestaltet worden war. Nach Andeutungen in den Kirchenrechnungen zeigten die Innenseiten der großen Flügeltüren »wie König Pharao im Meer ersäuft« (2. Mose 14,27-28) auf der linken Seite, auf der rechten die dem Moselied respondierenden Frauen unter Mirjams Anführung (2. Mose 15,20-21). In dieser Szene sah man schon sehr früh das erste Beipiel von Doppelchörigkeit, was Bach selbst mit der Eintragung in seine Calov-Bibel bestätigt, wenn er am Rand von 2. Mose 15,20 notiert: »NB. Erstes Vorspiel auf 2 Chören zur Ehre Gottes zu musiciren.« Auf den Außenseiten der Flügeltüren soll das »Heilig« der vier himmlischen Gestalten nach Offenbarung 4,6-8 und das »Herr, du bist würdig« der 24 Ältesten nach Offenbarung 4,4.9-11 dargestellt gewesen sein, ebenfalls Hinweise auf responsorische Gesänge.

Nach vielen Veränderungen und Reparaturen baute Zacharias Thayssner aus Merseburg die Orgel um, was dem Werk noch einmal knapp einhundert Jahre Lebenszeit sicherte. Mit ihren 39 Registern ist sie das Instrument gewesen, für das Johann Sebastian Bach so großartige Kantatensätze mit konzertierender Orgel vorsah wie die Eingangssätze in BWV 29 »Wir danken dir, Gott, wir danken dir« oder in BWV 146 »Wir müssen durch viel Trübsal in das Reich Gottes eingehen«. Zwei größere Reparaturen erhielt sie noch, bis sie, nach dem klassizistischen Umbau der Nikolaikirche, 1786 abgebrochen wurde. Die Orgelbauer Gebrüder Trampeli aus Adorf im Vogtland bauten ein neues Werk (nun auf die Westseite des Mittelschiffes), das aber bereits 1859 bis 1862 von einem Neubau von Friedrich Ladegast aus Weißenfels abgelöst wurde. Diese Orgel gilt als eine der größten im weiten Umkreis Leipzigs; sie hatte zunächst 85, seit der Erweiterung durch Wilhelm Sauer 1902 94 Stimmen. Von 1986 bis 1988 wurde sie einer Erneuerung unterzogen, und sie hat seitdem eine elektropneumatische Traktur mit einem neuen elektrischen Spieltisch (Disposition siehe Anhang, S. 307 f.).

Die Nikolaikirche erhielt von 1785 an eine **klassizistische Innenarchitektur**, die, veranlaßt durch eine dringend notwendige Sanierung des gesamten Gebäudes, Ausdruck damaliger Empfindung und Frömmigkeit ist. An einer Stelle kann man heute noch einen Eindruck von der früheren Innengestaltung haben: durch die Maueröffnung vom Dachboden der Südkapelle aus ist die Palmenblätterbemalung an den Gewölberippen und die farblich reiche Gestaltung der Schlußsteine zu sehen. Von da aus kann man auch, von oben herab, jene hölzerne Tonne erblicken (1789 gefertigt), an der von unten her durch Johann August Käseberg aus Dresden eine Stukkatur in kassetierten Formen appliziert wurde. Die Innenarchitektur stammt von Friedrich Carl Dauthe (1749-1816), der seit 1781 Baudirektor der Stadt Leipzig war. Doch den Anstoß zu dieser weitreichenden Veränderung gab der feinsinnige und begeisternde

Leipziger Bürgermeister Carl Wilhelm Müller (1728-1801), der seit 1759 Mitglied des Rates und von 1778 an Bürgermeister war. Neben Dauthe bezog er vor allem den Professor und Direktor der Königlichen Sächsischen Akademie der Künste zu Leipzig, Adam Friedrich Oeser (1717-1799), mit ein, jenen Künstler, der zu seinen Schülern auch den Enkel Bachs, Johann Sebastian Bach d. J. (1748-1778), einen Sohn Carl Philipp Emanuels, und den Leipziger Studenten Johann Wolfgang von Goethe (1749-1832) zählte. Das Altarbild, die Gemälde im Altarraum, das Relief an der Kanzel, die Bemalung des Stuckmarmors in den Vorhallen stammen von Oeser, so daß die Zeitgenossen die Nikolaikirche die »Oeserbibel« nannten. Reichlich 100 Jahre später, 1901/1902, kam es zu einer notwendigen inneren und äußeren Erneuerung der Kirche, in deren Folge 1905 vier **Alabasterreliefs** mit Szenen aus der Passion Christi von dem Bildhauer Felix Pfeifer (1871-1945) an den Wänden des Chorraumes angebracht wurden. Die jüngste Restaurierung, nach nicht einmal 70 Jahren, 1968, begonnen, dauert noch an.

Leipzig besitzt mit dem **Alten Rathaus** ein Gebäude, das gleichfalls für Bachs Wirken in dieser Stadt wichtig war: Hier unterzeichnete er am 5. Mai 1723 seinen Anstellungsrevers.

Am 30. Mai 1968 wurde in einem Akt der Willkür und Kulturbarbarei die **Universitätskirche St. Pauli** der Hybris der Neubaupläne der damaligen Karl-Marx-Universität geopfert. Dieses wertvolle und aus allen Kriegen, einschließlich dem Zweiten Weltkrieg, unbeschädigt hervorgegangene spätgotische Bauwerk war der Erstaufführungsort von Werken Bachs, u. a. der Trauerode BWV 198 »Laß, Fürstin, laß noch einen Strahl« anläßlich des Traueraktes für die verstorbene sächsische Kurfürstin Christiane Eberhardine, Gattin Augusts des Starken, am 17. Oktober 1727. Hier, in der Universitätskirche, hatte Bach bereits 1717 von Köthen kommend die **Orgel** geprüft, die Johann Scheibe erbaute. Die Aufsicht über den Bau, für den ursprünglich auch Gottfried Silbermann vorgesehen war, führte der Nikolaiorganist Daniel Vetter (1658-1721); als Berater zog man den Breslauer Orgelmacher Adam Horatius Casparini (1676-1745) hinzu. Aus einem Bericht des »Leipziger Jahrbuchs« von 1718 geht hervor, daß der Bau bereits im September 1710 begann, zu dem Zeitpunkt, als man die regelmäßigen Sonn- und Festtagsgottesdienste in der Universitätskirche eingerichtet hatte. Der Orgelbau kam erst nach sechs Jahren zum Abschluß: *»so schien es endlich Zeit zu seyn, die Über- und Abnahme von dem Orgelmacher, nach Gutbefinden eines Haupt-Orgel-verständigen Musici zu bewerckstelligen. Zu dem Ende ward von E. Löbl. Universität Herr Joh. Sebastian Bach, Hochfürstl. Anhalt-Cöthenischer Capell-Meister verschrieben, und von diesem im Beyseyn des Herrn Rectoris Magnifici, D. C. O. Rechenbergs, Herrn D. Joh. Cypriani P. P., Herrn Rath D. J. B. Menckens P. P. und Ex-Rectoris, auch Herrn D. Joh. Wolffg. Triers P. P. genau examiniret, dabey auch von Seiten des Orgelmachers Herr Lorentz Lieberoth, Or-*

Leipzig, Universitätskirche, Kupferstich Anfang des 18. Jahrhunderts

gelbauer von Mannsfeld, und Herr Mich. Steinert, Organist zu St. Johannis allhier, als Zeugen zugegen waren.«

Bach prüfte die Orgel der Universitätskirche demnach nicht nur inmitten einer erlauchten Schar von Persönlichkeiten, sondern auch unter den Augen von Fachleuten. Daniel Vetter schrieb in einem Brief Anfang 1718 an die Universität, daß *»das werck von dem Kötischen CapellMeister Herrn N. Bach, welcher daßelbe auf E. löblichen Universität begehren, am 16. December 1717. examiniren müßen, ohne einzigen Hauptdefect, und dergestalt befunden worden, daß er solches nicht gnugsam rühmen und loben können, sonderlich deren Raren Register, welche neu verfertiget, und in sehr vielen Orgeln nicht zu finden.«*

Nach Reparaturen und Veränderungen wurde diese Orgel im Vorfeld des Neubaus von Johann Gottlob Mende im Jahr 1844 abgebrochen.

Im **Bosehaus am Thomaskirchhof** besitzt Leipzig seit 1985 ein Bachmuseum, das in einer Dauerausstellung Leben und Werk Bachs in Leipzig vor Augen führt und sich in wechselnden thematischen Ausstellungen zu unterschiedlichen Bereichen des Lebens, des Wirkens, der Forschung und der Pflege des Werkes Johann Sebastian Bachs äußert. Hier ist das Bach-Archiv ansässig, das schon seit seiner Gründung im Jahr 1950 eine nicht mehr wegzudenkende Leipziger Einrichtung der Bachforschung ist und auf die Initiative von Werner Neumann (1905-1991) zurückgeht. Von hier gibt es ständige und fruchtbare Beziehungen zum Göttinger Johann-Sebastian-Bach-Institut; beide Institutionen zusammen bringen die »Neue Ausgabe sämtlicher Werke«

Johann Sebastian Bachs (NBA) heraus. Die genannten Leipziger Einrichtungen waren unter den Verhältnissen vor 1989 zusammengefaßt in den 1978 gegründeten »Nationalen Forschungs- und Gedenkstätten Johann Sebastian Bach der DDR in Leipzig«, denen auch der Internationale Bachwettbewerb und die Neue Bachgesellschaft e. V. zugeordnet waren. Nach den politischen Veränderungen kam es zur Entflechtung und zur Zusammenlegung der beiden durch die Teilung Deutschlands nötigen Geschäftsstellen der Neuen Bachgesellschaft Stuttgart und Leipzig in Leipzig. Das Bach-Archiv ist seit 1998 eine Stiftung.

3. Literatur

[Herbert Stiehl,] St. Thomas zu Leipzig, mit 55 Abbildungen. Berlin 1975, 3. Auflage

Ernst-Heinz Lemper, Heinrich Magirius und Winfried Schrammek, Die Thomaskirche zu Leipzig. Das Christliche Denkmal 5/5A. Berlin 1984, 3. Auflage

Herbert Stiehl, Das Innere der Thomaskirche zur Amtszeit Johann Sebastian Bachs. Beiträge zur Bachforschung 3. Leipzig 1984

Ullrich Böhme, Die Sauer-Orgel in der Thomaskirche zu Leipzig. Leipzig 1991

Friedrich Ostarhild, St. Nikolai zu Leipzig. Geschichte des Gotteshauses und der Gemeinde 1160-1960. Berlin 1964

Heinrich Magirius, Die Nikolaikirche zu Leipzig. Das Christliche Denkmal 111. Leipzig 1979

Universitätskirche Leipzig. Ein Streitfall? Leipzig 1992

Christian Wolff [Hrsg.], Die Thomaskirche zu Leipzig. Ein Kirchenführer. Leipzig 1996

Martin Petzoldt, Die neugotischen Gedächtnisfenster der Thomaskirche zu Leipzig. Leipzig 1997

4. Reiserouten, Auskünfte, Adressen, Öffnungszeiten

Leipzig ist mit Fernbahnverbindungen direkt zu erreichen.

Mit dem Auto über Autobahn A 9 von Norden und Süden; bei Anreise aus östlicher Richtung A 14, aus westlicher Richtung künftig A 38.

Auskünfte erteilen:
Leipzig Tourist Service e. V., Tourist-Information
Richard-Wagner-Straße 1
04109 Leipzig
Telefon 03 41-7 10 42 60 oder -7 10 42 65
Fax 03 41-7 10 42 76

Geschäftsstelle der Neuen Bachgesellschaft e. V.
Thomaskirchhof 16
04109 Leipzig
Telefon und Fax 03 41-9 60 14 63

Bachmuseum und Bach-Archiv Leipzig
Thomaskirchhof 16
04109 Leipzig
Telefon 03 41-9 64 41-0
Fax 03 41-9 64 41 96
Öffnungszeiten
Museum täglich 10.00-17.00 Uhr
Führungen täglich 11.00 und 15.00
nach Vereinbarung
Bibliothek
Mo-Fr 10.00-16.00

Evangelisch-Lutherisches Pfarramt der Thomaskirche
Thomaskirchhof 18
04109 Leipzig
Telefon 03 41-9 60 28 55
Fax 03 41-9 60 06 52
Öffnungszeiten der Thomaskirche
täglich 9.00-18.00

Evangelisch-Lutherisches Pfarramt der Nikolaikirche
Nikolaikirchhof 3
04109 Leipzig
Telefon 03 41-9 60 52 70
Fax 03 41-9 60 56 61
Öffnungszeiten der Nikolaikirche
täglich 10.00-18.00 Uhr

Evangelisch-Lutherische Superintendentur Leipzig
Thomaskirchhof 18
04109 Leipzig
Telefon 03 41-9 60 11 79
Fax 03 41-9 60 16 79

Lübeck

1. Die Reise Bachs von November 1705 bis Februar 1706 nach Lübeck galt Dietrich Buxtehude (um 1637-1707), seit 11. April 1668 Organist und Werkmeister der Marienkirche. Geboren in Oldesloe oder Helsingborg, wirkte Buxtehude seit 1660 zunächst an der Marienkirche zu Helsingør. Zwei Jahre später inspizierte er die erneuerte Orgel in der Marienkirche von Helsingborg, und im Jahr 1666 besuchte er Kopenhagen. Und abermals zwei Jahre später, nach Dienstantritt und Einbürgerung in Lübeck, heiratete er Anna Margaretha, eine der Töchter Franz Tunders (1614-1667), seines Vorgängers im Amt. Das war in Lübeck üblich. Auch Buxtehude erwartete das später von seinem Nachfolger. Etwa 1678 begann Buxtehude in Lübeck mit jenen Abendmusiken, die weithin bekannt wurden: im Anschluß an den sonntäglichen Vespergottesdienst helfen sie den Kaufleuten eine gewisse Wartezeit zu überbrücken, bevor sie ihre geschäftlichen Unternehmungen aufnehmen konnten. Dietrich Buxtehude musizierte bei dieser Gelegenheit geistliche Konzerte, deren Grundlage aus biblischen Texten, Kirchenliedstrophen und auch freien Texten bestand. Diese Abendmusiken fanden nicht regelmäßig statt. Bach hat aber mit Sicherheit jene zwei prominenten Termine miterleben können, die anläßlich des Regierungswechsels des Kaisers des Heiligen Römischen Reiches in Lübeck stattfanden; es handelte sich um eine Trauermusik zum Tode des Kaisers Leopold I. (1640/1658-1705: er war am 5. Mai 1705 gestorben) am 2. Dezember unter dem Titel »Castrum doloris« und um eine Huldigungsmusik für dessen Nachfolger, Kaiser Joseph I. (1678/1705-1711), am Folgetag unter dem Titel »Templum honoris«; beide erhielten die Bezeichnung einer extraordinären Abendmusik.

Als Bach erst nach vier Monaten, anstatt nach vier Wochen, wieder nach Arnstadt zurückgekehrt war, gab es eine klärende Unterredung im Konsistorium. Außer Bach selbst nahmen der Superintendent Johann Gottfried Olearius (1635-1711) und wahrscheinlich ein Protokollant teil; das Protokoll hält als begründende Aussage Bachs fest: *»Er sey zu Lübeck gewesen vmb daselbst ein vnd anderes in seiner Kunst zu begreiffen.«*

Später wird man im Nekrolog (1754) Formulierungen verwenden, die wohl auf den immer erneut gehörten Bericht

Bachs selbst von dieser wichtigen Reise zurückgegangen sein mögen: »... *Früchte seines Fleisses in der Kunst des Orgelspielens, und in der Composition, welche er größtentheils nur durch das Betrachten der Wercke der damaligen berühmten und gründlichen Componisten und angewandtes eigenes Nachsinnen erlernet hatte. In der Orgelkunst nahm er sich Bruhnsens, Reinkens, Buxtehudes und einiger guter französischer Organisten ihre Werke zu Mustern. Hier in Arnstadt bewog ihn einsmals ein besonderer starker Trieb, den er hatte, so viel von guten Organisten, als ihm möglich war, zu hören, daß er, und zwar zu Fusse, eine Reise nach Lübeck antrat, um den dasigen berühmten Organisten an der Marienkirche Diedrich Buxtehuden, zu behorchen. Er hielt sich daselbst nicht ohne Nutzen, fast ein vierteljahr auf, und kehrete alsdenn wieder nach Arnstadt zurück.*«

Buxtehude galt neben Jan Adam Reinken (1623-1722) als nahezu unbestrittene Autorität in Sachen Orgel im Norden Deutschlands. In neuerer Zeit ist die Bedeutung Buxtehudes für Bach zwar wiederholt unter Beweis gestellt, doch auch durch die These relativiert worden, daß Reinken in Hamburg nicht weniger bedeutsam für seine Entwicklung war, dies vor allem mit Blick auf Bachs bearbeitende Beschäftigung mit dem Werk Reinkens, was bezogen auf Buxtehudes Werk bisher nicht nachgewiesen werden kann.

Bachs Fußweg nach Lübeck nahm seinen Verlauf vermutlich über Arnstadt, Gotha – über Wechmar –, Langensalza, Mühlhausen, Leinefelde, Duderstadt, Northeim, Seesen und Braunschweig, oder von Seesen über Hildesheim, Hannover, Celle und Uelzen. Doch hat die direkte Linie über Braunschweig, Gifhorn nach Lüneburg mehr Wahrscheinlichkeit an sich, weil sie reichlich 25 km kürzer ist. Von Lüneburg wird er die alte Salzstraße in Richtung auf den Lübecker Hafen genommen haben. Sie führt zunächst auf das Südufer der Elbe nach Artlenburg. Dort muß er eine Fähre benutzt haben, um auf dem Nordufer über Schnakenbek, Mölln, Behlendorf, Klempau, Krummesse nach Lübeck zu gelangen: das sind insgesamt fast 420 Kilometer Fußweg! Nehmen wir einen Tagesmarsch von etwa 50 km an – was schon eine beachtliche Leistung selbst für einen Zwanzigjährigen sein dürfte, so ergäbe das eine Reisezeit von reichlich acht Tagen. Zusammen mit derselben Zeit für die Rückreise wären ihm bei Einhaltung des vereinbarten Urlaubs von vier Wochen nicht einmal 14 Tage Zeit bei Buxtehude geblieben.

Die zeitlich nahen Daten zu den Auseinandersetzungen zur Reise Bachs nach Lübeck sind im Zusammenhang mit seiner Orgelprüfung in Langewiesen behandelt worden. So bleibt schließlich nur die Feststellung, daß sein Arnstädter Superintendent Olearius, als sein unmittelbarer Vorgesetzter, mit einem erstaunlichen Maß an Bereitschaft auf die Dienstpflichtverletzung reagiert hat und äußerst glimpflich mit ihm umgegangen ist. Vielleicht darf man darin ein größeres Verständnis des inzwischen alten Mannes für den knapp Einundzwanzigjährigen sehen als ihm in der Bachliteratur gewöhnlich zugebilligt wird.

Lübeck, Stadtansicht mit Marienkirche

2. Die **Lübecker Marienkirche** erlitt den schwersten Schlag ihrer Geschichte, als sie beim Luftangriff auf die Stadt in der Nacht zum Palmsonntag, 28./29. März 1942, schwer getroffen wurde. Turmhelme und Dachstuhl brannten aus und zerstörten durch das Herabfallen der Trümmer große Teile des Gewölbes. Von der Innenausstattung blieb nur weniges erhalten.

St. Marien entstand im 12. Jahrhundert als dreischiffige Basilika. Doch schon bald danach begann man diese (bis 1257) im Sinne einer frühgotischen Hallenkirche umzubauen. Das Langhaus hatte nun einen mächtigen Mittelturm, wenige romanische Pfeiler blieben stehen. Wichtigster Teil des neuen Konzepts war der Turm der Westfront; auch das Südwestportal und ein Teil der Wand bis zur heutigen Briefkapelle und einige Wandprofile sind aus dieser Zeit erhalten geblieben. Um 1265 änderte man nochmals das Konzept: Durch Übertragung des Vorbildes französischer Kathedralgotik auf den Backsteinbau in einer hochgotischen Basilika: 1304 Nordturm, 1310 Südturm und Briefkapelle, dann Neuerrichtung des basilikalen Langhauses, 1351 Turmhelme. Offenbar weist der Guß der Bronzetaufe 1337 auf die Fertigstellung des Langhauses einschließlich Kapellenanbauten der Nordseite hin. Noch fehlten die Kapellenanbauten der Südseite. 1444 kam die Marientidenkapelle hinzu. In dem Kranz von insgesamt 19 Kapellen haben außer dieser besondere Bedeutung die Briefkapelle und die Totentanzkapelle erlangt.

In dieser neuen Gestalt überdauerte die Marienkirche die Jahrhunderte bis zur Nacht zum Palmsonntag 1942. Auch die Orgeln, die große Orgel und die Totentanzorgel, gingen in dieser Nacht vollständig verloren. Beide wertvollen Instrumente repräsentierten die musikalische Welt, die Bach antraf, als er Buxtehude besuchte. **Buxtehudes große Orgel** hatte ihren Ursprung in einem zweimanualigen Instrument, das zwischen 1516 und 1518 von dem Marienorganisten Barthold Hering gebaut worden war. Dieses Instrument zeigte sich bereits mit dem großartigen Zwei-Stockwerk-Prospekt, der bis 1942 alle Umbauten überstand. Das obere Stockwerk, geteilt in fünf Felder, beherbergte das Hauptwerk im zweiten und vierten Feld und Teile des Pedals in den äußeren und mittelsten Feldern, mit dem Principal 32 Fuß in der Mitte des Prospektes. Auf drei Manualen und Pedal waren 42 Register zu spielen. Der wunderbare Prospekt war ein Werk des Lübecker Bildhauers Benedikt Dreyer mit einer Figur der Mutter Maria in der mittleren Spitze.

Nach der Zerstörung kam erst ein Ersatz für die frühere Totentanzorgel zustande. Verhältnismäßig spät, nach sechsjähriger Bauzeit, konnte 1968 die **Hauptorgel** in Gebrauch genommen werden. Es handelt sich um ein gewaltiges Instrument mit 101 Registern auf fünf Manualen und Pedal. Ursprüngliche Planungen sahen noch mehr Register vor. Gebaut von der ortsansässigen Firma Emanuel Kemper & Sohn, enthalten Hauptwerk, Brustwerk und Rückpositiv den Grundbestand einer Buxtehude-Orgel. Kronenwerk und Oberwerk enthalten zusätzliche Register für ältere und modernere Klangbilder, das Pedal teilt sich in Groß-Pedal und Klein-Pedal, die einzeln abschaltbar sind (Disposition siehe Anhang, S. 308-310).

Eine kleine Orgel stand schon seit 1445 in der Totentanzkapelle, so benannt nach dem Totentanzfries des Bernt Notke aus der Mitte des 15. Jahrhunderts, der die Schrecken der schlimmen Pestzeiten jenes Jahrhunderts darstellte. Sie hieß deshalb **Totentanzorgel**. Von Johannes Stephani errichtet, war sie bei der letzten Generalüberholung im Jahr 1937 genau vermessen worden. 1955 konnte sie, ebenfalls im Krieg völlig zerstört, nach den alten Abmessungen von der Lübecker Firma E. Kemper & Sohn wiedererrichtet werden. Das damals qualitativ nicht zureichende Material führte allerdings zu einem raschen Verschleiß, so daß diese 1985/86 durch einen Neubau von Alfred Führer, Wilhelmshaven, ersetzt wurde (Disposition siehe Anhang, S. 310f.). In der Totentanzkapelle erinnert das **Totentanzfenster** von Alfred Mahlau, 1955/56 entworfen und von C. Berkentien hergestellt, an den alten Totentanz des Bernt Notke von 1463.

Im Jahr 1947 begann, nach Sicherungsarbeiten, die noch im Krieg vorgenommen worden waren, der Wiederaufbau. Wirklich fertig war der Bau erst 1979/80. Erhalten geblieben war u.a. das **bronzene Tauffaß** des Hans Apengeter von 1337, das auf der Wandung Reliefdarstellungen aus der Heilsgeschichte, die klugen und törichten Jungfrauen und Apostel zeigt, und der **Swarte-Altar** von 1495 mit Maria im Strahlenkranz auf der Mondsichel, umgeben von den zwölf Aposteln, der heiligen Sippe und auf den geschlossenen Flügeln die Verkündigung der Geburt

Christi. Darüber das **Kruzifix** von Gerhard Marcks von 1959. In der Marientidenkapelle steht der **Antwerpener Marienaltar** von 1518, gestiftet vom Lübecker Kaufmann Johann Bone; Darstellung von Szenen aus dem Marienleben in allen Ansichten und Wandlungen.

In der **Gedenkkapelle** unter den Türmen liegen die Reste zweier Glocken, die 1942 vom Turm stürzten und sich in den Boden gruben. Sie liegen dort als Mahnmal für die Betrachter von heute. Die älteste **Glocke von 1508** hat die Inschrift: »*Zur Predigt/zum Gebet, Ich läut auch zu den Leichen/Krieg, Feuer deut ich an/Geb Fried und Freudenzeichen/gieb Jesus, daß in Fried und Freud/ich stets schall/Wend ab von dieser Stadt/Pest, Feuer, Überfall.*«

In der Westwand unter dem gestaffelten Aufbau der großen Orgel hat man den Blick frei auf ein farbiges **Glasfenster »Das Gericht«** von Hans Gottfried von Stockhausen (*1920), entstanden 1962. Drei ineinandergreifende Kreise zeigen von unten nach oben: Kampf des Michael mit dem Drachen, darüber die Auferstehung, oben das himmlische Jerusalem mit dem Weltenrichter mit vier Verkündigungsengeln. In der Marientidenkapelle sind die Fenster mit dem **Schlußtext der Lübeck-Kantate** Dietrich Buxtehudes geziert.

In der **Briefkapelle** hatten öffentliche Schreiber ihren Stand. Nach der Zerstörung 1942 konnte sie notdürftig gesichert werden und diente lange als Gottesdienststätte. Die hier befindliche kleine Orgel wurde 1723 von Johannes Schwarz erbaut und stand über 200 Jahre in der Schloßkapelle zu Dönhofstädt bei Rastenburg in Ostpreußen. Von dort kam sie 1933 nach Lübeck. Sie ist eine Hausorgel mit geteilter Lade. Ihre Register verteilen sich auf Diskant und Baß (Disposition siehe Anhang, S. 311).

3. Literatur

Kerala Snyder, Dieterich Buxtehude. Organist in Lübeck. New York und London 1987

Konrad Dittrich, Die Orgeln in St. Marien zu Lübeck. Ein Rück- und Überblick. Lübeck 1988

Rolf Saltzwedel, Rats- und Bürgerkirche St. Marien zu Lübeck.

Ein Wegweiser durch die Kirche. Lübeck 1998

4. Reiserouten, Auskünfte, Adressen, Öffnungszeiten

Lübeck liegt nordöstlich von Hamburg und ist an das Ferneisenbahnnetz Deutschlands angebunden.

Mit Auto in Richtung Hamburg über die A 1; von Schleswig-Holstein über B 206 und B 207; von Mecklenburg-Vorpommern über A 24 Richtung Hamburg bis Abfahrt »Talkau«, von dort B 207 ca. 30 km; von Schwerin ca. 56 km auf B 104; von Rostock auf B 105 über Wismar.

Auskünfte erteilt:
Evangelisch-Lutherisches Pfarramt der Marienkirche zu Lübeck
Schüsselbuden 13
23552 Lübeck
Telefon 04 51-7 49 01
Fax 04 51-7 77 32

Lüneburg

1. Lüneburg konnte als Bachstadt in der jüngeren Vergangenheit das Privileg für sich beanspruchen, einzige Lebensstation Johann Sebastian Bachs im Westen Deutschlands zu sein. Insofern konzentrierte sich auf diese Stadt und ihre Bachstätten ein besonderes Interesse. Aufs Ganze gesehen aber ist Lüneburg nur eine der Städte, in denen sich der junge, noch nicht berufsausübende, sondern in der Ausbildung befindliche Bach aufhielt. Bach war in dem aufnahmebereiten Alter beginnender Selbständigkeit, zwischen dem 15. und dem 17. Lebensjahr, dazu früh verwaist, was seine Selbständigkeit befördert haben dürfte, als er Freischüler der Lüneburger Particularschule zu St. Michaelis wurde.

Lüneburg bot Bach eine qualifiziertere Schulbildung als Ohrdruf, teilweise konnte er hier universitätsgleiche Studien betreiben. Hier lehrten Professoren in einzelnen herausgehobenen Fachgebieten, deren Wissen meist in der Form privater Unterweisung weitergegeben wurde. Persönlichkeiten garantierten also den Rang akademischer Bildung, nicht Institutionen, weshalb auch die Rechte akademischer Graduierung weiterhin allein bei den Universitäten lagen. Doch profitierte die Michaelisschule noch von jener Zeit des Landhofmeisters Stats Friedrich von Post (1607-1671), der in seiner Amtszeit 1655 bis zu seinem Tode innerhalb des Klosters drei Bildungseinrichtungen fest etabliert hatte: die Ritterschule (1655 aus der inneren Klosterschule hervorgegangen), das Gymnasium academicum – 1660 als hochschulartige Akademie gegründet (unter von Posts Nachfolger, Ludolf Otto von Estorf, 1619-1691; er nannte sich ebenso wie seine Nachfolger Landschaftsdirektor), 1686 aus Kostengründen wieder geschlossen – und die alte Particularschule St. Michaelis, eine Lateinschule, die 1819 aufgehoben wurde. Nach der Schließung des Gymnasium academicum kam es zu einem Aufschwung der Ritterschule, die den Charakter einer Akademie annahm. Darauf weisen auch die Bezeichnungen hin, die rasch wechselten: 1699 Collegium illustre, 1717 Illustris Academia und schließlich Ritterakademie; geschlossen wurde sie zusammen mit der Auflösung des Klosters 1848. Nach von Estorfs Tod amtierten die Landschaftsdirektoren Hermann Werner von Spörcken († 1693), August von Grote († 1700) und Ernst Wilhelm von Spörcken (1665-1725). Der jüngere von Spörcken verschaffte sich und damit dem Michaeliskloster wieder eine gewisse Unabhängigkeit, was sich etwa an der Wiederaufnahme des Abtstitels durch ihn zeigt, der seit der Klosterreform nicht mehr geführt werden durfte. Der fördernde Einfluß der Landschaftsdirektoren auf die Ritterakademie ist bekannt, weniger aber der auf die Michaelisschule. Zwar gab es zwischen den Michaelisschülern und den adligen Zöglingen kaum Kontakte, eher Spannungen aufgrund sozialer Unterschiede, doch wohnten die Freischüler der Michaelisschule mit den Ritterschülern zusammen im Klostergebäude des inneren Klosterhofes.

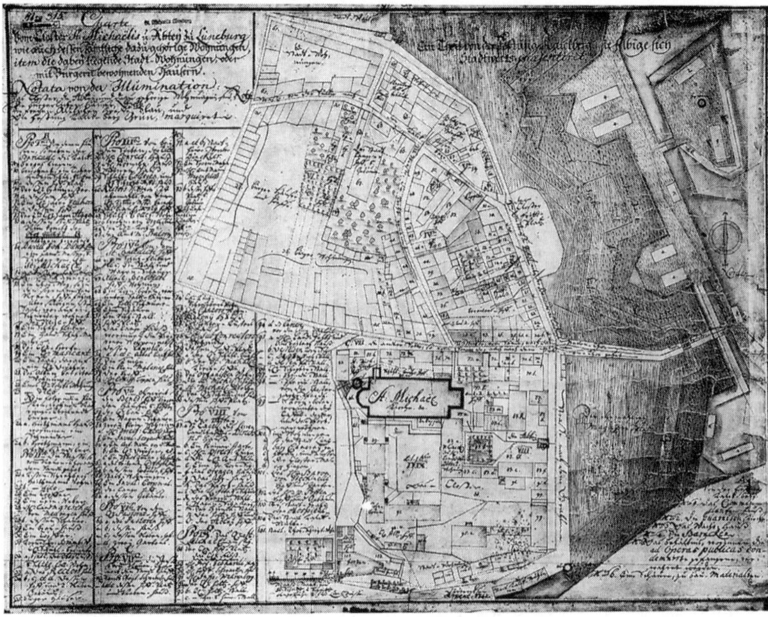

Lüneburg, Karte mit Festung auf dem Kalkberg mit Kloster und Abtei Sankt Michaelis, 1742

Mancher der adligen Jünglinge hielt sich unter den Freischülern auch einen Famulus, und so gab es nicht nur Berührungen, wenn die Chorschüler von St. Michaelis den wenig geübten Gesang der Ritterschüler in Vespern und Metten unterstützten. Worin die Begründung für die Stellen von Freischülern bzw. »Freitischen« an der Particularschule lag. Daß solche offenbar jedes Gymnasium vergab, geht auch aus der Notiz von Bachs Rektor Johann Christoph Kiesewetter in der Ohrdrufer Schülermatrikel hervor: *»Jo. Sebast. Bach. Luneburgum ob defectum hospitiorum se contulit d. 15 Martij 1700 [JSBach hat sich nach Lüneburg wegen Fehlens von Freistellen begeben, dem 15. März 1700].«*

Die Vermittlung solcher Freitische besorgte vermutlich der Kantor, in Bachs Fall und dem seines Freundes Georg Erdmann lief der Kontakt über den Ohrdrufer Kantor Elias Herda (1674-1728). Da aber eine wichtige Bestimmung für die Lüneburger Freitische in der Maßgabe bestand, daß die Bewerber *»armer Leute Kinder sein mußten, so nichts zu leben aber gute Stimmen zum Diskant hatten, damit sie der Kirche dienlich wären«*, müssen sowohl im Fall Herdas selbst wie auch später im Falle Erdmanns noch andere Begründungen anwendbar gewesen sein, denn beide stammten aus handwerklichen Familien des Dorfes Leina bei Gotha und waren – soweit zu erkennen ist – nicht gerade »armer Leute Kinder«. Man findet diese in einer Beschreibung der Verhandlung im Fall Elias Herdas: Als sein Vater, ein Hufschmied, *»bey einem Landsmann zu Lüneburg, wohin er gereiset war, zufälliger Weise vernommen, daß man in Niedersachsen die Thüringischen Knaben, wegen ihrer Geschicklichkeit in der Music, gerne habe, und der Cantor an der Michaelis-Kirche allda eben anietzo einen dergleichen suche, den er mit nöthigen Lebens-Unterhalt versorgen wollte, ... erwiederte er, daß er einen Sohn habe, der sich dazu schickte, worauf es geschehen, daß verschiedene Briefe deswegen an seinen Vater ergangen, den Knaben zu senden, welches derselbe auch gethan hat.«*

Nicht nur »ein Landsmann« dürfte im geschilderten Fall behilflich gewesen sein, sondern sicher auch der seit 1655 tätige Michaeliskantor, Friedrich Emanuel Praetorius (1623-1695), ebenfalls ein Thüringer, aus Mühlberg bei Gotha stammend. Die beschriebene Verfahrensweise scheint darauf hinzudeuten, daß gegen Ende des Kantorates von Praetorius und während des Kantorates seines Schülers und Nachfolgers August Braun (um 1650-1713) der wesentliche Aspekt bei der Aufnahme der der musikalischen Geschicklichkeit war. Herda jedenfalls hatte den Unterricht bei Praetorius, bei Braun und auf der Michaelisschule erhalten und wollte nun diese Bildung seinen Schützlingen ebenfalls zugänglich machen.

Neben dem Kantor August Braun, der im Lehrerkollegium der Particularschule die Stelle des Quartus einnahm, lehrten zu Bachs Zeit: Johannes Büsche (1640-1705), seit 1681 Konrektor, 1683 Rektor und damit Nachfolger des berühmten Johannes Buno (1617-1697); dessen Nachfolger im Pastorat an St. Michaelis und im Fach Theologie (sowie in der Funktion des Inspektors der Michaelisschule seit 1697) Martin Georg Hülsemann (um 1660-1738), nachdem dieser bereits seit 1695 als Mitarbeiter (Adjunkt) Bunos an der Schule fungiert hatte. Mit beiden wirkte als Konrektor Eberhard Joachim Elfeld (1659-1724), Schwiegersohn des Kantors Praetorius. Der Name des Subkonrektors, der nach den überlieferten Stundenplänen zusammen mit dem Quintus (zu Bachs Schulzeit Christian Hausigius) den höchsten Anteil des Unterrichts bestritt, ist unbekannt. Als Diakonus amtierte seit 1698 Johann Jacob Boje (1671-1729), der nach Emeritierung Hülsemanns 1728 auch dessen Nachfolger als Pastor war.

Wenig nur wissen wir von Bachs musikalischer Bildung in Lüneburg, die er sich über die Förderung und den Unterricht August Brauns hinaus vielleicht erwarb. Mutmaßungen weisen auf zwei prominente Musiker der Stadt, auf den Johannisorganisten Georg Böhm (1661-1733), der aus Hohenkirchen bei Ohrdruf stammte und verwandtschaftlich mit Thüringer Musikerfamilien verbunden ist, und auf Johann Jacob Löw (1628-1703), den Organisten an St. Nikolai. Böhm war erst 1698 als Nachfolger Christian Flors nach Lüneburg gekommen. Auf die Schülerschaft Bachs bei Böhm läßt sich von stilistischen Eigentümlichkeiten her schließen, eine dokumentierbare Beziehung aber fehlt. Noch mehr ins ungewisse gerät man mit Vermutungen über eine Beziehung Bachs zu Löw. Dieser scheint seine fruchtbarste Zeit als Kapellmeister in Wolfenbüttel (1655-1663) und in Zeitz (1663-1665) erlebt zu haben, wohin er jedesmal auf Empfehlung seines Lehrers Heinrich Schütz gelangte. In Lüneburg, wo er seit 1682 als Nikolaiorganist lebte, gibt es keine Schaffenszeugnisse von ihm. Eine Schülerschaft Bachs bei ihm ist auch deshalb eher unwahrscheinlich, weil Löw unfreundlich gegenüber Chorsängern gewesen sein soll; 1699 weist er in einer Bittschrift sogar darauf hin, daß er keine Schüler mehr unterrichte.

In jüngster Zeit wird Bach wieder häufiger mit den Werken des Michaelisorganisten Peter Morhardt († 1685) in Verbindung gebracht, dessen ältester Sohn Friedrich Christoph (*1663) von der Klosterverwaltung die Erlaubnis erhielt, den Organistendienst an St. Michaelis zu versehen, *»bis ein anderer tüchtiger Organiste hinwieder bestallet wird«*. Das geschah, als man nach dem Neubau der Orgel 1707 Gottfried Philipp Flor zum Organisten erwählte und berief. Peter Morhardts Werke zeigen auffällige stilistische Parallelen zu Bachs Jugendwerken, so daß hier von einer indirekten Beeinflussung gesprochen werden kann. Unbedingt aber vermochte Bach in Lüneburg – wie sonst nirgends in seinem Leben – in eine geistige, musikalische und auch musikalisch-technische Welt einzutauchen, die Traditionen längst vergangener Zeiten transportierte. Dazu gehört nicht zuletzt das durchaus in vielerlei Beziehung noch mittelaltlerliche Institut des Klosters zu St. Michaelis.

2. Noch heute bemerkt der Besucher Lüneburgs, daß diese Stadt **drei Zentren** hat: Am westlichen Ufer der Ilmenau bildete eines das ehemalige Dorf Modestorpe, eine der ältesten Siedlungen zwischen Elbe und Weser, mit der bereits aus dem 8. Jahrhundert stammenden Taufkirche St. Johannis. Im Zusammenhang mit einem Zug Karls des Großen wird dann ein Lagerort namens »Hliuni« bezeugt, der wohl die Gegend des heutigen Stadtteils Grimm am Kalkberg bezeichnet. Am Fuß des Kalkbergs schließlich befand sich eine Hafensiedlung mit der für lange Zeiten bedeutsamen Solquelle als dritter Siedlungskern. Die Siedlung am Kalkberg selbst – vermutlich auf einer gemanischen Kultstätte gegründet – ging hervor aus einem festen Haus, das schon 950 als stärkste Feste des Herzogtums Sachsen unter Markgraf Hermann Billung bekannt war. Von gleicher Bedeutung ist die Gründung des Michaelisklosters, das der Herzog zusammmen mit seinem Bruder Amelung, dem Bischof von Verden, im Jahr 955 als Benediktinerkloster im Burgbezirk des Kalkberges erbauen ließ. Kaiser Otto I. schenkte dem Kloster den nicht unerheblichen Salzzoll. Von dieser Burg aus verlieh Heinrich der Löwe Lüneburg wahrscheinlich 1247 das Stadtrecht, wie auch der Saline das Monopol. Sein Enkel, Otto das Kind, unter dem die genannten Rechte bestätigt wurden, nannte sich als erster der welfischen Herzöge einen »Herzog zu Braunschweig und Lüneburg«. Die ehemals herrschenden Billunger und Welfen sind bis 1369 in der Michaeliskirche beigesetzt worden. Das Kloster besaß neben seiner inneren Schule, der schola interna, die der Bildung des Nachwuchses aus adligen Häusern diente, seit etwa 1340 eine schola externa oder Particularschule, auch als »große Schule« bezeichnet, die ursprünglich von den Herzögen zur Bildung Jugendlicher aus allen sozialen Schichten gegründet worden war. Im Zusammenhang mit dem Erbfolgekrieg zwischen Welfen und Askaniern zerstörten die Lüneburger Bürger 1371 die Burg und auch das Michaeliskloster; das Kloster wurde aber bereits 1375 an einem weiter nach Osten liegenden Platz wieder errichtet. Dieser Vorgang und das Beieinander zweier Schulen sind für das Verständnis und die Geschichte des Klosters von St. Michaelis nicht ganz unwesentlich.

Die **Michaeliskirche** ist in ihrer heutigen Gestalt als dreischiffige gotische Backsteinkirche zwischen 1415 und 1418 errichtet worden. Die Grundsteinlegung fand schon 1376 statt, darauf folgten die Fertigstellung der dreischiffigen Krypta (1379) und des Chorraumes (1390). An der Nordwestseite entstand 1409 eine halbunterirdische Kapelle, über der sich die bald danach begonnene Abtskapelle (vollendet 1485, heute Archiv) erhebt. Ihre Öffnungen zur Kirche wurden noch im 17. Jahrhundert zugemauert. An der Nordseite schlossen sich Kreuzgang und Klostergebäude an. Über den Seitenkapellen der Krypta befinden sich die Sakristeien. Am **Turm** baute man bis 1434, doch erhielt er sein heutiges Aussehen mit der charakteristischen welschen Haube erst zwischen 1764 und 1766, wie überhaupt das alle drei Schiffe überspannende Dach erst 1750 die Einzeldächer der Längsschiffe ablöste. In diesem Turm hängt bis heute das älteste **Glockenspiel** Deutschlands, ein um 1491 von Gerhard de Wou geschaffenes, zwischenzeitlich dezimiertes und von Hermann Wrede nach dem Ersten Weltkrieg wieder auf zehn Glocken vervollständigtes Instrument, das von Hand betrieben wird und an allen Feiertagen erklingt.

1666 ersetzte man den noch aus vorreformatorischer Zeit zwischen Chorraum und Hauptschiff stehengebliebenen Lettner durch ein kunstvolles schmiedeeisernes **Chorgitter**, das, zwei Meter hoch, bis zum Ende des 18. Jahrhunderts die Kirche schmückte. Heute wird es auf dem Gutshof Schnellenberg bei Lüneburg aufbewahrt.

Ein kostbarer Altaraufsatz, die **»Goldene Tafel«**, galt nach einer traditionellen Darstellung als von Kaiser Otto II. gestiftet, und war durch die Billunger mit wertvollen Beigaben, Juwelen, Perlen und Reliquien bereichert worden. 1644 waren durch eine Diebesbande Einzelteile geraubt, am 6. März 1698 große Stücke, ein besonders schöner Onyxstein, Perlen, Kelche, Kreuze und weitere Teile aus Edelmetall herausgebrochen worden. Bach muß den traurigen Anblick des kostbaren Schreins erlebt haben, denn die Reste des Altars verblieben in der Kirche. In dem zu Bachs Zeit in Leipzig bei Johann Heinrich Zedler erschienenen »Großen vollständigen Universal Lexicon aller Wissenschaften und Künste« ist im

Lüneburg, Michaeliskirche, Ölgemälde von Joachim Burmester nach 1700

Band 18 (1738) folgendes darüber zu lesen: »*In diesem Closter ist die berühmte Lüneburgische güldene Tafel, welcher von dem Kaiser Ottone II. erstlich gestiftet worden seyn soll, nachgehends aber durch der Billingischen Hertzoge Geschmacke mit vielen Kostbarkeiten vermehrt worden, so daß dieselbe wegen des vielen Goldes, Juwelen, Perlen, sonderlich aber der Reliquien, fast unschätzbar gewesen. Doch diese Tafel ist 1664. von Matthia Reinicken ziemlich bestohlen, 1698. aber von einer verwegenen Diebs-Rotte, deren Haupt der hernach zu Zell hingerichtete Nickel-List war, größten Theils ihrer Zierde beraubt worden.*«

Insgesamt 30 Vergehen wurden diesem Nickel List zur Last gelegt, u. a. auch Einbrüche in der Braunschweiger Katharinenkirche und im Hamburger Dom, weswegen er vom Halsgericht (wie eine andere Quelle berichtet) »*zur wohlverdienten Straffe und anderen zum Abscheu und Exempel, durch Zerschmetterung seiner Glieder und zwar an statt des Rades mit eisernen Keulen von unten auf vom Leben zum Tode gestraffet, der Kopf auf den Pfahl gestecket, der Cörper aber verbrant werden solle*«.

Auf einem **Gemälde des Lüneburger Malers Joachim Burmester**, das das Innere der Michaeliskirche im Jahr 1700, also zur Zeit der Anwesenheit Bachs, zeigt, und sich im Museum für das Fürstentum Lüneburg befindet, ist der Kirchenraum von der Turmhalle her nach Osten dargestellt. Es fällt das zur Kanzel orientierte Gestühl auf, wie der im Vordergrund stehende Taufstein mit einem vom Gewölbe herabhängenden Deckel. An der Nordwand des Seitenschiffes in nächster Nähe zur Kanzel ist eine große Orgel zu sehen.

St. Michaelis besaß nachweislich seit 1470 eine **Orgel**, denn für dieses Jahr ist ein Organist bezeugt; 1474 hören wir sogar von zwei Orgeln. Die größere von beiden ist sicher die, die auf dem genannten Bild von Joachim Burmester an der westlichen Nordwand zu sehen ist. Ihr Erbauer ist unbekannt. Zu Bachs Zeit galt sie mit ihren 32 Registern, drei Manualen und Pedal als groß und bedeutsam. Doch gab diese über zweihundert Jahre alte Orgel immer mehr Anlaß zu Klagen über Fehler und Unvollkommenheiten; davon legt die Orgelakte im Ratsarchiv Zeugnis ab. Der besonders in Norddeutschland bekannte Orgelbauer Arp Schnitger begutachtete 1685 die Orgel und schlug einen Neubau vor. Aber erst wenige Jahre nach Bachs Weggang aus Lüneburg kam es zu einem Neubau durch den Schnitger-Schüler Matthias Dropa (um 1648-1732), einem gebürtigen Siebenbürger Sachsen. Die Initiative dazu hatte offenbar Bachs Kantor August Braun ergriffen, wie u. a. aus einem sehr aufschlußreichen Brief des Hamburger Michaeliskantors Joachim Gerstenbüttel an Braun aus dem Jahr 1704 ersichtlich ist, der im Lüneburger Ratsarchiv/Michaelisarchiv aufbewahrt wird:

I[in] N[omine] I[esu]
Hoch Zuehrender Und werthester Gönner

Auff deßen Jüngstes gratulire wegen d werk Zeüge Göttl[ichen] Lobes, und wündsche daß sie Ihres orthes lange und angenehme Dienste thun mögen Zu der Gemeine und Ihrer Selbst aufferbauung. Betreffend den Orgel Macher Gesellen Dropa, der hie eine Zeit bey H Arpe Schnittcher gearbeitet, und wie mein Regalist Kortkamp meldet, Gutes fundament haben soll von der Orgelbau Kunst. Habe Zwar die Positiven so er hie macht, nicht gesehen; weiß von Ihm aber, daß dero Unterschiedl./verfertiget. Weil er mir meine beyde Clavicimbel Zu denen Passions Musiquen, nach tödtlichen abgang deß Sehl[igen] Hieronimus von Brokes jährlig stimmet, so habe gesehen, daß er fleißig und in der arbeit Unverdroßen ist, auch mit seinem lieben Weibe und Kinderchen gern fort will. Zweiffle nicht er werde auch dort bey Ihren Organisten ein gut gezeügniß haben. Wie hie von Ihm selbst auch wol gehöret, daß gemeldeter Arpe Schnittcher Ihm wol ehe selbst angebothen in heranschaffung allerhand wahren und Materialien, so er in gutem vorrath hat, Ihm beforderlig zu sein. Wo fern mir was in nachfrage vorkommen solte, das solcher guten opinion solte Zu wider sein, wil es so Gott wil schon melden. In Zwischen wündsche allen gedeilichen Seelen und Leibes Segen so wol in als außerhalb tragenden amptes. Gott laße Uns tüchtige gefäße seines Lobes sein, und helffe, das nicht nur münd= und herzl[ich] sondern auch thät= und wirkl[ich] im glauben und schauen wir vor seine ewige Liebe Ihm dankbahr sein mögen.

In Christo Jesu,
deßen beharrlicher Gn[ade] denselbigen samt uns allen empfiehlet Meines werthesten u
Ihnen getreu ergebener

Hamb d 17
Decemb 1704 Joachim Gerstenb[üttel]: Chori Hamb[urgi]
Mich[aelis]. Choragus

P S Vor eingeschloßenes schon Programma danke von Herzen und diene gerne dankbahr wieder.

Matthias Dropa, zwischen 1680 und 1692 Schüler Arp Schnitgers, seit 1692 mit eigener Werkstatt in Hamburg, dann seit 1705 in Lüneburg ansässig, erhielt den Auftrag zu einem Neubau. Er hat der Nachwelt in einer »Specification der Alten Michaelis Orgel« (um 1705) eine Beschreibung der damals 225 Jahre alten Orgel hinterlassen. Danach fand er von 32 noch 25 Register vor, die sich in 10 Register im Oberwerk, 10 im Rückpositiv und 5 im Brustwerk aufteilten. Von dem Werk Matthias Dropas, erbaut von 1705 bis 1708 auf der Westempore, das Bestandteile der alten Orgel einbezog und wohl sein wichtigster Orgelbau überhaupt ist, sind nur der Prospekt (eine Arbeit Tobias Götterlings) und einige Register erhalten geblieben. Dropa selbst starb hochbetagt in Lüneburg und wurde am 25. September 1732 auf dem Michaeliskirchhof begraben. Der durchgreifende Orgelumbau von 1871 bis 1873 (durch die Firma Furtwängler & Hammer) sowie weitere

Veränderungen (1931 durch die gleiche Firma, 1956 durch E. Kemper und Sohn aus Lübeck und 1974/1975 durch die Firma Hillebrand aus Altwarmbüchen) lassen den Hörer heute eine Orgel erleben, die Register aus allen Phasen ihrer Entwicklung – vermutlich von der Gotik an einschließlich der Dropa-Orgel – enthält (Disposition siehe Anhang, S. 311 f.).

Die **Kanzel** von 1602 schuf der Pirnaer Steinbildhauer David Schwencke; sie befindet sich heute einen Pfeiler weiter östlich als zur Bachzeit; ihr Schalldeckel stammt erst aus dem Jahr 1865. Der Kanzelkorb wird von einer Säule getragen, vor der der Apostel Paulus zu sehen ist. An den Wandungen des Aufgangs und des Kanzelkorbes sind Reliefbilder mit biblischen Themen zu sehen, unterteilt durch Figuren von Propheten und Aposteln.

Der nahezu schmucklose Eindruck der Kirche besteht erst seit dem Ende des 18. Jahrhunderts. Damals sorgte der ganz von den Gedanken der Aufklärung und des Rationalismus durchdrungene Landschaftsdirektor Friedrich Ernst von Bülow (1736-1802) für eine großangelegte Beräumung der Kirche und den Verkauf vieler Einzelstücke, um von dem finanziellen Ertrag die Umbauten im Inneren der Kirche und die erheblichen Schulden des Klosters tilgen zu können. Nicht nur die verbliebenen Reste der »Goldenen Tafel« – nach Verbringung in das 1791 eingerichtete Naturalienkabinett heute teilweise im Landesmuseum Hannover, im Kestnermuseum Hannover und im Museum für das Fürstentum Lüneburg –, sondern auch fünf Glocken, das Taufbecken des 14. Jahrhunderts, das spätgotische Lettnergitter, Leichensteine und Epitaphien verkaufte von Bülow; vieles wurde auch einfach zerstampft, zerstört oder als Baumaterial weiterverwendet.

Durch Kabinettsordre wurde 1850 die Ritterakademie aufgelöst und das Vermögen des Klosters in die Klosterkammer Hannover übergeführt. Bei dieser liegt nun auch die Pflicht für die Erhaltung der Kirche heute, die erheblicher Fürsorge bedarf. Der Grund des Klosterkomplexes und der gesamten Altstadt Lüneburgs macht schon seit Jahrhunderten, bedingt durch die Salzauswaschungen der Solegewinnung, Senkungsbewegungen durch. Zwar, kam es bereits etwa 100 Jahre nach dem Bau der Michaeliskirche im 15. Jahrhundert zum Stillstand der dadurch entstandenen Schrägstellungen von Säulen und Grundmauern – seit etwa 200 Jahren sind keine nennenswerten Veränderungen festgestellt worden –, doch mußte die Klosterkammer immer wieder aufwendige Reparaturen durchführen lassen (Verstärkung der Säulenfundamente, eiserne Ringanker für den Turm, Aufmauerung der Seitenschiffgewölbe, Behebung von Rissen, Verbesserungen an Stein- und Holzkonstruktion). Das im Inneren der Kirche ausgespannte grüne Netz schützt die Kirchenbesucher vor abbröckelndem Putz.

Die von Johann Sebastian Bach besuchte **Particularschule St. Michaelis** lag an der Südostecke der Kirche, die Ritterakademie nördlich der Kirche in den einstigen Klostergebäuden. Die Freischüler wohnten mit den Zöglingen der Ritterakademie zusammen in den Klostergebäuden; manche von ihnen leisteten den adligen Zöglingen Burschendienste. Ob der Particularschüler Johann Sebastian Bach sich um eines kleinen Nebenerwerbs willen auch daran beteiligte, wissen wir nicht. Die heute vorhandenen Gebäude nördlich der Kirche gehen im ältesten Fall auf die Neubauten der Klostergebäude nach 1710 zurück, nachdem der Landschaftsdirektor von Spörcken die alten Bauten hatte niederreißen und neue errichten lassen. Das Schulgebäude südöstlich der Kirche stammte aus dem Jahr 1563 und blieb bis in die ersten Jahrzehnte des 19. Jahrhunderts erhalten, dann fiel es der Spitzhacke zum Opfer. Es war ein dreigeschossiges Haus, in dessen Parterre sich Wohnräume befanden, im ersten Stock vier Klassenräume und im zweiten Stock die Winter- und die Sommerprima. Letztere war ein repräsentativer Saal von etwa 125 Quadratmetern, in dem die Actus oratorii und die Vorstellungen des Schultheaters stattfanden, das eine lange Tradition hatte und sich seit der Klosterreform in humanistischer Richtung entwikkelte. Was Bach hier erleben und von der musikalischen Darstellungskraft seines Kantors August Braun lernen konnte, der gewiß – wie seine Vorgänger und Nachfolger – die Musik zu den Theateraufführungen zu liefern hatte, ist leider nicht überliefert. Bekannt ist aber, daß seit dem Beginn der Amtszeit des Rektors Johannes Buno (1653) die Actus oratorii nicht mehr nur rezitierenden Charakter hatten, sondern die Vortragenden Rollen zu spielen hatten: Titus, Vespasian oder einen römischen Senator usw. Seit Anfang des 18. Jahrhunderts kam es sogar zur Verwendung von Kostümen.

3. Literatur

Gustav Fock, Der junge Bach in Lüneburg. Hamburg 1950.

Gunther Gerhardt, Kalkberg – Kloster – Kirchenschätze. Ausstellung in der Kirche St. Michaelis. Lüneburg 1985 (Typoskript)

Martin Petzoldt, »Ut probus & doctus reddar«. Zum Anteil der Theologie bei der Schulausbildung Johann Sebastian Bachs in Eisenach, Ohrdruf und Lüneburg. Bach-Jahrbuch 1985

4. Reiserouten, Auskünfte, Adressen, Öffnungszeiten

Lüneburg liegt an der Fernbahnstrecke Lübeck/Hamburg – Hannover.

Aus westlicher Richtung über A 250; von Norden und Osten A 24 bis Abfahrt »Schwarzenbek« oder »Falkau«, B 404 bzw. B 207 nach Schwarzenbek, dann auf B 209 über Lauenburg etwa 50 km.

Von Süden her A 7 bis Abfahrt »Soltau Ost«, dann B 71 Richtung Uelzen, dann B 209 ca. 40 km.

Auskünfte erteilen:
Lüneburg Marketing GmbH
Rathaus
Am Markt
21335 Lüneburg
Telefon 0 41 31-2 07 66 20
Fax 0 41 31-2 07 66 44

Pfarramt St. Michaelis
Auf dem Michaeliskloster 2 b
21335 Lüneburg
Telefon 0 41 31-3 14 00
Fax 0 41 31-3 71 76
Öffnungszeiten
täglich 10.00 -12.00 und 14.00-17.00

Merseburg

1. Am 7. Februar 1735 bezahlte Bach für die Herstellung eines Textdruckes an den Leipziger Buchdrucker Breitkopf 1 Taler und 12 Groschen: für »ein Carmen nach Merßeburg«, wie es unter den »Notanda« des damals schon renommierten Verlagshauses in Leipzig heißt. Von 1913 an hatte man hinter diesem Textdruck die Trauermusik »Schließt die Gruft! Ihr Trauerglokken« (BWV Anh. 16) vermutet, die am 9. November 1735 für die am 19. August des Jahres verstorbene Herzogin Hedwig Eleonore zu Anhalt-Zörbig, geborene von Mecklenburg-Güstrow (1666-1735) im Merseburger Dom erklang. Wieso aber sollte bereits am 7. Februar, also reichlich sechs Monate vor dem Tod der Herzogin, eine Rechnung für den Druck des Textes bezahlt worden sein?

So wird es sich also um eine andere, und vielleicht mehr persönliche, Gelegenheit gehandelt haben. Der Rechnungseintrag enthält keinen Hinweis, ob Bach selbst in Merseburg gewesen ist und eine Musik zur Aufführung brachte oder ob er eine Komposition geliefert oder gar nur einen Textdruck vermittelt hat. Es gibt kein Beispiel in Bachs Biographie, daß er eine Fest-, Huldigungs- oder Gedenkmusik geliefert hätte, ohne selbst zur Aufführung anwesend zu sein. In die in Frage kommende Zeit fällt die Trauung des Merseburger Hofmusikers Johann Christoph Samuel Lipsius (1695-?) mit Christiana Augusta Langrock, die »mit großer Procession« im Dom vollzogen wurde und bei der nachweislich eine Musikaufführung stattfand. Von Lipsius ist bekannt, daß er während seines Studiums in Leipzig von 1724 an bis 1727 bei Kirchenmusikaufführungen als Bassist mitgewirkt hat und dafür regelmäßig Gratifikationen aus der Stadtkasse empfing.

Wenn dies der Anlaß für Bachs »Carmen« gewesen sein sollte, so bleibt doch völlig im dunkeln, um welche Kantate es sich bei der Trauung gehandelt hat. Bach hatte einen Monat zuvor die anstrengende Zeit der Komposition, der praktischen Einrichtung und Erstaufführung seines Weihnachtsoratoriums (BWV 248) hinter sich, dessen sechs Kantaten vom 1. Christtag 1734 bis zum Epiphaniastag 1735 in den Gottesdiensten der Leipziger Hauptkirchen erklungen waren. Im Anschluß daran wissen wir von der Choralkantate »Wär Gott nicht mit uns diese Zeit« (BWV 14), die er später komplettierend seinem Choralkantatenjahrgang von 1724/25 einfügte. Am 4. Sonntag nach Epiphanias, dem 30. Januar 1735, war sie im Hauptgottesdienst der Thomaskirche zusammen mit einer Predigt des alten Thomaspfarrers Christian Weise (1671-1736) erstmalig aufgeführt worden. Eine reichliche Woche später, am Dienstag nach dem Sonntag Septuagesimae – noch bevor die Fastenzeit anbrach, in der keine Hochzeiten gefeiert wurden –, fand in Merseburg jene denkwürdige Trauung statt. Von den bekannten biographischen Daten her spricht nichts gegen eine Reise Bachs dorthin.

Die Trauung muß entweder der

Stiftssuperintendent Dr. Andreas Charitius (1690-1741) vollzogen haben, der aber gesundheitlich immer hinfälliger wurde, oder – wahrscheinlicher – der Dom-Diaconus M. Johann August Segnitz (1698- nach 1755). Segnitz stand musikalischen Ereignissen gewiß aufgeschlossen gegenüber, war er doch von 1710 bis 1717 Alumnus der Leipziger Thomasschule und Schüler von Bachs Vorgänger Johann Kuhnau gewesen. Vorher hatte er bereits eine gründliche Ausbildung in der Vokalmusik in Delitzsch erhalten. Seine Studien auf der Leipziger Universität, die er 1717 begann, zogen sich – da er Förderung gleich durch drei verschiedene Stipendien erhielt – erstaunlich lange hin, bis in das Jahr 1728, Zeit genug, um den Kantoratswechsel und die ersten Jahre der Wirksamkeit Bachs in Leipzig aufmerksam mitverfolgen und erleben zu können. Im Oktober 1722 disputierte er als Vierundzwanzigjähriger unter der Präsidentschaft des zweiundzwanzigjährigen Christoph Wolle (1700-1761), dem letzten Beichtvater Bachs in Leipzig, über hermeneutische Regeln bei der Auslegung der Heiligen Schrift. Vielleicht gehörte er sogar, wie Lipsius, zu jenen studentischen Hilfskräften, die Bach zu allen Zeiten zur Durchführung der Kirchenmusik heranzog. Jedenfalls besuchte von 1726 bis 1732 sein jüngerer Bruder Carl Friedrich Segnitz (geb. um 1713) als Alumnus die Thomasschule. Als Bach im August 1730 seinen »Kurtzen, iedoch höchstnöthigen Entwurff einer wohlbestallten Kirchen Music« an den Leipziger Stadtrat gibt, gehört der junge Segnitz zu den »Motetten Singern, so sich noch erstlich mehr perfectioniren müßen«, wozu es vielleicht gar nicht mehr gekommen ist, da er sich 1732 an der Universität einschrieb.

2. Die Bau- und Kunstgeschichte des Domes zu Merseburg hängt eng mit der Baugeschichte des Schlosses zusammen. Gegründet im Jahr 968 an der Stelle einer früheren Pfalz, erfolgte der Auf- und Ausbau Merseburgs zusammen mit der Bistumsgründung, parallel zu den zur gleichen Zeit entstandenen Bistümern Meißen und Zeitz sowie dem Erzbistum Magdeburg unter Otto I. (912/936-973). Die bereits vorhandene Stiftskirche mußte zu einer Kathedrale umgebaut werden. Nach Aufhebung des Bistums 981 und Wiedergründung 1004 setzte erneut Bautätigkeit ein. 1015 wurde der Grundstein gelegt, und 1021 konnte der neue Dom geweiht werden. Weil der Chorraum zweimal einstürzte, befestigte Bischof Hunold den Neubau durch zwei mächtige Türme. Das Ostensemble des Baus, 1042 geweiht, ist zum großen Teil bis heute erhalten. Für das spätgotische Hallenlanghaus sorgte anstelle des romanischen Bischof Thilo von Trotha; etwa 1514 war es fertig, 1517 konnte Thilos Nachfolger den Dom erneut einweihen.

Die **Vorhalle**, erbaut im 13. Jahrhundert, wirkt seit der Einfügung der Orgel als getrennter, von der Kirche sonst abgesonderter Raum. Hier ist in fast musealem Sinne Verschiedenes zusammengetragen: die verglaste **Orgelrückwand**, erst 1883 bis 1886 errichtet, bestehend aus Teilen der Barockausstattung des Domes, Resten von Emporen und Logen; im Erdgeschoß Gemälde (von

1666 bis 1720) und darüber Szenen aus dem Leben Christi, in der Höhe Totenschilde, die dem Gedenken einzelner Persönlichkeiten aus dem 17. Jahrhundert gewidmet sind. In der Mitte der Vorhalle ist das Grab Bischof Sigismunds von Lindenau (1544) zu sehen. Das dazugehörige Epitaph steht am nördlichen Vorhallenpfeiler, ein Werk des Bronzegießers Hans Vischer aus Nürnberg von 1538. Im südlichen Seitenschiff der Vorhalle steht ein spätromanischer **Taufstein**, der 1831 von der Neumarktkirche am jenseitigen Saaleufer in den Dom gebracht wurde. Seine Entstehung wird für 1170/80 angenommen.

Die prachtvolle **Orgel** breitet sich auf der Westempore in der Weite des Mittelschiffes vor dem Betrachter aus. Ihre äußere Gestalt entspricht noch weitgehend dem Zustand ihrer Entstehung, Zacharias Thayssner erbaute sie 1697; Johann Friedrich Wender nahm 1713 bis 1716 eine umfangreiche Umgestaltung vor, in deren Gefolge Herzog Moritz Wilhelm von Sachsen-Merseburg 1717 sein Monogramm am Hauptwerk anbringen ließ. Zacharias Hildebrandt erneuerte 1734 sieben Register. Zwischen 1853 und 1855 erneuerte Friedrich Ladegast (1818-1908) aus Weißenfels das Werk unter Beibehaltung seines barocken Klangbildes. In Gegenwart von Franz Liszt, der wenig später für diese Orgel seine »Fantasie über B-A-C-H« schrieb, wurde sie eingeweiht. Ihre Größe wird von Jacob Adlung bereits 1768 mit 75 Stimmen angegeben. Sie hat 81 Register auf vier Manualen und Pedal. Zwischen 1961 und 1963 erneuerte der Orgelbauer Gerhard Kühn die gesamte Orgel und setzte dabei die Tendenz der Barockisierung durch. In einer der Seitenkapellen befindet sich heute eine einmanualige Orgel von Ladegast mit 10 Registern auf Manual und Pedal. Sie bietet die Möglichkeit, sich im gleichen Raum von dem unverfälschten Ladegast-Klang zu überzeugen (Disposition der großen Orgel siehe Anhang, S. 312 f.).

Liszt hatte den Orgelumbau durch Ladegast aus dem nahen Bad Lauchstädt verfolgt, war aber mit seiner vorgesehenen Komposition zur Einweihung nicht fertig geworden. Man spielte deshalb ein früheres Werk von ihm, die Phantasie über »Ad nos, ad salutarem undam«. Dann setzte Liszt sich selbst auf die Orgelbank und begleitete Arien von Mendelssohn und Bach; von Bach trug er auch die gis-Moll-Fuge aus dem »Wohltemperierten Klavier« vor. Das Lob war allgemein. Ladegast übernahm zunächst 16 barocke Stimmen, die er aber nach etwa zehn Jahren austauschte. Er hatte eine sinfonische Orgel geschaffen, für die bedeutende Orgelwerke entstanden sind: Julius Reubkes 94. Psalm, Max Regers zweite Sonate d-Moll.

Die **Schlußsteine** im Gewölbe des Mittelschiffs erinnern an die Patrone des Domes: Johannes den Täufer, Laurentius und Kaiser Heinrich II., aber auch an die Bauherrn Bischof Thilo von Trotha, Bischof Adolf von Anhalt, den Domherrn Günter von Bünau, Bischof von Samland. Zweimal ist auch das Wappen der Herzöge von Sachsen-Merseburg zu sehen. In der Vierung des Domes, Gebetsraum des Klerus, befindet sich in der Mitte das **Grab des**

Herzogs Rudolf von Schwaben, des Gegenkönigs, der am 15. Oktober 1080 in der Schlacht an der Elster seine Schwurhand einbüßte und am gleichen Tag noch starb. Ursprünglich über und über vergoldet und mit Edelsteinen besetzt, ist der König mit allen königlichen Insignien versehen. Die Inschrift macht ihn geradezu zum Heiligen. Besonders sehenswert ist das **typologische Chorgestühl**, 1446 von Kaspar Schockholtz, einem Dominikaner, geschaffen; je zwei Szenen aus dem Alten Testament legen eine des Neuen Testaments aus. Die Westgrenze der Vierung wird durch ein frühgotisches hängendes **Monumentalkreuz** bezeichnet. Wahrscheinlich letzter Rest einer Lettnergruppe, büßte es seine Assistenzfiguren ein. Es wird ziemlich sicher auf 1239/40 datiert. Seit 1914 dient auch wieder der barocke **Hochaltar** von 1668 dem Raum und dem Gottesdienst. Bei der entbarockisierenden Restaurierung von 1883 bis 1886 trug man ihn ab und ersetzte ihn durch einen kleineren historisierenden Altar. In der Predella ist ein Bild des Abendmahles zu sehen, in der Hauptebene das herzogliche Stifterpaar, Christian I. (1615-1691) und Christiane Wilhelmine (1661-1720), in der Anbetung des Gekreuzigten, im Aufsatz die Wächter am leeren Grab Christi, darüber der Salvator in der Gloriole auf der Weltkugel stehend. Bedeutend ist auch die geschnitzte **Kanzel**; wahrscheinlich bei der Langhausweihe von 1517 erstmalig benutzt, entspricht das Bildprogramm der üblichen Ikonographie. Zwar wirkt der Reichtum des Schnitzwerkes zunächst verwirrend, doch beim näheren Hinsehen erschließen sich einzelne Gestalten und Szenen sehr rasch. Der Schalldeckel mit dem segnenden Christus kam erst 1665 hinzu.

Südlich des Domes schließen sich **Klausur** und **Kreuzgang** an. Nach der Reformation war hier das Merseburger Domgymnasium untergebracht. Heute sind es Stadtarchiv und Küsterei des Doms.

3. Literatur

Ernst Schubert, Der Dom zu Merseburg. Eine Führung. Das christliche Denkmal 44/45. Berlin 1985.

4. Reiserouten, Auskünfte, Adressen, Öffnungszeiten

Merseburg liegt an der Fernbahnstrecke Halle/S.-Weißenfels-Erfurt. Von Halle und Naumburg aus ist Merseburg mit Regionalzügen zu erreichen.

Mit Auto A 9 bis Abfahrt »Leipzig-West«, dann ca. 16 km auf B 181; künftig A 38 AK »Rippachtal« südlich von Leipzig in Richtung Göttingen.

Auskünfte erteilt:
Merseburger Dom
Domführungsbüro
Domplatz 7/Küsterei
06217 Merseburg
Telefon 0 34 61-21 00 45

Mühlhausen

1. Für die relative Fülle bekannter Einzelheiten zu Bachs Wirken in Mühlhausen ist oft schon der Versuch unternommen worden, einen denkbaren Zusammenhang als Hypothese zu konstruieren. Auch meiner Darstellung liegt eine solche, verantwortbare, Hypothese zugrunde.

Bach tritt in Mühlhausen in eine ungewöhnlich reiche städtische, kirchliche und vor allem auch kirchenmusikalische Tradition ein, die ihren Grund wohl in der reichsstädtischen Verfassung hat. An einzelne Funktionsträger, deren Beitrag zu dieser Reichhaltigkeit besonders groß ist, sei erinnert. Bei der sehr differenziert verlaufenen Einführung der Reformation in Mühlhausen sticht Thomas Müntzer (um 1489-1525) in seiner Bedeutung für Gottesdienst und Kirchenmusik hervor, wie auch Philipp Melanchthon (1497-1560) und Justus Menius (1499-1558) aus Eisenach. Während ihr Wirken noch in den ersten und den zweiten Anlauf zur Einführung der Reformation fällt, kommt es unter Heinrich Salmuth (1522-1576), dem späteren Superintendenten von Leipzig, und dem ersten Mühlhäuser Superintendenten Hieronymus Tilesius (1529-1566) dann im Jahr 1557 zum erwünschten Ziel. Die Gründung evangelischer Schulen in unmittelbarer, auch geistiger, Nachbarschaft zu den Kirchen geht auf diese frühe Zeit ebenso zurück wie die Festlegung, daß der Superintendent in Mühlhausen zugleich erster Pfarrer der Blasiuskirche ist, während die Marienkirche Ratskirche ist und bleibt. Zu erinnern ist auch an die nachfolgenden Superintendenten, Sebastian Starck (1528-1587), dessen Spruchbüchlein noch weit über Bachs Mühlhäuser Zeit hinaus in der Schule Verwendung fand, und Ludwig Helmbold (1532-1598), jenen Dichter, Lehrer, Pfarrer und Musiker, der verschiedene Liedsammlungen schuf und herausgab. Helmbold arbeitete mit einem der prominenten Vorgänger Bachs auf der Organistenstelle der Blasiuskirche, mit Joachim a Burgk (1540-1610), eng zusammen und gab mehrere Lieder-, Gesang- und Schulgesangbücher heraus. Burgk ließ bereits fünf Jahre nach seinem Dienstantritt in Mühlhausen 1568 eine figurale Johannespassion im Druck erscheinen. Neben dem »Absingen« einer Choral-Passion in der Karwoche gab es bis in das späte 18. Jahrhundert die feste Tradition der Aufführung sogenannter geistlicher Komödien im Verlauf des Jahres, u. a. »Von Joseph, wie er nach Ägypten verkauft worden«, »Vom reichen Mann und armen Lazarus« oder »Von der Geburt Christi«. Noch heute läßt sich der Reichtum kirchenmusikalischen Arbeitens in Mühlhausen an den Resten der einstigen Chorbibliothek ablesen, die sich im Blasiusachiv befindet: Neben dem bekannten »Florilegium Portense« des Erhard Bodenschatz (1576-1636) waren die Motetten des Mühlhäuser Johann Eccard (1533-1611) üblich sowie die »Kirchen- und Hausgesänge« des Erfurter Andreaspfarrers Michael Altenburg (1584-1640).

Mühlhausens Bedeutung als Reichsstadt entsprachen Kompositionen wie Heinrich Schütz' (1585-1672) großartiges »Da pacem Domine«, das während des Kurfürstentages 1627 in dieser Stadt anläßlich eines Gottesdienstes in der Marienkirche erklungen ist. Schütz hatte während des hochrangigen politischen Ereignisses den Dienst der »Aufwartung an den Predigttagen und bei der Tafel« zu versehen. Die Komposition von Schütz, die die baulichen Gegebenheiten der Marienkirche (kein Einzelfall bei Schütz) in die musikalische Regie des Stückes einbezieht – während der fünfstimmige Chor mit Streichern auf der Chorempore der Kirche das altkirchliche Friedensgebet »Da pacem, Domine, in diebus nostris« anstimmte, musizierte ein vierstimmiger Chor mit Trompeten wahrscheinlich auf der Empore neben dem Südportal Begrüßungsformeln für die dort eintretenden Herrscherpersönlichkeiten: »Vivat Moguntius, Vivat Trevirensis ...« – steht in einer Reihe mit anderen reichsstädtischen Musiken Mühlhausens bis hin zu Bachs Ratswahlkantate von 1708 »Gott ist mein König« (BWV 71). Nicht zu vergessen sind natürlich Bachs unmittelbare Amtsvorgänger an Divi Blasii Johann Rudolf Ahle (1625-1673) und dessen Sohn Johann Georg Ahle (1651-1706).

Bachs Dienst an Divi Blasii in Mühlhausen dauerte nur reichlich 12 Monate an. Trotz dieser kurzen Zeit gilt er bis heute als bedeutendster Inhaber der Stelle, obwohl vor ihm und auch nach ihm zweifelsfrei tüchtige und eigenständige Musikerpersönlichkeiten dort tätig waren. Die Bestallung enthält die Beschreibung seines Dienstes sowie die differenzierte Aufrechnung seiner Einkünfte. Aus einer erhaltenen vergleichenden Aufrechnung anläßlich der Anstellung seines zweiten Amtsnachfolgers, Christoph Bieler, von 1730 geht hervor, wie deutlich Bachs Besoldung qualifiziert worden war. Jedenfalls muß er kurz nach seiner Entlassung in Arnstadt, datiert vom 29. Juni 1707, seinen Dienst in Mühlhausen angetreten haben. Die erwähnte Bestallung vom 15. Juni 1707 nennt unter seinen Verpflichtungen zwar die Aufführung von Figuralmusik nicht ausdrücklich, doch dürfen wir aufgrund der Kenntnis der Bewerbungsmodalitäten seines Mitbewerbers und Verwandten Johann Gottfried Walther unterstellen, daß anläßlich des Probegottesdienstes am Ostersonntag, 24. April 1707, eine Kantate erklang und daß in den allgemein gehaltenen Formulierungen der Bestallung derartige Erwartungen eingeschlossen sind: *»Wir Bey der Käyserl: freyen und des Heil. Reichs Stadt Mühlhausen sämtliche Eingepfarrete Bürger-Meistere und RathsVerwandten des Kirchs Spiels Divi Blasii ... haben Hn Johan Sebastian Bachen bey der Bonifacii Kirche Zu Arnstadt bestelten Organisten anhero beruffen und zu Unserm Organisten bey obbesagter Kirche Div: Blasii derogestalt angenomen, daß Er zuforderst hiesigem Magistrat treü u. hold seyn, gemeiner Stadt Schaden warnen, und bestes hingegen befördern, in seiner auffgetragenen Dienst Verrichtung sich willig bezeigen, und jedes mahl erfinden laßen, absonderlich die Son- Fest- und andere Feüertage seine Auffwartung trey und fleißig verrichten, das ihm anvertrauete Orgel-*

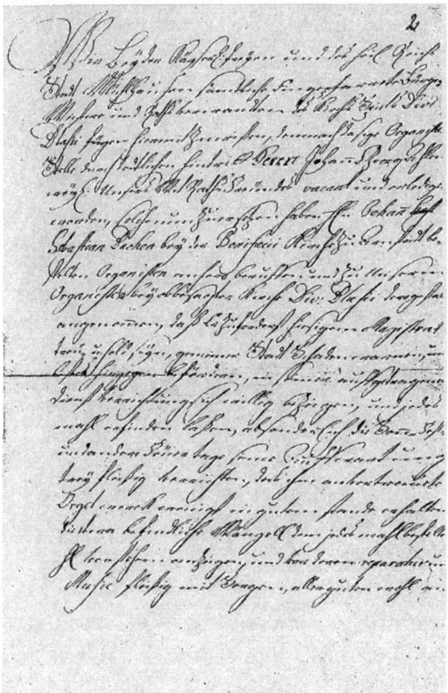
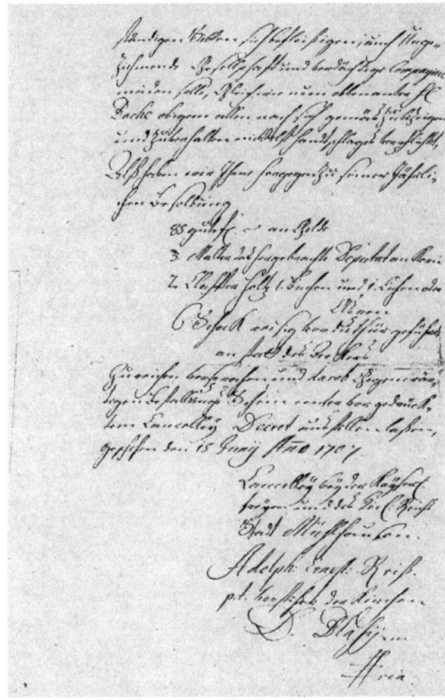

Bestallungsschreiben Bachs

werck wenigst in gutem stande erhalten, die etwa befindliche Mängell dem jedes mahl bestelten H Vorstehern anzeigen, und vor deren reparatur und Music fleißig mit Sorgen, aller guten wohl an ständigen Sitten sich befleißigen, auch Ungeziehmende Gesellschaft und verdächtige Compagnie meiden solle, Gleichwie nun obbenanter H Bache obigem allen nach sich gemäs zubezeigen und zuverhalten mittelst Handschlages verpflichtet.«

Walther hatte als Probetermin den Sonntag Sexagesimae 1707 erhalten und sollte zwei Kirchenstücke zur Bewerbung nach Mühlhausen schicken. Allgemein wird angenommen, Bach habe an jenem Ostersonntag 1707 als Probestück eine Frühfassung der Kantate BWV 4 »Christ lag in Todesbanden« aufgeführt. Aus seinem Mühlhäuser Abschiedsgesuch geht hervor, daß er sich unter der Anforderung sah, »eine regulirte kirchen music zu Gottes Ehren« aufzuführen, d. h. sich zu regelmäßigen Kantatenaufführungen offenbar verpflichtet wußte.

Die Orgel, die Bach in Divi Blasii vorfand, war in den Jahren nach 1560 durch Jost Pape aus Göttingen erbaut, von Jost Schäfer aus Langensalza ausgebessert und nochmals von 1687 bis 1691 von Johann Friedrich Wender (1650-1729) nach Plänen von Bachs Vorgänger Johann Georg Ahle (1651-1706) umgebaut worden. Wenders Rolle bei der Bewerbung Bachs in Mühlhausen muß wohl eine entscheidende und förderliche gewesen sein.

Aus der Anweisung für Schulchöre in der Ordnung des Gymnasiums, die der schon seit langem tätige Rektor Gregorius Fritschler (1653-1729) erst 1706 überarbeitet hatte, geht hervor, daß Bach mit einem Chorus musicus und einem Chorus symphoniacus rechnen konnte. Sie standen unter der Anleitung und Ausbildung zweier den Hauptkirchen zugeordneter Kantoren; zu Bachs Zeit waren dies Johann Bernhard Stier († 1715), Quartus et Cantor Divi Blasii, und Johann Heinrich Melchior Scheiner († 1761), Quintus et Cantor Beatae Mariae Virginis.

Für Bachs Mühlhäuser Tätigkeit und deren Beurteilung von prinzipieller Bedeutung ist das spannungsreiche Verhältnis der beiden führenden Geistlichen der Stadt, Frohne und Eilmar. Johann Adolf Frohne (1652-1713) amtierte, als Nachfolger seines Vaters, seit 1691 als Superintendent an Divi Blasii. Er erscheint in seinen Schriften anfänglich als Kritiker des römischen Katholizismus. Kurz nach der Übernahme des Superintendentenamtes disputiert er in Gießen zur Erlangung des Licentiatentitels »contra Pontificios, de fide«, also »gegen die Päpstler, über den Glauben«. Von 1697 an kehrt diese Bemühung in verschiedenen Schriften wieder, die sich gegen den Franziskaner-Provinzial Edmund Baumann und dessen Mißdeutungen Luthers wendet. Damit ist das Kontroversthema berührt, das zwischen Frohne und Eilmar zu direkten Auseinandersetzungen und zu einer Flut von Streitschriften geführt hat. Daneben zeigt sich Frohne besonders an der Belebung der Frömmigkeit seiner Gemeinde interessiert: So wird 1696 auf seinen Vorschlag hin die Konfirmation in Mühlhausen eingeführt. Doch das gottesdienstliche Formular dieser Konfirmation enthält alle typischen Merkmale eines unpietistischen, lutherischen Verständnisses der Taufe einschließlich der Absage an den Bösen, was seinen Ruf als Pietist fraglich macht.

Georg Christian Eilmar (1665-1715), 13 Jahre jünger als Frohne, und nach dessen Tod sein Nachfolger als Superintendent, kam 1698 dreiunddreißigjährig als Archidiakonus an die Marienkirche, wo seit 1691 Christian Schreiber (1655-1722), genannt Scribonius, als Diakonus tätig war. Der beträchtliche Altersunterschied zwischen Frohne und Eilmar und vor allem beider entgegengesetztes Temperament dürfte der wesentliche Grund für ihre Unverträglichkeit gewesen sein. Sie verhielten sich dazu extrem unterschiedlich zu sektiererischen und schwärmerischen Tendenzen. Während Frohne auf langfristige Überzeugung setzte und gelegentlich die Geduld seiner Umwelt berstrapazierte, trat in Eilmar die personifizierte Gerechtigkeit auf den Plan, die, oft ungezügelt emotional, rasch zu weit ging. Ein Beispiel dafür ist beider Umgang mit den verworrenen und chiliastischen Ideen des Langensalzaer Stadtarztes Simon Philipp Klettwich, die zwischen 1695 und 1707 die Umgebung von Langensalza und Mühlhausen beschäftigen. Eilmar zeigte Stärke im Umsetzen vieler Ideen, im Entwerfen von Ordnungen und einem aufmunternden Wesen. Frohne schreibt im Rückblick auf die Jahre 1705 und

1706 ärgerlich über Eilmar: »*Er hat etliche mahl bey sonderlichen Actibus solennibus [feierlichen Anlässen] sich erkühnet Verordnungen zu machen, wie der Gottesdienst solte gehalten / was extraordinarie solte gelesen / pro Concione [d. h. zur Predigt] erkläret und gesungen werden / als er gethan bey der Huldigungs=Predigt, und neulich beym Danckfest vor die glücklichen progressen, in Spanien und Niederlanden / solche vorwitzige Anordnungen aber sind ihm zurück geschickt worden / das ist ihm ein Strahl ins Hertz gewesen.*«

Unter Eilmars vielen Schriften – die meisten sind Streitschriften – sind besonders eine Auslegung der Confessio Augustana, der ersten lutherischen Bekenntnisschrift von 1530, wichtig, die er 1701 unter dem Titel »Güldenes Kleinod evangelischer Kirchen« herausbrachte, sowie die von ihm bearbeitete Fassung eines bewährten Predigthandbuches aus der Feder des Lutherfreundes Hieronymus Weller mit dem Titel »Neuer Kirchen=Redner« (Frankfurt und Leipzig 1706), das von Bedeutung für Bachs Werk in Mühlhausen ist. Kaum hatte Eilmar nach Frohnes Tod (November 1713) das Amt des Superintendenten übernommen, fand auch sein Leben, in einer für sein Persönlichkeitsbild und seinen Charakter typischen Ungeschicklichkeit, am 20. Oktober 1715, ein jähes Ende: »*Im Oktober 1715 wurde die Vogelstange errichtet und das erste Vogel=Schießen gehalten, welches sonderlich Bürgermeister Hey betrieb, und als die Vogelstange aufgerichtet wurde, war der Superintendent bei ihm in seinem Garten auf dem Blobach zu Besuch. Als sie nun mit einander im Garten herum spazierten, kamen sie an ein aufgeschossenes Reis, welches der Bürgermeister ausreißen wollte, da es ihm aber unmöglich war, versuchte auch der Superintendent seine Stärke und griff das Reis mit einer solchen Furie an, daß er sich sogleich im Leibe zerriß. Er mußte sich nach Hause begeben, und als ihm der Bürgermeister das Geleite gab, und sie über den Blobach gingen, wurden sie von einem Hunde angefallen, der biß den Bürgermeister ins Bein, darüber er dermaßen erschrak, daß ihm der Biß übel gerieth, und er sein Vogelschießen im Bette halten mußte, und sind beide kurz darauf gestorben.*«

Eilmar, der Pfarrer an der Marienkirche, war offenbar mit Bach befreundet und bereit zur Unterstützung von dessen musikalischen Plänen. Frohne, der Superintendent an Divi Blasii, dagegen war wohl weniger geneigt, die musikalischen Ambitionen des jungen Organisten an seiner Kirche zu fördern. Diese Konstellation, bei der als Organist an St. Marien Johann Gottfried Hetzehenn (1664-1735) mit zu berücksichtigen ist, erzeugte offenbar sehr rasch Spannungen, die für Bach nur schwer zu ertragen waren.

Nach den Daten seiner Entlassung in Arnstadt und seiner Bestallung in Mühlhausen muß er Anfang Juli 1707 den Dienst in Mühlhausen angetreten haben. Mit ziemlicher Sicherheit ist das Fest Mariae Heimsuchung, am Samstag, dem 2. Juli 1707, seine erste wichtige Verpflichtung dort gewesen. Das Textfragment der ansonsten verschollenen Kantate »Meine Seele soll

Gott loben, denn das ist sehr wohlgetan« (BWV 223) fügt Bibelstellen zusammen, die sich auch in Eilmars Predigtdisposition zu diesem Festtag in dem erwähnten Buch von 1706 finden. Dies macht die Annahme wahrscheinlich, daß Bach die Kantate, deren Textzusammenstellung (wie bei noch mindestens einem seiner Texte in Mühlhausen) die Handschrift Eilmars trägt, als Antrittsmusik für Mühlhausen geschrieben und musiziert hat. Eilmar zitiert für sein Praeloquium Psalm 103,1 »Lobe den Herrn, meine Seele« und thematisiert »Gott lobende Christen«, ausdrücklich bezogen auf den Beginn des Magnifikat (Lukas 1,46) »Meine Seele erhebt den Herren, und mein Geist freuet sich Gottes meines Heilandes«. Bachs Kantate schloß ebenso wie Eilmars Disposition mit einem Satz zu dem Vers (Psalm 150, 6) »Alles, was Odem hat, lobe den Herrn«. Nimmt man die anderen bekannten Werke Bachs aus der Mühlhäuser Zeit hinzu, so ergibt sich aus der theologischen Zuordnung und dem De-tempore der vertonten Texte ein Abstand von 8 bis 12 Wochen für den eigenen Kantatenbeitrag Bachs in Mühlhausen:

Datum	Fest- oder Sonntag	Anlaß/BWV	Quelle für Datierung
24. 4.1707	1. Osterfeiertag	Probemusik BWV 4	Brief J. G. Walthers an Johann Mattheson
	10 Wochen bis:		
2. 7.1707	Mariae Heimsuchung	Antritt BWV 223	Eilmars Predigtdisposition von 1706
	9 Wochen bis:		
4. 9.1707	11. Sonntag nach Trinitatis	BWV 131	Nähe des Psalms 130 zum Sonntagsproprium
	12 Wochen bis:		
27. 11. 1707	1. Advent	vermutliche Aufführung einer Kantate Bachs*	
	10 Wochen bis:		
4. 2.1708	Ratswahl	BWV 71	belegt durch Textdruck
5. 2.1708	Septuagesimae	BWV 71**	Traditionell Wdhlg. in Divi Blasii
	12 Wochen bis:		
29. 4.1708	Jubilate	BWV 150***	Nähe des Textes zum Sonntagsproprium
	8 Wochen bis:		
24. 6.1708	Johannistag	eventuell geplante und womöglich verhinderte Kantate, deshalb:	
25. 6.1708		Abschiedsgesuch	

Die Kantate BWV 131 »Aus der Tiefen rufe ich, Herr, zu dir« trägt den ausdrücklichen Schlußvermerk Bachs: »Auff begehren Tit: Herrn D: Georg: Christ: Eilmars in die Music gebracht.« Sie steht in inhaltlicher Nähe zum

11. Sonntag nach Trinitatis mit dem Gleichnis von Pharisäer und Zöllner (Lukas 18,9-14) als Evangelienlesung. Auch die in dieser Kantate verwendeten Strophen aus dem Lied Bartholomäus Ringwalds »Herr Jesu Christ, du höchstes Gut« weisen auf diesen Sonntag. Die Kantate zum 1. Advent 1707 (*) ließe sich leicht durch die Einfügung von BWV 106 »Gottes Zeit ist die allerbeste Zeit« eine Woche früher als Musik zum Letzten Sonntag nach Trinitatis, 20. November 1707, ersetzen. Doch läßt sich für diese zweifelsfrei in der Mühlhäuser Zeit entstandene Kantate keine ausdrückliche Nähe zum Proprium dieses Sonntages herbeiführen. Das sogenannte »Ratsstückchen« wurde traditionellerweise am darauffolgenden Sonntag (**) im Vespergottesdienst von Divi Blasii wiederholt. BWV 150 »Nach dir, Herr, verlanget mich« (***) könnte bereits aus der Arnstädter Zeit stammen; doch ist eine Wiederholung in Mühlhausen nicht ausgeschlossen. Der Textbestand verweist eindeutig auf Jubilate. Mit diesen Werken wird Bachs eigener Beitrag zu dem »apparat der auserleßensten Kirchen Stücke« in Mühlhausen sichtbar, nicht aber der Beitrag anderer. Da Frohne und Eilmar Sonntag um Sonntag die Kanzel zwischen Marien und Divi Blasii wechselten, musizierte Bach in Divi Blasii möglicherweise nur dann, wenn Eilmar dort predigte. Nach der angenommenen Abfolge wäre am Johannistag 1708 wieder eine Kantate zu erwarten gewesen. Doch eine solche ist nicht bekannt. Oder wurde ihre Aufführung vielleicht verhindert? Das sehr überraschende Abschiedsgesuch Bachs vom Tag danach mit den schwer erklärbaren Bemerkungen zu bestehender »Wiedrigkeit« und der »Verdrießligkeit anderer« fände dann seine Erklärung.

Bachs wöchentlicher Dienst in Mühlhausen verteilte sich auf drei Tage mit fünf Gottesdiensten, Sonntag (Hauptgottesdienst und Vesper), Dienstag (Frühgottesdienst) und Freitag (Frühgottesdienst und Betstunde). Sein Kollege hatte an der Marienkirche bei ebenso vielen Gottesdiensten am Sonntag, Donnerstag und Freitag zu spielen. In den reichlich zwölf Monaten muß Bach sehr entschieden Fuß in der Freien Reichsstadt gefaßt haben, denn schon nach sieben Monaten wurde sein Vorschlag zum Umbau der Orgel im Stadtrat positiv entschieden. Auch die freundschaftliche Bitte Bachs um Patenschaft an Eilmar bei seiner ersten Tochter Catharina Dorothea, geboren sechs Monate nach seinem Weggang aus Mühlhausen in Weimar, und an Paul Friedemann Meckbach (den Sohn des Mühlhäuser Bürgermeisters Conrad Meckbach) bei seinem im November 1710 erstgeborenen Sohn Wilhelm Friedemann sowie, umgekehrt, Eilmars Bitte um Patenschaft Bachs bei seiner Tochter Anna Dorothea zeigen die tiefe Verbundenheit, die innerhalb der wenigen Monate in Mühlhausen gewachsen war. Wie auch zwei andere Ereignisse: die bislang nur vermutete Prüfung der Orgel in Divi Blasii durch Bach im Jahr 1709 und Bachs Empfehlung seines Sohnes Johann Gottfried Bernhard (1715-1739) für die Organistenstelle der Marienkirche im Jahr 1735. Zuvor war ein weiterer Bach 22 Jahre lang in

Mühlhausen an Divi Blasii tätig gewesen: Bachs Großvetter Johann Friedrich (1682-1730), Sohn des Eisenacher Johann Christoph Bach.

Im Jahr 1812 stellte der Blasiusküster Ernst Gottfried Führ eine (nicht vollständige) Liste der Organisten dieser Kirche zusammen (Zufügungen sind in eckiger Klammer angegeben):

Nachweisung
derjenigen Personen, welche bey der Kirche divi Blasii
die Stelle des Organisten bekleidet haben.

Namen derselben	*Zeitraum, in welchem sie [hier] gelebt haben*	*Jahr und Tag d. Todes ders.*	*Bemerkung*
Joachim a Burgk	1563-1610	24. 5. 1610	
Johannes Heidenreich	1611-1632	26. 11. 1632	
Rudolf Radecke	1632-1634	ist nicht zu divi Bl. gestorben	
Hermann Schmidt	1634-1651	29. 10. 1651	
Johannes Vockerodt	1651-1654	20. 6. 1654	
Martin Besse?			Die Orgel zu d.Blasii ist in den Jahren 1686/87 gebauet von dem hiesigen Orgelmacher Chr. Wender. Im Jahr 1696 ist die neu erbauete Orgel ausstaffirt worden durch Christoph Zippert aus Frankfurt.
Martin Radecke?			
Joh. Rudolf Ahle erst Organist zu divi Blasii hierselbst, dann Senator in Erfurt, und dann erst hiesiger Consul. Componist vieler unserer vortrefflichsten Choralmelodien.	1654-1671	9. 7.1673	
Joh. George Ahle Sohn des Vorigen, geistlicher Lieder=Dichter	1671-1706	5. 12. 1706	
Joh. Sebastian Bach Geb.zu Eisenach 1685. Von Mülh. kam er als Capellmeister nach Weymar hierauf nach Cöthen und endlich nach Leipzig.	1707-1708	starb 1750 zu Leipzig als Musikdirector	
[Joh.]Friedrich Bach	[1708-1730]	[8. 2.1730]	
Christoph Bieler von Schmalkalden	1730-1732	[gestorben nach 9. 8.1732]	
Christoph Hetzehenn	1732-1748	[1748]	
George Chr. Hetzehenn	1748-1765	5. 7.1765	
George Gottfried Früh	1765-1812	[13.] Januar 1812	
George Christoph Hildebrand	1812- ?		

Mühlhausen
d. 14. Mai 1812

Führ
aedituus

2. Mühlhausen wuchs, ähnlich wie andere mittelalterliche Städte, aus **mehreren Siedlungskernen** zusammen. Die erste urkundliche Erwähnung der Stadt geschah durch Karl den Großen im Jahr 775. Seit dem 10. Jahrhundert hatte die Stadt offenbar in der Reichspolitik ihren festen Platz. Nicht selten sind wichtige Urkunden hier ausgefertigt worden. Neben früheren Siedlungen – Kilianiviertel, Altenmühlhausen um die Georgenkirche und das Martiniviertel –, entstand eine Marktstadt mit einem Straßenmarkt und der Pfarrkirche Divi Blasii; diese drängte die älteren Siedlungen an die nördliche und östliche Peripherie der Stadt. Der Unterstadt gegenüber befindet sich die Oberstadt auf einer Anhöhe, vielleicht ein erweiterter Wiederaufbau einer älteren Burgstadt, mit der Pfarrkirche St. Marien, erstmals 1220 als Neustadt nachgewiesen. Diese Neustadt scheint jene mehrfach erwähnte villa regia (1135) oder civitas imperatoris (1180) gewesen zu sein, in der 1069 und 1135 Fürstentage gehalten wurden. Anfang des 13. Jahrhunderts erhielt sie die Würde einer Reichsstadt, inzwischen mit einer Mauer um beide Stadtteile versehen, von einigen der früheren Siedlungen umgeben und mit 38 Türmen und sieben Toren ein wehrhaftes und zugleich prächtiges Bild abgebend. 1256 zerstörte die Bürgerschaft die Burg und übernahm die Hoheit über die gesamte Stadt, die bis dahin aufgeteilt war auf den königlichen Ministerialen auf der Burg und einen beratenden Einfluß der Bürgerschaft. Eine rege Bautätigkeit setzte ein, die das Selbstbewußtsein der Bürger zeigt, aber auch durch die Angriffe der Thüringer Landgrafen auf die einflußreiche Stadt notwendig wurde. Auf diese Zeit gehen die Anfänge der heutigen Hauptpfarrkirchen St. Marien in der Neustadt und Divi Blasii in der Altstadt zurück. Sie wurden in der ersten Hälfte des 13. Jahrhunderts als gewölbte Basiliken zu bauen begonnen und haben trotz mancherlei Umbauten nichts von dem sich besonders in der zweitürmigen Westfassade zeigenden Charakter einer Kathedrale eingebüßt. Das wird auf den Einfluß des Deutschen Ritterordens zurückzuführen sein, dem beide Kirchen 1227 aus königlichem Besitz übereignet worden waren. Die Blasiuskirche wurde in diesem Jahr erstmals urkundlich erwähnt. 1240 beginnt die erste wichtige Bauphase, die an dem zweitürmigen Westbau deutliche Spuren von Anschlüssen der drei Schiffe der Vorgängerbasilika aufweist. Auch die Türme zeigen den Übergang der Spätromanik (Nordturm) zur Gotik (Südturm). Im Südturm hängt die älteste datierte Glocke mit Gießerzeichen von 1281. Unter dem Ordensherrn und Bischof Kristan von Samland ist die als frühgotisch begonnene Basilika als hochgotische Hallenkirche vollendet worden, vermutlich 1350.

Auf einige bauliche Details der **Blasiuskirche** sei hier besonders hingewiesen: Die Strebepfeiler, die den Westbau abstützen, gehen bereits auf die Zeit der Vollendung des gesamten Baues zurück, da der Schub der Gewölbe des Langhauses Neigungen verursachte. Die Querhausfronten verdienen Hervorhebung, da sie Wimpergportale mit Rosetten besitzen. Die südliche scheint die ältere Front zu sein; die prächtige

Mühlhausen, Divi Blasii-Kirche, kolorierter Stich, Anfang 18. Jahrhundert

vierzehnblättrige Rosette der nördlichen Front mit einem Durchmesser von 6,20 m hat ihr Vorbild in der Fensterrose des südlichen Querschiffes von Notre Dame in Paris. Im Inneren sind bemerkenswert die beiden **Grabsteine** des Kristan von Mühlhausen, Bischof von Samland († 1295), und des Erfurter Weihbischofs Theodor von Ammern († 1353) im Chorraum. Vor allem aber sei der Blick auf die wertvollen **Chorfenster** aus der ersten Hälfte des 14. Jahrhunderts gelenkt. Auf sieben Fenster des Hauptchores verteilt breitet sich das (leider gestörte) ikonographische Programm der Heilsgeschichte in typologischen Entsprechungen aus, ein Verfahren, das zu den ältesten Auslegungsmethoden der Bibel gehört. Von dem in der Mitte befindlichen Christusfenster ausgehend schließen sich (immer zuerst das nördliche, dann das südliche Fenster genannt) je ein Apostelfenster, das Jungfrauen- und das Heiligenfenster, das Propheten- und das Diakonen- bzw. Weltgerichtsfenster an. Eine langfristige Restaurierung mit Verwirklichung der originalen Anordnung des Bildprogramms hat begonnen. Das Christusfenster mit seinem Ornamentteppichmuster und aufgelegten Medaillons dürfte auch stilistisch das älteste sein, während das Diakonenfenster als jüngstes mit der Datierung »um 1365« angesetzt wird. Der doppelt wandelbare spätgotische **Hochaltar** der Blasiuskirche stammt aus der Zeit um 1495. Doch bietet er sich dem Betrachter in einen Spätrenaissancebaldachin einbezogen dar, dessen Aufgabe deutlich darin besteht, diesen durch mittelalterliche Frömmigkeit geprägten Marienaltar als evangelischen Abendmahlsaltar in Dienst zu nehmen. Geschaffen wurde er von Meister Martin Wiegand um 1612. Wenn diese Jahreszahl stimmt, so dürfte es der seit 1606 als Superintendent amtierende M. Benjamin Starcke (1554-1634) gewesen sein, der die theologischen Entwürfe für die reformatorische Einbeziehung der Marienaltäre in den beiden Hauptkirchen Blasius und Marien lieferte. Der spätgotische Altar hatte eine bildersturmähnliche Säuberung der Blasiuskirche überstanden, die am Donnerstag vor Catharina (= 19. November) 1545 alle »katholische Altäre« abzubrechen vorsah. Der spätgotische Altar will wie in Buchform von dem inneren Schrein beginnend gelesen werden. Dort wird die Marienkrönung dargestellt, umgeben von Johannes dem Evangelisten und Johannes dem Täufer sowie dem Hohenpriester Aaron (als Barockfigur ergänzt) und dem heiligen Augustinus als Bischof. In Reliefs kommen auf den Flügeln die vier wichtigsten Szenen des Marienlebens zur Darstellung: Verkündigung an Maria, Geburt Jesu, Erscheinung des Auferstandnen vor Maria und die Himmelfahrt Mariens. Die Reliefs und das geschnitzte Maßwerk kommen aus der Werkstatt Linhart Koenbergs in Erfurt, des früher so genannten »Meisters des Leipziger Paulineraltars«. Auf den Innenflügeln der ersten Wandlung sind die zwölf Apostel in vier Dreiergruppen zu sehen. Die Außenflügel zeigen, gleichfalls in Dreiergruppen dargestellt, Heilige; unten links knien Maria und Christus als Schmerzensmann vor Gottvater auf dem Thron. Zugunsten des aufwendigen Baldachins entfernte man das ehemalige gotische Gesprenge des Altars, in welchem einzelne Figuren, die jetzt in den Baldachinaufbau einbezogen sind, ihren Platz gehabt haben mögen; so ganz gewiß die Maria im Strahlenkranz, deren biblisches Motiv (Offenbarung 12, 1-5) für reformatorisches Denken Begründung genug für die Übernahme in den Altaraufbau gewesen sein wird. Doch wesentliche Motive der Einbeziehung des Marienaltars in den Abendmahlsaltar einer protestantischen Kirche sind die wörtlichen Bibelbeiträge in der Predella mit 1. Korintherbrief 10,16-17, das die Abendmahlsteilnehmer unmittelbar anspricht, und das dreimal Heilig aus der Abendmahlsliturgie des Sanctus (nach Jesaja 6,3) das die übergeschichtliche Verbundenheit der Gemeinde Jesu Christi dokumentieren will, was am Übergang von Schrein zum Baldachin plaziert ist. Hier an diesem Altar muß Johann Sebastian Bach während seines Mühlhäuser Jahres Abendmahlsgast gewesen sein. Die **Kanzel** von 1564/65 (oder früher, eventuell bereits 1500) wirkt gotisch; sie erhielt 1608 eine nicht mehr vorhandene Bemalung und wechselte einigemale ihren Standort. Ihr heutiger Platz, der südwestliche Vierungspfeiler, soll der ursprüngliche sein.

Mit einer eindeutigen Datierung haben wir es beim **Taufstein** zu tun: am 1. Mai 1596 kommt dieser in die Kirche. Spätgotisches Astwerk verziert die Schale, die auf einem Fuß in Form eines jonischen Säulenkopfes aufruht. Von 1629 an umgab diesen ein eisernes Sprengwerk, das inzwischen verloren ist; es muß dem wunderbaren Chorgitter von 1640 ähnlich gewesen sein. Dieses wurde 1707, im Jahr der Ankunft Bachs in Mühlhausen, renoviert.

Da die Organisten zu Divi Blasii den

Vorzug hatten, an der Kirche des Superintendenten der Reichsstadt tätig zu sein, kam ihnen gleichsam die Funktion eines städtischen Musikdirektors zu. Die Nachrichten von einer **Orgel** reichen auf das Jahr 1560 zurück, in dem der Göttinger Meister Jost Pape ein neues Werk für 150 Taler zu erbauen begann. Fertiggestellt wurde es im Jahr des Dienstantritts von Joachim a Burgk, 1563. Eine »alte Orgel« hat aber auch auf der Empore über der Sakristei gestanden, die nachweislich mindestens bei der Christmette gebraucht wurde. Aus dem Jahr 1676 wird von umfangreichen Ausbesserungen an der Hauptorgel durch Jost Schäfer aus Langensalza berichtet. Nach Plänen von Bachs Vorgänger Johann Georg Ahle baute Johann Friedrich Wender 1687 bis 1691 die Orgel um. Im Juni und Juli 1696 arbeitet Christoph Trepper (der Aedituus Führ nennt ihn in seiner oben mitgeteilten Übersicht Zippert), ein Maler aus Frankfurt, an der Orgel.

Kurz nach der Aufführung der Ratswechselkantate BWV 71 »Gott ist mein König« im Februar 1708, die für ihn ein persönlicher Erfolg gewesen sein muß, unternahm Bach einen weitreichenden Vorstoß hinsichtlich dieser Orgel, gemäß seiner Bestallung, nach der man von ihm erwartete, daß er *»die etwa befindliche Mängell dem jedes mahl bestelten H Vorstehern anzeigen, und vor deren reparatur und Music fleißig mit Sorgen«* solle. Der Consul des dritten Rates, Dr. Conrad Meckbach (1637-1712), setzte aufgrund der Meldung Bachs, *»bey dem Orgel Werck der Kirche D. Blasij verschiedene Defecte«* bemerkt zu haben, in der Ratssitzung vom 21. Februar 1708 eine Kommission ein, der die beiden Kirchenväter Johann Hermann Bellstedt und Adolph Ernst von Reiß angehörten sowie Sebastian Vockerodt. Den Eingepfarrten legte Bach eine Orgel-Disposition vor, die zwar das vorhandene Werk weitgehend berücksichtigte, doch zugleich wesentliche Neuerungen vorsah, so einen neuen »Brust positivgens«, ein drittes Manual. Vom Orgelbauer Johann Friedrich Wender (1650-1729), mit dem Bach schon eine längere Arbeitsgemeinschaft verband (vgl. Arnstadt und Dörna), hatte Bach gleich auf dem Antrag einen Kostenvermerk anbringen lassen: *»Vor obige angeführder arbeid und kosten der Maderialen werden von mihr Endes beNahmden erfodert Zwey hundert und funftzich thll.«*

Einen Tag später sitzt man erneut zusammen und berät über Leistungen und Finanzen: *»Coram Commisione [vor der Kommission] erkläret sich H Wenter, über gegenseitige pta [= puncta] daß er noch 1. wolle die Claviere machen von Elffenbein. 2. die Bälge von KalbLeder alß welche noch eimal so lange dauret alß SchaffLeder. 3. die Mixtur solle von 12 lötigen Zinn gemachet werden. Könte also von obig geforderten Quanto nichts ablaßen Endlich nach vielen Einsprechen und Zureden wurde der Contract geschloßen auff Zwey hundert undt dreyßig rth. iedoch wolte Er hoffen, daß ihn die H. Eingepfarrte nach gäntzlich volbrachten und projectirter maßen verfertigten Wercke noch einen [Gratification] thun würden, welches man a parte Commisionis zu recommendiren versprochen.*

Hierauff empfangen 40 rth wegen des in der Kirche D. Blas: stehenden und verkaufften Wergcks.
Johann Friedrich Wender, pprm.«

Über diese Dokumente hinaus gab es für die Forschung bisher keine weitere belegbare Nachricht der Fürsorge Bachs für das von ihm initiierte Werk. Anläßlich der Entlassung Bachs aus Mühlhäuser Diensten stellen die Eingepfarrten jedoch fest: »*Weil er nicht auffzuhalten, müste mann wohl in seine dimißion consentiren [Entlassung einwilligen], iedoch Ihme bey deren apertur [Eröffnung] anzudeüten das angefangene werck helffen zum stande zubringen.*«

Die Vermutung, Bach habe zum Reformationsfest 1709 diese Orgel mit dem Orgelchoral »Ein feste Burg ist unser Gott« (BWV 720) eingeweiht, stützt sich auf eine Abschrift dieses Werkes durch Johann Gottfried Walther, der dazu Registrierangaben notierte, die zur Mühlhäuser Blasiusorgel passen. Außerdem enthält die Orgelakte des Blasiusarchives eine Reihe von Vorarbeiten für die Einstellung von Bachs zweitem Nachfolger, Christoph Bieler aus Schmalkalden, im Jahr 1730, darunter einen aufschlußreichen Zettel, den sich der Kirchenvater Stüler in sehr flüchtiger Schrift machte. Die Notizen müssen wenige Tage vor der Ausfertigung der Bestallung für Bieler, am 14. April 1730, gemacht worden sein, wie die anderen Merkpunkte darunter umfangreiche Berechnungsversuche für das Salarium des Blasiusorganisten (u. a. mit Vergleichen der Einkünfte der Vorgänger) nahelegen:

1.) Der Thüren gegen Mittag Erdgrund u. das Gewölbe darinnen in Augenschein zu nehmen

2.) Ob die Orgel von Hn. Wenthern Contract=mäßig verfertiget, p[er] Organistam nach dem Contract ud [= und durch] Hn Bachens examine zu examiniren

3.) Hn Haferstoltzen 2. rt. u. d Hrn Knüttel 1 fl. zur probe zu reichen

4.) Salarium 116 rt. u. 12. rt. zur Miethe es sey den die Miethe wohlfeiler zu haben.

5.) Hn. Bachens vd. [= vidua] die Helffte des Qu. Trinitatis die andere Helffte dem interims Organisten.

6.) Hn Bielers Transport, u. deßen jetzige defragirung zu thun.

Punkt 1 erinnert an eine Baubesichtigung von Grund und Gewölbe der Südtür der Kirche. Punkt 3 ist eine Notiz zu den Honorarverpflichtungen für die Organistenwahl; Johann Heinrich Haberstolz (1689-1757) war als Lehrer am Gymnasium seit 1715 gleichzeitig Cantor Blasianus, seit 1719 Quintus, 1737 wurde er Tertius; ein Musiksachverständiger namens Knüttel kommt aus der Mühlhausener Musikantenfamilie gleichen Namens. Punkt 5 bringt eine Regulierung der Teilzahlung des Gehaltes an die Witwe des verstorbenen Organisten Johann Friedrich Bach (um 1682-1730), der ein Großvetter Johann Sebastians war, und dem Vertretungsorganisten. Die Punkte 4 und 6 beschäftigen sich mit der Festsetzung des Gehaltes und zusätzlicher Zahlungen an den neuen Organisten Bieler. Punkt 2 erweist sich als der interessante: Aus der Orgelakte geht hervor, daß die Blasiusorgel zu dieser Zeit Mängel aufwies, die durch Wenders Werkstatt – Wenders Schwiegersohn Johann Nikolaus Becker wird ausdrücklich genannt – nun behoben werden sollten. Darauf bezieht sich sicher der erste Halbsatz; der zweite Halbsatz jedoch benennt zwei Dokumente, nach deren Maßgaben die Orgel überprüft werden soll: den »Contract« mit dem Orgelbaumeister (wobei dahinsteht, ob der Kontrakt des Baues von 1708 oder ein Kontrakt zur Orgelreparatur 1730 zugrunde gelegt wurde) und »Hn Bachens examen«, womit eigentlich nur ein Orgelgutachten gemeint sein kann, das nun zur Grundlage einer erneuten Überprüfung gemacht wurde. Der Name »Bach« könnte wohl auch den eben verstorbenen Johann Friedrich Bach meinen, der ja kurz nach dem 4. Juli 1708 in Mühlhausen die Nachfolge Johann Sebastians angetreten hatte. Doch ist anzunehmen, daß die Stadt Mühlhausen für die Orgelprüfung eines Werkes, das wesentlich auf Anregungen Johann Sebastians zurückging, von dem man die weitere Begleitung des Baues damals erwartet hatte, den Initiator selbst auch zur Begutachtung eingeladen hat. Eine Orgelprüfung in der Blasiuskirche durch Johann Sebastian Bach ist durch dieses Dokument mehr als wahrscheinlich.

114 Jahre später ersetzte man diese Wender-Orgel durch einen Neubau der Firma Johann Friedrich Schulze aus Milbitz (später Paulinzella) auf der (inzwischen vorhandenen) zweiten Empore der Kirche; 1904 entfernte man die zweite Empore und baute die Orgel auf der ersten Empore auf. Angeregt durch Kirchenmusikdirektor Heinz Sawade und gefördert durch Albert Schweitzer (1875-1965) kam es von 1956 bis 1958 zu einem Neubau durch die Firma Alexander Schuke, Potsdam, dem die originale Disposition Bachs von 1708 zugrunde gelegt wurde, ergänzt durch fünf Register, die im besonderen der Interpretation moderner Orgelliteratur dienen sollten. Der Prospekt wurde in moderner Werkform durch Fritz Leweke konzipiert und erbaut. Wenige Wochen nach der Einweihung am 24. Mai 1958 stand die Orgel im Mittelpunkt des 36. Deutschen Bachfestes der Neuen Bachgesellschaft vom 1. bis 5. Juli 1958 (Disposition siehe Anhang, S. 313 f.).

Die in der Neu- bzw. Oberstadt gelegene **Marienkirche** zu Mühlhausen, zu Bachs Zeit als Kirche »beatae Mariae Virginis« oder abgekürzt BMV bezeichnet, gehörte bei einzelnen Anlässen auch zu Bachs Wirkungsfeld. Von ihrem spätromanischen Bau war nur der Nordturm erhalten geblieben. Der Fortgang des gotischen Baues im 14. Jahrhundert erfuhr Behinderungen teils durch Streitigkeiten zwischen der Bürgerschaft und dem Deutschen Orden, teils durch die Folgen der Pest, die man den Juden anlastete, wie die sogenannte »steinerne Chronik« neben dem Portal des nördlichen Querhauses mitteilt (1349 kam es auch aus diesem Grund zu einer grausamen Judenverfolgung in Mühlhausen). – Das Mißverhältnis zwischen der Größe des Westbaues und der Höhe des massiven Baukörpers führte zu der Überlegung, zwischen die beiden Türme des Westbaues einen dominierenden Mittelturm zu setzen. 1512 begann man mit dem Bau, führte

Mühlhausen, Marienkirche, kolorierter Stich, Anfang 18. Jahrhundert

den angefangenen Turm aber erst 1566 als Fachwerkoktogon mit Renaissancehaube fort, der 1689 einem Stadtbrand zum Opfer fiel. Daraufhin errichtete man einen massiven Achteckaufbau mit spanischer Haube, der zwischen 1694 und 1898 das Stadtbild beherrschte. Dann erst entstand in fünfjähriger Bauzeit der alles überragende neugotische Turm, der von dem Schinkelschüler und gebürtigen Mühlhäuser Friedrich August Stüler (1800-1865) entworfen worden war und nach dessen Tod verändert zur Ausführung kam.

Die große spätgotische fünfschiffige Hallenkirche enthält mit dem **Hochaltar** ein wichtiges Ausstattungsstück, das in unmittelbarer Verbindung zum Hochaltar der Blasiuskirche steht. Aufbau, Bildprogramm und Einbeziehung in einen Renaissancebaldachin, der von dem Mühlhäuser Kunsttischler und Bildschnitzer Hans Groberger stammt, stimmen mit dem Hochaltar in Divi Blasii überein. Das führte dazu, den Schnitzaltar unwandelbar zu machen, das ehemalige gotische Gesprenge zu entfernen. Der Baldachin ist dreigeteilt: unten ist der gotische Altar eingebaut, im mittleren Bereich befindet sich das Gemälde der Auferstehung Christi, als Bekrönung verwendete man – ähnlich dem Aufbau in Blasius – eine Madonna auf der Mondsichel, die aus dem ehemaligen Gesprenge stammen dürfte. Der Schrein zeigt die Krönung Mariens, flankiert von Johannes dem Täufer und dem Evangelisten. Vier Dreiergruppen von Heiligen auf den Flügeln scheinen die Patrozinien von Nebenkirchen zusammenzufassen, die der Marienkirche unterstellt sind. In der Predella fügte man nachträglich vier Szenen zusammen – Gebet in Gethsemane, Gefangennahme, Dornenkrönung, Auferstehung –, die aus einem der 1559 abgebrochenen Nebenaltäre stammen dürften und in der Werkstatt Linhart Koenbergs aus Erfurt entstanden. Ansonsten ist der Schnitzaltar eine Arbeit der Werkstatt des Saalfelder Bilderschnitzers Hans Gottwalt von Lohr, eines Schülers von Tilman Riemenschneider. Die reformatorische Indienstnahme des Marienaltars geschieht in dieser Kirche in direkter Beziehung zu Maria selbst. Zunächst umsäumt den Baldachin oberhalb der stützenden Säulen ein Text, der aus Hebräer 10 stammt und sich auf die Heiligung der Glaubenden durch das Opfer Jesu Christi bezieht: *»Durch den Willen Gottes des Vaters sind wir geheiligt, einmal geschehen durch das Opfer des Leibes Jesu Christi; mit einem Opfer hat er in Ewigkeit vollendet, die geheiligt werden.«* (Verse 10 und 14). Aber unter der Marienkrönung kommt deutlich die auf Luther fußende Sicht der Maria zum Ausdruck; dort ist zu lesen: *»Die Holdseelige und gebenedeyete Jungfraw Maria ist ein Vorbild der christlichen Kirchen, welche von Gott dem Vatter umb seines lieben Sohnes willen durch den Heiligen Geist soll im Himmel mit ewiger Herrlichkeit gekrönet werden. Apoc. 12,1.«* Die Aufschriften neben der Predella nehmen dieselben Stellen auf wie in der Blasiuskirche aus dem 1. Korintherbrief des Paulus.

Die Marienkirche ist seit 1975 an die Stadt Mühlhausen verpachtet und wurde seitdem als »Thomas-Müntzer-Gedenkstätte Marienkirche« geführt, wobei der Sakralraum erhalten blieb, so daß die Mühlhäuser Marien-/Blasiusgemeinde seit der Wende wieder Gottesdienst in dem wunderschönen Raum feiern kann.

Bachs Tätigkeit in Mühlhausen dehnte sich zumindest anläßlich der jährlich stattfindenden Ratswahl auf die Marienkirche aus. Von 1708 ist bekannt, daß er am 4. Februar zu diesem Anlaß BWV 71 »Gott ist mein König« aufführte. Für 1709 hat er nachweislich von Weimar aus mit einer solchen Kantate gedient, die aber verschollen ist. Der sogenannte »Ratsaufgang« vollzog sich in protokollarisch festgelegter Weise, wie in einer Chronik zum Jahr 1705 zu lesen ist: *»In diesem Jahre wurde der Rathswechsel, welcher bisher den Tag nach Trium Regum [= Drei Könige, d.i. Epiphanias, 6. Januar] geschehen war, auf den 4. Februar verlegt, da denn der Rathsaufgang mit großer Feierlichkeit in der Marienkirche geschah. Diese Feierlichkeit hörte im Jahre 1758 auf, als die aus 48 Personen bestehenden 3 Räthe in 2 verwandelt wurden. Diese große Feierlichkeit wurde also gehalten. Es wurde den Tag vorher die Rathsgasse bis an die Kirche mit Sand bestreut. Den Tag nach Lichtmeß wurden die neuen Rathsherren gewählt, und den Tag darauf geschah der Rathsaufgang also. Es wurde des Morgens zwischen 7 und 8 Uhr mit der großen Glocke ganz allein geläutet; dann zog der Rath in Procession vom Rathhaus bis in die Kirche. Die Schützencompagnie und junge Bürgerschaft mußte auf beiden Seiten Spalier bilden. Der alte, abgehende Rath ging voran, der neue folgte, und den Schluß bildeten die Rathsdiener. Die Herren des dritten Rathes waren nicht bei dem Zuge, wäh-*

rend dessen von 2 Musikbanden auf der Brotlaube und der Kämmerei mit Pauken und Trompeten gegeneinander musicirt wurde. Der Anfang des Gottesdienstes wurde mit dem Liede gemacht: Sei Lob und Preis etc., darauf: Herr Gott dich loben wir etc., darauf wurde die Regenten=Predigt gehalten, und nach der Predigt war eine Musik, in welcher dem neuen Rath vocaliter und instrumentaliter Glück gewünscht wurde, welche eine ganze Stunde währte und nur das Rathsstückchen hieß. Dieselbe wurde jedesmal den Sonntag darauf, des Nachmittags, in der Blasiuskirche wiederholt. Nach dem Segen wurde gesungen: Herr Gott, du bist von Ewigkeit etc. Darauf zog der neu angehende Rath voran und stellte sich an der kirchenthür in Ordnung, wo sie denn unter freiem Himmel ihren Eid thun musten, welchen ihnen der Syndicus, in der Thür stehend, vorlas. Darauf ging der Zug auf vorige Weise zurück, nur daß der neue Rath voranzog. Hernach wurde auf dem Rathhause ein großes Fest gegeben, zu welchem das Bäkkerhandwerk einen Kuchen verehren mußte, welcher der Mahlblatz genannt wurde, auf Mühlhäusisch Möhlblatz.«

3. Literatur

Gerhard Günther und Wilhelm Korf, Mühlhausen Thomas-Müntzer-Stadt. Leipzig 1986

Ernst Badstübner und Wolfgang Hanke, Die Blasiuskirche zu Mühlhausen. Das Christliche Denkmal 56. Berlin 1984, 3. Aufl.

Christa Richter, Die Thomas-Müntzer-Gedenkstätte Marienkirche zu Mühlhausen. Mühlhäuser Beiträge Sonderheft 7. Mühlhausen 1987

4. Reiserouten, Auskünfte, Adressen, Öffnungszeiten

Mühlhausen liegt nördlich von Gotha. Von Gotha oder Erfurt mit Regionalbahn Strecke Richtung Leinefelde erreichbar.

Mit Auto von Süden über Gotha auf B 247 über Bad Langensalza ca. 40 km. Von Norden A 7 bis AD »Friedland«, dann A 38 bis Abfahrt Heiligenstadt.

Auskünfte erteilen:
Fremdenverkehrsamt Mühlhausen
Mühlhausen Information
Ratsstraße 20
99974 Mühlhausen
Telefon 0 36 01-45 23 21
Fax 0 36 01-45 23 16

Evangelisches Kirchspiel Mühlhausen
Gemeindebüro
Johann-Sebastian-Bach-Platz 4
99974 Mühlhausen
Telefon und Fax 0 36 01-44 65 16
Öffnungszeiten der Kirche
täglich 10.00-11.30
Führungen nach Vereinbarung

Marienkirche
Lindenbühl 61
99974 Mühlhausen
Telefon 0 36 01-87 00 23
Öffnungszeiten täglich 10.00-17.00

Rathaus, Kulturamt
Ratsstraße
99974 Mühlhausen
Telefon 0 36 01-45 20
Fax 0 36 01-45 21 31
Besichtigung der Rathaushalle
Mo-Fr 9.00-16.00
Sa u. So 10.00-17.00

Mühlhäuser Museen
Lindenbühl 61
99974 Mühlhausen
Telefon 0 36 01-81 60 66 und -87 00 21
Fax 0 36 01-81 69 04
Öffnungszeiten
Di-So 10.00-17.00

Naumburg

1. Das Jahr 1746 führt Bach zur Prüfung einer neuen, von Zacharias Hildebrandt erbauten Orgel nach Naumburg. Noch immer war das Zerwürfnis zwischen Hildebrandt und seinem einstigen Lehrherrn Gottfried Silbermann nicht ausgeräumt. Bach, der altersmäßig zwischen beiden stand, mag sich verpflichtet gefühlt haben, zwischen beiden zu vermitteln. Der Gedanke, sich ihn als Initiator des Friedensschlusses zwischen Hildebrandt und Silbermann vorzustellen, hat viel für sich. Auch die Naumburger Ratsakten lassen diese Möglichkeit zu, es war entschieden worden *»dieses neüe werck von zweyen bekanten düchtigen Meistern und Kunstverständigen* visitir*en und* examinir*en zulaßen, worzu der Capellmeister aus Leipzig, Herr Bach, als ein beruffener starcker* Organist, *und der in seiner Kunst bekante Orgelmacher, herr Silberman aus Freyberg, ausersehen, selbige auch hierauff zu solchem Ende anhero* invitir*et worden.«*

Wer den Vorschlag zu dieser Einladung, vor allem Silbermanns, unterbreitet hatte, ist nicht überliefert. Möglicherweise hatte Hildebrandt dem Rat zu Naumburg – auf Anfrage – wegen der bevorstehenden Begutachtung der Orgel in der Wenzelskirche zunächst Bach vorgeschlagen; er verdankte ihm immerhin die Empfehlung nach Naumburg für den Pflegevertrag der alten Orgel seit 1734. Damals reparierte er die Orgel; sie war ein Werk des Plauener Orgelbauers Joachim Zschugk – 1613 bis 1616 entstanden und von Samuel Scheidt aus Halle geprüft – und zwischen 1695 und 1705 von Zacharias Thayssner aus Merseburg umgebaut worden. Zunächst erhielt Hildebrandt im September 1734 vom Naumburger Rat den Vertrag für die Dauerpflege. Am 27. August 1743 hatte man mit ihm dann einen Vertrag für den Neubau einer Orgel geschlossen. Den prachtvollen Prospekt sollte er in den Neubau einbeziehen. Drei Jahre benötigte er; nun war alles fertig.

Wenn Bach tatsächlich im Hintergrund die Fäden gezogen haben sollte, so kann man ihm noch heute zu seinem sensiblen psychologischen Gespür gratulieren. Die neue Orgel Hildebrandts von Silbermann mit begutachten zu lassen war gleichsam der Schlußstein für ein solches Krisenmanagement. Nur Qualität ist in der Lage, solche Langzeitwunden, wie die, die Silbermann und Hildebrandt einander zugefügt hatten, zu schließen. Bach war offenbar überzeugt, daß die neue Orgel die Zustimmung Silbermanns finden müßte. Andernfalls hätte er sich den Vorwurf machen lassen müssen, dieses Zerwürfnis nur noch vertieft zu haben.

Bach und Silbermann waren auf die Einladung hin am 24. September angereist, beide fanden sich zur festgesetzten Stunde am 26. September im Naumburger Rathaus ein, beide wurden für diese Aufgabe vereidigt, auch wenn das ausdrücklich nur für die Person Silbermanns belegt ist. Sie sollten das neue Orgelwerk genau in Augenschein nehmen, bespielen, nach dem Kontrakt examinieren, visitieren, probieren, die gefundenen Mängel anzeigen und von dem allen berichten. Am nächsten Tag, dem 27. September 1746, übergeben die beiden Prüfer im Rathaus den Prüfungsbericht und versichern, daß sie das Orgelwerk sorgfältig durchgesehen und examiniert und alles in Ordnung und nach dem Kontrakt gebaut vorgefunden hätten. Sie geben mündlich bekannt, daß sie es für gut halten würden, wenn Hildebrandt das ganze Werk nochmals durchginge, um bei der Klaviatur und der Intonation Gleichheit zu erreichen. Sie teilen auch mit, Hildebrandt habe sich durch diesen Orgelbau finanziell restlos verausgabt, dazu habe er noch ein zusätzliches Register eingebaut. Diese Erklärung nahm der Stadtsyndikus Gottlieb August Kette entgegen. Wenige Tage später ersuchte Hildebrandt den Naumburger Rat um ein Zeugnis, wahrscheinlich um nachhaltiger eine Nachzahlung einfordern zu können. Denn das ist auch der Inhalt und die Tendenz eines Schreibens von ihm an den Kurfürsten, auf diesem Wege die Nachforderung durchzusetzen. Doch der Rat hatte abgelehnt und lehnte erneut ab, er arbeitete inzwischen mit einer Gegeneingabe, gerichtet an die Zeitz-Naumburgische Stiftsregierung in Zeitz. Erst im Juni des nächsten Jahres erhielt Hildebrandt eine Nachzahlung von 200 Talern aufgrund eines Vergleiches.

Inzwischen waren Silbermann und Bach am 28. September wieder abgereist. Die aufgemachten Rechnungen zeigen in erfreulicher Offenheit an, was ein solcher Aufwand kostete:

23.thlr: 6 gr	Bewirtung Silbermanns und Bachs an 5 Tagen, einschließlich derer Bedienten und des Rats-Deputierten, Herrn Kämmerers Johann August Edelmann, sowie des Orgelmachers Zacharias Hildebrandt und des Organisten Johann Christian Kluge;
2.thlr: 12 gr 3 Pf	für Merseburger Bier;
7.thlr:	Fuhrlohn für Bachs Reise von Naumburg nach Leipzig;
44.thlr:	umgerechnet 16 Dukaten, die den beiden Herren Examinatoren als Honorar gegeben wurden:
7.thlr: 8 gr	für 30 Kannen Wein, die jeweils an drei Tagen mittags und abends sowie am Morgen der Abreise getrunken wurden.

Machte insgesamt 84 Taler, 2 Groschen und 3 Pfennige; ein stolzer Betrag! Beim kritischen Überlesen fällt auf, daß zwar Bachs Reisekosten – wenigstens zur Hälfte – nicht aber die Silbermanns erscheinen. Der Wirt des Gasthauses »Zum grünen Schilde«, Christian Schröter, schrieb alles exakt auf: *»Die Herren von Leipzig bey mir an Speisung und Pferde-Futter verzehret haben als vom 24. Sept. bis und mit den 28. dito.«* Zu Gast gewesen seien Sonnabend Abend sowie Sonntag und Montag jeweils Mittag und Abend je 3 Personen, Dienstag Mittag 6 Personen, Mittwoch 8 Personen; dazu Einzelkosten *»vor Caffe, vor Canasder Doback, vor Pfeiffen, … vor die Bedienten, … vor Logie.«*

Ende des Jahres beschwerte sich der Organist Johann Christian Kluge († 1756) beim Rat, daß die Examinato-

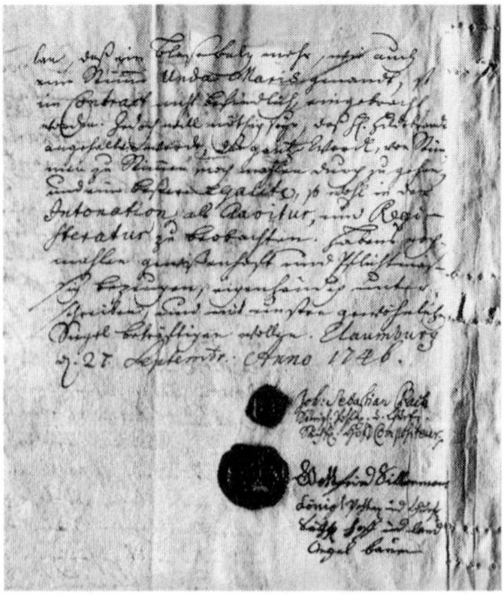

Orgelgutachten Bach – Silbermann

ren nicht sorgfältig genug gearbeitet hätten. Er legte eine Liste von Gravamina vor, die aber Silbermann alle hinreichend beantworten konnte. Silbermann kann unter Beweis stellen, daß von diesen weder ein Schatten auf die Examinatoren noch auf den Orgelbauer fiele. Kluge verließ Naumburg im Juli 1748, um die Schloßorganistenstelle in Altenburg zu übernehmen, und ging offenbar im Ärger weg. Die Ratsakten wissen, daß ihm seitens des Rates Vorhaltungen gemacht wurden *»wegen seines zeitherigen schlechten Bezeigens, übler Aufführung und ungebührliche schädl. Besorgung der neuen Orgel, dabei er sich nicht corrigieren wollen, ohnerachtet ihm ernste öftere admonition [Ermahnung] geschehen«*.

Silbermanns Urteil zeigt völliges Einvernehmen mit Hildebrandt – wie leicht hätte er hier den alten Ärger erneut abladen können.

Nach Bekanntwerden der Naumburger Vakanz bemühte Bach sich um die Stelle für seinen Schüler und künftigen Schwiegersohn, Johann Christoph Altnickol (1719-1759), der im Januar 1748 in Niederwiesa bei Greiffenberg/Schlesien Organist und Schulkollege geworden war. Bach wandte sich an den Naumburger Oberbürgermeister Christian Friedrich Schaller († 1751), den er offenbar durch seine regelmäßigen Verhandlungen wegen der Naumburger Orgel und wegen der Orgelprüfung kannte. Dieser war schon seit 1726 im Naumburger Amt und verwaltete es mit sicherer Routine.

Bach bestätigte Altnickol sehr gute Fähigkeiten als Assistent bei der Chorleitung, als Violinist, als Violoncellist und als Bassist. Zu der Stelle in Niederwiesa war Altnickol offenbar auch aufgrund frühzeitiger Meldung und Fürsprache gelangt; man wußte in Niederwiesa, *»daß er wohl in Studio kein so gar großer Held sein wird. In der Music ist er aber ein desto größerer Maître und affectionirt Sich darinnen noch immer bey Herrn Bach«*. Seine Bildung hatte Altnickol auf dem Lyceum in Lauban (1733) und in Breslau (Choralis und Hilfsorganist an St. Maria Magdalena 1740 bis 1744) erhalten; dann bezog er im März 1744 die Universität Leipzig, wo er zudem seit Michaelis 1745 kirchenmusikalisch bei Bach mitwirkte. 1746 bewarb er sich nach Wilhelm Friedemanns Weggang erfolglos um die Organistenstelle an der Sophienkirche in Dresden; auch Friedemanns ausdrückliche Empfehlung konnte die Annahme nicht bewirken.

Inzwischen entwickelte sich in der Nähe zu dem Leipziger Kantorenhaus

Altnickols Liebe zu der gerade neunzehn-/zwanzigjährigen Elisabeth Juliana Friederica Bach (1726-1781). Auch dies wird Johann Sebastian mit bewogen haben, sich für den künftigen Ecolier so zu verwenden und einzusetzen wie sonst nur für seine Söhne. Das Verlöbnis muß in der zweiten Jahreshälfte 1748 zustande gekommen sein. Im September hatte Altnickol die Organistenstelle in Naumburg angetreten, jedenfalls erhielt er vom Quartal Luciae, d. h. vom 14. September an, Gehalt dafür. So wurde das Aufgebot in Naumburg und in Leipzig bestellt, und am 20. Januar 1749 feierte die Familie Bach die Hochzeit mit einer Halben Brautmesse in der Thomaskirche zu Leipzig. Traupfarrer war der Beichtvater der Familie, Archidiakonus Christoph Wolle (1700-1761). Gewiß wurde zu diesem Anlaß musiziert; doch, wie so oft, schweigen auch dazu alle Quellen.

Altnickols kirchlicher Vorgesetzter in Naumburg war Christian Ludwig Stieglitz (1687-1765), ein gebürtiger Leipziger. Er hatte hier die Nikolaischule und die Universität besucht und die üblichen akademischen Stufen errungen. Er muß ein theologisch eigenwilliger Mann gewesen sein, wie aus manchen zeitgenössischen Bemerkungen hervorgeht. 1709 wandte er sich nach Wittenberg. Von 1717 an rückte er nach und nach von dem dritten Diakonat bis zum Oberpfarramt in der Nachfolge des berühmten Naumburger Johann Martin Schamelius (1668-1742) auf. 1726 erwarb er den theologischen Licentiaten, 1744 die Doktorwürde. 1727 war er aufgefordert worden, die Oberhofpredigerstelle in Weimar zu übernehmen. Doch er lehnte ab.

Anfang Oktober 1749 wurde Bachs Enkel Johann Sebastian Altnickol in Naumburg geboren. Bach sollte Pate stehen, doch erlaubten wohl Dienst und Gesundheitszustand eine Reise nach Naumburg nicht. Stellvertretend nahm ein gewisser Benjamin Gottlieb Faber die Patenstelle wahr. Doch das Kind war nicht lebensfähig; schon am 21. Oktober trug man es zu Grabe. Altnickol bekleidete das Naumburger Amt bis zu seinem frühen Tod am 25. Juli 1759. Seit dem Tod Bachs Ende Juli 1750 lebte Frau Altnickols älterer Bruder, Gottfried Heinrich Bach (1724-1763), in der Familie in Naumburg. Als Kurator Gottfried Heinrichs war ein Jurastudent aus Leipzig bestellt worden, der dann auch bei der Erbteilung die Rechte von Bachs Witwe Anna Magdalena vertrat.

Im übrigen ist mit diesen Zusammenhängen die Familie Bach nicht erstmalig in Naumburg. Johann Sebastians Großvater, Christoph Bach (1613-1661), bewarb sich wenige Wochen vor seinem Tod um die freigewordene Stadtpfeiferstelle in Naumburg. In dem unter dem 22. Juni 1661 datierten Brief beruft Christoph Bach sich darauf, daß er vor ungefähr zehn Jahren – also 1651–von dem damaligen Kantor Unger vorgeschlagen worden sei. Es habe ihm damals nicht an Instrumenten gemangelt, aber er hätte sich mit dem Naumburger Stadtpfeifer-Meister Hans Günther vergleichen sollen, woran seine Bewerbung gescheitert sei.

2. Naumburgs **Stadtkirche St. Wenzel** markiert neben dem Dom mit seinen vier Türmen einen exponierten Punkt der alten Stadt. Von den Vorgängerbauten der heutigen Wenzelskirche ist nichts weiter bekannt außer der frühesten Erwähnung aus dem Jahr 1228. 1426 wird der Grundstein zum spätgotischen Bau gelegt. Das Chorpolygon ruht auf einer **Krypta**, einem Raum, der im Mittelalter der Durchführung der Passionsliturgie und der Verehrung des Grabes Christi diente. Ab 1473 gibt es eine reichlich zehn Jahre dauernde Bauunterbrechung, die wohl mit dem damaligen Stadtbrand zusammenhängt. Das repräsentative **Westportal** der Kirche entstand 1493. Die Einwölbung des Innenraumes und die erneute Aufbringung des heruntergestürzten Turmhelms werden im Jahr 1517 durch einen abermaligen Stadtbrand verhindert. Eine neue, einfachere Turmhaube wurde 1518 errichtet, 1707 aber durch den noch heute vorhandenen pyramidenförmigen Aufsatz ersetzt, 1520 wurde die Kirche im halbfertigen Zustand geweiht. Die Südemporen entstehen 1610, die Nordemporen 1618.

Im Kirchenraum befinden sich Ausstattungsstücke aus verschiedenen Zeiten: die **Taufe** von 1441 mit Taufschale von 1671, das **holzgeschnitzte Kruzifix** hinter dem Altar aus der Zeit um 1500; Gemälde, die auf eine merkwürdige Sammelleidenschaft schließen lassen: **Cranachbilder** (Anbetung der Könige, Kindersegnung), eine Anbetung der Hirten (Bartholomäus Spranger zugeschrieben), Grablegung (oberitalienischer Meister, Mitte 16. Jh.), ein Rubensbild. Den **Altar** schuf der Zeitzer

Naumburg, Wenzelskirche, Blick zum Altar

Hofbildhauer Heinrich Schau 1680. An der Rückwand sind die Bilder der Stifter, verschließbar durch Holztüren, eingelassen. Die **Orgel** baute Hildebrandt in den 1697 bis 1699 entstandenen Prospekt des Halleschen Bildschnitzers Johannes Göricke (Disposition siehe Anhang, S. 314 f.).

In der Stadt existiert Bachs Quartier während der Orgelprüfung nicht mehr. Der Stadtrat hatte es für die beiden auswärtigen Prüfer im angesehenen **Gasthof zum grünen Schilde** in der Großen Jacobstraße (heute Nr. 31) bestellt. Hier wirtschaftete Christian Schröter als Wirt. In einer späteren Zeit wurde der Gasthof abgerissen und ein neues großes Haus an seiner Stelle gebaut:

der Handelshof ›Roter Hirsch‹. Auch das **Wohnhaus der Familie Altnickol**, die traditionelle Organistenwohnung, steht nicht mehr. Es befand sich an der Stelle des jetzigen Wohnhauses Große Fischstraße 22.

3. Literatur

Sibylle Harksen, Die Wenzelskirche zu Naumburg. Das Christliche Denkmal 97. Berlin 1982

Werner Müller, Gottfried Silbermann. Persönlichkeit und Werk. Eine Dokumentation. Leipzig 1982

4. Reiserouten, Auskünfte, Adressen, Öffnungszeiten

Naumburg liegt südlich von Halle/S. und südwestlich von Leipzig an der Ferneisenbahnstrecke Berlin-Leipzig/Halle/S.-Naumburg-Erfurt bzw. Nürnberg-Jena-Naumburg-Leipzig-Berlin.

Mit Auto A 9 bis Abfahrt »Naumburg«, dann auf der B 180 noch ca. 15 km.

Auskünfte erteilen:
Evangelisches Kirchspiel
Othmarsplatz 10
06618 Naumburg
Telefon und Fax 0 34 45-20 15 16

Förderverein der Hildebrandtorgel
Naumburg e. V.
Frau Kantorin Irene Gräulich
Neidschützer Str. 25
06618 Naumburg
Telefon 0 34 45-77 59 40

Ohrdruf

1. Johann Sebastian Bachs Schulbildung ist mit den Städten Eisenach, Ohrdruf und Lüneburg verbunden; die längste Zeit seiner Schulzeit verbrachte er in Ohrdruf. Für den eben Zehnjährigen war der Ort in erster Linie ein Zufluchtsort; er kam hierher als Vollwaise. Innerhalb von neuneinhalb Monaten hatte er seine Eltern verloren: Am 3. Mai 1694 trug man die Mutter zu Grabe. Der Vater verheiratete sich – wohl auch wegen der unmündigen Kinder Maria Salome (17 Jahre), Johann Jacob (13 Jahre) und Johann Sebastian (9 Jahre) – bereits Ende November des gleichen Jahres wieder, mit Barbara Margaretha Bartholomaei, der Witwe eines Arnstädter Diakonus. Doch schon knapp drei Monate später starb auch er; man begrub ihn am 24. Februar 1695. Der Eisenacher Kantor und Lehrer Johann Sebastians, Andreas Christian Dedekind (1658-1705), offensichtlich ein Freund der Familie, beriet die Witwe, als es darum ging, das Erbe der Familie zu verwalten und aufzuteilen. In der Eisenacher Schulmatrikel fehlt für die Bachschen Brüder ein Abgangsvermerk, wie in Ohrdruf der Nachweis des Beginns am Lyzeum. Nur von einem Gesuch der Witwe Johann Ambrosius' vom 4. März 1695 läßt sich auf den ungefähren Termin des Wechsels nach Ohrdruf rückschließen. Die beiden Brüder Johann Jacob und Johann Sebastian könnten in der Osterzeit 1695 in das Haus des ältesten Bruders Johann Christoph (1671-1721) gekommen sein, der nun Vaterstelle bei ihnen vertrat. Maria Salome kam zu Verwandten mütterlichereits nach Erfurt.

Die Familie des Bruders, in der Bach Zuflucht fand, war gerade im Entstehen: Im Oktober 1694 hatte Johann Christoph eine Ohrdruferin, Dorothea Vonhof, geheiratet, und am 21. Juli 1695 wurde dem jungen Ehepaar das erste Kind, Tobias Friedrich, geboren. Zwei Jahre später kam eine Tochter hinzu, Christiana Sophia. Der um 14 Jahre ältere Bruder Johann Christoph, geboren in Erfurt, aufgewachsen in Eisenach, hatte bei einem Freund der Familie, Johann Pachelbel (1653-1706), in Erfurt drei Jahre Unterricht erhalten und war dann dort als Organist an die Thomaskirche berufen worden. Nach kürzerer Berufstätigkeit dort und in Arnstadt zur Unterstützung des alten und inzwischen dienstunfähigen Heinrich Bach (1615-1692) berief man den Achtzehnjährigen auf seine erste und einzige Stelle in Ohrdruf an die Michaeliskirche. Die mit dem dortigen Organistenamt verbundene Aufgabe des »Praeceptoris V. Classis«, also eines Lehrers am Lyceum, übernahm er zunächst noch nicht, er widmete sich ausschließlich seiner Aufgabe als Organist. Eine seiner ersten nachweisbaren Aktivitäten galt der Verbesserung der zwischen 1679 und 1685 eingebauten Orgel, die einen gewissen Abschluß mit der Prüfung durch Johann Pachelbel, inzwischen Gothaer Stadtorganist, am 15. September 1693 erreichte. Der Eisenacher Kantor Andreas Christian Dedekind berichtet über ein gemeinsames Musizieren von Johann Pachelbel, Johann Ambrosius Bach sowie dessen Vetter Johann Veit Hoffmann im Herbst 1694 in Ohrdruf; es könnte dies anläßlich der Hochzeit von Johann Christoph Bach und Dorothea Vonhof am 23. Oktober gewesen sein. Pachelbel verließ Gotha schon 1695 wieder, weil er sich verpflichtet sah, das Organistenamt an der Sebalduskirche seiner Heimatstadt Nürnberg anzutreten. Wohl auf Empfehlung von Pachelbel sollte Johann Christoph eigentlich nach Gotha kommen. Die inzwischen deutlich veränderte Familien-Situation – Übersiedelung der beiden Brüder Johann Jacob und Johann Sebastian aus Eisenach zu ihm, die Erwartung und Geburt des ersten eigenen Kindes im Juli – mag der Grund für seine Absage der Gothaer Stelle gewesen sein. In Ohrdruf erbrachten ihm Bleibeverhandlungen eine nicht unwesentliche Aufstockung seiner Einkünfte und schließlich auch die endgültige Bestallung am 1. Mai 1696.

Kurz darauf verabschiedete sich der vierzehnjährige Bruder Johann Jacob wieder aus Ohrdruf, er sollte beim Nachfolger des Vaters in Eisenach als Lehrling beginnen. Es wird ein schmerzlicher Abschied für die Geschwister gewesen sein; diesem Bruder widmet Johann Sebastian später, als dieser 1704 in die Armee des Schwedenkönigs Karl XII. eintrat, das »Capriccio sopra la lontananza del suo fratello dilettissimo« in B-Dur (BWV 992). Unsere heutige Kenntnis dieses Stückes fußt auf der Ohrdrufer Bach-Überlieferung, der wir vor allem die sogenannte Möllersche Handschrift und das Andreas-Bach-Buch verdanken.

Völlig anders als die harmonische Familien-Situation in Ohrdruf bot sich die schulische dar: seit etwa 1693 eskalierten Unruhen unter den Schülern, später auch in der Lehrerschaft, die ihre Ursache in erster Linie bei dem Kantor und Tertius der Schule hatten. Seit 1690 hatte Johann Heinrich Arnold (1653-1698) das Kantorat inne, ein begabter aber zugleich auch schwieriger und unruhiger Geist mit jähzornigen Zügen, der sich in seinem Leben zwar vielfach gerade um Lehrerstellen beworben hatte, doch aufs Ganze gesehen als Lehrer wohl ungeeignet war. Das läßt sich aus seinem Lebenslauf schließen. Das erste Opfer der Auseinandersetzungen war der seit 1676 amtierende Rektor Philipp Jacob Spindler (1624-1696), der 1694 ohne erkennbaren Grund entlassen wurde. Auch seine beiden Nachfolger bewältigten die Spannungen nicht: M. Daniel Groth aus Augsburg war dem Amt nicht gewachsen und ging nach wenigen Monaten als Pfarrer nach Thörey. Im ersten Halbjahr 1695 – die beiden Brüder Bach mochten gerade nach Ohrdruf gekommen sein – übernahm M. Tobias Wentzel das Rektorat; jedoch verstarb er nach neun Monaten, was – wie es heißt – niemand bedauerte, »da unter seinem Rectorat die Schule in gar schlechte Umstände gerathen« sei. Am Beginn des Jahres 1696 strebten die Konsistorialräte die Wiedereinsetzung des inzwischen einundsiebzigjährigen Spindler an, doch im Juni wird der eben dreißigjährige M. Johann Christoph Kiesewetter (1666-1744) zum Rektor berufen. Spindler verstirbt am 12. Juli 1696, nachdem er zwei Wochen zuvor während des Gottesdienstes einen Schwächeanfall erlitten hatte. Kiesewetter war nach Abschluß des Studiums der Philosophie und der Theologie in Jena (seit 1686) und bestandener Magisterpromotion am Anfang des Jahres 1696 zum Pfarrer an die Sophienkirche in Arnstadt – das ist die Neue Kirche, an der später Bach Dienst tat – berufen worden, verbunden mit dem Inspektorenamt an der Sophienschule. Das Inspektorat erweckte in ihm aber viel Widerspruch und Verdruß, und aus Protest gegen die Kürzung des Pfarrergehaltes ließ er sich nicht ordinieren. So mag ihm die Ohrdrufer Stelle gerade recht gekommen sein. Hier erwartete man von Kiesewetter fast zu viel; doch zeigten die Ergebnisse sehr bald, daß mit ihm ein Mann klaren Geistes und energischer Durchsetzungskraft gewonnen worden war, der zusammen mit dem im gleichen Jahr berufenen gleichaltrigen Superintendenten M. Johann Abraham Kromayer die Situation konsequent zu verändern begann. Einige in der Schulmatrikel erhaltene kurze Bemerkungen charakterisieren Kiesewetters Entschlossenheit, so, wenn er den vorzeitigen Abgang zweier Primaner unmißverständlich auf die durch Arnold verursachten Unruhen zurückführt: *»Ob turbas, a Domino Cantore Arnoldo excitatas, scholae nostrae valedixerunt [Wegen der Unruhen, von dem Herrn Kantor Arnold erregt, haben sie unsere Schule verlassen].«*

Mit Johann Sebastian Bach, seinem Arnstädter Vetter Johann Ernst und einem weiteren Mitschüler bringt man gelegentlich die Begründung Kiesewetters für die irreguläre Versetzung dreier Schüler in eine andere Klasse in Verbindung: *»Ob intolerabilem disciplinam Domini Cantoris Arnoldi in hanc clas-*

sem translati sunt [Wegen des unerträglichen Benehmens des Herrn Kantors Arnold sind sie in diese Klasse versetzt worden].«

Als man Arnold 1697 endlich die Kantorenstelle *»wegen Unfleisses wieder abgenommen hat«*, schrieb Kiesewetter in die Matrikel: *»In der Schule ist der Gotlose Cantor Arnold (pestis scholae, scandalum ecclesiae et carcinoma civitatis [Pest der Schule, Ärgernis der Kirche und Krebsgeschwür der Stadt] durch Urtheil removiret [entfernt worden].«*

Für ihn schien sehr rasch klar zu sein, daß Spindler zu Unrecht entlassen worden war; er hielt ihm dann auch die Parentation, eine warmherzige und gelehrte Begräbnis-Rede. Über Arnold dagegen urteilte er: *»Er soll viel Schuld an der Demission des guten Rectoris Spindlers gehabt haben, hat aber auch erfahren: Per quod quis peccat, per id punitur idem [wodurch einer sündigt, dadurch wird er bestraft].«*

Es muß der Schule, der Kirche und der Stadt wie eine Befreiung vorgekommen sein, als mit Elias Herda (1674-1728) ein junger Kantor verpflichtet wurde, der genügend Vorbildung und offenbar guten Willen mitbrachte, um die schwierige Situation der Kirchenmusik in Ohrdruf zu verändern. Herda stammte aus Leina bei Gotha und hatte eine Ausbildung erfahren, die er zweien seiner neuen Schützlinge zwei Jahre später ebenfalls empfahl, nämlich sich auf den Weg an die Lüneburger Michaelisschule zu begeben. Am 25. Sonntag nach Trinitatis 1697 bewilligte Superintendent Kromayer die Probemusik, eine Woche später erhielt Herda die Vokation und Anfang Januar 1698 erfolgte seine Introduktion.

Wer vermittelte die Schulbildung am Ohrdrufer Lyceum, und wie war sie beschaffen? Neben dem bereits erwähnten Rektor M. Johann Christoph Kiesewetter und dem Kantor und Tertius Johann Heinrich Arnold (nach 1697 Elias Herda) amtierte in dem Jahr der Ankunft Bachs in Ohrdruf als Konrektor Johann Jeremias Böttiger (1666-1728). Lehrer der fünften Klasse war seit 1690 Johann Günther Schneider. Als dieser im Jahr 1700, nach dem Weggang Bachs und Erdmanns nach Lüneburg, starb, bemühte sich sogleich Johann Christoph Bach um diese Stelle, die traditionell mit der des Organisten verbunden war. Schon seine Vorgänger Paul Beck, zwischen 1638 und 1666, und dessen Sohn Johann Paul Beck, zwischen 1666 und 1690, hatten beide Ämter miteinander verbunden ausgeübt. Johann Christoph erklärt in seiner kurzen Autobiographie den Sachstand von 1690 mit folgenden Worten: »... *biß mich Gott hierher geführet, welches geschehen a[nn]o 1690. Da ich nach abgelegter Probe vom Hochgräfl. Consistorio alhier angenomen, und weiln damals keine lust zur Schularbeit gehabt, so ist auf hohe Verordnung dieselbe arbeit Herrn Joh. Günther Schneidern anvertraut worden. Ich aber bin bey dem Orgelwerck alleine blieben.«*

Als nun nach Schneiders Tod Johann Christoph sein Interesse an der Stelle bekundete, gab es Unstimmigkeiten wegen der Bezahlung. Der Rat wollte auf seine Forderungen nicht eingehen, weil Johann Christoph vormals die Lehrerstelle abgelehnt hatte und außerdem nicht über ein Universitätsstudium verfügte. Doch einigte man sich dann auf eine geringe Zulage.

Die Qualität der Ausbildung in Ohrdruf entsprach den Schulplänen des bedeutenden Schulreformers Andreas Reyher (1601-1673), die für Eisenach ebenso galten wie für Ohrdruf und sogar für Lüneburg, weil Reyher nach kurzer Zeit in Schleußingen zunächst in Lüneburg, von 1641 dann in Gotha Rektor war. Nach Gotha hatte ihn Herzog Ernst der Fromme (1601-1675) berufen, um mit seiner Hilfe das Schulsystem einer Reform zu unterziehen. Mit dem »I. Special= und sonderbahren Bericht« Reyhers von 1642 lag ein Unterrichtsplan mit der Installation notwendiger Kontrollinstanzen vor, der die Elementarschulbildung im ganzen Land forderte und organisierte. Sprichwörtlich sagte man: Herzog Ernsts Bauern sind klüger als anderswo die Edelleute. Für den Unterricht im Gymnasium legte Reyher eine ganze Fülle von Werken vor, die in der Geschichte der Pädagogik immer wieder zitiert und genannt werden. Dabei bezog er sich vor allem auf die Pädagogik des Johann Amos Comenius (1592-1670).

Bereits ein Jahrhundert vor Pestalozzi forderte Reyher die konsequente Berücksichtigung der Realien im Unterricht, um so die Schule zu einer Bildungsstätte für das ganze Volk zu machen: »Alles, was man zeigen kann, soll den Kindern gezeigt werden.« Mit der Neuausgabe und Bearbeitung der »Janua« des Comenius unter dem Titel »Janua Comenii transitibus XXIV accomodata pro Scholis in Ducato Gothano« läßt uns Reyher in seine Anschauungen Einblick nehmen: Indem er die Themen der einhundert Kapitel des Comenius, die mit dem Kapitel 2 »De ortu mundi« [über die Entstehung der Welt] beginnen und mit dem Kapitel 99 »De angelis« [über die Engel] enden, neu unter 24 Titel ordnet, wird damit gleichsam Gott der erste und der letzte Platz streitig gemacht: Reyher beginnt mit der Schule und der Schulpflicht und endet mit dem Tod und dem Begräbnis. Welt und Mensch sind aus ihrer schöpfungstheologischen Umklammerung gelöst und auf sich selbst bezogen. Das vertrug sich nicht mit den Inhalten des »Compendium locorum theologicorum« (Kompendium theologischer Grundlagen) des Wittenberger Theologen Leonhart Hutter (1563-1616), das jeder Schüler nach und nach auswendig beherrschen mußte. Aber ob die mit der gleichzeitigen Zugrundelegung von Reyher und Hutter erzeugten Spannungen den Lehrern oder gar den Schülern damals wirklich deutlich wurden, muß bezweifelt werden.

In Johann Abraham Kromayer (1665-1733) hatte Ohrdruf 1696 einen Superintendenten erhalten, der sowohl besonders seelsorgerlich tätig wie auch wissenschaftlich ausgewiesen war. Nach dem Theologiestudium in Jena und der anschließenden Magisterpromotion erhielt er 1691 das Diakonat in Ohrdruf, wo ihn sein Vater Melchior Kromayer (1626-1696), der seit 1675 Superintendent war, am 2. Sonntag nach Epiphanias 1692 ordinierte. Aus seiner Feder stammt ein Doppeljahrgang handschriftlicher Predigten aus dem Jahr 1696/97:

Nachfolge
Christi und der ersten Christen
in Zweyen Jahrgängen vorgestellet
in deren
ersten die eine Helfte des Evangelii bey richtiger Disposition
gründlich u. nach dem eigentlichen WortVerstand, erkläret, u.
darauf im Nutz und Gebrauch
nach anleitung der Worte Christi Matth. XVI, 24,
Discipulatum Christianorum der Jüngerstand der
Christen 1 in der Lehre 2 dem Leben und 3 Leiden
abgehandelt:
in dem
andern aber, nach gleichmäßiger Erklärung des übrigen
Theils auf Veranlaßung der Worte Gottes Jerem. VI 16
die vorigen Wege der ersten Christen geforschet,
und zur Nachfolge gezeiget worden
Von
Johann Abraham Kromayer
Pfarrer zu Ohrdruff, der Ober-Graffschafft
Gleichen Superintendenten und des Consistorii
daselbst Assessore

Er wird gebunden aufbewahrt in der Ohrdrufer Michaelisbibliothek; es sind Predigten, die Johann Sebastian Bach als Schüler des Ohrdrufer Lyceums mit Sicherheit gehört und bewußt aufgenommen hat.

Der zitierte Titel ist im Original diagonal durchgestrichen. Daß Kromayer aber schon vorher kritisch mit eigenen Formulierungen und Anschauungen umging, zeigt die Zufügung »dies docuit meliora« [die Zeit hat (mich) besseres gelehrt], die anstelle des im Titel gestrichenen Passus »gründlich u. nach dem eigentlichen Wort-Verstand (erkläret)« hinzugefügt ist. Das knapp tausendseitige Werk mit einem eigens formulierten Vorwort macht den Eindruck einer Druckvorlage. Wir geben hier, um diesen wichtigen Mann der Ausbildungszeit Bachs in Ohrdruf vorzustellen und die zeitgenössischen Probleme anzudeuten, das Vorwort vollständig wieder, an dessen Ende Kromayer mitteilt, daß er die Predigten von 1696/97 aufgrund einer veränderten Situation zur Grundlage neuer Predigtdispositionen im Jahr 1699 gemacht habe:
»Praecepta docent – exempla movent: Gebothe geben unterricht, exempel aber bewegen denen gebothen zufolge. Dieße bekannte Regul haben alle, so andre unterrichten, wohl zubeobachten, sonderlich aber Lehrer und Prediger. Wenn mann denen heutigen Maul-Christen vom ryhrigen Christenthumb u. rechtschaffenen Weßen prediget, so sprechen sie: O so heilig kan Ich nicht leben. Unsre Vorfahren habens auch nicht gethan und sind doch (si credere fas est [wenn zu glauben Brauch ist]) seelig worden. Denen nun den irrigen

Wahn, als obs unmoglich sey, ein rechtschaffen Christenthumb zuführen, zubenehmen, habe ich beym antritt meines Superintendenten Amts vor nützlich befunden 2 Jahrgange nacheinander zuerwehlen, u. in deren ersten meine Zuhorer [1] Von der Lehre, was ein Christ glauben [2] vom Leben, wie er sich selbst verleugnen u. [3] vom Leiden, wie er sein X [Kreuz] auf sich nehmen u. also seinem Heyland als seyn rechter Jünger nachfolgen soll, nach den Worten des Herrn selbst Matth. XVI 24 mitt Zuziehung Joh. III 31 unterrichtet: in den andren [Jahrgang] aber das exempel der ersten Christen, als rechter Jünger Christi vorgestellet, worinnen ich mich der Arbeit gelehrter Leute [folgen drei Titel] bedienen mußen. Weiln aber bey derley Nachfolge im Nutz u. Gebrauch als d. vornehmsten Theil einer Predigt (deßwegen auch d. Titul gegenwärtigen Wercks, davon als a parte potiori [von dem wichtigeren Teil] genommen) hinlänglich hatt können vorgetragen werden, so habe vorher in d. Tractation den Text grundlich erklären wollen, weil hieran so gar großer Mangel in denen Postillen erscheinet, daß sich also auch diejenige welche exegesin lieben, hier erhohlen konnen. Hiezu habe nun nebst denen Autoribus in denen Bibliis Criticis [kritischen Bibelausgaben] die besten und neuesten Commentare gebraucht, iedoch mich an niemand also gebunden, daß ich nicht auch zuweilen meinen Gedancken gefolget, wovon verstandigen Lesern das Urtheil uberlaße. Von denen Dispositionibus [Dispositionen: Predigtgliederungen] u. stylo achte nicht nothig viel zugedencken, halte iedoch dafur, es wird mitt beyden so beschaffen seyn, daß sich angehende Studiosi wohl daran informiren und erbauen, wie denn denenselben zum besten noch eine Disposition uber das gantze Evangelium hinzugethan, so ich A.[nno 16]99 gebraucht, da ich d. Jahrgang in d. Application [Anwendung] durch Veranlaßung schändlicher SchmähSchrifften wieder d. Beichtstuel, zu bewahrung meiner Zuhörer auf d. rechten Gebrauch des Beichtstuels gewählet, andre aber die Predigten ohne uberdruß leßen konnen: G.[ott] laße diese arbeit, welche bey meinen auditores nicht gar ohne nutzen gewesen, auch bey andren viel Frucht und nutzen schaffen zu seines heil. Nahmens Ehre umb Christi willen. A[men].«

Die musikalische Ausbildung Johann Sebastians durch seinen Bruder Johann Christoph ist ins Zwielicht geraten durch die anrührende Anekdote vom lernbegierigen jungen Genie, das sich bei Mondlicht das nötige Material zusammensammelt, es dann aber von dem strengen Bruder entzogen bekommt. Inzwischen ist wahrscheinlicher, daß Johann Christoph für seinen jüngeren Bruder in musikalischer Hinsicht sehr viel bedeutete und daß er ihn auch nach Kräften gefördert hat. Schon im Appendix zum Trauregister 1691 von der Hand des alten Superintendenten Melchior Kromayer wird Johann Christoph als »ein junger, doch künstlicher Mensch« bezeichnet, im Begräbniseintrag 1721 als »optimus artifex« [sehr tüchtiger Künstler]. Die Bewerbung seines Sohnes um die Nachfolge Elias Herdas 1728 beim Gräflichen

Konsistorium wird vom Rat mit der Bemerkung »propter merita defuncti patris« [wegen der Verdienste seines verstorbenen Vaters] unterstützt. Das alles sagt über ihn Wichtigeres und Wertvolleres aus als die erwähnte Anekdote.

2. Ohrdrufs Geschichte reicht sehr weit zurück: Bereits im Jahr 724 gründeten hier am Fuße des Thüringer Waldes iroschottische Mönche unter Bonifatius ein Benediktinerkloster. Dieses wurde, wahrscheinlich mit dem Ziel einer besseren Verwaltung der in Thüringen verstreut liegenden Stiftsgüter des Klosters Hersfeld, 777 auf dem rechten Ohraufer zu einem Benediktinerstift St. Petri erweitert. Es befand sich an der nordwestlichen Ecke des nördlichen Flügels des Schlosses Ehrenstein, dem sogenannten Neuensteinischen Flügel. In den Thüringischen Grafenkriegen bot Ohrdruf dem Stift keine hinreichende Sicherheit, so daß es 1344 nach Gotha verlegt wurde und die Stiftsgebäude 1463 in den Besitz der Grafen von Gleichen übergingen. Die erste Kirche auf dem linken Ohraufer, zunächst zu Ehren ihres Gründers Bonifatiuskapelle genannt, dürfte an der Stelle des späteren Lyceums gestanden haben, also in der Nähe der späteren Michaeliskirche. Mit der gleichfalls entstandenen Klosterschule war als Keimzelle die für viele Jahrhunderte bedeutende Lateinschule des Herzogtums Sachsen-Gotha, das Lyceum illustre, vorhanden.

Aus dem Jahr 1421 weiß man, daß die Bonifatiuskapelle zur **Pfarrkirche St. Michaelis** erweitert wurde. Hier amtierte seit 1527 der erste evangelisch-lutherische Superintendent, Hieronymus

Ohrdruf, Michaeliskirche vor 1753

Steiger, nachdem bereits 1525 die Reformation eingeführt worden war. Seit 1532 hatte Ohrdruf auch ein eigenes Konsistorium. Die Kunde von einer **Orgel** in Ohrdruf reicht schon auf die Kapelle vor 1421 zurück. In ihr gab es bereits ein Rückpositiv, was dann in die größere Michaeliskirche übernommen und auf einer besonderen Empore der Südseite der Kirche über dem »Altar zum heiligen Kreuz« aufgestellt wurde. Von diesem kleinen Werk mit fünf Registern (Principal 8 f, Grob Gedackt 16 f, Klein Gedackt 4 f, Flöte 2 f, Cymbel) ist bekannt, daß es bis 1559 in den Gottesdiensten diente; dann kam es an einem anderen Platz in der Kirche zum Neubau einer großen Orgel. Das kleine Werk soll danach mehr als einhundert Jahre meist unbenutzt gestanden haben, bis es 1683 erneuert und mit einem

Pedal versehen wurde, um als Ausweich während des Baues eines Nachfolgeinstrumentes der großen Orgel zu dienen. Dies war bis 1713 nötig. Nachdem der Bau der großen Orgel offenbar beendet war, gab man das kleine Werk an die neuerbaute Trinitatiskirche ab. Die große Orgel von 1559, deren Erbauer und Disposition nicht bekannt sind, wurde 1686 für 150 Taler an die Gemeinde von Werningshausen verkauft. Der Kontrakt für eine neue Orgel war 1675 mit Casparus Lehmann aus Suhl geschlossen worden. Als er 1679 plötzlich stirbt, beginnt eine über dreißigjährige Phase der Bemühung, die Orgel spielbar zu halten und schließlich zu vollenden. In diese Phase sind Johann Christoph Bach und Johann Pachelbel einbezogen wie auch verschiedene Orgelbauer aus der näheren und weiteren Umgebung: Johann Conrad Weißhaupt aus Suhl, Christian Wächter aus Werningshausen, Heinrich Brunner aus Sandersleben, ein Orgelbauer aus Gotha, Christian Rode aus Friedrichroda, ein Orgelmacher aus Seebergen. Wer schließlich das Werk 1713 vollendete, ist nicht mehr zu belegen. Der Orgelbau steht am Anfang in Verbindung mit einer Renovierung der Kirche, wobei es zu Emporeneinbauten an der Westwand kommt: Dort müssen übereinander der gräfliche Hofstand, die eigentliche Orgelempore und die Musikantenempore angeordnet gewesen sein, rechts und links jeweils flankiert durch ausreichende Sitzmöglichkeiten für die Schüler des Lyceums.

Von der weiteren Inneneinrichtung der Kirche zur Zeit Bachs kennen wir nur eine Abbildung des **Hochaltars,**

Ohrdruf, Michaeliskirche, alter Altar

eines gotischen Schnitzaltars mit Gesprenge, gestiftet 1464, und 1494 nach einem Fuldaer Altar reich ausgestattet. Zu erkennen sind in dem Mittelschrein die Mutter Maria mit Kind, flankiert vom Erzengel Michael und der Heiligen Katharina. Der Schrein wird bekrönt von der Darstellung des Bonifatius als Bischof (Mitte) mit zwei weiteren weiblichen (Heiligen) Gestalten. In der Predella ist die Abendmahlsszene zu sehen, allerdings, was die stilistische Einordnung betrifft, in barocker Gestaltung, so daß davon auszugehen ist, daß ein gotischer Marienaltar in nachreformatorischer Zeit mit Hilfe der Abendmahlsdarstellung dem protestantischen Gottesdienst dienstbar gemacht wurde. Die Seitenflügel des

Altars entbehren einer figürlichen oder gemalten Gestaltung. Erhalten gebliebenen sind aus dem 17. Jahrhundert mehrere **Abendmahlsgeräte,** von denen die interessantesten eine kleine und eine große Kanne sind, die eine gestiftet von Caspar Rhön (1628-1691), Vorgänger des Rektors Spindler am Lyceum, später Diakonus, die andere gestiftet im Jahr 1652 von dem gräflichen Kanzler Dr. Christian Schildt. Die Letztere vermittelt durch eine Schriftgravur auf der Schneppe den Akzent der zeitgenössischen Abendmahlsanschauung, die auch in verschiedenen Kantatentexten Bachs wiederkehrt: »Durch einen Tropfen des Blutes [Christi] ist genug ausgegossen worden.«

GVTTA SAT EFFUSUS
DEINS HEILGEN
BLVTS EIN
TRÖPF-
LEIN
KLEIN

SANGVINIS
WASCHT MICH
VON ALLEN
SVNDEN
REIN

Die Kirche mit Altar und Orgel wurde ein Raub der Flammen bei dem verheerenden Stadtbrand – einer von zwölf, die Ohrdruf erlebte – vom 27. November 1753, bei dem mit Sicherheit auch verschiedene Bachiana vernichtet wurden. Nach dem Wiederaufbau konnte die Kirche am Festtag Mariae Reinigung, dem 2. Februar 1760, in Gebrauch genommen werden. Johann Jacob Löw, Generalsuperintendent des Herzogtums Gotha, hielt die Einweihungspredigt und schilderte dabei die Brandnacht: »*O schreckliche Nacht! für deren Grauen sich der späte Gedanke noch in mir entsetzen will! O fürchterliche Morgenstunden, in welchen Sturm und Wetter, und Regengüsse, und Feuerflammen, und alle Elemente untereinander wüteten, um die Zornruthe des Allmächtigen über einen bis dahin blühenden Ort mit Macht herein zu führen! O mein Gott! laß sie doch dergleichen Noth und Jammer hier niemals wieder erfahren! Es war nicht genug, daß der größte Theil der inneren Stadt zu Grunde gerichtet, und eine zahlreiche Menge von Bürgern und Inwohnern in Armuth gestürzet; nicht genug, daß getreue Lehrer in Kirchen und Schulen ihrer Wohnungen und Haabseeligkeiten beraubet und nebst den Ihrigen in kümmerliche Umstände gesetzet wurden; nicht genug, daß so viele unglückliche Menschen nicht mehr hatten, wo sie ihr Haupt hinlegen konnten. Auch das Haus des HErrn durfte von solchem Strafgerichte nicht verschonet bleiben. Der Tempel GOttes geriet in Flammen. Seine umher tönenden und nach Hülfe schreyenden Sturmboten mußten schweigen und selbst im Feuer zerfliessen. Seine erhabenen Gipfel stürzeten mit gräßlichem Getöse hernieder. Er selbst verbrannte von Grund aus jämmerlich. Schutt und Steinhaufen waren die elenden Ueberbleibsel.*«

Nach dieser Katastrophe, bei der auch die Mitglieder der in Ohrdruf ansässigen Familien Bach schwer betroffen wurden, kam es bei dem Stadtbrand

Haupt=Schlüssel
über
die hohe Offenbahrung
S. Johannis/
Welcher
durch Erklärung aller und jeder Zahlen/ die darinnen vorkommen/ und eine gewisse Zeit bedeuten/
zu dem eigentlichen und richtigen Verstand Oeffnung thut/ daß
solcher mit der Hülffe GOttes wol mag erlanget/ und erkannt werden/ was
allbereit erfüllet sey/ und was noch zu erfüllen hinterstellig/ auch wenn diß oder
jenes/ nach Göttlicher Versehung und Verkündigung/
geschehen soll und wird/
Samt zweyen Registern/ 1. der Stellen H. Schrifft/
2. der Sachen/
GOtt zu Ehren/ und der lieben Christenheit zu
sonderbarer Nachricht/
verfertiget und an den Tag gegeben
durch
M. Casparum Heunisch/ in des H. Reichs
Stadt Schweinfurth Pfarrern/ Professorn/ der Kirchen/
des Gymnasij und der Schulen Inspectorn.
Schleusingen/
Gedruckt durch Sebastian Göbel/
Anno 1684.

C. Heunisch, Haupt-Schlüssel mit Widmung an Kromayer

am 6. Januar 1808 nochmals zur Vernichtung der Kirche bis auf den Turm. Erst zwischen 1818 und 1822 baute man sie erneut auf und weihte sie am 29. Juni 1823, an dem das Fest Mariae Heimsuchung begangen wurde, wieder ein. Dieser Bau wurde schließlich ein Opfer des Bombardements auf Ohrdruf noch im Jahr 1945. In einem Turmrest ist im zweiten Stock die wertvolle **Kirchenbibliothek St. Michaelis** untergebracht, was den Weg zum Michaelisplatz durchaus lohnt, wenn auch der weitaus größte Bestand der älteren Bibliothek mit ihren höchst wertvollen Manuskripten, Schriften und Chroniken in dem Brand von 1753 zerstört worden war. Die Bibliothek wurde durch Ankauf der umfangreichen Bibliothek des ehemaligen Ohrdrufer Superintendenten M. Johann Benjamin Martini († 1742) 1762 in Gotha und weitere beachtliche Käufe ehemaliger Pfarrersbibliotheken aus der Umgebung wieder zu beachtlicher Größe geführt. Besonders sind die aus dem Besitz der beiden Superintendenten Melchior und Johann Abraham Kromayer stammenden Stücke erwähnenswert, unter denen sich Bände befinden, die in lebendiger Beziehung zu Johann Sebastian Bach stehen, so z. B. der handschriftliche Predigtband von dem jüngeren Kromayer oder Caspar Heunischs Hauptschlüssel über die hohe Offenbarung St. Johannis, Schleußingen 1684, ein Buch, das Bach selbst auch besaß und das hier in einem Exemplar mit handschriftlicher Widmung des Verfassers an den älteren Kromayer vorhanden ist.

In der heutigen Johann-Sebastian-Bach-Straße befand sich das **Wohnhaus Johann Christoph Bachs**, in welchem Johann Sebastian von 1695 bis 1700 untergekommen war. Auch dieses Haus wurde 1753 ein Raub der Flammen. Der Nachfolgebau wurde im Zweiten Weltkrieg vernichtet. Heute erinnert eine Gedenktafel daran.

Seit 1714 besitzt Ohrdruf in der Vorstadt noch eine zweite Kirche, die **Trinitatiskirche.** Sie ist der Nachfolgebau einer kleinen Kapelle, des »Heiligen Häuschens«, das inmitten der armen Bevölkerung der Vorstadt »im Leichfeld« stand und bereits 1533 wegen Baufälligkeit aufgegeben werden mußte. Knapp zwei Jahrhunderte hielt sich die Vorstadtbevölkerung dann zur Michaeliskirche, bevor ein neuer Bau entstehen konnte. Dieser einschiffige Barockbau mit doppelten Emporen, der von 1709 an entstand, wurde am 3. Sonntag nach Trinitatis, 17. Juni 1714, eingeweiht: *»Der Organist Joh. Chrp. Bach begann zu orgeln, auf dem Chore wurde uf das feinste musicieret,«* wird berichtet. 1738 erhob man diesen Neubau dann zur eigenständigen Pfarrkirche. An der flachen Holzdecke wurden erst 1885 Gemälde angebracht. Johann Christophs ältester Sohn, Tobias Friedrich Bach (1695-1768), teilt mit, seit 1714 bis 1717 habe er *»den Gottesdienst bey der Dreyfaltigkeits-Kirchen in der Vorstadt nunmehr mit Singen und Orgelspielen versehen«*. Hier befand sich seit 1714 jenes Positiv mit angehängtem Pedal aus der Michaeliskirche, auf dem einst Johann Sebastian seine Studien betrieben haben mag. Es diente noch bis 1747, dann mußte das über 325 Jahre alte Werk einer neuen **Orgel** Platz machen, die durch den Orgelbauer Johann Stephan Schmalz in Arnstadt gefertigt wurde, demselben, der auch von 1758 bis 1760 eine neue Orgel in der Michaeliskirche baute. Die Orgel der Trinitatiskirche besaß zwei Manuale mit je 12 Registern und Pedal mit 8 Registern. Sie stand bis 1814, als der Ohrdrufer Zimmermann und Orgelbauer Georg Franz Ratzmann eine neue Orgel mit ebenfalls zwei Manualen und Pedal und insgesamt 34 Registern schuf. Zwischenzeitlich nahm der Gothaer Orgelbauer Knauff (1886) die Originalität des Werkes beeinträchtigende Veränderungen vor, die bei der letzten Renovierung durch die Firma Förster & Nicolaus aus Lich in Oberhessen 1992 rückgängig gemacht wurden, so daß jetzt der Klang des ursprünglichen Instrumentes von 1814 wieder zu hören ist. Ohrdruf reiht sich mit diesem Instrument (Disposition siehe Anhang, S. 315) würdig in die vielfältigen Angebote der Bachstädte ein.

Am Ostrand der Stadt liegt das **Schloß Ehrenstein**, das heute zu einem guten Teil museal genutzt wird. Die unregelmäßige vierflüglige Anlage entstand zwischen 1550 und 1590. Aus dieser Zeit erhalten sind der Renaissanceerker an der Hofseite des Ostflügels und das Renaissanceportal. Nach dem Stadtbrand von 1753 kam es 1760 zu Umbauten im Stil des Rokoko. Seitdem existiert der Rokokosaal, in dem eine kleine Bach-Ausstellung anzuschauen ist. In einer gewissen Verbindung zur ehemaligen Schloßkapelle steht die am Nordrand der Stadt gelegene **Siechhofskapelle,** auch Hospitalkirche genannt, ein Bauwerk aus dem 17. Jahrhundert, das durchaus sehenswert ist. Kunstwerke aus der ehemaligen Schloßkapelle sowie ein geschnitzter Sippenaltar laden zum Betrachten und Verweilen ein.

3. Literatur

Harald Wetzold (Hrsg.), Rund um die Käfernburg, Streiflichter aus der zwölfhundertjährigen Kirchengeschichte des Kirchenkreises Ohrdruf. Berlin 1985, 2. Aufl.

Hans-Joachim Schulze, Johann Christoph Bach (1671-1721). »Organist und Schul Collega in Ohrdruf«. Johann Sebastian Bachs erster Lehrer. Bach-Jahrbuch 1985

Conrad Freyse, Die Ohrdrufer Bache in der Silhouette. Johann Sebastian Bachs ältester Bruder Johann Christoph und seine Nachkommen. Eisenach und Kassel 1957

4. Reiserouten, Auskünfte, Adressen, Öffnungszeiten

Ohrdruf ist mit der Regionalbahn von Gotha oder Gräfenroda aus zu erreichen.

Mit Auto A 4 bis Abfahrt »Gotha«, dann B 247 ca. 10 km in Richtung Oberhof.

Auskünfte erteilen:
Stadtverwaltung Ohrdruf
Marktplatz 1
99885 Ohrdruf
Telefon 0 36 24-33 02 10
Fax 0 36 24-31 36 34

Evangelisch-Lutherische Kirchgemeinde Ohrdruf
Evangelisches Pfarramt
Kirchstr. 20
99885 Ohrdruf
Telefon 0 36 24-31 35 36
Fax 0 36 24-31 35 37
Öffnungszeiten nach Vereinbarung

Schloß Ehrenstein
Schloßplatz 1
99885 Ohrdruf
Telefon 0 36 24-40 23 29
Öffnungszeiten
So-Fr 9.00-12.00 und 13.00-16.00
Sa geschlossen
Führungen nach Vereinbarung

Pomßen

1. Möglicherweise ist Bach bereits in Zusammenhang mit dem Umbau der Pomßener Kirchenorgel im Jahr 1726 in der eindrucksvollen Dorfkirche gewesen. Er soll eine Pedalverstärkung veranlaßt haben, doch gibt es dazu keine Belege.

Gesicherter ist Bachs Anwesenheit in Pomßen am 6. Februar 1727. Er führte dort zur Trauerfeier des Königlichen Kammerherrn Johann Christoph von Ponickau (1652-31. 10. 1726) die Kantate »Ich lasse dich nicht, du segnest mich denn« (BWV 157) auf. Pomßen gehörte neben einer Reihe anderer Rittergüter zum Besitz Ponickaus. Eine Schlüsselrolle spielt bei diesem Ereignis ein Studiosus Namens Christoph Gottlob Wecker, der wohl als Initiator und Organisator alle Dedikationen und Kondolenzen zum Tode des Pomßener Kammerherrn koordinierte und in eine würdige Gestalt brachte.

Dieser Wecker wurde 1705 in Friedersdorf/Schlesien geboren, tauchte 1721 als Praecentor an St. Petri zu Bautzen auf und begann 1723 an der Universität Leipzig Jura zu studieren. Während dieser Zeit war er Mitglied des Görnerschen Collegium musicum und auch Mitwirkender bei Bachschen kirchenmusikalischen Aufführungen. In den Jahren von 1727 an durfte er sich bei seinen Bewerbungen der lebhaften

Unterstützung Bachs erfreuen, so, als es um die Kantorenstelle an St. Jacobi in Chemnitz ging, die er jedoch nicht erhielt. Seine Bewerbung um das Kantorat an der Dreifaltigkeitskirche in Schweidnitz 1729 ist – mit Unterstützung Bachs – dann von Erfolg gekrönt gewesen. Dort blieb er lebenslang bis zu seinem Tod im Jahr 1774.

Weckers Nähe zu Bach hat den wesentlichen Ausschlag für die Datierung einer ersten Fassung der Matthäuspassion (BWV 244) auf das Jahr 1727 gegeben. Bach muß seinen Schüler Wekker geschätzt haben. Dieser beherrschte nicht nur das Singen und Dirigieren, sondern in besonderer Weise wohl auch das Spiel der Traversflöte. Daß dieser reproduzierende Musiker auch komponiert hätte, ist nicht bekannt, so daß die Vermutung, Wecker habe die Pomßener Gedächtniskantate BWV 157 geschrieben, eher unwahrscheinlich ist.

Weckers Name steht am Ende der im Druck veröffentlichten Leichenpredigt des Ortspfarrers Steinhäuser für den Kammerherrn von Ponickau und der nachfolgenden Epicedien einschließlich Text der musizierten Kantate. Dies hat zu dem Schluß geführt, Wecker habe die Kantate komponiert oder aufgeführt. Er läßt aber seinen Namen abdrucken, weil er offensichtlich dem von Ponickauschen Hause in besonderer Weise verpflichtet war und sich bereit fand, alle anläßlich der Trauerfeierlichkeiten geschriebenen, gesprochenen und musizierten Texte zu Ehren des Verstorbenen und seiner Angehörigen zum Druck zu befördern. Er gewinnt übrigens dafür die Druckerei, die für Bach in Leipzig regelmäßig die »Texte zur Leipziger Kirchen=Music«, jener seit seinem Amtsvorgänger Kuhnau üblichen Publikationen der sonntäglichen Kantatentexte in Sammlungen von vier bis sieben Kantaten, herausbringt. Daß diese Veröffentlichung frühestens 1 1/2 Jahre nach dem Tod Ponickaus zustande kam, läßt sich aus der Bemerkung auf dem Titelblatt schließen, der Druck sey »bey Immanuel Tietzens seel. Wittwe« erfolgt; Immanuel Tietze starb am 31. Juli 1728.

Sie enthält nicht nur den Text des Werkes BWV 157, sondern »Nach der Predigt« einen zweiten Teil bzw. eine zweite Kantate mit dem Textbeginn »Liebster Gott, vergißt du mich«. Es gibt keinen Hinweis, daß dieses Werk anderer Herkunft sein könnte, ja, inzwischen hat sich die Überzeugung gefestigt, daß es gleichfalls ein Werk Bachs ist. Sein Text stammt – im Unterschied zum ersten Teil, der Picander zum Autor hat – von Georg Christian Lehms, dem Darmstädter Hofpoeten; in seinem »Gottgefällige[s]n Kirchen= Opffer, Darmstadt 1711« kommt der Text als Kantate für den 7. Sonntag nach Trinitatis vor. Einige Retuschen machten den Text für den Anlaß in Pomßen brauchbar. Die Komposition ist nicht erhalten; wahrscheinlich führte die Herauslösung der Kantate BWV 157 aus dem Zusammenhang der Trauermusik und ihre Wiederverwendung für den Festtag Mariae Reinigung (2. Februar) zum Verlust.

Als Autor der Gedächtnispredigt ist der Ortspfarrer Johann Joachim Steinhäußer genannt. Er stammte aus Marienberg, wo er am 6. oder 8. Juli 1668

Pomßen, Kirche und Pfarrgut um 1840

geboren worden war. Sein Vater war Stollenvorsteher und Ratsherr gewesen. Nach dem Besuch der Kreuzschule in Dresden bezog er 1691 die Universität Leipzig, verdiente sich dann seinen Unterhalt als Informator bei der adligen Jugend in Zschepline, wurde am 27. Januar 1699 ordiniert und bekleidete sechs Jahre lang ein Pfarramt in Großzschepa. Am 1. Advent 1705 trat er sein neues Amt in Pomßen an; er starb am 10. Februar 1747. Ob der damals fast sechzigjährige Pfarrer Steinhäußer mit Bach über den Orgelumbau 1726 und den Gedächtnisgottesdienst 1727 hinaus in Verbindung stand, ist nicht bekannt.

2. Urnenfunde in der Nähe des Ortes und die erste urkundliche Erwähnung 1278 lassen auf ein hohes Alter der Ansiedlung im Bereich des heutigen Dorfes Pomßen schließen. Die Herrschaft über den Ort wurde von einer mächtigen mittelalterlichen Wasserburg aus ausgeübt. Besitzer waren das Rittergeschlecht derer von Pomezin, die Familie von Pflugk, später die Familie von Ponickau. Letzte Besitzer waren die Fürsten von Schönburg-Waldenburg.

Auch die Pomßener **Wehrkirche**, eine für das Leipziger Land typische Kirchenform, kann auf ein stolzes Alter zurückblicken. Teile der Grundmauern mögen um 1200 entstanden sein, der heutige Kirchenbau stammt aus dem 13. Jahrhundert. Romanische Kapitelle, die Apsiden und das Westwerk wurden in ihrem Eindruck auch durch Um- und Anbauten aus der Zeit der Renaissance und des Barock nicht beeinträchtigt. Schon 1529 fand hier – wie sonst in ernestinisch-sächsischen Ländern – die Einführung der Reformation statt. Letzte Renovierungen der Kirche erfolgten 1889 und 1934. Die Kirche besitzt die älteste **Orgel** Sachsens. Aus einem Positiv der Renaissancezeit – Ende 16. Jahrhundert – weiterentwikkelt, wurde sie 1670/71 von dem Döbelner Orgelbaumeister Richter aufgestellt und mit einer Orgelpredigt des Ortspfarrers Immanuel Weber (1633-1678; seit 1665 in Pomßen) eingeweiht. Gestiftet wurde sie von zwei adligen Damen des Hauses von Ponickau. Vermutlich anläßlich des Aufbaus versah Richter das bis dahin pedallose Werk mit drei Registern zum Pedal, die er hinter einem Holzgitter neben dem Instrument aufstellte (Disposition siehe Anhang, S. 316).

Diesem wunderbaren Instrument gegenüber steht der **Renaissance-Altar**, geschaffen in der Freiberger Bildhauerschule Andreas Lorentz. Das Bildprogramm ist an der Heilsgeschichte orientiert. Eingebunden in den heilsgeschichtlichen Ablauf ist die Stifterfamilie von Ponickau, die mit 14 Personen unter dem Gekreuzigten kniet: Hans von Ponickau († 1573) und seine Gemahlin Margarethe († 1570) mit acht namentlich verzeichneten Söhnen und vier namentlich genannten Töchtern. Die Entstehung des Altars wird auf 1560 geschätzt. In der Kapelle unter dem Westturm, seit einiger Zeit als Taufkapelle genutzt, steht der romanische **Taufstein** aus Rochlitzer Porphyr. Von besonderem Wert ist die **Kassettendecke**, vermutlich von 1668. Auf 53 Tafeln sind Propheten, Evangelisten, Kirchenväter und Papst Gregor dargestellt. Die Kassetten über dem Ostchor zeigen die Marterwerkzeuge Christi. Zwei **Grabdenkmale** von Mitgliedern der Familie von Ponickau auf der Südseite des Chorraumes fallen besonders ins Auge. In der Krypta steht ein sehr gut erhaltener Sandsteinsarkophag des einen Ponickau. Die **Glocken** von 1665 und 1685 entgingen der Einschmelzung im Krieg. In der nordwestlichen Aufgangshalle zur Empore hängt ein **spätgotisches Holzkreuz.**

3. Literatur

Klaus Hofmann, Bachs Kantate »Ich lasse dich nicht, du segnest mich denn«, BWV 157. Überlegungen zu Entstehung, Bestimmung und originaler Werkgestalt. In: Bach-Jahrbuch 1982

Klaus Günther, Wehrkirche Pomßen. Stätten sächsischer Kunst und Geschichte. Beucha 1995

4. Reiserouten, Auskünfte, Adressen, Öffnungszeiten

Nach Pomßen besteht von Leipzig oder Grimma aus Busverbindung.

Mit Auto über A 14 bis Abfahrt »Klinga«, dann noch ca. 5 km; Pomßen liegt an der Straße Leipzig-Grimma 20 km von Leipzig, 6 km von Grimma entfernt.

Auskünfte erteilt:
Evangelisch-Lutherisches Pfarramt Pomßen
Herr Pfarrer Klaus Günther
Hauptstraße 31
04668 Pomßen
Telefon 034293-29526

Sangerhausen

1. Mit Sangerhausen stand Johann Sebastian Bach zweimal in Kontakt. 1702 hatte er sich um die Organistenstelle von St. Jacobi beworben, war aber wohl wegen seiner Jugend abgewiesen worden – er stand erst im 18. Lebensjahr! Wir kennen seine Bewerbung nicht, auch protokollarische Notizen zur Entscheidung des Sangerhäuser Rates fehlen, aber im Zusammenhang mit seiner zweiten Kontaktaufnahme, die einen seiner Söhne betraf, kommt Bach selbst auf die frühere Angelegenheit zu sprechen: »*Und wer weiß?, ob nicht hierunter Göttliche Schickung mit im Spiel, daß Eu: HochEdler Rath voritzo ehe im Stande sind, das meiner Wenigkeit vor bey nahe 30 Jahren, gethane Versprechen, in* conferirung *des damahlen* vacanten Figural-*Organisten Dienstes, in* vocirung *eines meiner Kinder, hallten zu können, da Ihnen damahlen durch hohe LandesObrigkeit ein* Subject *zugeschicket wurde, welches* causirete, *daß, obwohln damahln die sämtlichen* vota *unter dem Regimente des seeligen Burgermeisters Vollraths, meine Wenigkeit betraffen, ich doch wegen obiger* raison, *nicht so glücklich seyn könte, zu* emergiren.«

Wie war die Sache vonstatten gegangen? Gottfried Christoph Gräffenhayn, zugleich Stadtrichter und seit 1696 Figuralorganist an St. Jacobi, war am 9. Juli 1702 begraben worden. Herzog Johann Georg von Sachsen-Weißenfels (1677-1712) empfahl damals ein Mitglied seiner Hofkapelle, nämlich Johann Augustin Kobelius d. Ä. (1674-1731), zum Nachfolger. Obgleich man sich eigentlich schon anders entschieden hatte, mochte der Rat zu Sangerhausen unter seinem Bürgermeister Johann Laurentius Vollrath († 7.6. 1714) sich nicht gegen diese Empfehlung wenden, auch wenn bei der Wahl im Rat alle Mitglieder offenbar eindeutig für Bach gestimmt hatten. Wenn nicht alles täuscht, hatte man Bach vorher sogar die Stelle ausdrücklich angeboten, was die Bemerkung von der »conferirung des damahlen vacanten Figural Organisten Dienstes« durchaus hergibt. Um so peinlicher wird es dem betagten Bürgermeister Vollrath gewesen sein, dem jungen Bach absagen zu müssen. Daraus jedenfalls ergab sich eine Art Wiedergutmachungsversprechen, damals womöglich etwas augenzwinkernd gemacht, jetzt aber von Bach bewußt in Erinnerung gerufen: man werde einst eines seiner Kinder berufen! Ob 1702 die ganze Prozedur verbunden war mit Probespiel und persönlicher Mitteilung der geschehenen Wahl im Rathaus zu Sangerhausen, läßt sich nicht sagen. Wenn es zutrifft, daß man von sich aus auf Bach zugegangen war, so dürfen wir Bachs Anwesenheit in Sangerhausen wenigsten zur Annahme der Wahl vermuten.

Bachs damaliger Konkurrent, Kobelius, stammte aus dem Pfarrhaus zu Waehlitz bei Merseburg, wo er am 22. Februar 1674 geboren worden war. Da seine Mutter die Tochter des Weißenfelser Organisten Nicolaus Brause war, scheint ihm die Musikalität in die Wiege gelegt gewesen zu sein. Später Schüler der Weißenfelser Meister Johann Christian Schieferdecker (1679-1732) – der Nachfolger Buxtehudes in Lübeck seit 1707 wurde – und Johann Philipp Krieger (1649-1725), unternahm er Reisen bis nach Venedig und avancierte aufgrund seiner Leistungen zum Kammermusikus in Weißenfels. Als er 1702 das Amt des Stadt- bzw. Figuralorganisten in Sangerhausen übernahm, brach seine Verbindung zum Weißenfelser Hof dennoch nicht ab. Zunächst ernannte man ihn in Sangerhausen 1703 zum »director chori musici« und 1712 gleichzeitig zum Kapelldirektor am Heiligen Kreuz zu Querfurt. 1708 gab er die Funktion des »director chori musici« wieder ab. Johann Gottwald Stöpel (1683 - nach 1755), ein Pfarrerssohn aus Steuden/Mansfeld, wurde nun Schloß- und Stadtkantor. Dieser hatte 1696 die Schule in Eisleben, 1697 das Gymnasium in Halle und um die gleiche Zeit auch die Thomasschule in Leipzig besucht, bevor er 1703 Studien an der Universität Leipzig aufnahm. Da Kobelius von 1723 an die Funktion eines Landrentmeisters in Weißenfels ausübt, sieht es so aus, als ob man ihm schon damals den Posten des Kapelldirektors in der Nachfolge des inzwischen fast fünfundsiebzigjährigen Krieger in Aussicht gestellt habe, den er 1724 dann auch erhält. Gestorben ist Kobelius am 17. August 1731 in Weißenfels. In Sangerhausen jedenfalls übernahm von 1723 an Stöpel das Amt des Organisten mit, gab es aber 1725 an Johann Friedrich Rahm († 1736) ab.

Bach nahm ein zweites Mal Verbindung mit Sangerhausen auf, als er sich für die berufliche Laufbahn seines dritten Sohnes einsetzte: Johann Gottfried Bernhard Bach, am 11. Mai 1715 in Weimar geboren, hatte seit mindestens 1730 in Leipzig die Thomasschule besucht, war aber dann nicht zu einem Universitätsstudium gelangt. Was eigentlich der Auslöser für die relativ frühe Aufnahme des eigenen Berufes durch Johann Gottfried Bernhard war, ist nicht bekannt. Jedenfalls strebte er mit Hilfe des Vaters eine Stelle in Mühlhausen an. Dort wurde er Nachfolger des langjährigen Marienorganisten Johann Gottfried Hetzehenn (1664-1735), nachdem Johann Sebastian selbst – für ein Jahr – dessen Kollege an Divi Blasii gewesen war. Hetzehenn hatte die Stelle seit 1693, also 42 Jahre inne gehabt. In dessen Nachfolge entschieden sich die Mühlhäuser Eingepfarrten, wie sich die Stadträte dort nannten, nun offenbar gern für den Sohn ihres einstigen Blasiusorganisten. Warum dieser bereits am 23. Februar 1737 wieder kündigte, ist nicht hinreichend bekannt. Einzelne protokollarische Äußerungen aus den Mühlhäuser Ratsakten zeigen Kontroversen, die auch Kritik an des jungen Bach Orgelspiel enthalten: »*Wenn H. Bach die Orgel so fort spielt, so ist sie in 2 Jahren hingerichtet, oder die meisten Kirchgänger müssen taub werden.*« Mochte es jene kritische Stimmung in Mühlhausen sein, die Johann Gottfried Bernhard nicht bewältigte, oder das Alleinleben, das ihm nicht gelang – die unverhofft sich bietende Gelegenheit einer Stelle auf nur halbem Wege von Leipzig muß ihn jedenfalls gereizt haben.

Der Sangerhäuser Jacobiorganist Johann Friedrich Rahm war Ende Okto-

Sangerhausen, Jacobikirche, Blick zum Altar

ber 1736 gestorben; ohne Zeitverzug bemühte sich Johann Sebastian abermals für seinen Drittgeborenen auch um diese Stelle. Und es gelang ihm, aus seiner mißglückten Bewerbung von 1702 nun gleichsam Kapital zu schlagen. Johann Gottfried Bernhard Bach setzte sich gegen andere Bewerber durch, nachdem er das Probespiel in Sangerhausen am 13. Januar 1737 absolviert hatte: die Wahl, schon einen Tag später, lief auf ihn hinaus, und er konnte am 23. Februar 1737 um seine Entlassung in Mühlhausen bitten. Er erhielt sie mit einem bedeutsamen Zeugnis des Mühlhäuser Bürgermeisters Adolf Wilhelm Rothschier (1667-1738): *»Als* attestir*e hiermit und in Krafft dieses, daß Eingangs erwehnter Herr Baach sich nicht nur in seinem Lebens-Wandel und der Bürgerlichen* Conduite *nach höflich und* honett *aufgeführt, sondern auch in seiner Bedienung als ein* habil*er-beliebter* Organist *und würdiger Sohn seines Berühmbten Herrn Vaters erwiesen, dergestalt, daß man Ihn, woferne Er nicht ein beßeres* avancement *in* Sangerhausen *erfunden, gerne länger alhier wünschen mögen ...«*

Am 4. April 1737 erhielt er seine Vokation in Sangerhausen, wozu sein Vater aus Leipzig anwesend war. Bei dieser Gelegenheit sahen sich beide wohl zum letzten Mal. Im Frühjahr 1738 verließ er Sangerhausen mit unbekanntem Ziel. Johann Augustin Kobelius d. J. († 1741), der bereits zu den Mitbewerbern um die Organistenstelle 1737 gehört hatte, vertrat ihn vom 18. März 1738 an in der Ulrichskirche. Auf Anfrage des Sangerhäuser Rates ordnete das Leipziger Konsistorium an, man solle Bachs Aufenthaltsort ausfindig machen und darüber berichten. Das erfolgte am 15. Oktober 1738: *»Als ist unser bemühung biß hier her so gar vergebens gewesen, daß nicht einmal sein Vater in Leipzig der Capell Director nachricht zu geben weiß, wo er hinkommen.«*

Durch die Matrikel der Universität Jena wissen wir, daß er sich am 28. Januar 1739 dort einschrieb und als studens iuris am 27. Mai 1739 an einem Fieber starb.

2. Schon im 13. Jahrhundert befand sich an der Stelle der jetzigen dreischiffigen **Jacobikirche** ein romanisches Bauwerk, das 1271 als »Marktkirche« erstmalig Erwähnung findet. Die größer werdende Stadt bedurfte bald auch eines größeren Kirchenbaues. Von 1457 an liefen Abbruch und Neubau der Kirche Hand in Hand. Der notorische Geldmangel führte zu einer Bauzeit von nicht weniger als 85 Jahren. Da man den Turm vermutlich auf einem zugeschütteten Wallgraben errichtete, fing er bald an, sich nach Westen zu senken. Dieser Zustand ist bis heute nicht behoben. Aus den Gewölbeansätzen im Hauptschiff ist die Planung der ganzen Einwölbung, ähnlich wie im Chorraum, zu ersehen, zu der es jedoch nie kam. Der reiche und über und über vergoldete **Flügelaltar** mit 20 geschnitzten Heiligenfiguren stand ursprünglich im Sangerhäuser Augustinerkloster, wo er schon 1358 erwähnt wird. Anläßlich der Einführung der Reformation 1539 nahm man ihn in die Stadtkirche herüber. Die Flügel zeigen Malereien: Geburt Christi, Besuch der Maria bei Elisabeth; als Predella ergänzte man

1621 eine geschnitzte Darstellung des heiligen Abendmahls von Reinhold Johannes aus Leipzig. Die barocken Aufsätze umschließen die im Jahr 1670 von Christoph Hartmann gemalten Medaillonporträts der Herzöge August und Johann Adolph I. von Sachsen-Weißenfels. Die **Emporen** kamen erst 1665 in die Kirche. Auch das **Chorgestühl** (15. Jahrhundert) kam aus dem Augustinerkloster. Ein wenig älter ist der bronzene **Taufkessel**. Der **Kanzel** sieht man gut die Zeit ihrer Entstehung an; sie stammt aus der zweiten Hälfte des 16. Jahrhunderts. Für den den Kanzelkorb tragenden Petrus nahm man den damaligen Küster Metze († 1601) zum Modell. Wegen eines Dachstuhlbrandes 1971 und des eingebrochenen Löschwassers waren große Teile der Kirche und die kostbare Orgel unbrauchbar geworden. Die nötige Sanierung legte zugleich die Bemalung der gesamten Kirche aus dem Jahr 1665 frei, die einst von Georg Bottschild ausgeführt worden war.

Neben dem Altar ist die **Orgel** das kostbarste Ausstattungsstück. Sie ist ein Werk des Silbermann-Schülers und Bachfreundes Zacharias Hildebrandt aus dem Jahr 1728. Ob Bach auf diese Vergabe Einfluß genommen hat, ist nicht bekannt. Immerhin befand er sich kurz vor seiner Ernennung zum »Hochfürstlich Sachsen-Weißenfelsischen Capellmeister«. Hildebrandt nahm für die Zeit des Baus dieser Orgel zu der fraglichen Zeit in Sangerhausen Wohnung; von 1727 an befand er sich für reichlich vier Jahre in der Stadt, da er noch weitere vier Orgeln in der Umgebung baute. 1730 ernannte ihn der Weißenfelser Serenissimus zum »Fürstlich Sachsen-Weißenfelsischen Hoff-OrgelMacher«. Die Einweihung der Orgel im Gottesdienst am 1. Juni 1728 geriet zu einem ausgiebigen Fest mit Anwesenheit des Stolberger und Roßlaer Hofes. Die Predigt hielt Superintendent Johann Gottfried Olearius – nicht zu verwechseln mit dem Verwandten gleichen Namens zu Bachs Zeit in Arnstadt –, seit 1714 schon im Amt. Die Hofkapelle führte eine wohlgesetzte Musik auf, unter Pauken und Trompeten Schall sang man das »Te Deum laudamus«, auf dem Markt fand eine Prozession mit Fahnen, präsentierten Gewehren und Böllerschüssen statt; den Abschluß bildete der Orgelschmaus. Hildebrandt hatte nicht nur die Disposition erstellt (siehe Anhang, S. 316), sondern auch das Orgelgehäuse selbst entworfen; die Ausführung übernahmen der Bildschnitzer Valentin Schwarzenberger und der Maler Johann Herbst, beide aus Leipzig.

Mehrfach mußte sich diese Orgel Veränderungen gefallen lassen, so als 1852/1854 der Orgelbauer Strobel (Frankenhausen) sie erweiterte und ihre Klanggestalt dem Stilempfinden des 19. Jahrhunderts anzupassen versuchte. 1907 baute man eine pneumatische Traktur ein, die schon bald nicht mehr funktionstüchtig war. Noch 1938 gab es Veränderungen. Durch den Löschwassereinbruch 1971 wurde das Instrument völlig unbrauchbar. Die Firma Eule-Orgelbau (Bautzen) restaurierte die Orgel 1976 bis 1978. Sie ist durch ihren Erbauer geadelt und dadurch, daß nach Johann Friedrich Rahm Johann Gottfried Bernhard

Bach der zweite Organist war, der sie spielte. Ob Bach gelegentlich eines Besuches in Sangerhausen oder anläßlich der Reise nach Kassel hier Station gemacht und auf der Orgel gespielt hat, ist nicht bekannt.

3. Literatur

Winfried Schrammek, Bach-Orgeln in Thüringen und Sachsen. Leipzig 1983

4. Reiserouten, Auskünfte, Adressen, Öffnungszeiten

Sangerhausen liegt an der Fernbahnstrecke Halle/S.-Nordhausen-Kassel.

Mit Auto von Halle/S. aus über B 80 Richtung Eisleben; in Zukunft A 38 bis Abfahrt »Sangerhausen«.

Auskünfte erteilt:
Evangelisches Pfarramt der St. Jacobikirche Sangerhausen
Telefon 0 34 64-57 03 34 oder -57 76 63
Fax 0 34 64-57 96 54
Führungen nach Vereinbarung

Schleiz

1. Vom 7. bis 13. August 1721 wohnte Bach im ›Blauen Engel‹ in Schleiz. Was hatte ihn hierher geführt? War es eine Einladung des regierenden Grafen Heinrich XI. Reuß (1669-1726) – die Rechnungseintragungen beziehen sich »Auf die Hofmusik« (Eintrag zum 7. 8. 1721), auf die Übernachtung im ›Blauen Engel‹ (Eintrag zum 11. 8.) und auf »Post- und Passagegelder« (Eintrag zum 13.8.) –, oder sollte es sich um eine Orgelprobe in der Schloßkapelle gehandelt haben? Jedenfalls reiste Bach am 13. August mit der Post von Schleiz über Gera nach Köthen zurück.

Als Kapellmeister amtierte zu dieser Zeit in Schleiz Gottfried Siegmund Liebich (22. 7. 1672 in Frankenberg, 1. 7. 1727 in Schleiz), der nach dem Schulbesuch in Bautzen an der Universität Jena Medizin studiert hatte. Später treffen wir ihn als Sänger in Dresden an. 1695 bekleidete er in Schleiz den Posten eines Amtsschreibers, schließlich avancierte er zum Capelldirektor bei der Hochgräflichen Reuß=Plauischen Capelle und zum Kammerschreiber. Er komponierte zwei Kantatenjahrgänge über Evangelientexte, der erste für eine, der zweite für vier Singstimmen.

Als Figuralkantor wirkte in den Kirchen der Stadt Johann Sebastian Koch, der später Nachfolger Liebichs wurde: geboren am 16. Juni 1689 in Ammern bei Mühlhausen, gestorben am 17. Januar 1757 in Schleiz; Schulen besuchte er in Mühlhausen und in Blankenburg/Harz, von 1708 bis 1709 war er für zwei Jahre Praefectus Chori in Mühlhausen. Hier könnte er noch mit Bach zu tun gehabt haben, bevor dieser nach Weimar ging. Am 16. April 1711 schrieb er sich zum Theologiestudium in Jena ein, ging 1712 nach Schleiz als Baccalaureus des dortigen Gymnasiums und gleichzeitig als Hofkantor und Bassist bei der Gräflich Reußischen Capelle; 1719 wird er Figuralkantor und 1728 erhält er die Nachfolge Liebichs als Capelldirektor.

Schleiz, Stadt und Bergkirche vor 1837, Lithographie von C. C. Böhme

Ob wir hier in Schleiz auch einen der Textdichter Johann Sebastian Bachs, Johann Oswald Knauer (1690-?) suchen müssen, ist noch ungeklärt. Der Sohn des Hofdiakons Johann Knauer († 1709; Hofkaplan und -diakon in Schleiz) dichtete 1720 einen Kantatenjahrgang für seinen Schwager, den Hofkapellmeister Stöltzel in Gotha. Seinen Lebensweg können wir ein Stück weit verfolgen: getauft am 5. Februar 1690, nimmt er am 20. Februar 1709 das Studium an der Universität Jena auf, wechselt 1711 nach Leipzig, wo er am 12. Dezember 1711 Baccalaureus wurde und drei Monate später Magister. Am 17. Januar 1715 wechselt er nochmals die Universität; jetzt finden wir ihn in Halle. Letztes nachweisbares Lebenszeichen ist jener gedruckte Kantatenjahrgang für Stöltzel, aus dem Bach während seines ersten Amtsjahres in Leipzig drei Texte in stark bearbeiteter Gestalt vertont. Sein Bruder Christian Friedrich Knauer (1692-1742) blieb in Schleiz und wurde Stadtschreiber und Schulinspektor. Seine Schwester Christiana Dorothea (1694-1750) heiratete am 25. Mai 1719 den damaligen reußischen Capelldirektor Gottfried Heinrich Stöltzel (1690-1749) in Gera.

Schleiz ist auch der Geburtsort von Johann Friedrich Böttger (1682-1719), dem Erfinder des Porzellans; sein Vater war hier Reußischer Münzmeister. Außerdem wirkte Konrad Duden (1829-1911) zwischen 1869 und 1876 hier am Gymnasium Rutheneum als Rektor. Sein Werk, »Vollständiges orthographisches Wörterbuch der deutschen Sprache«, vollendete er

1872 in Schleiz; es erschien im Druck ab 1880.

2. Das Schleizer **Schloß** wurde am Ende des zweiten Weltkrieges fast völlig zerstört. Auch das Gasthaus **›Zum Blauen Engel‹** ist nicht erhalten.

3. Literatur

Die Bergkirche zu Schleiz. Schnell und Steiner, Regensburg 1996

4. Reiserouten, Auskünfte, Adressen, Öffnungszeiten

Schleiz liegt an der A 9 im thüringischen Vogtland; von Norden und Süden her bis Abfahrt »Schleiz«, dann ca. 4 km auf B 2.

Auskünfte erteilt:
Evangelisch-Lutherisches Pfarramt Schleiz
Herr Pfarrer Hans Peter Felber
Kirchplatz 3
07907 Schleiz
Telefon 0 36 63-42 23 42
Fax 0 36 63-43 61 22

Stöntzsch und Hohnstein

1. Zweimal innerhalb von knapp drei Monaten reiste Johann Sebastian Bach 1731/32 in das nur wenige Minuten Fußweg entfernt von der Ephoralstadt Pegau westlich gelegene Dorf Stöntzsch. Dort hatte man den Schulmeister von Mölbis bei Borna, Johann Christoph Schmieder († um 1749), offenbar bereits 1728, mit der Erweiterung und Renovierung der Orgel beauftragt. Anfang des Jahres 1731 nahm er die Arbeiten in der Stöntzscher Kirche auf.

Schmieder, zuerst seit 1715 Schulmeister in Großdeuben südlich von Markkleeberg, seit 1720 in gleicher Funktion in Mölbis, hatte sich immer mehr darauf verlegt, in seiner Freizeit die Orgeln der Umgegend zu reparieren und notwendige Umbaumaßnahmen an ihnen durchzuführen. Das war nichts Ungewöhnliches, die Schulmeister der Dörfer waren auch sonst zugleich für die Orgel- und Kirchenmusik in ihrer Gemeinde zuständig. Sie mußten Arbeiten an Intonation und Mechanik einer Orgel ausführen können. Schmieder dürfte sich darin einige Geschicklichkeit erworben haben, denn seine Tätigkeit läßt sich nicht nur an Orgeln in Orten seiner nächsten Umgebung nachweisen, wie an der Orgel zu Cröbern in den Jahren 1711, 1719 und 1749 (1967/72 durch Abbaggerung der Braunkohle verschwunden, Nachbarort von Großdeuben), sowie in Stöntzsch 1731/1732; auch an der Orgel der Stadtkirche von Augustusburg, damals Schellenberg, arbeitet er 1740 mit. Diese bereits 1714 geplante und begonnene Orgel des dortigen Organisten, Orgelbauers und Uhrmachers George Renckwitz (1687-1758) gelangte allerdings erst nach dem Tod ihres Erbauers zum Abschluß.

Auch für die Orgel von Stöntzsch bedurfte es längerer Bauzeit, wiewohl Schmieder den Zeitraum seines Schellenberger Kollegen weit unterbot. Immerhin standen ihm zur Weiterarbeit nur solche Zeiten zur Verfügung, die nicht durch Schulunterricht ausgefüllt waren. Er findet eine Orgel vor, die

Hohnstein, Stadtkirche, Blick auf Altar und Schmieder-Orgel

reichlich 50 Jahre zuvor ebenfalls von einem Schulmeister gebaut worden war. Dieser war Johann Georg Öhme (um 1646-1708) aus Gaatzen, der gleichfalls zu den Orgelbauern im Nebenberuf gehörte, dann aber seine Passion so perfektionierte, daß er sich die letzten 10 Jahre seines Lebens offenbar davon ernähren konnte. Er lebte in dem kleinen Dorf Gaatzen unweit der Stadt Groitzsch, östlich von Pegau, seit 1669 als Schulmeister. Nur ein halbes Jahr – Vertragsabschluß Weihnachten 1677, Einweihung Pfingsten 1678 – benötigte er zur Herstellung der Orgel in Stöntzsch mit 5 Registern und Zimbel.

In Stöntzsch amtierte von 1725 bis 1752 Pfarrer Johann Christian Schilling (1692-1755). Der Sohn eines Schleiermachers in Plauen hatte in seiner Heimatstadt das Gymnasium besucht und auf den Universitäten Wittenberg und, seit 1712, Leipzig studiert, wo er 1714 den Grad eines Magisters erwarb. Wahrscheinlich war er dann als Hauslehrer tätig, bis sich 1725 für ihn die Stelle in Stöntzsch ergab. Von 1752 bis zu seinem Tod war er Superintendent in Leisnig. Nach dem Antritt in Stöntzsch scheint er systematisch an seine Arbeit herangegangen zu sein, was den äußeren und inneren Aufbau der Gemeinde betraf. Denn 1728 schon setzt er zusammen mit dem Oberkonsistorium in Dresden, das die Kollaturrechte in Stöntzsch auszuüben hatte, Umbau und Erneuerung der Kirche durch. Auf die neuerrichtete zweite Westempore der Kirche bringt man nun das kleine Orgelwerk von 1678 und plant seine Erweiterung, weshalb zunächst das Gehäuse eine Erneuerung und Erweiterung erfährt. Offenbar zu diesem Zeitpunkt kam es mit Schmieder zum Kontraktabschluß. Schmieders Stöntzscher Lehrerkollege Michael Wiegand Botzer († 1740) begleitete den neuen Orgelbau mit höchstem Interesse und notierte Einzelheiten. Durch seine Chronik sind wir davon unterrichtet, daß 1728 die Orgel »aufs neue Chor« gebracht wurde und es um die Jahreswende 1731/32 zur Orgelprüfung kam. Er schreibt: *»D.[en] 12* Novbr *1731 war die neue Orgel von dem Herrn Capellmeister aus Leipzig übernommen. Es waren aber nur 6 Register oder Stimmen fertig nebst den 2 Bälgen. Bei der Probe wurde sie für gut befunden. Außerdem ist die Orgel mit schönem Schnitzwerk und Gemälde versehen. ... d:[en]* 4 Fbr *1732 ist die Orgel vollends zu Stande gekommen u ins reine gebracht, u. von dem Herrn Capellmeister* Bach *noch einmal besehen u probiret u hernach völlig bezahlt worden.«*

Schmieder erhielt 140 Taler für seine Arbeit, 30 Taler hatte man dem Tischler schon 1728 bezahlt; Meister Hübner aus Pegau berechnete 30 Taler für die Bemalung. Die Disposition der Orgel, die Bach prüfte, ist nicht bekannt. Wahrscheinlich handelte es sich um ein Instrument mit 9 Manual- und 3 Pedalregistern.

Die Orgel erfuhr mehrfach Reparaturen und Veränderungen, vor allem im 19. Jahrhundert. Anfang des 20. Jahrhunderts verfiel sie mehr und mehr und erhielt nur aufgrund des umsichtigen Wirkens von Paul Rubardt, Leipzig, 1935 eine Wiederherstellung durch die Firma Hermann Eule (Bautzen).

Johann Christian Schilling, Pfarrer von Stöntzsch, Ölgemälde, Stadtkirche Sankt Matthäi Leisnig.

Der voranschreitende Braunkohleabbau erreichte 1963/64 nicht nur die westlichen Teile der Stadt Pegau, sondern 1964/65 auch Stöntzsch, das insgesamt verschwand. Die Kirche wurde bereits 1964 abgebrochen, so daß die Orgel einstweilen zwischengelagert werden mußte. Nach entsprechenden Verhandlungen fiel die Entscheidung, die Schmieder-Bach-Orgel aus Stöntzsch an die Kirche und Kirchgemeinde Hohnstein in der Sächsischen Schweiz zu geben, wo zwischen 1963 und 1967 die von George Bähr zwischen 1725 und 1728 erbaute Barockkirche einer gründlichen Renovierung unterzogen wurde. Besonders verdienstvoll war 1967 die Freilegung und Restaurierung der farblichen Orgel-Gehäusefassung des Meisters Hübner aus Pegau durch Kunstmaler Helmar Helas (Dresden). Unter den Übermalungen von 1830, 1884, 1910 und 1935 war die Bemalung von 1732 in unterschiedlichem Erhaltungszustand zu finden, die nun wieder hergestellt wurde. Die Orgel darf als echter Gewinn für die Hohnsteiner Kirche betrachtet werden, wenn auch der unwiederbringliche Verlust ihres ursprünglichen Standortes schmerzlich ist. Sie fügt sich in der Hohnsteiner Kirche architektonisch und klanglich gut ein, als wäre sie eigens für diese Kirche geschaffen (Disposition siehe Anhang, S. 317).

2. Das Dorf **Stöntzsch** lag in der fruchtbaren Auenlandschaft der Weißen Elster, die sich südlich von Leipzig bis über Zeitz und Köstritz nach Gera ausstreckt – auch Wiederau gehört zu diesem reizvollen landschaftlichen Raum. Der großflächige Braunkohlentageabbau hat diese gewachsene Kulturlandschaft ohne Rücksicht zerstört – vor allem westlich der Stadt Pegau. Verläßt man Pegau heute Richtung Westen auf der über die Gleise am Bahnhof verlaufenden Hauptstraße, die früher als Bundesstraße B 176 nach Hohenmölsen-Weißenfels führte, gelangt man an einer Straßenkreuzung zum **Gedenkstein** für den verschwundenen Ort Stöntzsch und einen ein wenig erhöhten Aussichtspunkt. Der Gedenkstein ist offenbar ein älterer Stein von Kirche oder Friedhof Stöntzsch.

In **Hohnstein** wird erstmalig 1381 eine **Kirche** erwähnt. Wie im ganzen albertinischen Sachsen kommt es auch hier 1539 zur Einführung der lutherischen Reformation. Dreißigjähriger Krieg und Nordischer Krieg bringen viel Leid und auch äußere Nöte, doch die gotische Kirche, die auf einer Federzeichnung um 1630 zu sehen ist, bleibt erhalten. Ein Stadtbrand, nur durch Unachtsamkeit mit einer brennenden Kerze verursacht, legte am 22. September 1724 große Teile der Stadt, darunter auch die Kirche, in Schutt und Asche. Noch im gleichen Jahr unterbreitet der Dresdner Ratszimmermeister George Bähr (1666-1738) Risse und Kostenanschläge für einen Neubau. Zwischen dem 1. Mai 1725 und dem 4. Oktober 1728 entsteht eine neue Kirche, bei der Grund- und Umfassungsmauern des alten Gebäudes mit benützt sind. Kirchturm und Glocken kommen 1730 hinzu, 1734 das Taufbecken. Zum Weihnachtsfest 1736 kann man den inzwischen errichteten **Kanzelaltar** weihen, an dem Dresdner Meister arbeiteten (Hoftischler Schwarze, Hofmaler Christian Reinow, Bildhauer Kirchner). Gemäß der mehrfach verwirklichten Idee George Bährs handelt es sich um einen Zentralbau; die Gemeinde ist in einem quadratischen Raum versammelt und blickt auf eine eindrucksvolle und achitektonisch wirksame vertikale Achse in dem kurzen Chorraum der Kirche, die in sieben Teilen die Verwirklichung des Heiles symbolisiert: Taufstein (Taufe), Altar (Abendmahl), Kanzel (Predigt), Sonne und Kruzifixus (Christus als Licht der Welt: Zentrum), Orgel (Lobpreis), Symbol der Trinität (senkrecht über dem

Taufbecken: Segen), Turm und Glocken (über dem Chorraum: sichtbarer und hörbarer Ruf zu Gott). Sonst dominiert die Dreizahl: drei Farben (Gelb, Rot, Blau), drei Ebenen im Chorraum und im Schiff (Gestühl zu ebener Erde, Logen/1. Empore, Orgelempore/2. Empore), drei Fenster über dem Haupteingang.

Renovierungen im jeweiligen Zeitgeschmack gab es 1825 und 1881. Schon bald nach 1736 muß es eine diesem Raum angemessene **Orgel** gegeben haben, von der wir nichts wissen. 1839/40 erhält die Kirche eine größere Orgel mit 23 Registern von Orgelbaumeister Herbrig (Langenwolmsdorf), die erhebliche bauliche Veränderungen an der Orgelempore notwendig macht. Die große Renovierung unter Architekt Steudtner (Dresden) 1963 bis 1967 kommt einer Restaurierung des Zustandes von 1736 und einer Sanierung des gesamten Gebäudes einschließlich seiner Gründung gleich. Unter anderem wird auch die architektonische Situation im Chorraum einschließlich Orgelempore restituiert. Die Herbrig-Orgel erhält die Stadtkirche von Radeberg. Maße, Disposition und Klanglichkeit der Schmieder-Bach-Orgel aus Stöntzsch sowie ihre ursprüngliche und nun wiederhergestellte farbliche Gestalt prädisponierten dieses Instrument in ausgezeichneter Weise für die Hohnsteiner Stadtkirche.

Dominiert wird das Bild von Hohnstein jedoch weniger von dieser Kirche, als vielmehr von der **Burg Hohnstein**, die noch höher als die Stadt selbst über dem wunderschönen Polenztal liegt. Seit dem 12. Jahrhundert als Burg im Grenzland zwischen Böhmen und seinen nördlichen Nachbarn, kam sie im 15. Jahrhundert durch Kauf und Tausch zu Sachsen. Ihre Funktionen wechselten häufig: Schutz für Handelswege, Verwaltungssitz, Staatsgefängnis, Jagdschloß, Konzentrationslager, Flüchtlingsunterkunft, Jugendherberge. Hier gab es auch eine mittelalterliche **Burgkapelle**, die allerdings 1952 mutwillig zerstört wurde.

Wer sich als Bachfreund auf der Reise nach Hohnstein befindet, lasse sich erinnern an die Geburtsstadt Christian Friedrich Henricis (1700-1764), genannt Picander, einen der bekannten Textdichter Bachs in Leipzig. Er wurde im nahegelegenen **Stolpen** am 14. Januar 1700 geboren. Hier ist auch die eindrucksvolle Ruine der **Burg Stolpen** zu besichtigen, auf der die Mätresse Augusts des Starken, Gräfin Anna Constantia Cossell, geb. von Brockdorff (1680-1765), als Staatsgefangene von 1712 bis zu ihrem Tode lebte.

3. Literatur

Winfried Schrammek, Bach-Orgeln in Thüringen und Sachsen. In: Johann Sebastian Bach, Lebendiges Erbe. Beiträge zur Bachpflege Heft 11. Leipzig 1983

4. Reiserouten, Auskünfte Adressen, Öffnungszeiten

Zum Gedenkstein Stöntzsch fährt man mit der Eisenbahn bis Pegau auf der Strecke Leipzig-Zeitz–Gera, dann 15 bis 20 Minuten Fußweg; mit Auto aus allen Richtungen über A 9 bis AK »Rippachtal«, dann A 38 bis Abfahrt »Lützen«, dann Landstraße Richtung Großgörschen–Wiederau–Pegau.

Hohnstein liegt südöstlich von Dresden. Von Dresden S-Bahn bis Pirna, dann Busverbindung nach Hohnstein.

Mit Auto B 172 Dresden-Pirna, Überquerung der Elbe, dann 18 km Landstraße über Lohmen und Rathewalde.

Auskünfte erteilen:
Gästeamt Hohnstein
Rathausstraße 10
01848 Hohnstein
Telefon 035975-1 94 33 oder -8 68 13
Fax 035975-8 68 10

Evangelisch-Lutherische Kirchgemeinde Hohnstein
Schulberg 3
01848 Hohnstein
Telefon 035975-8 12 33
Führungen nach Vereinbarung

Museum Hohnstein
Telefon 035975-8 09 87

Störmthal

1. Mitte 1723, nur ein knappes halbes Jahr nach seinem Dienstantritt als Thomaskantor und Director Musices in Leipzig, wird Bach angetragen, die kleine neue Orgel in der fast gänzlich neuerrichteten Dorfkirche zu Störmthal – etwa 12 Kilometer südöstlich vom inneren Stadtgebiet Leipzigs entfernt gelegen – zu prüfen. Daß einem Neuangekommenen so bald schon eine so verantwortungsvolle und ehrenhafte Aufgabe übertragen wird, ist durchaus überraschend. Immerhin verfügte Leipzig an den Stadtkirchen über hauptamtliche Organisten, denen eine solche Aufgabe von ihrem Dienst her eher als dem neuen Thomaskantor zustand. Denn Bach hatte, das muß bei dieser Gelegenheit einmal deutlich gesagt werden, in Leipzig mit der Orgel von Berufs wegen nichts mehr zu tun. Es gibt keinen einzigen Nachweis über ein öffentliches Orgelspiel Bachs in Leipzig, wobei es natürlich kaum denkbar erscheint, daß er innerhalb der 27 Jahre seines Dienstes in Leipzig nie an einer Orgel gespielt haben sollte.

Da der Orgelprüfer von dem Kollator der betreffenden Kirche – im Falle Störmthals von dem Kammerherrn Hilmar von Fullen (1691-1751) – zu bestellen war, ist auch von Fullens Beziehung zu dem neuen Thomaskantor von Interesse, schließlich zeugt die Beauftragung mit der Orgelprüfung in Störmthal von einem besonderen Vertrauensverhältnis.

Wer in Bachs Biographie ein wenig Bescheid weiß, wird parat haben, daß er schon im Dezember 1717 in der Universitätskirche St. Pauli die neue Scheibe-Orgel geprüft hatte, die Kenntnis seiner Kompetenz in Leipzig also auch für diesen Fall vorauszusetzen sein dürfte: Zu dieser Prüfung war – wahrscheinlich in Ausübung der eigenen Rechtshoheit der Universität der Stadt gegenüber – nicht der damalige Thomaskantor Johann Kuhnau bestellt worden, sondern der als Organist und Cembalist schon weitbekannte Hofkapellmeister Bach aus Köthen. Wie dem auch sei, Bach tritt mit der Orgelprüfung in Störmthal, möglicherweise bereits zum wiederholten Mal, in einen Personenkreis ein, der seinen – was die Bachbiographik anbelangt – eher stummen Mittelpunkt in dem Markkleeberger Pfarrer Friedrich Schultze sen. (1662-1732) hat. Schultze war der Vater des gleichnamigen späteren Stiftssuperintendenten von Zeitz (1690-1766), der das Vorwort zum Schemellischen, dem Zeitzer Schloßgesangbuch von 1736 schreiben wird, an dem Bach mitarbeitete, und der die Herausgabe wesentlich beförderte. In den Personenkreis gehören auch Mitglieder der Familie des Thomaspastors Lic. Christian Weise d. Ä. (1671-1736), dessen Tochter Johanna Elisabeth (1707-1755) seit 1728 Ehefrau des Zeitzer Schultze ist. Nicht zu vergessen der familiäre Kreis um den Leipziger Oberbürgermeister Dr. Gottfried Lange (1672-1748), einen Förderer der Bewerbung und Wahl Bachs im Frühjahr 1723, dessen mütterliche Verwandtschaft in Leipzig durch den späteren Kollaborator Gottlob Schröer (1690-1737) an der Thomasschule und dessen jüngeren Bruder, den Pfarrer Christoph Schröer (1694- nach 1737) in Taucha, später in Eutritzsch, ebenfalls in die Familie der Markkleeberger Schultzes reicht.

Schließlich gehört hierher die unverkennbar freundschaftliche Beziehung zwischen Bach und dem nahezu gleichaltrigen Orgelbauer Zacharias Hildebrandt (1688-1757), die nachweislich beim Störmthaler Orgelbau ihren Anfang nimmt. Sie wird von dieser Zeit an lebenslang andauern. Hildebrandt stammt aus Münsterberg/Schlesien, wo er 1688 als Sohn eines Wagners geboren wurde. Vermutlich auf der Wanderschaft gelangte er 1713 nach Freiberg, wo er seit dem 11. November sich für drei Jahre in die Lehre zu dem Orgelbauer Gottfried Silbermann (1683-1753) begibt. Nach 1716 arbeitete er als Geselle bei Silbermann weiter und baute mit der Orgel von Langhennersdorf sein Meisterstück, deren Abnahme am 12. Mai und deren Einweihung am 14. Juni 1722 erfolgten. Drei Monate später konnte er Freiberger Bürger werden und heiratete am 14. September des gleichen Jahres in der Langhennersdorfer Kirche die Tochter eines in Freiberg ansässigen Böttgers. Die Familie muß dann nach Leipzig, oder Liebertwolkwitz, übergesiedelt sein.

Störmthal, Kreuzkirche

Hildebrandts Störmthaler Orgelbau gehört neben der Reparatur der Petriorgel zu Freiberg zu den Streitobjekten der Auseinandersetzung zwischen Hildebrandt und seinem Lehrmeister Gottfried Silbermann (1683-1753). Dieser

Störmthal, Kreuzkirche, Blick zum Altar

hatte sich von seinem späteren Gesellen bei Lehrbeginn einen »Contract« unterschreiben lassen, der Hildebrandt verpflichtete, *»Herrn Silbermannen in Sachßen und Elsaß, in keinerley Wege Ihm zum Nachtheil etwas zu arbeiten, oder arbeiten zu laßen«*. Erst bei Prüfung der Wenzelsorgel in Naumburg, die Hildebrandt zwischen 1743 und 1746 erbaute, schlossen beide, wahrscheinlich auf Vermittlung Bachs, schließlich wieder Frieden (⇒ Naumburg).

Bach komponierte zur Kirch- und Orgelweihe am 2. November 1723, oder zum vorausgehenden 23. Sonntag nach Trinitatis, zugleich Reformationstag, eine zweiteilige Kantate, »Höchsterwünschtes Freudenfest«, BWV 194, die in ihrem chorischen Eingang und ihren Ariensätzen auf eine Köthener Komposition mit Suitencharakter zurückgeht. Erst im Jahr 1997 wurde das originale Textblatt in der Berliner Staatsbibliothek wieder aufgefunden. Der Text basiert auf dem Tempelweihgebet des Königs Salomo nach 2. Chronik 6 und 7 und enthält somit auch den Bestand an biblischer Metaphorik des Vergleiches eines Kirchengebäudes mit dem Haus des Herzens jedes Menschen, in dem Gott wohnen will (Satz 11):

»Wohlan demnach, du heilige Gemeine,
Bereite dich zur heilgen Lust
GOtt wohnt nicht nur in einer ieden Brust
Er baut sich hier ein Hauß.
Wohlan so rüstet euch mit Geist und Gaben aus,
Daß ihm so wohl dein Hertz, als auch dies Hauß gefalle.«

Die Kirch- und Orgelweihe dürfte nach allgemeinem Brauch der zuständige Superintendent, D. Salomon Deyling (1677-1755), Leipzig, vollzogen haben, doch fehlt dafür der Nachweis. Ortspfarrer war zu dieser Zeit M. Friedrich Fischer (1699-1762). Er besuchte in Gera das Gymnasium und absolvierte in recht kurzer Zeit von 1718 an das Studium an der Universität Leipzig, wo er 1720 unter dem aus der Bachbiographie gut bekannten Theologieprofessor D. Johann Schmid (1649-1731) eine Dissertation »de perverso apostolos imitandi studio« (Studie über das Unrecht, die Apostel nachzuahmen) verteidigte. Fischer wurde noch im gleichen Jahr von Hilmar von Fullen zum Nachfolger seines Vaters berufen, dessen Grabdenkmal eines von den bereits sehr verwitterten und deshalb nicht mehr zu bestimmenden älteren Denksteinen auf dem Friedhof sein müßte.

2. Störmthal war über Jahrhunderte eines der reichsten Dörfer der Umgebung Leipzigs, und dies trotz vielfacher Ausplünderung im Schmalkaldischen Krieg, 1547, mehrmaliger im Dreißigjährigen Krieg, im Siebenjährigen Krieg, während des bayerischen Erbfolgekrieges 1778/79 und schließlich während der Völkerschlacht bei Leipzig. 1690 wurde auf Ersuchen des Kriegsrates Statz Friedrich von Fullen (1666-1704) beim Kurfürsten die Kirche zur Mutterkirche erhoben. Bis dahin gehörte Störmthal kirchlich zu Magdeborn, besaß jedoch schon von der Reformation an ein eigenes Kirchengebäude und selbständige Gerichtsherrschaft.

Die Familie von Fullen erwarb Störmthal 1677. Dieser Zugewinn baut auf dem Eigentum an Markkleeberg auf, das bereits 1656 in die Hände derer von Fullen kam. Daß die Familie dann 1715 noch mit Liebertwolkwitz belehnt wurde, ist typisch für Dörfer und Gutsherrschaften rings um Leipzig in diesen Jahrzehnten: es befinden sich immer mehrere in einer Hand. Nicht selten sind die Besitzer Leipziger Ratsherren. Hilmar von Fullen brachte es zwar nicht zum Ratsherrn, aber immerhin war er Oberhofgerichts-Assessor in Leipzig. Denen von Fullens gehörten außerdem die in nächster Nähe liegenden kleineren Dörfer Göltzschen, Rödigen, Dreyskau, Dahlitzsch, Kleinpetzschau und Zaucha.

Die heutige **Kirche** in Störmthal wurde am Ende des 17. Jahrhunderts auf den Resten einer romanischen Anlage erbaut. Über den früheren Zustand ist nur bekannt, daß in den Jahren 1604 und 1667 Reparaturen und Anbauten vorgenommen wurden. Bis 1701 war bereits eine Orgel vorhanden, von der aber keine Nachrichten überliefert sind. 1702 schenkte der damalige Kollator, Statz Friedrich von Fullen, der Kirche für 110 Taler eine Orgel mit acht Registern. Er bezahlte sowohl den Einbau der Orgel als auch den Erweiterungsbau für Orgel- und Singechor. Diese Orgel wie auch die Kirche selbst müssen aber wohl bald schon als unzureichend empfunden worden sein.

Die Nachrichten über den Umfang der Bauarbeiten, die mit der Kirch- und Orgelweihe – wahrscheinlich am Reformationstag 1723 – abgeschlossen wurden, sind unterschiedlich. Seit 1722 handelt es sich bei dem Kirchengebäude jedenfalls um einen langgestreckten Bau mit Ostabschluß in Form eines Dreipasses. Der Westturm ist in das Gebäude einbezogen und endet in barocker Hauben- und Laternenausbildung. Der **Kanzelaltar**, der zugleich für die **Taufe** und als **Lesepult** brauchbare hölzerne Ständer, sowie die umlaufende Empore tragen das gleiche stilistische Gepräge wie die Orgel. Die Kanzel zeigt die Beschriftung *»Sehlig sind die Gottes Wort hören und Bewahren. Luc: XI V.28.«* Rechts und links des Altars befinden sich Türen für den Abendmahlsumgang, der in jener Zeit als übliches Zeremoniell begangen wurde: Von der Brotseite her durchschritten die Kommunikanten zuerst die Tür mit der Aufschrift *»Nehmet hin und esset das ist mein Leib«*, um dann durch die Tür mit der Aufschrift *»Nehmet hin und trinket das ist mein*

Blut« auf der Weinseite herauszutreten.

An der Südwand der Kirche, gegenüber der nördlich zu ebener Erde gelegenen **Patronatsloge**, sind eine unter Glas gelegte **Altardecke** von 1755 mit den Inschriften »ESVF – GVK – 1755« (wohl die Namenskürzel von weiblichen Mitgliedern der Familie von Fullen und einer anderen Familie) und das **Epitaph** Statz Friedrich von Fullens (1638-1703), des Vaters Hilmar von Fullens, mit Porträt zu sehen. Die Inschrift lautet:

Der Hoch Wohlgebohrne Herr Herr
STAZ FRIEDRICH VON FULLEN
Erb= Lehn und Gerichts Herr uff Marck Kleberg und Störmthal
Sr. Königl: Majest: in Pohlen und Churfürstl: Durchl: Zu Sachßen
Hochbestallter Kriegs Rath und Oberland Kriegs Commissarius wie auch
des Chur und Fürstlichen Sächsischen Löbl: Ober=Hoff=Gerichts Zu
Leipzig Hochansehnlicher Assessor ist gebohren auf dem Hauße Eißdorff
an der Weser am Palm Sontage war der 16 Marty Styli Vet[eris]: Anno 1638 Abends und ist
seel: verstorben den 20 July An 1703 Nachmittags 1 uhr seines Alters 65 Jahr 4 Monat=
3 Wo: 6 Tage weniger 9 Stunden.

Ein **Erbbegräbnis** der Familien von Fullen und der Grafen Schönfeld soll sich unter dem Altarplatz befinden, in welchem zehn Mitglieder der beiden Patronatsfamilien zwischen 1703 und 1820 beigesetzt worden sind. Ein Zugang dazu ist gegenwärtig nicht vorhanden. Hier müßten sich wohl auch die Särge Statz Friedrich von Fullens und Hilmar von Fullens und ihrer Frauen befinden.

Im Zusammenhang mit dem Neubau der Kirche und der Erneuerung ihrer Innenausstattung entschied man sich offenbar auch für eine neue **Orgel**. So kam es spätestens im Jahr 1722 zum Kontraktabschluß mit Zacharias Hildebrandt über ein Bauvolumen von 400 Talern. Angeblich soll diese Orgel von Hildebrandt nach einem Plan Silbermanns erbaut worden sein. Doch dafür gibt es keine Nachweise, wenn auch die Disposition ganz der Anschauung Silbermanns entspricht und nicht die für Hildebrandt später so typische große klangliche Spannweite zeigt. Der helle, kräftige Klang der Prinzipale erhält variierende Klangfarben durch obertönige Register. Den Prospekt bemalte der Leipziger Faßmaler Johann Herbst. Er arbeitete auch maßgeblich an der Innenausgestaltung der Kirche mit (Disposition siehe Anhang, S. 317). Der originale Erhaltungszustand der Orgel ist durch folgende Merkmale geringfügig eingeschränkt: Bei der 1840 durch die Firma Urban Kreuzbach (Borna) durchgeführten Reparatur wurde der Tremulant entfernt und der Prinzipalbaß auf den Pfeifenstock der zugleich entfernten Posaune 16 f. gestellt; letztere erhielt einen Ersatz durch die Liebliche Posaune, die die Firma Hermann Eule (Bautzen) anläßlich der Reparatur 1934 auf eigenem Stock neu erbaute. Außerdem bewirkte man durch Umhängen der Traktur eine Tieferstimmung um einen Halbton.

Links neben der Orgel befindet sich

über dem südlichen Treppenaufgang zur Empore ein lebensgroßer **Kruzifix** aus Holz, dessen Entstehung gewöhnlich mit Anfang des 16. Jahrhunderts angegeben wird, das aber wohl älteren Datums ist. Es dürfte das einzige Stück der Kirchenausstattung der Zeit vor 1702 sein. Die Übermalung ist jüngeren Datums.

Erwähnenswert ist, daß im Störmthaler **Pfarrhaus**, das von 1804/05 stammt, am 25. März 1860 der Theologe, Pfarrer, liberale Politiker und Parlamentarier Friedrich Naumann (1860- 1919) geboren wurde. Er war der Sohn des Störmthaler Pfarrers Friedrich Hugo Naumann (1826-1890, in Störmthal 1854-1868) und dessen Ehefrau, Agathe Marie, Tochter des bekannten und für Leipzig wichtigen Pfarrers an der Nikolaikirche, Friedrich Ahlfeld (1810-1884).

Das Rittergut wurde 1693 zum **Schloß** ausgebaut, 1786 (zwei einen Ehrenhof umgebende niedrige Flügel durch Baumeister Elbrich aus Grimma) und 1790 verändert (Fassaden durch Baumeister Siegel, Leipzig, und Maurermeister Schatz, Güldengossa). Nach der Fullischen Familie besaßen es die Familien von Schönfeld, Vitzthum von Eckstädt und von Watzdorf. 1800 erhielt der ehedem streng angelegte Park mit seinen seltenen Gehölzen eine Veränderung im englischen Stil. Einen Tiergarten mit Hochwild gab es noch vor der Völkerschlacht. Park und Tiergarten waren beliebte Ausflugsziele der Leipziger. Beide, wie auch ein heilkräftiger Brunnen und sieben Fischteiche wurden ein Opfer der Mißwirtschaft der zweiten Hälfte des 20. Jahrhunderts, ebenso das Schloß, das sich in einem äußerst verwahrlosten Zustand befindet.

3. Literatur

Martin Petzoldt, Gottes Wohnung beim Menschen. Bachs Kirchweihkantate »Höchsterwünschtes Freudenfest« BWV 194. In: Die Quellen Johann Sebastian Bachs. Bachs Musik im Gottesdienst. Symposium der Internationalen Arbeitsgemeinschaft für theologische Bachforschung in Stuttgart 1995. Heidelberg 1998

Winfried Schrammek, Bach-Orgeln in Thüringen und in Sachsen. Johann Sebastian Bach, lebendiges Erbe – Beiträge zur Bachpflege Heft 11. Leipzig 1983

Peter Wollny, Neue Bach-Funde. In: Bach-Jahrbuch 1997

4. Reiserouten, Auskünfte, Adressen, Öffnungszeiten

Störmthal liegt südöstlich von Leipzig.

Von Leipzig aus mit Straßenbahnlinien 15 und 21 bis Straßenbahnhof Probstheida, dann mit Linienbus 141 über Wachau (der Bus verkehrt nur Mo-Fr).

Mit Auto A 14 bis Abfahrt »Kleinpösna«, dann Landstraße Richtung Leipzig über Liebertwolkwitz ca. 12 km.

Über A 9 AK »Rippachtal«; künftig A 38 bis Abfahrt »Liebertwolkwitz«, dann 5 km Landstraße.

Auskünfte erteilt:
Pfarramt Störmthal
Herrn Pfarrer Matthias Weber
Dorfstraße 48
04445 Störmthal
Telefon 034297-4 82 50 Fax 034297-4 83 61
Besichtigung der Kirche und Orgelführungen nach Anmeldung im Pfarramt

Taubach

1. Bachs Orgelprüfung 1710 in Taubach beendete zugleich in feierlicher Weise einen langen Vorgang der Planung und Durchführung des Kirchenneubaus.

Taubach – wenige Kilometer östlich von Weimar an der Ilm gelegen – war ein Weimarer Amtsdorf: Es unterstand bis 1850 keinem privaten Patrimonialgericht, sondern dem Herzoglichen Amt direkt. Seit der Reformationszeit war es ein Filial von Mellingen und verfügte offenbar schon früh über eine Kirche. Im Dreißigjährigen Krieg wohl sehr zu Schaden gekommen, war die Taubacher Kirche erst reichlich 20 Jahre nach Kriegsende wieder leidlich instandgesetzt worden. Bis 1669 hatten die Taubacher den Gottesdienst in der Mutterkirche zu Mellingen besuchen müssen. Aus Kostengründen unterblieb die dringend notwendige Grunderneuerung des Bauwerks. Erst gegen Ende der Dienstzeit des Pfarrers Friedrich Müller († 1701) und seines Substituten und Schwiegersohns Georg Heinrich Kirsch entschloß man sich in einer eigens dazu anberaumten Dorfversammlung zu einem Neubau der Kirche. Besonders bemühte sich der Kirchenälteste Hans Michael Gottschalck, der auch bei der Orgelprüfung in seiner Funktion als Gerichtsschöppe anwesend war, um den Kirchenbau. Er konnte den seit 1702 in Mellingen tätigen Pfarrer Johann Matthäus Zahn für seinen Gedanken gewinnen. Zahn soll von Gottschalcks Engagement so sehr beeindruckt gewesen sein, daß er *»förderlichst durch eine demüthige Supplication an gnädige Herrschafft Anstalt machen helffen, daß der vorhabende Kirchenbau durch Fürstliche Commissarien besüchtiget werden möchte, welches auch so glücklichen Fortgang erreichet, daß nechstgedachte Fürstl. Herrschafft die Comission dem damaligen Herrn General Superintendenten Johann Georg Lairitzen und dem damaligen Herrn Forst Rath und Ambtmann in Weimar, Herrn Johann Volckmar Riemannen auf getragen.«*

Hans Michael Gottschalck wurde zum Bauführer ernannt und zahlte einen nennenswerten Vorschuß, um die drückenden Zahlungstermine der finanziellen Verpflichtungen seiner Taubacher Nachbarn im voraus abzumildern. Der im Jahr 1704 begonnene Bau kam um den Michaelistag 1705 zu einem glücklichen Ende. Am 19. Sonntag nach Trinitatis, dem 18. Oktober 1705, weihte Lairitz in einem Gottesdienst die Kirche ein.

Für Bach handelte es sich in Taubach um das früheste nachweisbare Zusammentreffen mit dem Orgelbauer Nikolaus Heinrich Trebs (1678-1748). Auch wenn Trebs seit 1709 schon im Umkreis von Weimar wirkte – den Auftrag für den Taubacher Orgelbau erhielt er am 5. Juli 1709 –, ist er zu dieser Zeit noch nicht Weimarischer Hoforgelbauer und hatte in Weimar selbst noch keine Orgel gebaut, ja, er war noch nicht einmal in Weimar ansässig. Erst der Auftrag zum Umbau der Orgel in der Weimarer Schloßkapelle von 1712 (1714 beendet) brachte das erhoffte Privileg des Weimarer Hofes. Schon kurz nach dem Taubacher Orgelbau, zu Anfang des Jahres 1711, hatte Trebs sich zunächst um ein Privileg des Rudolstädter Hofes bemüht, der Gutachten aus Frankenhausen und von Johann Sebastian Bach einholte. Bachs Gutachten vom 16. Februar 1711 bezieht sich auf den Taubacher Orgelbau. Auch familiär scheinen Bach und Trebs sich nach und nach nähergekommen zu sein. Trebs hatte nach Erlangung finanzieller Sicherheit Anfang Februar 1713 in Weimar geheiratet; anläßlich der Taufe des ersten Sohnes, Johann Gottfrieds, am 27. November standen Bach und Johann Gottfried Walther als Paten am Taufstein der Weimarer Stadtkirche. Daß die persönliche Nähe in Taubach erst im Entstehen war, zeigt die Tatsache, daß anläßlich der Taufe Wilhelm Friedemanns am 24. November 1710 – nur einen Monat nach der Taubacher Orgelprüfung – nicht Trebs, sondern Mühlhäuser Freunde zu Paten gebeten wurden.

Neben Trebs traf Bach zur Orgelprüfung in Taubach am 26. Oktober 1710 seinen Weimarer Generalsuperintendenten Johann Georg Lairitz (1647-1716). Außer diesem waren zur Prüfung anwesend: der Hof-, Konsistorial- und Forstrat Christian Wilhelm Löscher, dessen Vorgänger der oben genannte Riemann gewesen war, der Mellinger Pfarrer Johann Rüdiger Bönnecke (1671-1746), der Taubacher Kirchenälteste und Gerichtsschöppe Hans Michael Gottschalck, der Mellinger Diakonus Gottlieb Röser (hier zwischen 1706 und 1713 tätig), ein ungenannter Weimarer Stiftsprediger, dazu der Weimarer Stadtsyndikus Friedrich Gottlieb Löscher und andere Geistliche. Bönnecke stammte aus Hünxe in Westfalen, war zunächst Pfarrer in Hopfgarten bei Erfurt gewesen und seit 1706 in Mellingen und Taubach. Seit etwa 1702 war er mit der dritten Tochter Lairitz', Susanna Margaretha (um 1680-1710), verheiratet, die aber knapp sechs Monaten zuvor nach der Geburt ihres dritten Kindes gestorben war. Diese illustre Gruppe stellte sowohl die Prüfungskommission dar als auch die offizielle Delegation des Herzoglichen Amtes Weimar, das die Patronatsrechte in Mellingen und Taubach ausübte. Man darf annehmen, daß auch Vertreter der Familie Fritsch anwesend waren, Nachkommen des Erbherren Ahasverus Fritsch (1629-1701), jenes bedeutenden Rudolstädtischen Kanzlers, der seit 1677 Erbherr von Mellingen und Schwartza gewesen war. Sein Sohn, Johann Christian Fritsch, Hof- und Leibmedikus in Weimar, besaß das Mellinger Rittergut, verwaltete es aber dem Vernehmen nach schlecht und befand sich lange Zeit mit der Gemeinde in gerichtlichen Auseinandersetzungen. Bach hatte mit dieser Familie Kontakt durch die (vermutete) Trauermusik für Fritschs Schwester, Frau Commissionsrätin Aemilia Maria Harreß, die 1713 in Weimar starb (⇒ Weimar).

Nicht vergessen werden sollen die beiden Mellinger Lehrer, die die Kirchenmusik verrichteten und mit denen Bach an jenem 28. Oktober 1710 zu tun bekam: Dem Schulmeister, der als erster Lehrer fungierte, oblag die Leitung des Adjuvantenchores: Johann Sebastian Schmidt (1674-1758) amtierte nicht weniger als 64 Jahre als Lehrer in Mellingen und hat nachweislich sowohl anläßlich der Kircheinweihung 1705 als auch zur Orgelweihe 1710 eine Figuralmusik aufgeführt. Darüber hat er kurze Nachrichten hinterlassen: *»Dom.[inica] 19. post Trinitatis 1705 ist die neuerbaute Kirche zu Taubach eingeweiht worden, wobei ich auf Befehl des Herrn Generalsuperintendenten mit hiesiger Cantorei die Figural=-Music tractiret. – Den 28. Aprilis [muß heißen: 28. Oktober] 1710 ist das neue Orgelwerk in Taubach eingeweiht worden, wobei ich, der Schulmeister, die Instrumental= und Figuralmusic verrichtet.«*

Die Auskunft zur Orgelweihe läßt sogar die Annahme der Aufführung einer Kantate zu. Neben Schmidt war als zweiter Lehrer Johann Caspar Stier tätig († 1721); er amtierte 52 Jahre in Mellingen. Er hatte neben dem Unterricht der zweiten Klasse den Organistendienst zu besorgen. Die Trebssche Orgel ist also noch mehr als zehn Jahre lang von ihm gespielt worden.

2. Taubach wird erstmalig 1120 erwähnt. Früh muß an den Ilmhängen Weinbau betrieben worden sein. Schon in vorreformatorischer Zeit befand sich hier eine Kirche. Der Mellinger Pfarrer Georgius Seiler (1565-1654) berichtet von einem Schwibbogen in der Kirche, der die Jahreszahl 1462 trägt, auch davon, daß die Kirche dem Patrozinium der heiligen Ursula geweiht worden war. Der **Kirchturm**, der sich bis heute erhalten hat, stammt aus der Zeit um 1600. Im Jahr 1601 erweiterte man die damals bestehende Kirche.

Taubach, Kirche

Die Taubacher **Kirche** war bis auf den Turm 1704/05 neu erbaut worden. Nach dem zitierten Bericht des Mellinger Pfarrers Johann Matthäus Zahn von 1703 war der Ersatzbau für das baufällige Gebäude zu vier Fünfteln aus Spenden und zu einem Fünftel durch ein Darlehen finanziert worden. Bei der Einweihung der Kirche am 18. Oktober 1705 zogen die Geistlichen, die herzoglichen Räte und Syndici, die Schulknaben, die Kantorei und Instrumentalisten in einer Prozession in die Kirche. Einzelne Personen trugen die Vasa sacra, die Bibel und das Konkordienbuch hinein. Sieben Monate später, im Mai 1706, wurde die gesamte Rechnung bestätigt. Kurz bevor Pfarrer Zahn Mellingen im November 1706 verließ, schenkte er der Taubacher Kirche einen geschnitzten **Taufengel**. Ob eine **Orgel** aus dem Vorgängerbau vorhanden war, ist strittig. Im Taubacher Kirchenbuch befindet sich unter dem 15. Januar 1670 eine Notiz, deren Bedeutung erst noch erkundet werden muß: »*Hat Caspar Frizsche die Helfte der Baß Violon, welche Er mit Hanß Krieppendorffen den Becker gekauft, in die Kirche verehrt, deßgleichen hat H Erhardt Krieppendorff Bürger und Stadtpfeiffer in Jehna die andere Hälfte, auch vollends verehret, daß nunmehro die Baß Violon, od[er] Viol[on] der Kirchen ganz ZurKömmt.*«

(Disposition der von Bach geprüften Orgel von Nikolaus Heinrich Trebs, siehe Anhang, S. 317.)

»Goethes Baumeister« Clemens Wenzeslaus Coudray (1775-1845), von 1816 bis zu seinem Tod Großherzoglicher Oberbaudirektor in Weimar, wurde beigezogen, als sich 1820 erneut erhebliche Mängel am Bauwerk zeigten. Er lieferte einen Grund- und Aufriß für eine neue Kirche. Sein Plan diente als Grundlage für die dann 1848 bis 1850 neu erbaute Kirche, die nun freilich nicht mehr – wie der Entwurf – klassizistischen Charakter hatte, sondern im neuromanischen Stil entstand. Der auch diesmal wieder einbezogene alte Turm läßt an seiner Westfassade erkennen, daß der ursprüngliche Bau eine Ostturmkirche gewesen ist. Nachrichten von dem Bau der vorhandenen Kirche lassen die Vermutung zu, daß auch der Bau von 1705 noch als Chorturmkirche errichtet wurde, denn der Taubacher Pfarrer Johann Christian Reinecke schreibt in der von ihm 1834 angelegten Chronik unter der Jahreszahl 1850: »*Vom Trinitatisfeste [1848] an mußte d. Gottesdienst wegen des angeblich sich nöthig machenden Abbruchs der alten Kirche zur vollständigen Herstellung des seit dem 2. Mai 1849 begonnenen neuen Gotteshauses neben an, bis zur Einweihung der neuen Kirche am 19. Novbr 1850, ausgesetzt werden u die Einwohner waren derhalb angewiesen, zB die Kirche zu Mellingen oder andere zu besuchen. ... Am 19. Novbr also wurde die neue Kirche eingeweihet, wobei Hr Kirchenrath u Superintendent M. [Dr. Christian Gottfried Friedrich] Teuscher die erste Predigt und Weiherede hielt, ich der Ortspfarrer zuerst ein Gebet am Altare, dann die assistierenden Geistlichen Hr Adj[unkt] Seel zu Oberweimar u Wölfer von Umpferstedt kleine geeignete Vota bei Hinsetzen des Crucifixes u der Kelche auf den Altar sprachen.*«

Den Inhaber der Firma August Witzmann, Stadtilm, einen Schulze-Schüler (Paulinzella), beauftragte man mit dem Orgelneubau. Es handelt sich um eine Schleifladenorgel mit 21 Registern, zwei Manualen und Pedal. Im Lauf der letzten 40 Jahre hat es Umdisponierungen durch den Orgelbauer Kirchner gegeben (gegenwärtige Disposition, siehe Anhang, S. 318).

3. Literatur

Karl Otto Förtsch, Geschichte der Gemeinde Mellingen. Weimar 1898

Josef Geyer, Taubach gestern und heute. Bilder aus der Geschichte Taubachs. Taubach 1970

Sabine Neubert, Lebendige Steine – Stätten des Ewigen. Berlin 1986

4. Reiserouten, Auskünfte, Adressen, Öffnungszeiten

Taubach liegt in unmittelbarer Nachbarschaft von Weimar, von dort besteht Busverbindung.

Mit Auto A 4 bis Abfahrt »Apolda«, dann B 87 in Richtung Apolda, 1 km nach der Autobahn durch Mellingen Richtung Taubach.

Auskünfte erteilt:
Pfarramt Mellingen mit Taubach
Frau Pfarrerin B. Wedler
Kirchgasse 63
99441 Mellingen
Telefon 036453-80209

Wechmar

1. Der Ort ist bekannt als »Urväterheimat der Musikantenfamilie Bach«. Bereits 1554 ist ein Hans Bach Mitglied der ersten Wechmarer Gemeindevormundschaft gewesen. Ob dieser Hans Bach, der Heimbürge Wechmars war, oder ob es dessen Vater gewesen ist, der am 20. Juli 1561 einen Streit um die Fischerei in der Apfelstädt und im Mühlgraben schlichtete, läßt sich nicht hinreichend klären. Doch dieser nachgeborene Hans Bach scheint wohl zu den direkten Vorfahren Johann Sebastian Bachs zu gehören. Um 1510 in Wechmar geboren, besaß er die Niedermühle des Ortes. Von dreien seiner Kinder wissen wir (möglicherweise hatte er noch mehr): Caspar, Margarethe, Veit. Caspar zog als Stadtpfeifer nach Gotha und gilt dort als Begründer der Bachtradition in der Stadtpfeiferei. Margarethe ging 1564 die Ehe mit einem Ohrdrufer Bürger ein, und Veit übernahm die Niedermühle, wanderte dann wohl nach Ungarn aus. In der Genealogie Johann Sebastian Bachs, »Ursprunge der musicalisch-Bachischen Familie«, ist von diesem Veit Bach (1552-1619) die Rede, er sei ein Weißbäcker in Ungarn gewesen, habe aber im 16. Jahrhundert der lutherischen Religion wegen aus Ungarn fliehen müssen. Johann Sebastian schreibt über ihn: »*Ist dannenhero, nachdem er seine Güter, so viel es sich hat wollen thun laßen, zu Gelde gemacht, in Teütschland gezogen; und da er in Thüringen genugsame Sicherheit vor die* lutherische Religion *gefunden, hat er sich in Wechmar, nahe bei* Gotha *niedergelaßen, und seine Bekkers* Profeßion *fortgetrieben. Er hat sein meistes Vergnügen an einem Cythringen gehabt, welches er auch mit in die Mühle genommen, und unter währendem Mahlen darauf gespielet. (Es muß doch hübsch zusammen geklungen haben! Wiewol er doch dabey den Tact sich hat* imprimiren *lernen.) Und dieses ist gleichsam der Anfang zur Music bey seinen Nachkommen gewesen.*«

Auch einer der Söhne dieses Veit Bach, Johannes Bach (1576-1626), übernahm zunächst die Mühle, muß dann aber wohl Wechmar verlassen haben, um anderwärts musikalisch sein Glück zu versuchen. Unter dessen acht Kindern befinden sich jedenfalls jene drei Söhne, die für die gesamte weitere Entwicklung der Familie bedeutsam geworden sind: Johann Bach (1604-1673), der Begründer der Erfurter Ba-

Wechmar, Alte Kirche, Ausschnitt aus einer Federzeichnung von Schlimmbach, 1826

che (siehe unter Erfurt), Christoph (1613-1661), Johann Sebastians Großvater, der in Arnstadt starb, Heinrich (1615-1692), der Begründer der Arnstädter Bachfamilien.

Johann Sebastians Eintragungen in seine Genealogie hinterlassen den Eindruck, daß er tief vertraut war mit der Geschichte seiner Familie in Thüringen und um die Bedeutung Wechmars darin wußte. Es ist deshalb zu vermuten, daß er zu irgendeinem Zeitpunkt selbst in Wechmar war. Freilich gibt es dafür keinen konkreten Anhaltspunkt. Aber auch später lebten Vertreter der Bachs in Wechmar: Ernst Carl Gottfried Bach (1738-1801), ein Enkel des ältesten Bruders Johann Sebastians in Ohrdruf, wirkte von 1765 bis 1772 als Mädchenschuldiener und Kantor hier. Ein jüngerer Bruder von diesem Ernst Carl Gottfried, Ernst Christian Bach (1747-1822), folgte ihm im Amt des Wechmarer Kantors und Knabenschullehrers und versah es bis zu seinem Tod. Dessen Ehe mit Johanna Dorothea Luise Mäder (geb. 1744 in Pferdingsleben) blieb ohne Kinder, und so setzte sich die Familie in Wechmar nicht fort.

2. Die Geschichte Wechmars kann sich auf die Gründung eines Königshofes, wohl die stolze Wasserburg im Unterdorf, im Jahr 786 berufen. Zu dieser Zeit bestand der Ort bereits seit längerem. 940 besaß das Kloster Hersfeld die Lehnsherrschaft über Wechmar. Weitere Besitzer sind die Käfernburger und die Herren von Tonna, die später den Titel der Grafen von Gleichen tragen.

Der Wechmarer Oberbacks, wie das **Bachhaus** am Markt im Ort genannt wird, erhielt schon 1888 eine Gedenktafel, die am 29. Mai 1929 durch eine Bronzetafel ersetzt wurde: »*Um das Jahr 1600 betrieben in diesem Haus das Bäckerhandwerk Veit Bach und sein Sohn Hans, die Stammväter der berühmten Musikerfamilie Bach, und unseres großen Johann Sebastian Bach.*«

1985 bemühte man sich sehr um die denkmalgeschützte Sanierung des ursprünglichen Zustandes dieses Hauses und legte u. a. das Leiterfachwerk der Oberetage wieder frei.

1450 war auf den Grundmauern der alten Veitskapelle eine der ältesten Kirchen des Landes gebaut worden, die zum Kloster Hersfeld gehörte: eine neue **St. Viti-Kirche.** 1467 wird sie als Pfarrkirche erwähnt, die dem Mainzer Offizial in Erfurt unterstand. 1524 schon hält die Reformation in Wechmar Einzug, erster evangelischer Pfarrer ist Pfarrer Schmidt. Zu Erneuerungen des Gebäudes kam es 1681 und 1786. 1817 brannte der Turm der alten Kirche ab. Im Blick auf die Baufestigkeit des Gebäudes hatte es schon lange Bedenken gegeben. In dieser Zeit verband sich mit dem Namen der Familie Stichling eine gewisse bewahrende Tendenz mit verantwortlicher Vorausschau: Von der Hand Johann Simon Stichlings, dem Knabenschullehrer in der Nachfolge des letzten Wechmarer Bachs, besitzt die Gemeinde die älteste Ortsansicht Wechmars, auf der auch die mittelalterliche Kirche noch zu sehen ist, eine Lithographie von 1826. Dem Schultheiß Johann Michael Stichling, seit 1835 im Amt, sind Beschlüsse zu danken, die einen Kirchenneubau nach sich zogen. Dieser Bürgermeister Stichling war es auch, der in einer großen finanziellen Anstrengung des Ortes im Jahr 1848 den jahrhundertealten Fronvertrag mit dem fürstlichen Haus für 4500 Taler ablöste. Am 19. Oktober 1839 mußte aus baulichen Gründen die alte Kirche geschlossen werden; zwei Jahre später, am 10. Oktober 1841 legte man den Grundstein zur neuen Kirche; Kirchenschiff und Portal konnten im Herbst 1842 in Besitz genommen werden. Am 7. November 1843 kam es in Gegenwart der fürstlichen Familie von Hohenlohe zur Einweihung.

Die neue Kirche ist als neoromanischer Zentralbau bzw. Rotunde ausgebildet, nach dem Entwurf des Baumeisters Kühn erbaut, seinerzeit eine der prächtigsten Dorfkirchen im Lande. Unmittelbar nach der Einweihung kam es zu dem Bau einer **Orgel** durch die Firma Georg Franz Ratzmann aus Ohrdruf mit 28 Registern auf 2 Manualen mit Pedal (Disposition siehe Anhang, S. 318).

Der **Grabstein** des Ortspfarrers ist in Wechmar erhalten geblieben († 1597), der seinerzeit Johann Bach, den Urgroßvater Johann Sebastian Bachs, taufte.

3. Literatur

Knut Kreuch und Heinz Armstroff, Wechmar, Das Tor zum Thüringer Burgenland. Festbuch der Gemeinde Wechmar und des Wechmarer Heimatverein e. V. Horb/Neckar 1992

4. Reiserouten, Auskünfte, Adressen, Öffnungszeiten

Wechmar liegt 12 km südöstlich von Gotha. Von dort besteht Busverbindung.

Mit Auto A 4 von Osten bis Abfahrt »Wandersleben – Mühlberg«, von dort Straße über Mühlberg 4 km bis Wechmar; von Westen A 4 bis Abfahrt »Gotha«, dann B 247 Richtung Oberhof bis Schwabhausen, vor Ortseingang wechseln auf die Landstraße, 3 km nach Wechmar.

Auskünfte erteilen:
Evangelisch-Lutherische Kirchgemeinde
St. Viti
Frau Pfarrerin Döll
99869 Wechmar
Telefon 036256-2 02 50

Förderverein Bach-Stammhaus
Wechmar e. V.
Bachstr. 4
99869 Wechmar
Telefon und Fax 036256-2 26 80

Weimar

1. In der Fürstlich-Sächsischen Residenzstadt Weimar lebte und wirkte Bach während zweier Zeiträume: zunächst wurde er nach der fehlgeschlagenen Bewerbung für das Organistenamt an der Jacobikirche zu Sangerhausen »HoffMusicus in Weimar bey Herzog Johann Ernsten An.[no] 1703«, wie es in der von ihm selbst angelegten Genealogie heißt. Folgt man der Weimarer Kammer-Rechnung, in der Bachs Besoldung für die beiden Quartale Reminiscere (19. 12. 1702 bis 28. 2. 1703) und Trinitatis (1. 3. 1703 bis 30. 5. 1703) nachgewiesen ist, dann müßte er bereits vor Weihnachten 1702 in Weimar begonnen haben. Denn warum sollte er für das Quartal Reminiscere besoldet worden sein, wenn er noch nicht angestellt war?

Vorausgesetzt, es war so, dann hat er sich nach dem Tod des Figuralorganisten Gottfried Christoph Gräffenhayn in Sangerhausen am 9. Juli 1702 noch im August um dessen Nachfolge beworben, die dann im November aber auf Empfehlung Herzog Johann Georgs von Sachsen-Weißenfels Johann Augustin Kobelius (1674-1731) antrat. Anschließend sah Bach sich dann offenbar sofort nach der Stelle eines Kammermusikus in Weimar um, die er im Dezember auch erhielt. Als er am 9. August 1703 in die Bestallung als Organist der Neuen Kirche in Arnstadt einwilligte, muß es für die Arnstädter ausreichend Gründe gegeben haben, einem Weimarer Kammermusikus, der bisher vorwiegend kammermusikalisch tätig war, das Amt des Organisten anzuvertrauen. Es liegt nahe, diese nicht erst in Bachs gutachterlicher Tätigkeit für die Arnstädter Orgel zu sehen, sondern nach früheren Möglichkeiten zu fragen, die ihn als Organisten bekannt gemacht haben könnten. Der alte Weimarer Hoforganist Johann Effler († 1711) mag ihm gelegentlich seine Orgel überlassen haben, auch der Stadtorganist Samuel Heintze, Vorgänger Johann Gottfried Walthers (1684-1748) in Weimar, der seit 1691 an St. Peter und Paul tätig war und 1707 als Aktuar und Amtsschreiber nach Suhl ging, käme dafür in Betracht. Für den Aufbau einer näheren Beziehung Bachs zu Heintze spricht, daß dessen Frau Martha Regina noch 1713 von Suhl her Patin von Bachs Töchterchen Maria Sophia wurde. Auch die vorangegangene Sangerhäuser Bewerbung Bachs schließlich setzte bereits eine Ausbildung und einen Ruf als Organist voraus. In der Begegnung mit Johann Paul von Westhoff

(1656-1709) in Weimar könnte Bach darüber hinaus auch für die Kunst des mehrgriffigen, virtuosen Soloviolinspiels Erfahrungen gesammelt haben, die sich dann in der Köthener Zeit in dem Zyklus »Sei Solo à Violino senza Basso accompagnato« (BWV 1001-1006, 1720) in vollendeter Weise niederschlugen.

Der zweite Zeitraum von Bachs Wirken in Weimar läßt sich genauer bestimmen; und er ist auf jeden Fall als der entscheidendere zu betrachten. Wie kam Bach 1708 erneut nach Weimar? Sein für die Eingepfarrten in Mühlhausen sehr überraschendes Abschiedsgesuch vom 25. Juni 1708 stand offensichtlich schon unter der Voraussetzung fester Absprachen mit Weimar – wenn Bach auch bis zum Schluß auf bessere Verhältnisse in Mühlhausen gehofft hat (⇒ Mühlhausen) –, denn die erste Besoldung in Weimar datiert vom Quartal Crucis an, beginnend mit dem 31. 5./1. 6. 1708. Die personellen Konstellationen in Weimar dürften Bach gut bekannt gewesen sein, und er wird von der Absicht gewußt haben, daß der alte und kränkliche Hoforganist Johann Effler in den Ruhestand versetzt werden sollte. In seinem Mühlhäuser Abschiedsgesuch formuliert er diesen Sachverhalt vorsichtig, aber dennoch bestimmt, daß er nämlich *»bey Ihro HochFürstlichen Durchlaucht zu Sachsen Weymar zu dero Hoffcapell und Cammer music das entree gnädigst erhalten habe.«*

Und der Nekrolog erinnert an eine im Jahr 1708 *»nach Weymar gethane Reise, und die daselbst gehabte Gelegenheit, sich vor dem damahligen Herzoge hören zu lassen, [die] machte, daß man ihm die Kammer= und Hoforganistenstelle in Weymar antrug, von welcher er auch so gleich Besitz nahm.«*

Obgleich die Mühlhäuser Ratsherren ihm nichts nachtrugen, bereitete sein Weggang doch Verdruß. Aber man trennte sich freundschaftlich, bezüglich des Orgelumbaus in Divi Blasii sogar mit dem Versprechen Bachs, *»das angefangene werck helffen zum stande zubringen«*.

Bachs zweite Weimarer Zeit ist auch in familiärer Hinsicht interessant: Kurz nach Weihnachten 1708 wird dem jungen Ehepaar dort das erste Kind, Catharina Dorothea, geboren. Damit vergrößerte sich der Haushalt auf vier Personen, denn seit Antritt der Weimarer Hoforganistenstelle lebte Bachs unverheiratete Schwägerin Friedelena Margaretha mit in der Familie. Die Wahl der Paten, die sich am Taufstein in der Stadtkirche am 29. Dezember versammeln, zeigt deutlich das Kolorit freundschaftlicher und verwandtschaftlicher Bindungen, dazu einige Dankbarkeitsbeziehungen: Neben Eilmar aus Mühlhausen waren es die Schwägerin der verstorbenen Mutter, Martha Catharina Lämmerhirt aus Erfurt, und die eigene Schwägerin Johanna Dorothea aus Ohrdruf. Eilmar hatte vielleicht zugleich den Auftrag der Mühlhäuser Eingepfarrten zu überbringen, der Bach um die nächste – leider nicht überlieferte – Ratswechselkantate für die Reichsstadt ersuchte.

Ingesamt wurden der Familie in Weimar sechs Kinder geboren (ein weiteres in Köthen), von denen jedoch nur vier das Erwachsenenalter erreichten (bei den Angaben wird auch hier nicht zwischen Geburts- und Tauf- bzw. Sterbe- und Beerdigungsdaten unterschieden):

1708 Catharina Dorothea
(*29. 12. † 14. 1. 1774)
1710 Wilhelm Friedemann
(*24.11. † 1. 7. 1784)
1713 Maria Sophia
(*23. 2. † 15.3. 1713)
und Johann Christoph
(*23. 2. † 23.2.) } Zwillinge
1714 Carl Philipp Emanuel
(*10.3. † 14. 12. 1788)
1715 Johann Gottfried Bernhard
(*12. 5. † 27. 5. 1739)
1718 Leopold August
(*17. 11. † 28. 9. 1719)

Unter den Paten Wilhelm Friedemanns, der Zwillinge, Carl Philipp Emanuels und Johann Gottfried Bernhards befinden sich abermals Mühlhäuser Freunde, Verwandte aus dem engeren und weiteren Familienkreis, aber auch bekannte Persönlichkeiten: der Fürstlich Sächsisch-Weimarische Kammer-Junker Wilhelm Baron von Lyncker (1687-1713), der Weimarer Stadtkantor und Quartus am Gymnasium Georg Theodor Reineccius (1660-1726), der seit 1712 in der Reichsstadt Frankfurt am Main als Director musices amtierende Georg Philipp Telemann (1681-1767) und der Ohrdrufer Registrator Johann Andreas Schanert (1664-1719). Die Paten des siebenten und letzten Kindes erster Ehe, Leopold August, stammen sämtlich aus Kreisen des Köthener und Weimarer Hofes: Fürst Leopold, Fürst August Ludwig und dessen Schwester Eleonora Wilhelmina, die mit dem Weimarer Fürsten Ernst August verheiratet war, der Geheime Rat von Zanthier und Juliana Magdalene, die Ehefrau des Köthener Hofmeisters von Nostitz.

Bachs Tätigkeit in Weimar läßt sich erst seit März 1714, mit der Übernahme der vierwöchigen Kantatenaufführungen, mit einiger Gewißheit beschreiben. Doch ist er bereits seit 1708 Hoforganist an der Weimarer Schloßkirche, und es müßten sich eigentlich Werke finden lassen, die dieser Profession entsprechen, wie etwa das »Orgelbüchlein« (BWV 599-644), dessen Titel Bach erst 1720 in Köthen nachträgt. Die ersten Eintragungen in das Orgelbüchlein – in kalligraphischer Reinschrift, in flüchtiger und in konzipierender Schrift – stammen aus der Weihnachts- und Neujahrszeit 1713/1714. Zu dieser Zeit bewarb sich Bach um die Organistenstelle an der Liebfrauenkirche in Halle. Vielleicht war diese Bewerbung sogar der entscheidende Impuls für die Entstehung des Orgelbüchleins.

Auch wenn anzunehmen ist, daß Bach in sein Orgelbüchlein bereits vor Advent 1713 entstandene Kompositionen eintrug, bleibt die Frage nach der zeitlichen Identifikation dieser Stücke bestehen. Lange fehlten fast gänzlich Zeugnisse von Bachs Orgelschaffen aus seiner Arnstädter, Mühlhäuser und frühen Weimarer Zeit. Als es 1985 anläßlich umfangreicherer Quellensichtung zur Entdeckung der Handschrift LM 4708 in der Bibliothek der Yale University, New Haven, CT (USA), kam, wurde diese Lücke durch die neugezählten Werke BWV 1090-1120 – die sogenannte Neumeister-Sammlung (angelegt durch Johann Gottfried Neumeister [1756-1840], Schüler Georg Andreas Sorges [1703-1778]) – partiell geschlossen.

Mit dem 2. März 1714 datiert die Ernennung Bachs zum Konzertmeister, verbunden mit der Anordnung, »Monatl[ich] neüe Stücke uffführen« zu sollen. Dieser Zuwachs an Aufgaben und Prestige hatte nach innen wie nach außen Folgen. Für Bach selbst dürfte sich damit ein wesentlicher Punkt seiner Berufsvorstellung erfüllt haben, nämlich der im Mühlhäuser Abschiedsgesuch genannte »Endzweck« der Aufführung einer »regulirte(n) kirchen music«, d. h. regelmäßiger und mit fähigen Kräften aufzuführender Kirchenmusik. Wenn mit »neüen Stücken« Kantaten Bachscher Komposition gemeint sind, so müßte sich eine Folge vierwöchentlich aufgeführter Werke finden lassen. Auch gibt es deutliche Hinweise dafür, daß Bach zumindest im Jahr zuvor schon mit wenigen eigenen Kantaten aufwartete, die teils wohl für den Hofgottesdienst, teils für besondere Termine entstanden sind. Dazu kann man, mit Vorbehalt, BWV 18 »Gleichwie der Regen und Schnee vom Himmel fällt« zum Sonntag Sexagesimä (19. 2. 1713) zählen, BWV 199 »Mein Herze schwimmt in Blut« zum 11. Sonntag nach Trinitatis (27. 8. 1713) und die Frühfassung von BWV 21 »Ich hatte viel Bekümmernis«, möglicherweise zur Gedächtnispredigt für Aemilia Maria Harreß (1665-1713), einer Tochter des bekannten und langjährigen Rudolstädter Kanzlers Ahasverus Fritsch, am 8. Oktober 1713 in der Weimarer Stadtkirche. Alle diese Stücke gehen auch als Wiederaufführungen in den ersten Kantaten-Jahrgang in Weimar 1714/15 ein:

BWV-Nr./Titel	Sonntag/Datum		Textdichter
	1714		
182/Himmelskönig, sei willkommen	Palmarum und Mariae Verkündigung	25. 3.	[Franck]
12/Weinen, Klagen, Sorgen, Zagen	Jubilate	22. 4.	[Franck]
172/Erschallet, ihr Lieder	1. Pfingsttag	20. 5.	[Franck]
21/Ich hatte viel Bekümmernis	3. So. n.Trin.	17. 6.	[Franck]
[unbekannt]	7. So. n.Trin.	15. 7.	
199/Mein Herze schwimmt in Blut	11. So. n.Trin.	12. 8.	Lehms
[unbekannt]	15. So. n.Trin.	9. 9.	
[unbekannt]	19. So. n.Trin.	7. 10.	
[unbekannt]	23. So. n.Trin.	4. 11.	
61/Nun komm, der Heiden Heiland	1. Advent	2. 12.	Neumeister
152/Tritt auf die Glaubensbahn	So. n. Christfest	30. 12.	Franck
	1715		
[unbekannt]	3. So. n.Epiph.	27. 1.	
18/Gleichwie der Regen und Schnee	Sexagesimae	24. 2.	Neumeister
80 a/Alles, was von Gott geboren	Okuli	24. 3.	Franck
31/Der Himmel lacht	1. Ostertag	21. 4.	[Franck]

Die Lücken sind nicht einfach nur durch Verluste erklärbar, wie auch mit Blick auf die Folgejahre zu bedenken ist, daß Bach nicht ausdrücklich zu »monatlich neuen Stücken« eigener Komposition beauftragt wurde. Beeindruckend ist die Geschlossenheit der ersten drei Kantaten bei höchster Variabilität der musikalischen Gestaltung. Sie sind gleichsam das künstlerische, formale und theologische Portal des gesamten Bachschen Kirchenkantatenschaffens:

BWV 182	BWV 12	BWV 172
1. Sonata	1. Sinfonia	(instr. Einleitung)
2. Chor Himmelskönig sei willkommen	2. Chor Weinen, Klagen, Sorgen, Zagen	1. Chor Erschallet, ihr Lieder
3. Rezitativ B. Ps 40,8-9	3. Rezitativ A. Apg 14,22	2. Rezitativ B. Joh 14,23
4. Arie B. Starkes Lieben	4. Arie A. Kreuz und Krone	3. Arie B. Heiligste Dreieinigkeit
5. Arie A. Leget euch dem Heiland unter	5. Arie B. Ich folge Christo nach	4. Arie T. O Seelenparadies
6. Arie T. Jesu, laß durch Wohl und Weh	6. Arie T. (m. Choral) Sei getreu, alle Pein	5. Duett S. A. (m. Choral) Komm, laß mich nicht länger warten
7. Choral Jesu deine Passion	7. Choral Was Gott tut, das ist wohlgetan	6. Choral Von Gott kömmt mir ein Freudenschein
8. Chor So lasset uns gehen	–	7. Chor (Wdh. v. Satz 1) Erschallet, ihr Lieder

Nach instrumentaler Einleitung (Sonata, Sinfonia) folgt ein großangelegter Eingangschor auf einen madrigalischen Text, der jeweils textlich und musikalisch einen Begriff bzw. eine zentrale Metapher meditiert: BWV 182 »Ankunft des Himmelskönigs«, BWV 12 »Trübsal der Christen«, BWV 172 »Wohnung des Geistes«. Dann folgt das einzige Rezitativ der gesamten Kantate auf einen unveränderten Bibeltext: In BWV 182 und 172 ist es die Stimme des erhöhten Christus, deshalb die Baßstimme; in BWV 12 die Stimme der Christenheit, deshalb die Altstimme. Dann erklingen unmittelbar aufeinander drei Arien, deren letzte entweder durch eine Kirchenliedstrophe aufgenommen (BWV 182) oder durch den instrumentalen cantus firmus eines Kirchenliedes begleitet wird. In beiden Fällen entstehen bewußt Textkorrespondenzen, eine Eigenheit der Bachschen Textbehandlung überhaupt. Bei der nur instrumentalen Zitation (BWV 12 und 172) wird in Form eines geistlichen Assoziations- oder Rätselspiels der Hörer zum Nachdenken geführt, bei der nachfolgend gesungenen Strophe (BWV 182) kommt es zur Verknüpfung

Weimar, Schloß um 1730

durch Stichwortanschluß. Mit den genannten Sätzen in BWV 12 und 172 liegen gleichzeitig großartige Choralbearbeitungen vor, deren Nähe zu Orgelchoralbearbeitungen durch die im letzten Lebensjahrzehnt Bachs zusammengestellten sogenannten Schübler-Choräle (BWV 645-650) bestätigt werden wird. Der Abschluß der Kantaten vollzieht sich vergleichbar, entweder in einem dem Eingangssatz adäquaten Stück bzw. durch Wiederholung des Eingangssatzes oder – dem Inhalt einer Jubilatekantate angemessen – durch Schluß mit einer einfachen Liedstrophe.

Aus der Auflistung der bekannten Kantaten des ersten Weimarer Jahrgangs geht deutlich hervor, daß Bach vorzugsweise Texte Salomo Francks (1659-1725), Erdmann Neumeisters (1671-1756) und Georg Christian Lehms' (1684-1717) vertonte. Francks theologisches Lieblingsthema sind die Fragen der Eschatologie, der Lehre von den letztgültigen Dingen. Das wird an seinen Texten unmittelbar deutlich. Der führende Geistliche Weimars war damals Johann Georg Lairitz (1647-1716), der die Funktionen des Oberhofpredigers, Fürstlichen Beichtvaters, Kirchenrates, Konsistorialassessors und Generalsuperintendenten in Weimar miteinander verband. Er war ein theologisch ausgewiesener Mann, der in Jena studiert und viele wichtige Veröffentlichungen herausgebracht hatte. Er führte bereits 1699 in Weimar die Konfirmation ein, nach nur zwei Jahren Tätigkeit dort. Dem Ortspfarrer von Mellingen und Taubach, Johann Rüdiger Bönnecke, seinem Schwiegersohn, könnte er den neuen Hoforganisten für die am 26. Oktober 1710 erfolgte Orgelprüfung in Taubach vorgeschlagen haben. Von daher erscheint es auch naheliegend, daß Lairitz, im Zusammenhang mit der Gedächtnispredigt für Frau Harres – deren verstorbener Vater Ahasverus Fritsch Erbherr von Mellingen und Schwartza, also einem Teil der Parochie Bönneckes, gewesen war –, am 8. Oktober 1713 Bach für die Komposition der Trauermusik gewann.

Die Taubacher Orgelprüfung blieb nicht die einzige, die Bach von Weimar aus übernahm: Nennenswert sind die Prüfungen des von ihm angeregten Orgelbaus Johann Friedrich Wenders in Mühlhausen, wohl 1709, der Orgel von Christoph Cuncius in der Marktkirche Unser Lieben Frauen in Halle am 1. Mai 1716, der Orgel von Johann Georg Schröter in der Augustinerkirche zu Erfurt am 31. Juli 1716 und der Johann-Scheibe-Orgel in der Universitätskirche zu Leipzig am 17. Dezember 1717, die er dann schon von Köthen aus aufsuchte, zu der die Zusage aber noch in seiner letzten Weimarer Zeit eingeholt worden sein muß.

Auch andere Ereignisse der Weimarer Zeit Bachs sollen nicht unerwähnt bleiben: So Bachs Reise nach Weißenfels, um dem dortigen Herzog Christian, der seit 1712 regierte, zum Geburtstag am 23. Februar 1713 die Jagdkantate BWV 208 »Was mir behagt, ist nur die muntre Jagd« aufzuführen. Der Besuch fällt in die Zeit, in der der bisherige Weimarer Falsettist und Pagenhofmeister Adam Immanuel Weldig (1667-1716), Hauswirt der Bachfamilie in Weimar, seine neue Stelle bei der Hofkapelle in Weißenfels antritt, die seit 1680 unter Leitung von Johann Philipp Krieger (1649-1725) stand. Im gleichen Jahr kam es am 6. November zur Einweihung der Weimarer Jacobskirche, die Bach als Mitglied der Hofkapelle miterlebte. Zur Gedächtnispredigt für den am 1. August 1715 in Frankfurt am Main verstorbenen achtzehnjährigen Weimarischen Prinzen Johann Ernst, die nach entsprechender Landestrauer am 2. April 1716 früh acht Uhr in der Schloßkapelle stattfand, hat Bach eine zweiteilige Trauermusik mit 22 Sätzen geschrieben, die den Titel trägt »Was ist, das wir Leben nennen?« (BWV deest). Der Text stammt offenbar von Salomo Franck. Am Ende von Bachs Weimarer Zeit kommt es fast noch zu einem spektakulären Ereignis: In Dresden war ein pianistischer Wettstreit Bachs mit dem berühmten königlichen Organisten aus Paris, Louis Marchand (1669- 1732) vorgesehenen; Bach hatte ihn höflich angeschrieben und dazu eingeladen, doch als Marchand nach längerem Warten nicht erschien, brachte man *»endlich in Erfahrung, daß selbiger bey früher Tageszeit mit der geschwinden Post aus Dreßden verschwunden war«*.

Bachs letzter öffentlicher musikalischer Auftritt in Weimar könnte anläßlich der Zweihundertjahrfeier der Reformation Luthers am 31. Oktober 1717 erfolgt sein, die überall in den sächsischen Ländern festlich begangen wurde. Aus Weimar weiß man, daß Salomo Franck ein »Lob= und Danck= Opffer zur Capell-Music bei dem Jubelfest der Reformation« beisteuerte. Es ist unwahrscheinlich, daß die Musik dafür ein anderer als Bach geschrieben haben sollte. Ein Teil dieser Festmusik könnte in dem heute als Doppelchor bekannten

Satz BWV 50 »Nun ist das Heil und die Kraft« fortleben.

Bachs Zeit in Weimar ging spannungsvoll und für ihn nachteilig zu Ende. Die Akten reden von *»seiner Halßstarrigen Bezeügung v.[nd] zu erzwingender dimission«*, weswegen er vom 6. November bis zum 2. Dezember 1717 *»auf der LandRichter-Stube arretiret«* und schließlich *»mit angezeigter Ungnade, Ihme die dimission ... angedeütet, v.[nd] zugleich des arrests befreyet worden«*. Gehalt hatte er ohnehin nur einschließlich des Quartals Crucis erhalten, d. h. bis Mitte September 1717. Seine Köthener Gehaltszahlung aber war glücklicherweise schon am 1. August angelaufen.

2. Weimars heutiger Ruf leitet sich aus einer Zeit her, die erst etwa 80 Jahre nach Bachs Anwesenheit dort ihren Anfang nahm. Er ist gebunden an die **Literaturstadt Weimar**, an die Stadt eines kunstsinnigen Publikums (zunächst der Tafelrunde der Herzoginmutter Anna Amalia), an Namen wie Goethe, Schiller, Herder, Wieland und an den des freizügigen, der Aufklärung verbundenen Herzogs Carl August. Von daher gilt die Stadt als Ort der deutschen literarischen Klassik schlechthin. Hinzu kommt die sich anschließende vorwiegend musikalische Periode Weimars mit Namen wie Franz Liszt und Richard Strauß. Und schließlich gehört dazu die Epoche des politischen Weimar: des demokratischen Verfassungsstaates (1919) und des totalitären Machtwahns mit menschenverachtenden Folgen (Buchenwald 1934-1945, 1945-1950).

Zu Bachs Zeit ist Weimar eine kleinere, doch durchaus selbstbewußte und repräsentative Residenz, in deren Geschichte es zahlreichere musikalische Höhepunkte gibt als in anderen damaligen Residenzen. Neben Bach sind im kirchenmusikalischen Bereich auf jeden Fall nennenswert: Melchior Vulpius (1570-1615), von 1597 an Kantor an der Stadtkirche St. Peter und Paul, Johann Hermann Schein (1586-1630), Leiter der kleinen Hofkapelle 1615-1616, Heinrich Schütz (1585-1672, Anwesenheit am herzoglichen Hof 1647 und 1648), Johann Gottfried Walther (1684-1748), Organist an St. Peter und Paul zwischen 1707 und 1748, aus der Reihe seiner Nachfolger Johann Gottlob Töpfer (1791-1870) von 1830 an, Hermann Keller (1885-1967), zwischen 1911 und 1916, Michael Schneider, zwischen 1931 und 1934, und Johannes Ernst Köhler, von 1934 an bis zu seinem Tod 1976.

Die **Stadt Weimar** geht auf eine Siedlung zurück, deren Anfang mit dem Jahr 975 zu datieren ist. 1250 erhält Weimar Stadtrecht durch die Grafen von Weimar-Orlamünde. Die Erbauung der **Jacobskirche** als Zentrum auf dem höchsten Punkt der früheren Siedlung geht schon auf das Jahr 1168 zurück. Doch kommt diese mit der Erhebung zur Stadt und einer veränderten Raumplanung vor die Stadtmauer zu liegen, was ihr weiteres Schicksal begründet. **St. Peter**, die spätere Stadtkirche, lag, einer Urkunde von 1313 gemäß, neben der alten Gerichtsstätte der Weimarer Burggrafen. 1373 starben die Burggrafen aus; Weimar ging in die Hoheit der Wettiner über und wurde

Weimar, Schloßkirche, »Weg zur Himmelsburg«, Gemälde von Christoph Richter

nach der Landesteilung eine ihrer Residenzen. Die lutherische Reformation hielt bereits 1523 hier Einzug. Seit 1529 gab es einen ersten Superintendenten, Johann Grau (gest. 1559), der 1524 von Kronach nach Weimar kam und sein Amt als Prediger an der Stadtkirche angetreten hatte. Luther hielt öfter in Weimar Einzug und predigte wohl mindestens achtmal in der Stadt- und der Schloßkirche. Weil das Ernestinische Fürstenhaus nach der Schlacht von Mühlberg 1547 die Hälfte seines Landes mit der Residenz Torgau verlor, wurde Weimar Residenzstadt und die Stadtkirche St. Peter und Paul auch die Grabkirche der Weimarer Herzöge. Die Jacobskirche verfiel nach der Reformation immer mehr und wurde erst 1713 wieder aufgebaut. Damit trat zu den ursprünglich drei Pfarrstellen an der Stadtkirche, dort schon seit 1683 mit der Stelle eines Stiftspredigers erweitert, nun die eines Predigers an St. Jacob hinzu.

Bachs Dienst vollzog sich in der **Schloßkirche** »Weg zur Himmelsburg«, einem eigengeprägten Raum am Südende des Ostflügels des Weimarer Schlosses Wilhelmsburg, der nur 144 Jahre lang bestand. Nach dem Brand des Schlosses Hornstein im Jahr 1618 kam es zwar 1630 zur Neuweihe der Schloßkirche, doch konnte diese erst unter Herzog Wilhelm IV. (1598-1662) 1658 endgültig gestaltet der Benutzung übergeben werden. Bei einem erneuten Schloßbrand im Jahr 1774 versanken alle Gebäude außer dem Schloßturm mit Bastille in Schutt und Asche. Über das Innere der Schloßkirche sind wir dennoch gut unterrichtet durch ein Bild von Christian Richter, das um 1660, kurz nach Vollendung der Innengestaltung, entstanden ist. Mit 360 Quadratmetern Grundfläche (30 mal 12 Meter) und 20 Metern Höhe besaß sie einen Kirchenraum, der über drei Etagen reichte. In der Mitte der von der Dachkonstruktion getragenen Decke weitete sich der Raum durch eine Öffnung von 4 mal 3 Metern, so daß sich nach oben ein eigener Raum ergab, die »Capelle«. Von oben her war diese durch eine umlaufende Balustrade begrenzt. An der einen Schmalseite des Kirchenraumes stand der **Kanzelaltar,** der unten in der Form eines Tempels mit palmenbaumartig tragenden Säulen gestaltet war und darüber die in den Raum herausragende Kanzel trug, hinter der sich ein hoher Obelisk erhob. Die theologische Sinngebung der Abfolge von unten nach oben, vom Altar über die Kanzel, über den Obelisk mit der Darstellung des lehrenden Jesus und nach oben schwebenden Kindergestalten bis hinauf zu einer an der Decke aufgemalten Himmelsöffnung wies gleichsam von der »Wilhelmsburg« den »Weg zur Himmelsburg« (eine Alliteration, die die auch anderweitig dokumentierte Frömmigkeit ihres Erbauers bezeugt). In entgegengesetzter Richtung, gleichsam vom Himmel auf die Erde herunter, ertönte die in der »Capelle« gemachte Musik, sei sie von der Orgel allein dargebracht oder von Sängern und Hofkapelle gemeinsam. Die Ausmalung der »Capelle« mit Engeln, die in den Wolken schweben, ist Teil dieser Rahmensymbolik. Die drei Geschosse des Kirchenraumes waren als Arkaden durchgebildet, die im Erdgeschoß Pfeiler, im ersten Obergeschoß Pilaster, im zweiten mit unterschiedlichen Köpfen gestaltete Hermen-Pilaster untergliederten. Nur etwa bis zur Hälfte des Raumes waren die Geschosse räumlich ausgeweitet, im ersten und zweiten Obergeschoß als Emporen. In der altarseitigen Hälfte des Raumes ergänzten sich die Ausweitungen durch illusionistische Bemalung. Daß unter diesen ikonographischen Bedingungen der Musik und damit der Orgel eine besondere Rolle zufiel, ist einleuchtend.

Die **Orgel** errichtete Ludwig Compenius (1603-1671) in mehreren Bauabschnitten: Nachdem der Herzog die Orgel der Erfurter Barfüßerkirche 1657 gekauft und Compenius mit deren Aufbau und Erneuerung beauftragt hatte, erklang bereits am Wilhelmstag, dem 28. Mai 1658, das gesamte einmanualige Werk mit Pedal bei der Einweihung der Kirche. Noch im gleichen Jahr baut Compenius ein Seitenpositiv hinzu, das auf einem eingebauten Untermanual gespielt wird. Nun enthielt die Orgel 20 Register und ein Glockenspiel. Johann Effler nennt bereits bei seiner Anstellung 1678 verschiedene Mängel, die aber erst gegen Ende seiner Amtszeit 1707 und 1708 durch den Orgelbauer Johann Conrad Weißhaupt aus Seebergen behoben werden. So wird z. B. das Seitenwerk zu einem Unterwerk umgebaut. Schon 1712 bis 1714, also während Bachs Amtszeit, kommt es erneut zu Reparaturen, die nun Nikolaus Heinrich Trebs (1678-1748) durchführt. Bach dürfte mithin das Werk in diesem Bestand vorgefunden und während seiner Amtszeit gespielt haben. Spätere Veränderungen wurden unter den Hoforganisten Johann Martin Schubart (1690-1721) 1719/20 und Johann Caspar Vogler (1696-1763) 1734/38 ebenfalls durch Trebs vorgenommen (Disposition siehe Anhang, S. 319).

Auf der ersten Empore hinter dem Altarobelisk der Kirche befand sich außerdem ein **Positiv**, das ebenfalls 1658, jedoch durch den Instrumentenmacher Samuel Bidermann gebaut worden war (überlieferte Disposition siehe Anhang, S. 319).

Zwischen 1756 und 1758 amtiert hier in der Schloßkirche Johann Ernst Bach (1722-1777), ein Sohn des Eisenacher Johann Bernhard Bach (1676-1749), unter Herzog Ernst August Constantin als Hofkapellmeister.

Das Haus, in dem sich die **Wohnung Bachs** befand, ist nicht mehr erhalten, doch eine Nachricht ist in den Akten über die Veranlagung zur Haushaltungssteuer, einem vom Landtag des Herzogtums beschlossenen »freiwilligen« Beitrag zur Deckung dringender Schulden des Landes, überliefert: *»Acto sind auf HochFürstlicher hochlöblicher ges. [= gemeinsamer] Regierung befehlig, alle diejenigen Personen, welche sich in denen Freyhäußern hiesiger Stadt befinden, aufgezeichnet, ...*
4. In des Herrn HoffMstr: Weldigs Freyhauße.
Ist angesezt,
1. Der Herr HoffMstr: benebst seiner Familie, und 2. Mägden.
ibidem.[ebendort]
2. Der Herr Organist: Johann Sebastian Bach, nebst seiner Liebsten, und ihrer Schwester.«

Hier, am Markt 16, gegenüber dem Roten Schloß gelegen, wohnte Bach mit seiner Familie bis mindestens 1713, dem Jahr, in dem Weldig in die Dienste des Weißenfelser Hofes ging. 1803 wurde das Gebäude mit dem Nachbarhaus, dem Gasthaus ›Zum Erbprinzen‹ (späteres Parkhotel) vereinigt, welches 1944 durch Bomben zerstört wurde. Heute erinnert an dieses Haus an der Ecke des Marktes, anschließend an das Hotel ›Zum Elephanten‹, im Durchgang zum Platz der Demokratie (Musikhochschule), eine Gedenktafel, deren Daten aber überprüfungsbedürftig und unvollständig sind: *»Hier stand das Haus, in dem Johann Sebastian Bach von 1708-1717 wohnte. Hier wurden geboren Friedemann Bach am 17. November 1710, Philipp Emanuel Bach am 8. März 1714.«*

Zu ergänzen wäre, daß bis 1713 in diesem Hause auch Catharina Dorothea und die Zwillinge Maria Sophia und Johann Christoph geboren wurden. Ob Bach mit seiner Familie hier auch nach 1713 weiter wohnte, ist nicht sicher.

Zur **Stadtkirche St. Peter und Paul,** der späteren Herderkirche, bleibt nachzutragen, daß der heutige Bau nach zwei durch schwere Brände vernichteten Vorgängerbauten im Jahr 1500 als spätgotische dreischiffige Hallenkirche vollendet wurde. 1597 schloß man den Chorraum, der immer häufiger als fürstliche Begräbnisstätte Verwendung fand, durch ein Gegitter mit vier Toren, eine Arbeit von Nikolaus Secke, vom Schiff ab. Seit dem Beginn des 19. Jahrhunderts fand das damals abgebaute Gegitter Verwendung für die Abtrennung der Taufkapelle, wo sich der **Taufstein** befindet; dieser, ein noch mittelalterliches Ausstattungsstück vom Ende des 15. Jahrhunderts mit charakteristisch sternförmigem Sockel und einem zwischenzeitlich veränderten Becken, steht auf einem tiefgekehlten achteckigen Schaft. Der Taufstein befand sich zu Bachs Zeit im dritten Mittelschiffsfeld, also in der Mitte gegenüber dem Südportal der Kirche. Hier wurden Maria Barbaras und Johann Sebastian Bachs in Weimar geborene Kinder getauft. In der Kirche hatte die Familie mit ziemlicher Sicherheit auch Kirchenstühle, hier amtierte Johann Gottfried Walther, der Freund und Verwandte Bachs, als Organist; Gründe genug, in dieser Kirche mehr als in der Schloßkapelle das kirchliche Zentrum der Familie Bach zu suchen. Außerdem wissen wir, daß bei der Nottaufe der Zwillinge 1713 auch der Diakonus der Stadtkirche, Georg Wilhelm von der Lage († 1745), beteiligt war.

Eine interessante Querverbindung kirchlicherseits zwischen Weimar und Bachs späterer Zeit in Leipzig gibt es noch zu den Familien Kromayer und Teller. Nachkommen in der dritten Generation des ehemaligen pädagogisch bedeutsamen Weimarer Generalsuperintendenten Johann Kromayer (1576-1643), der zur selben Familie wie die Ohrdrufer Kromayers gehörte, waren der Landschaftskommissar Ernst Kromayer († 1713), der 1712 gemeinsam mit Bach bei Johann Gottfried Walther d.J. Pate stand, und Susanna Maria Kromayer, seit 1701 mit Romanus Teller d.Ä. (1671-1721) in Leipzig verheiratet, die Mutter von Bachs zweitem Leipziger Beichtvater Romanus Teller d.J. (1703-1750). Nicht unerwähnt sollte bleiben, daß Bach in seinem letzten Lebensjahrzehnt in Leipzig einem weiteren Weimarer begegnen mochte, nämlich Johann Gottfried Körner (1726-1785), Sohn des ehemaligen Weimarer Diakonus Johann Christoph Körner, späteren Leipziger Superintendenten und Großvater Theodor Körners, der hier seit 1743 Theologie studierte und seit 1748 Vesperprediger an der Universitätskirche St. Pauli und seit 1750 Katechet an der Peterskirche war.

Zu Bachs Zeit durch das Gegitter weitgehend verdeckt, steht in dem spätgotischen Chorraum der Kirche seit 1553 der **Cranach-Altar**, ein dreiteiliges Werk, dessen Mittelschrein das Heilswerk Christi in einer theologisch wie künstlerisch meisterlichen Komposition zur Darstellung bringt. Eine komprimierte Verknüpfung alttestamentlicher evangelischer Weissagungen und deren Erfüllung wird dem Betrachter in der unmittelbaren Zusammenschau vorgestellt. Hingewiesen sei auf den Gekreuzigten, dessen heilbringendes Blut den sich selbst darstellenden Maler am Kopf trifft (und der damit sein persönliches Bekenntnis ins Zentrum rückt), und auf die unauffällige Lilie rechts neben dem Kreuzesstamm, die an das Hohelied Salomonis erinnert. Links im Bild ist in dem Auferstandenen der zweite Adam (Genesis 3,15 mit Offenbarung 12 verbunden) erkennbar, und, verkleinert, der erste Adam, der dem Tod mit dem Spieß und dem Teufel mit der Keule davonläuft. Rechts vom Kreuz, parallel gezeichnet, disputieren die verkleinerten Schriftgelehrten über das Gesetz und Johannes der Täufer zeigt auf das Kreuz, Cranach betet. Luther zeigt auf die biblischen Stellen, die dem Bild zugrunde liegen (1Johannes 1,7; Hebräer 4,16; Johannes 3,14-15) – eine Lutherdarstellung übrigens, die zum Vorbild für die Standbilder Ernst Rietschels im 19. Jahrhundert (Worms und Dresden) wurde. Auffallend ist die Parallelität von erhöhter Schlange in der Wüste und Gekreuzigtem (Johannes 3, 14-15).

Auf den Innenseiten der Flügel sind links Kurfürst Johann Friedrich und seine Gemahlin Sibylle, geborene Herzogin von Cleve, zu sehen, rechts die drei Söhne des Stifterpaares; außen links die Jordantaufe, rechts die Himmelfahrt Christi. Diese Gemälde sind von auffallend geringerer Qualität. Oben wird das Altarwerk von einem äußerst sorgfältig gearbeiteten und farblich auf die Gemälde abgestimmten Gesprenge bekrönt, dessen Meister unbekannt ist. Lukas Cranach d. Ä. (1472-1553), der Maler des Werkes, lebte während seiner letzten Lebenszeit in Weimar, blieb aber die längste Zeit bei seinem gefangenen Kurfürsten Johann Friedrich von Sachsen in Augsburg und Innsbruck. Nach seiner Rückkehr 1552 beginnt er den Altar der Stadtkirche zu malen, doch ereilt ihn darüber der Tod. Ungeklärt ist bis heute, ob das Werk von seinem Sohn Lukas Cranach d. J. oder von seiner Werkstatt (Peter Roddelstedt aus Gottland) zum Abschluß gebracht worden ist. In der Nähe von Cranachs letztem Werk steht seit 1859 auch sein **Epitaph**, eine Bildnistafel mit Wappen und lateinischer Umschrift, die von den Söhnen Johann Friedrichs des Großmütigen für sein Grab auf dem Jacobskirchhof in Auftrag gegeben worden war. Die deutsche Übertragung der Umschrift lautet: »*Im Jahre Christi 1553 Oktob. 16. verstarb fromm Lucas Cranach der Erste, der sehr schnelle Maler und Wittenberger Ratsherr, der wegen seiner Tugenden drei Kurfürsten von Sachsen sehr teuer war.*«

Die **Kanzel** soll aus einem Stein gearbeitet sein, sie besaß einen Aufgang mit verschließbarer Tür. Bei dem Umbau der Kirche 1727 und 1735 kam es zu einer barocken Umkleidung. Bedeutsam sind sodann die vielen Grabdenkmäler, die im Laufe der Jahrhunderte in die Kirche hineinkamen, hier aber nicht einzeln genannt werden. Das jüngste ist das für Johann Gottfried Herder (1744-1803), Freund Goethes und Weimarer Generalsuperintendent von 1776 bis zu seinem Tode, im Quergang des westlichen Langhauses.

Ein Weniges noch zur Orgelgeschichte: Eine große **Orgel** stand bis 1683 auf der Westempore, von der aber keine Detailes bekannt sind. Auf Betreiben des damals in Weimar noch neuen Hoforganisten Johann Effler wurde 1683 bei Johann Bernhard Rükker in Weimar ein neues Orgelwerk in Auftrag gegeben, nach Fertigstellung aber als nicht tüchtig befunden. Christoph Junge aus Lausnitz baute die Orgel um und z. T. neu, worauf man sie 1685 in Gebrauch nahm. Während Walthers Dienstzeit kam es zwischen 1726 und 1738 zu umfangreichen Reparaturarbeiten an dieser Orgel, die gewiß in Beziehung zu sehen sind mit den aufwendigen Bauarbeiten an der Kirche in dieser Zeit, in deren Verlauf nur das

Weimar, Jacobskirche

Rückpositiv spielbar blieb. Aus dieser Zeit muß auch der noch heute vorhandene barocke Orgelprospekt stammen. Später wurden in ihn die Initialen des mit Goethe befreundeten Großherzogs Carl August (1757-1828) und seiner Gemahlin Luise (1757-1830) eingearbeitet. Im Jahr 1810 vereinbarte man den Bau einer neuen Orgel durch die Gebrüder Trampeli aus Adorf im Vogtland, die 1812 in Gebrauch genommen wurde, jedoch bereits 1825 einem Neubau der Orgelbauwerkstatt Friedrich Schulze aus Paulinzella weichen mußte. 1907 erhielt die Stadtkirche ein neues Werk der Firma Walcker, Ludwigsburg, das 1945 durch den Bombenangriff auf Weimar schwer beschädigt und von 1950 bis 1964 durch die Firma Sauer, Frankfurt/O., wiederhergestellt wurde. Für diese überwiegend aus altem Material wiederaufgebaute Orgel ist bis zum 500. Kirchweihjubiläum im Jahr 2000 der Ersatz durch eine neue Orgel vorgesehen (Disposition der alten Orgel siehe Anhang, S. 319 f.).

Die **Jacobskirche** hatte 1535 den Charakter einer Pfarrkirche verloren, nachdem man bereits seit 1530 ausschließlich auf dem Jacobsfriedhof und nicht mehr an der Stadtkirche beerdigte. Doch verfiel sie trotz ihrer neuen Zweckbestimmung immer mehr, bis Herzog Wilhelm Ernst (1662-1728) sie abreißen und auf den erhaltenen Grundmauern als einschiffigen Barockbau durch die Baumeister J. Mützel und Chr. Richter neu errichten ließ. Am 6. November 1713 wurde sie festlich wieder eingeweiht, wozu Bach unter den Musikern der Hofkapelle an der Prozession teilnahm. Von 1728 an stand sie auch als Garnisonskirche zur Verfügung. Nach dem Schloßbrand 1774 avancierte sie zur Hofkirche; in den Befreiungskriegen erlitt sie das Schicksal vieler Kirchen und wurde Lazarett. Seit ihrer Wiederherstellung 1817 wurde sie ihrer Bestimmung gemäß genutzt, bis sie 1937 als zweite Predigtkirche zur Stadtkirchengemeinde kam. An der Südfront ihres Chorraumes befindet sich das **Grabdenkmal Johann Gottfried Walthers**, jenes musikgeschichtlich bedeutsamen Mannes, der 1732 das erste deutschsprachige Musiklexikon herausgab. Auch andere Persönlichkeiten Weimars haben hier ihre letzte Ruhe gefunden, unter ihnen 1816 Goethes Ehefrau Christiana von Goethe, geb. Vulpius. Der Grabstein Lukas Cranachs auf dem Friedhof ist ein Duplikat des Originals, das sich heute in der Stadtkirche befindet.

3. Literatur

Andreas Glöckner, Gründe für Johann Sebastian Bachs Weggang von Weimar. In: Bericht über die Wissenschaftliche Konferenz, Leipzig 25. bis 27. März 1985. Leipzig 1988

Hans Rudolf Jung, Johann Sebastian Bach in Weimar 1708 bis 1717. Tradition und Gegenwart. Weimarer Schriften Heft 16. Weimar 1985

Eva Schmidt, Evangelisch-Lutherische Stadtkirche St. Peter und Paul zu Weimar. Thüringen, München und Zürich 1991 (4. Auflage von: Das Christliche Denkmal. Berlin 1991)

Winfried Schrammek, Orgel, Positiv, Clavicymbel und Glocken der Schloßkirche zu Weimar 1658 bis 1774. In: Bericht [wie oben A. Glöckner]

4. Reiserouten, Auskünfte, Adressen, Öffnungszeiten

Weimar liegt an der Eisenbahnstrecke Leipzig – Erfurt.

Mit Auto A 9 bis Abfahrt »Weimar«, dann 9 km auf B 85 Richtung Weimar.

Auskünfte erteilen:
Tourist-Information Weimar
Markt 10
99423 Weimar
Telefon 0 36 43-2 40 00
Fax 0 36 43-24 00 40 oder -90 12 40

Stadtkirche St. Peter und Paul
(»Herderkirche«)
Herderplatz 8
99423 Weimar
Telefon 0 36 43-85 15 18

Öffnungszeiten
April – Oktober Mo-Fr 10.00-16.00
Sa 10.00-12.00 und 14.00-16.00
So 11.00-12.00 und 14.00-15.00
November – März
täglich 11.00-12.00 und 14.00-15.00

Jacobskirche
Jacobskirchhof
99423 Weimar,
Telefon 0 36 43-90 45 75
Besichtigung nur nach Vereinbarung möglich

Stadtmuseum Weimar
Karl-Liebknecht-Straße 5
99423 Weimar

Stadt-Schloß
Burgplatz 4
99423 Weimar
Telefon 0 36 43-54 61 60
Öffnungszeiten
April – Oktober
Di-So 10.00-18.00
November – März
Di-So 10.00-17.30
Montag geschlossen

Weißenfels

1. Mindestens vier Besuche Bachs in Weißenfels sind fest verbürgt. Der erste, von Weimar aus, galt der Geburtstagsfeierlichkeit für Herzog Christian von Sachsen-Weißenfels (1682/1712-1736) am 23. Februar 1713. Bachs Besuch dauerte mindestens vom 21. bis zum 24. Februar. Aufgeführt wurde seine Jagdkantate (BWV 208) im Weißenfelser Jägerhof. An Kostgeld erhielt er täglich 16 Groschen.

Als Bach nach Weimar zurückkehrte, fand er seine Frau Maria Barbara im Wochenbett vor. Eben an diesem 23. Februar war sie von Zwillingen entbunden worden. Gewiß war sie nicht allein gewesen; denn seit Antritt seines Dienstes in Weimar lebte ihre ältere Schwester, Friedelena Margaretha (1675-1729), mit im Haushalt. Doch müssen Bach die Nachrichten, die er zu hören bekam, erschreckt haben, denn ihm wurde von einer nicht leichten Geburt berichtet: Vormittags gegen 10 Uhr war ein Töchterchen geboren worden. Spätestens da war klar, daß es sich um eine Zwillingsgeburt handeln würde. Erst zwei Stunden später brachte Maria Barbara noch ein Söhnlein zur Welt, das sehr schwach war. Inzwischen hatte man den Diakonus Georg Wilhelm von der Lage († 1745) gerufen, der den geistlichen Wochendienst zu versehen hatte. Noch bevor er eintraf, mußte man den Tod des Knäbleins befürchten. Deshalb vollzog die Hebamme die Nottaufe; man nannte das Kind Johann Christoph. Wahrscheinlich ist es noch am selben Tage verstorben. Der Diakonus taufte auch das Mädchen zu Hause; es erhielt den Namen Maria Sophia. Im Taufbuch der Stadtkirche stehen beide Geburten und Taufen verzeichnet, aber nur für Maria Sophia auch drei Paten. Drei Wochen später trug man Maria Sophia gleichfalls zu Grabe.

Von Leipzig aus reiste Bach zweimal zum Geburtstag des Herzogs nach Weißenfels. Am 23. Februar 1725 erklang die Schäferkantate BWV 249 a »Entfliehet, verschwindet, entweichet, ihr Sorgen«. Von ihr sind der Textdruck in Picanders »Ernst-, Schertzhafften und Satyrischen Gedichten« (Band I, Leipzig 1727) und die Musik sämtlicher Arien in den Parodien des Osteroratoriums, das in seiner frühesten Gestalt als Kantate zu Ostern 1725 in den Leipziger Kirchen erklang, erhalten geblieben.

Zum Geburtstag des Herzogs im Jahr 1729 wurde Bach dann wahrscheinlich anläßlich seines Besuches der Titel eines Weißenfelser Hofkapellmeisters »von Hause aus« verliehen.

Die vierte bekannt gewordene Reise Bachs fand im November 1739 gemeinsam mit Anna Magdalena statt. Die Umstände sind durch drei kurz nacheinander geschriebene Briefe von Johann Elias Bach (1705-1755) überliefert, jenem Verwandten aus Schweinfurt, der während seines Theologiestudiums als Privatsekretär Johann Sebastians beschäftigt war. Sie sind an Johann Leberecht Schneider (1695-1742), einen Kammerkonsul im Bereich der Finanzen am Hofe Herzog Christians, gerichtet. Als erstes übersandte Johann Elias am 6. November 1739 ein Hochzeitsgedicht für die Carpzov-Haßesche Trauung in Weißenfels: der verwitwete Kommissionsrat und Pächter des Weißenfelser Gleits-Amtes, Carl August Carpzov, beabsichtigt die Tochter des Amtmannes vom Rittergut Eythra, Sophia Elisabeth Haße, zu ehelichen. Am Schluß seines Briefes richtete Johann Elias Grüße Bachs an das Krebsisch-Wilckische Haus aus. Gemeint war damit die Familie der sechs Jahre älteren Schwester Anna Magdalenas, Johanna Christina (1695-1753), die seit 1716 mit dem Hoftrompeter Johann Andreas Krebs († 1748) verheiratet war. Im Weißenfelser Haus lebte zu dieser Zeit auch noch Anna Magdalenas verwitwete Mutter, Margarethe Elisabeth Wilcke (um 1666-1746). Einen Tag später schrieb Johann Elias erneut an J. L. Schneider; wieder geht es um das Hochzeitsgedicht. Im Postscriptum grüßt und dankt er im Namen Johann Sebastians für die ausgesprochene Einladung nach Weißenfels. Der Herr Medicus habe jedoch abgeraten, bei der jetzigen Witterung eine Reise zu unternehmen; bei vollkommener Restitution werde man das Versäumte nachholen. Das deutet auf eine Erkrankung Bachs hin. Im dritten Brief vom 14. November erhalten wir kurzen Bericht darüber, daß Bach und Anna Magdalena nun doch in Weißenfels waren, aber wohl nicht als Gäste der erwähnten Hochzeit, denn die fand erst am 17. November statt. Zwei Jahre später gibt es eine vage Verabredung eines Besuches. Diesmal verhindert Kränklichkeit Anna Magdalenas den Besuch in Weißenfels.

Während seines ersten Aufenthaltes in Weißenfels mag Bach auch seinen Freund Adam Immanuel Weldig (1667-1716) wiedergesehen haben. Weldig war seit 1697 Falsettist und Pagenhofmeister in Weimar gewesen, von 1705 an war er im Besitz eines »Freihauses«, in dem Bach mit Familie, einschließlich Friedelena Margarethas und zwei Mägden, bis 1713 wohnte. Seit 1713 lebte er in Weißenfels als Secretarius, Pagenhofmeister und Kammermusikus. Er agierte neben Georg Philipp Telemann als namengebender Pate Carl Philipp Emanuel Bachs am 10. März 1714 in Weimar. Als man 12 Tage später in Weißenfels einen Sohn Weldigs zur Taufe trägt, ist Johann Sebastian Bach zum Paten gebeten. Doch reiste er nicht an, sondern wurde vertreten.

2. Wer Weißenfels heute besucht, ahnt im ersten Augenblick nicht, welch

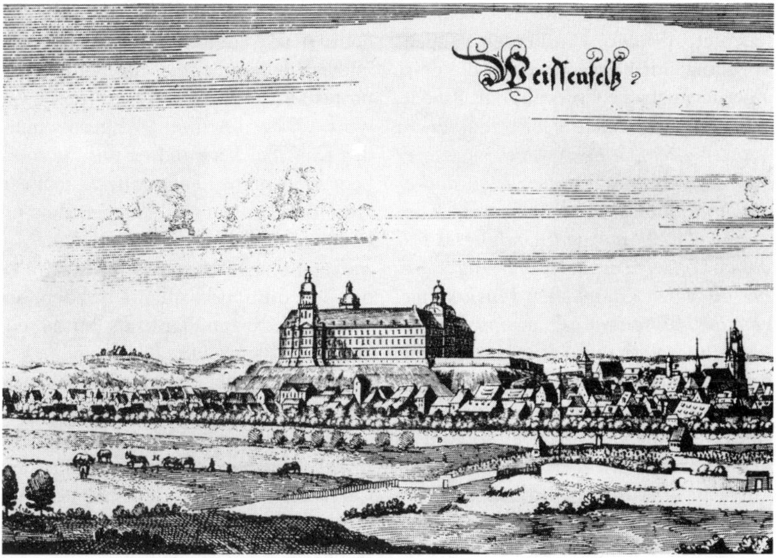

Weißenfels, Stadtansicht mit Schloß, undatiert

bedeutende Traditionen diese Stadt gerade in musikalischer Hinsicht hat: Stadtpfeiferei, Hofkapelle und Opernmusik, vor allem während ihrer Residenzzeit 1680-1746. Unter den Herzögen Johann Adolph I. (1649/1680-1697), Johann Georg (1677/1697-1712), Herzog Christian (1682/1712-1736) und Johann Adolph II. (1685/1736-1746) erlebte Weißenfels eine nie wieder erreichte Blüte. Für Bach wesentlich wurden die Traditionen der Stadtpfeiferei und der Hofkapelle; immerhin war er hier Hofkapellmeister »von Hause aus«.

Für die **Stadtpfeiferei** hatte vor allem der Stadtpfeifer Paul Becker (um 1615-1697) eine wirksame kompositorische Tätigkeit entfaltet. Bachs wichtigster Trompeter in seiner Leipziger Zeit, der Weißenfelser Schuhmacherssohn Gottfried Reiche (1667-1734), stammte aus dieser Tradition; offenbar deshalb bezeichnete er sich auch späterhin stolz mit seinem Matrikelnamen »Gottfried Reiche Leucopetra-Misnicus«; er war hier am 5. Februar 1667 geboren worden. Schon mit 21 Jahren, im Jahr 1688, avancierte er zum Stadtpfeifergesellen in Leipzig. Seit 1719 Senior der Ratsmusiker, hatte er nach und nach alle Ebenen durchlaufen: 1700 Kunstgeiger, 1706 Stadtpfeifer. Sein Tod in Leipzig hängt unmittelbar mit seinem Beruf zusammen: Bach brachte am Abend des 5. Oktober 1734 mit Studierenden die Huldigungskantate »Preise dein Glücke, gesegnetes Sachsen« (BWV 215) für das sächsische Herrscherpaar zur Aufführung. Die Festlichkeit wurde mit Wachsfackeln beleuchtet, die 600 Studenten trugen. Vom folgenden Tage berichtet die Leipziger Riemersche Chronik, daß Reiche, *»als er nach Hause gehen wollen im StadtPfeiffer Gäßgen ohnweit seiner Wohnung vom Schlag gerühret, daß er niedergesuncken, und tot in seine Wohnung gebracht worden. Und dieses soll daher kommen seyn, weil er Tages vorhero bey der Königlichen Musique wegen des Blasens große strapazzen gehabt, und auch der Fackel Rauch ihm sehr beschwerlich gewesen.«*

Die andere für Bach wichtige Tradition Weißenfels' – offenbar sowohl in musikalischer als auch in literarischer Hinsicht – ist die der **Hofkapelle**: Herzog August von Sachsen-Weißenfels (1614/ 1638-1680) ließ anstelle der im Dreißigjährigen Krieg zerstörten Burg ein Residenzschloß erbauen und gab ihm den Namen Neu-Augustusburg. Er selbst residierte in Halle, wo er – bis 1680 die Stadt Halle und das Erzbistum Magdeburg an Brandenburg fielen – als Administrator des Erzstiftes Magdeburg fungierte. Der erste Hofkapellmeister dieser Zeit, von 1680 an, war der aus Nürnberg gebürtige Johann Philipp Krieger (1649-1725). Sein Nachfolger wurde 1724 der ältere Johann Augustin Kobelius (1674-1731) – Bach 1702 in Sangerhausen vorgezogen –, der schon unter Krieger als Kammermusikus wirkte. Seit 1676 war hier auch der musikalisch wie literarisch gleichermaßen bedeutende Johann Beer (1655-1700) als Konzertmeister tätig, von dessen Werken es eigentümliche Querverbindungen zu Bach gibt (⇒ Dornheim). Beer stammte aus Österreich, wo er am 28. Februar 1655 in St. Georgen (Attergau, Nähe Salzkammergut) als Sohn eines protestantischen Gastwirtes geboren wurde. Wegen Armut der Eltern wuchs das Kind bei Verwandten auf. Seit seinem siebenten Lebensjahr war Beer Page bei Adligen; zu gleicher Zeit erhielt er musikalischen Unterricht. Mit zehn Jahren finden wir ihn als Schüler des Benediktinerklosters Lambach, als Fünfzehnjährigen dann als Studierenden am Gymnasium Poeticum in Regensburg, wohin aus konfessionellen Gründen inzwischen auch seine Eltern gegangen waren. Die alte Freie Reichsstadt – seit dem Westfälischen Frieden Quasi-Hauptstadt in Deutschland, weil hier der Immerwährende Reichstag residierte – entwickelte in dieser Zeit ein reges Kulturleben, das dem Multitalent Beer zugute kam. Kompositionen, Schauspieltätigkeit, literarische Arbeiten entstehen. 1676 erhielt er ein Stipendium der Stadt Regensburg zum Theologiestudium in Leipzig. Er widmet sich dort aber mehr seinen literarischen und musikalischen Neigungen. Im Kirchenorchester des Thomaskantors Sebastian Knüpfer (1632-1676) – wie Beer einst Schüler des Gymnasium Poeticum in Regensburg – ist er ein geschätzter Kollege, doch Knüpfers früher Tod im Oktober 1676 läßt ihn Abschied von Leipzig nehmen. Er wird »musicus vocalis und Altist« der Hofkapelle des Weißenfelser Herzogs in Halle. 1680 siedelte er, seit 1679 mit einer Hallenser Gastwirtstochter verheiratet, nach Weißenfels über. 1685 wurde er zum Konzertmeister ernannt und erhielt das Versprechen, zum Musikdirektor des Gymnasiums illustre gemacht zu werden, was jedoch nie eingelöst wurde. Da er bei des Herzogs Tafel neben der Musik auch zur lustigen Unterhaltung herangezogen wurde, geriet er in die öffentliche Kritik des Gothaer Gymnasialrektors Gottfried Vockerodt (1695-1717), eines mit dem Pietismus früh sympathisierenden Moralisten, mit dem auch Bachs Freund Eilmar aus Mühlhausen in dieser Zeit die geistigen Waffen kreuzte. Erstaunlich ist Beers nie versiegende Leistungskraft: Er hat neben den täglichen Verpflichtungen bei Hofe ein umfangreiches Œuvre an Kirchenmusiken, Motetten, Opern, Ballettmusiken, 21 Romanen, dazu noch Erzählungen und Satiren hinterlassen. Auch herzoglicher Bibliothecarius ist er gewesen. Ein tragischer Unglücksfall setzte seinem schaffensreichen Leben ein Ende: Er starb am 6. August 1700, getroffen von einem Fehlschuß beim Vogelschießen. Die unverkennbare Nähe der Reime des von Bach vertonten Hochzeits-Quodlibets (BWV 524) zu Werken Beers könnte Hinweis auf eine weitere Verbindung zwischen beiden sein.

Weißenfels spielte im Verband der Wettinischen Herrschaften seit dem Mittelalter eine bedeutende Rolle. Nach der wettinischen Teilung 1485 kam der Burg – bis auf die kurze Zeit der Hofhaltung (1548-1553) durch Herzog August (1526/1553-1586) – allerdings nur noch die Bedeutung einer Amtsburg zu. Im Dreißigjährigen Krieg kam es vom 17. Dezember 1644 an zur völligen Devastierung aller Burganlagen einschließlich der Burgkapelle St. Margarethe. Der Neuaufbau des Weißenfelser Schlosses verdankt sich der Bestimmung im Westfälischen Friedensvertrag, wonach einem Sohn des sächsischen Kurfürsten Johann Georgs II. die Anwartschaft auf die Administratur des Erzstiftes Magdeburg zufallen sollte, als Dank für des Kurfürsten Parteinahme für den Kaiser am Anfang des Dreißigjährigen Krieges. Nach dem Tod des betreffenden Administrators sollte das Amt Brandenburg zufallen. Zwar wählte sich 1635 der Administrator, Herzog August, Halle zur Residenz, doch die Rahmenbedingung des Rückfalls an Brandenburg ließen ihn Abstand davon nehmen, dort aufwendig in neue Bauten zu investieren. Dresden und Magdeburg standen aber als Residenzen weder zur Debatte noch zur Verfügung. Mit der Option auf einen repräsentativen Schloßneubau wählte er sich deshalb Weißenfels als Herrschaftssitz mit den Ämtern Weißenfels, Freyburg, Eckartsberga, Sittichenbach, Sangerhausen, Wendelstein, Sachsenburg, Heldrungen, Weißensee, Langensalza, Jüterbog, Dahme, Burg (bis 1687), der Grafschaft Barby (ab 1660) und dem seit 1663 reichsunmittelbaren Fürstentum Sachsen-Querfurt. Mit dem Weimarer Landbaumeister Johann Moritz Richter d. Ä. († 1667) gewann er einen Architekten, der strukturell und stilistisch zur Modernität bereit und fähig war. Nachdem am 25. Juli 1660 der Grundstein für das Schloß **Neu-Augustusburg** gelegt worden war, entstand bis 1694 ein Bauwerk, das neben Gotha, Weimar und Zeitz in besonderer Weise als ausgereift gelten konnte. Es handelt sich um eine regelmäßige Dreiflügelanlage mit einem elfachsigen

Weißenfels, Kapelle des Schlosses Neu-Augustusburg

Mittelflügel und zwei zweiundzwanzigachsigen Seitenflügeln. Die Mittelachse der Anlage wird durch Einfahrt und gegenüberliegendes Hauptportal gebildet; quer zur Mittelachse und näher am Hofeingang liegen sich Schloßkapelle und Komödiensaal gegenüber. Die Räume des Schlosses wie die Gesamtanlage befinden sich in baulich schlechtem Zustand.

Nur die **Schloßkapelle** verdankt ihrer einigermaßen regelmäßigen Nutzung als gottesdienstlicher Raum einen Zustand, der einen Besuch außerordentlich lohnend macht. Bereits anläßlich der Grundsteinlegung am 10. Juli 1663 widmete man die Kirche gemäß dem Wahlspruch des Herzogs »Sancta Trinitas mea haereditas« der Heiligen Dreifaltigkeit. Die innere Ausgestaltung übernahmen die italienischen Gipsarbeiter Giovanni Caroveri und Bartholomeo Quadri. Die Gemälde fertigte der Dresdner Hofmaler Johann Oswald Harms († 1680) an. Die Kirche wurde in noch nicht vollendetem Zustand am 1. November 1682 feierlich eingeweiht. Auch eine **Orgel** mit zwei Manualen und Pedal war bereits 1673 von dem genialen Hallenser Orgelbauer Christian Förner (1610-1678) in das noch lange nicht vollendete Gotteshaus eingebaut worden. Beim heimlichen Spiel auf dieser Orgel soll Georg Friedrich Händels Musikalität entdeckt worden sein (Disposition siehe Anhang, S. 320). Irreparable Schäden erlitt sie bei der napoleonischen Besetzung des Schlosses. Nach 1819 sollte sie wiederhergestellt werden, doch baute schließlich die Firma Johann Friedrich Schulze, Paulinzella, im Jahr 1839 ein neues Werk in das alte Gehäuse. Das veranlaßte den Weißenfelser Friedrich Ladegast zu folgender grimmiger Inschrift: »*Diese verfluchte Macherei ist von Schulze in Paulincelle. Ich habe gestimmt im Dec. 1864, eine nichtswürdige Intonation! F. Ladegast.*«

Nach dem Zweiten Weltkrieg wurde das mutwillig zerstörte Werk erst 1983 bis 1985 durch die Firma A. Voigt, Bad Liebenwerda, mit 32 Registern auf zwei Manualen und Pedal neu gebaut. Den prächtigen **Kanzelaltar** schufen der Dresdner Hofbildhauer Johann Heinrich Böhme d.Ä. (1636-1680) und Johann Balthasar Stockhammer. Als man aufgrund der Konversion des sächsischen Kurfürsten endlich auch die Weißenfelser Schloßkapelle im Jahr 1751 für den katholischen Ritus einrichtete, nahm man aus dem Altar die Kanzel heraus und ersetzte sie durch ein Relief des Naumburger Bildhauers Rauschner. Die **Kanzel** erhielt an der linken Seite einen neuen Platz; man fertigte ihr einen neuen Schalldeckel und eine neue Treppe. Das hochaufgerichtete **Kreuz** als Bekrönung des gesamten Altarwerkes wird flankiert durch die allegorischen Gestalten »Glaube« und »Liebe«; in der Mitte befand sich vor den Veränderungen von 1746 noch die Gestalt der »Hoffnung«, die den Kanzelkorb stützte.

Die Residenz wurde nach dem Tod des fünften Weißenfelser Herzogs 1746 von der Stammresidenz Dresden fast völlig ignoriert; nach den napoleonischen Kriegen kamen 1815 Stadt, Schloß und Landesteil an Preußen. Jetzt richtete man in den bereits ziemlich verwahrlosten Gebäuden eine Kaserne ein.

Der Zustand der militärischen Nutzung dauerte bis 1945 an. Dann brauchte man das Schloß als Notunterkunft, Umsiedlerlager und Massenquartier. 1954 konnte mit Unterstützung des Amtes für Denkmalpflege in Halle die Kapelle renoviert werden. Sie war 1946 der Evangelisch-Lutherischen/Altlutherischen Gemeinde zur Nutzung übergeben worden, seit 1993 für diesen Zweck auch grundbuchlich eingetragen. Seit 1948 wurden einzelne Bereiche des Schlosses genutzt für eine Fachschule für Heimatmuseen (1954), für das Museum Weißenfels (1964/65), für eine Turnhalle, zwei Kinderhorte, einen Kindergarten, eine Schulspeisungsküche, Internatsräume für Berufsschulen, als Obstlagerkeller, ein Schuhmuseum (1969) und Gemeinderäume der genannten Schloßkirchengemeinde.

In der **Stadtkirche St. Marien**, einem Bauwerk mit Teilen von 1303, 1465-1480 (Langhaus), 1655-1660 (Holztonne als Gewölbe), befinden sich als wichtigste Ausstattungsstücke Altar und Kanzel. Die **Kanzel** von 1674 ist ein Werk des fürstlichen Hofbildhauers Andreas Griebenstein und der Maler Christian Hoffmann und Johann Christoph Goldner. Sie wird von einer steinernen Mosesfigur gestützt; den Kanzelkorb schmücken fünf Hochreliefs mit dem Salvator und den vier Evangelisten. Beachtenswert sind die Gemälde auf der Stiegenbrüstung: eine Darstellung des Guten Hirten und einer nicht deutbaren Allegorie mit dem seitenverkehrten Stadtbild von Weißenfels von vor 1718. Unter der Kanzel setzte man das Herz des 1632 bei Lützen gefallenen schwedischen Königs Gustav Adolf bei. Den prächtigen **Altar** schuf Griebenstein zehn Jahre später. Seine Farbenwahl Rot-Weiß-Golden-Schwarz ist nicht zufällig, da eine Inschrift im Relief des Mittelfelds mitteilt: »Jesus-Weiß-Roter Fels«, eine Anspielung auf Baugrund und Stadtnamen. Schon 1681 hatte Griebenstein das **Taufbecken** geschaffen, eine Stiftung Herzog Johann Adolphs I., mit der Darstellung Adams und Evas sowie eines zum Wasser drängenden Hirschs (Ps 42). Sehr eindrucksvolle und intensiv gearbeitete Gemälde mit biblischen Szenen schmücken die Emporenbrüstungen (1607 errichtet, zwischen 1670 bis 1708 umgebaut). Alle anderen barokken Einbauten verschwanden anläßlich der neugotischen Erneuerung 1863.

3. Literatur

Eva-Maria-Ranft, Zum Personalbestand der Weißenfelser Hofkapelle. In: Beiträge zur Bach-Forschung 6. Leipzig 1988

Mathias Köhler, St. Marien und Schloßkirche St. Trinitatis Weißenfels. München und Zürich 1993

300 Jahre Schloß Neu-Augustenburg, 1660-1694, Residenz der Herzöge von Sachsen-Weißenfels. Festschrift. Weißenfels 1994

4. Reiserouten, Auskünfte, Adressen, Öffnungszeiten

Weißenfels liegt an der Ferneisenbahnstrecke Erfurt-Leipzig/Halle.

Mit Auto von Süden auf A 9 bis Abfahrt »Weißenfels«, dann B 91 ca. 5 km. Von Norden und Osten bis AK »Rippachtal«, dann A 38 Richtung Westen bis Abfahrt »Weißenfels-Nord/Leuna«, dann B 91 ca. 5 km. Von Osten her künftig A 14 bis AD »Leipzig-Ost«, dann A 38 bis Abfahrt »Weißenfels-Nord/Leuna«.

Auskünfte erteilen:
Schloßmuseum
Telefon 0 34 43-30 25 52
Fax 0 34 43-37 02 12

Evangelisch-Lutherisches Pfarramt
St. Trinitatis
Am Klemmberg 13
06667 Weißenfels
Telefon 0 34 43-30 60 82
Fax 0 34 43-30 85 43

Stadtkirche St. Marien
Evangelisches Pfarramt
Nikolaistr. 4
06667 Weißenfels
Telefon 0 34 43-30 20 82

Stadtinformation des Fremdenverkehrsvereins
»Weißenfelser Land« e. V.
Nikolaistr. 37
06667 Weißenfels
Telefon und Fax 0 34 43-30 30 70

Wiederau

1. »Angenehmes Wiederau, freue dich in deinen Auen ...«, so tönte es am Samstag, dem 28. September, dem Vortag des Michaelisfestes 1737, im renovierten Schloß zu Wiederau oder – vielleicht – an einer geschützten Stelle des wunderbar angelegten Parkes. Johann Sebastian Bach, der Director musices und Kantor zu St. Thomas war aus Leipzig gekommen, um dem neuen Patron Johann Christian von Hennicke (1685-1752) zu huldigen – offensichtlich im Kreise von Freunden und Kollegen seines bisherigen Lebens- und Dienstweges. So jedenfalls verrät es der original erhaltene Textdruck dieses Ereignisses. Für die Kantate (BWV 30 a), ein umfangreiches Werk von 13 Sätzen, hatte Bach sich der wortparodistischen Gewandtheit Christian Friedrich Henricis (1700-1764) bedient, der den bekannten Dichternamen Picander – Elstermann – führte. Herausgekommen war eine Dichtung, die gemäß ihrem Titel weniger ein »Drama per musica«, ein dramatischer Aktus, als vielmehr ein Dialog war; Glück- und Segenswünsche, dem neuen Eigentümer durch die allegorischen Figuren Zeit (Sopran), Glück (Alt), Schicksal (Baß) und die das Besitztum durchfließende Weiße Elster (Tenor) dargebracht, verbinden sich mit dem Wunsch für Ruhe und Selbstzufriedenheit Hennickes auf seinem Anwesen. Einerseits ist der Text ein Preislied auf die typische Auenlandschaft der Elster, die mit dem Garten Eden verglichen wird, andererseits haben wir eine Dichtung vor uns, die den außergewöhnlichen Lebenslauf des neuen Besitzers verewigt. Dessen war sich Hennicke durchaus bewußt, was auch in der Wahl seines Leichentextes aus Psalm 71 (Verse 6-8) deutlich wird, in dem es heißt: *»Auf dich habe ich mich verlassen von Mutterleibe an. Ich bin vor vielen wie ein Wunder; aber du bist meine starke Zuversicht. Laß meinen Mund deines Ruhmes und deines Preises voll sein täglich.«*

Hennicke war 1681 als Sohn eines Hallenser Salinenaufsehers geboren worden und hatte sich aufgrund seiner Begabungen zu einem Steuerbeamten – 1709 Accisinspektor in Weida – des Herzogtums Sachsen-Zeitz emporgearbeitet. 1722 avanciert er zum Kammer- und Bergrat, 1728 wurde er geadelt, 1745 in den Reichsgrafenstand erhoben. Zur Karriereleiter gehören außerdem die Ernennungen zum Minister (1737) und zum Freiherrn (1741). In Dresden war man sehr bald auf seine außerordentliche Gewandtheit in steuerlichen und finanziellen Angelegenheiten aufmerksam geworden und bediente sich dieser Begabung. Die Tatsache der Begünstigung und Förderung Hennickes durch den mächtigen Grafen Heinrich von Brühl (1700-1763) unter der Regentschaft des politisch schwachen Sohnes Augusts des Starken, Friedrich August II. (1696-1763), brachte ihn mit diesen in ein moralisches Zwielicht. Er wird in das bissige Urteil und den Spott Friedrichs des Großen von Preußen (1712-1786) an dem sächsischen Kurfürsten – dieser

Graf Johann Christian von Hennicke, unbezeichnetes Ölgemälde

sei ohne Liebe seiner Frau und ohne Religion seinem Beichtvater gefolgt – einbezogen: Auf einer niederländischen Spottmünze auf Friedrich August II. erscheint er neben zwei Pagen, dem Kabinettsminister Alexander Joseph von Sulkowski (1695-1762), und dem Ministerpräsidenten von Brühl, dargestellt als Lakai.

Der Kantatentext hebt sich aus der zeitüblichen devoten Reimerei bei derlei Anlässen durchaus heraus. Das *»Glück«* verspricht dem neuen Hausherrn *»unveränderlich getreu und hold zu sein«* (Satz 4); das »Schicksal« habe *»Erhöhen«*, *»Heil und Wohlergehen auf Marmorsäulen aufgestellt«* (Satz 7); die *»Zeit«* verspricht, *»diesen Schmuck und Schein«* und *»Hennicks Ruhm und Glücke allzeit verschonen«* zu wollen (Satz 9); die *»Elster«* mahnt, den Fleiß nicht zu vergessen und die Gaben *»haufenweis auf diese Fluren auszuschütten«* (Satz 10). All diese Wünsche an Hennicke werden auf dessen Gemahlin und den gemeinsamen Sohn Friedrich August von Hennicke 1720-1753) ausgedehnt (Satz 12), der sich nach dem Tod des Vaters jedoch nur ein Jahr lang seines Besitzes erfreuen konnte.

Die Sätze der Kantate lassen Bachs Willen zu einem durchaus modernen Zuschnitt erkennen, was von der Forschung gern in Zusammenhang mit der damals geführten ästhetischen Debatte um seinen Musizierstil (Scheibe-Birnbaum) gesehen wird. Im übrigen scheint Bach das Muster einer Suite zugrunde gelegt zu haben: Satz 3, in der Form eines Menuetts oder einer Passepied, Satz 5, eine Gavotte, Satz 7, nicht hinreichend bestimmbar, Satz 9 ist eine Gigue und Satz 11 wohl eine Polonaise.

Die Initiative zu dieser Huldigung wird gelegentlich mit Bachs Verpflichtungen dem Dresdner Hof gegenüber in Verbindung gebracht, zu dessen Hof-Compositeur er ein knappes Jahr zuvor ernannt worden war. Das mag zutreffend sein, näher liegen wohl aber die seit 1731 schon andauernden institutionellen Bindungen Bachs zum Stift Naumburg-Zeitz. 16 Monate vor der Huldigung in Wiederau war das Zeitzer Schloß-Gesangbuch, das sogenannte »Schemellische Gesangbuch« erschienen, an dem Bach mitgearbeitet hatte und zu dem der Zeitzer Stiftssuperintendent und Schwiegersohn des Leipziger Pastors Thomanus Christian Weise d. Ä. (1671-1736), D. Friedrich Schultze (1690-1766), ein Vorwort geschrieben hatte. Es fällt auf, daß Bach seit seiner näheren Bekanntschaft mit Schultze – im November 1728 hatte er die Tochter des Thomaspfarrers geheiratet, wobei eine »gantze Braut Meße« mit entsprechender Musik gefeiert worden war – und dessen Dienstantritt 1731 in Zeitz verschiedentlich mit Aufgaben des Stiftes betraut wird: Gutachtertätigkeiten für Orgelbauten, Zeugnisse für Personen, Kompositionsaufträge.

Als namentlich genannte Initiatoren der Musik für die Huldigung zeichnen neben dem Dichter des »Drama per musica«, Picander, denn auch der Cammer-Commissarius des Stiftes Naumburg-Zeitz und Pegauer Amtmann Johann Sigismund Beiche, den Bach fünf Jahre zuvor zum Paten seines Sohnes Johann Christoph Friedrich (1732-1795) gebeten hatte, und dessen Kollege Christian Schilling; vielleicht handelt es sich bei diesem aber auch um den Pfarrer aus der Pegau nahegelegenen Kirchengemeinde Stöntzsch mit Werben, Johann Christian Schilling (1692-1755) (⇒ Stöntzsch/Hohnstein).

2. Die Besitzer des Rittergutes Wiederau sind bis in vorreformatorische Zeit namentlich bekannt. Genannt werden muß von diesen David von Fletscher (1646-1716), ein Leipziger Handelsmann, der zu Zeiten des berühmt berüchtigten Bürgermeisters Franz Conrad Romanus dem Leipziger Rat angehörte und das Rittergut 1697 erwarb. Zu dieser Zeit lag das 1614 abgebrannte Gutshaus noch in Trümmern, und von Fletscher ergriff die Initiative zum Neubau eines großzügigen **Schlosses**. Er ließ dem Bau eine erstaunliche Pfahlgründung geben, die dem gesamten Gebäude inmitten eines hohen Grundwasserstandes und weicher Bodenschichten eine hervorragende Fundamentierung verlieh und seine Stabilität, trotz der Vernachlässigung im späteren 20. Jahrhundert, bewahrte. Erst das Absinken des Grundwassers durch die nahenden Braunkohletagebaue führten zum Verfaulen dieser aufwendigen Holzkonstruktion und zu erheblichen Senkungsschäden. Als Architekten des Wiederauer Schlosses vermutete man zunächst die beiden Leipziger Baumeister Johann Gregor Fuchs (1650-1715) und David Schatz (1667-1750), doch läßt die Entdeckung des Namenszuges »Gengenpach Inventor« auf dem Schriftband eines Puttos im Festsaal eher an den Zeitzer Landbaumeister Johann Heinrich Gengenbach

Wiederau, Schloß, Lithographie um 1850

(um 1645-1717) denken, der seit 1672 in Zeitz wirkte und 1686 Landbaumeister wurde. Sein Name steht vor allem in Verbindung mit dem Teehaus des Altenburger Schloßgartens (1712) und dem Meuselwitzer Schloß (1679).

Der Erwerb Wiederaus durch Johann Christian von Hennicke 1737 ermöglichte nach zwei Zwischenbesitzern ein erneutes Aufblühen der Anlage und eine verstärkte Bautätigkeit. Von Hennicke übernahm einen künstlerisch anspruchsvollen Schloßbau. Schon unter von Fletschers Leitung hatten hier offenbar italienische Stukkateure und Maler gearbeitet. Nun sind es Dresdner und Wermsdorfer Künstler, besonders der unter von Hennickes Vorsitz im Kammerkollegium tätige Oberlandbaumeister Johann Christoph Knöffel (1686-1752), die herangezogen werden. Der Park erhielt zahlreiche Skulpturen der Bildhauer Jonas Großmann (Lodersleben), Johann Christian Trothe (Merseburg) und der beiden Dresdner Balthasar Permoser und Johann Benjamin Thomae. Diese Bildwerke sind inzwischen entweder verschwunden oder durch Verlagerung nach Leipzig und Dresden vor dem Ruin bewahrt worden.

Im Unterschied zur einfachen, aber geschmackvollen Außenseite zeigt das Innere des Schlosses eine außerordentlich reiche Gestaltung durch Wandmalerei, Gliederung der Wände mit Paneelen, Pilastern und Gesimsen, Wand- und Deckenbilder mit Szenen antiker Mythologie, die bereits nach 1705 unter David von Fletscher hereingekommen waren. Vor allem überrascht und erfreut der über zwei Geschosse reichende **Festsaal**, ein einmaliges Raumkunstwerk im Zusammenklang von Stuckdekoration und Wandmalerei, mit einem prächtigen **Deckengemälde**, das von den Wänden aus zunächst die Architektur des Raumes illusionistisch fortsetzt, um dann im inneren Bereich Darstellungen der Tugenden und allegorischer Frauengestalten sehen zu lassen, die die »Göttliche Weisheit« veranschaulichen. Möglicherweise wurde das Wiederauer Deckenbild durch die berühmte Darstellung der »Divina Sapienza«, die Andrea Sacchi zwischen 1629 und 1631 im römischen Palazzo Barberini schuf, angeregt. Zu Füßen der in der Mitte thronenden göttlichen Weisheit (mit Krone, Szepter und Spiegel) sind zwei Dreiergruppen zu sehen, einmal Heiligkeit (Kreuz und Kirche), Reinheit (Schwan), Scharfsichtigkeit (Adler), zum andern Göttlichkeit (Triangel), Wohltätigkeit (Ähre und Füllhorn), Harmonie (Leier), und am Rand versinnbildlicht eine Vierergruppe Stärke (Keule), Vornehmheit (Lorbeerkranz), Ewigkeit (Schlange) und Gerechtigkeit (Waage). Die **Gemälde** an den Wänden: Daphne flieht vor Apollo und verwandelt sich in einen Lorbeerbaum, Opferung der Iphigenie durch ihren Vater Agamemnon, Aesacus und die durch den Biß einer Viper getötete Hesperie, Schmiede des Vulkanus, Raub des Cephalus durch Aurora, Urteil des Paris, Verfolgung der Coronis durch Neptun, Erschießung der Coronis durch Apollo, Ganymed auf dem Adler, Verwandlung Arachnes in eine Spinne, Jason auf dem Weg zum goldenen Vlies. In den angrenzenden Räumen sind zu sehen: Raub der Oreithyia durch Boreas, Juno und Fortuna; letzteres eingefaßt von vier kleineren Bildern: Herkules und Omphale, Simson und Delila, Judith und Holofernes, (ein nicht identifiziertes Bild). Den Saal des Erdgeschosses ziert als Plafondbild eine Allegorie der Gerechtigkeit und der gerechten Strafe.

Angesichts dieser Fülle von Kunstwerken gehört die Geschichte der Vernachlässigung und schließlichen Aufhebung des Denkmalschutzes für das Schloß Wiederau im Jahr 1977 durch den Vorsitzenden des Rates des Bezirkes Leipzig bis heute zu den Ungeheuerlichkeiten sozialistischer Kulturpolitik. Sie ist literarisch dokumentiert und kann nachgelesen werden. Eine Teilsanierung des Schlosses erfolgte in den Jahren 1995 bis 1997 auf Initiative sehr verdienstvoller Privatpersonen in Wiederau, deren Einsatz für das Schloß bis 1989 mehrfach mit Strafen geahndet wurde.

Eine **Kirche** soll in Wiederau bereits 1125 entstanden sein. Die Christianisierung erhielt im Raum von Elster und Pleiße durch Wiprecht von Groitzsch († 1124) ihre Festigung. Das heutige Gebäude ist in mehreren Baustufen seit Anfang des 14. Jahrhunderts entstanden. Es handelt sich um eine sogenannte Chorturmkirche, die zwischen 1699 und 1704 unter dem Patronat des Erbauers des Wiederauer Schlosses, David von Fletscher, außen und innen barock durchgestaltet wurde, nachdem bereits 1684 der Turm erneuert worden war. Beherrschendes Ausstattungsstück der Wiederauer Johanniskirche ist ihr **Kanzelaltar**, der in strengen Formen in eine Trennwand zur Sakristei eingefügt ist und der als Altarrückwand eine **Abendmahlsdarstellung** mit Stilelementen der Zeit des ausgehenden 17. Jahrhunderts zeigt. Auf **zwei Gemälden** sind, mit dem blauen Band des russischen St.-Andreas-Ordens, Johann Christian von Hennicke, der am 8. Juni 1752 in Dresden gestorben und fünf Tage später in Wiederau beerdigt worden war, und seine Frau zu sehen. Ein **Epitaph** an der Südwand des Altarraumes, gegenüber der herrschaftlichen Loge, stellt deren Sohn, Friedrich August von Hennicke, dar, gestiftet von seiner Tochter Christiana Sophia von Berlepsch. Die heute vorhandene **Orgel** von Urban Kreuzbach (Borna) ersetzte 1831 ein barockes Werk von 1720. 1992 bis 1996 konnte die Kirche saniert und restauriert werden; sie erhielt innen wie außen ihr barockes Gesicht von 1704 wieder.

Nicht unerwähnt bleiben soll, daß Wiederau der Geburtsort des Leipziger Nikolaidiakonus und Theologieprofessors Johann Mühlmann (1573-1613) ist. Er dichtete Gesangbuchlieder, die heute noch bekannt sind: »O Lebensbrünnlein tief und groß« und das Morgenlied »Dank sei Gott in der Höhe«. Sein Vater Hieronymus Mühlmann (1536-1587) war von 1568 bis 1576 Pfarrer in Wiederau.

3. Literatur

Angenehmes Wiederau, hrsg. vom Christlichen Umweltseminar Rötha e. V./Kulturbüro im Werk Espenhain, Wolfgang Hocquél und Brigitte Steinbach. Leipzig 1997

Werner Neumann, Johann Sebastian Bachs »Rittergutskantaten« BWV 30a und 212. In: Bach-Jahrbuch 1972

4. Reiserouten, Auskünfte, Adressen, Öffnungszeiten

Wiederau liegt südlich von Leipzig; mit Eisenbahn von Leipzig Richtung Gera bis Pegau, dann besteht Busverbindung.

Mit Auto A 9 bis AK »Rippachtal«, dann A 38 Richtung Leipzig bis Abfahrt »Lützen«, von dort Landstraße über Großgörschen.

Aus östlicher Richtung künftig A 14 bis AD »Leipzig Ost«, dann A 38 bis Abfahrt »Lützen«. Von Leipzig aus B 2 Richtung Zeitz, ca. 4 km nach Zwenkau, Landstraße rechts abbiegend nach Wiederau.

Auskünfte erteilen:
Rathaus Pegau
Markt 1
04523 Pegau
Telefon 034296-9800
Fax 034296-7 62 65

Schloß Wiederau ist nur nach vorheriger Vereinbarung mit der Stadtverwaltung Pegau zu besichtigen –
Ansprechpartner Herr Peter
Telefon 034296-9 80 33

Evangelisch-Lutherische Kirche Wiederau
Hauptstraße 45
04523 Wiederau
Telefon 034203-5 28 51
Öffnungszeiten
Besichtigung nur nach vorheriger Vereinbarung mit Pfarramt Großdalzig, Pfarrerin Barbara Hüneburg, Pfarrwinkel 16, 04460 Großdalzig, Telefon und Fax 034203-5 28 51 möglich.

Zeitz

1. Zeitz gibt an erster Stelle Gelegenheit, einiges zur zweiten Frau Johann Sebastian Bachs, Anna Magdalena geb. Wilcke, und ihrer Familie zusammenzutragen. Denn sie wurde hier am 22. September 1701 als jüngste Tochter des Hoftrompeters Johann Caspar Wilcke († 1731) und seiner Ehefrau Margarethe Elisabeth, geb. Liebe (um 1666-1746), geboren. Ihre Eltern hatten am 15. November 1686 in Frießnitz bei Weida geheiratet; von dort stammte auch Anna Magdalenas Mutter. Im gleichen Jahr hatte ihr Vater in Zeitz die Stelle eines Hoftrompeters erhalten; denn hier bildeten sich nach Errichtung der Sekundogenitur Sachsen-Zeitz im Jahr 1657 alle Ämter und Institutionen, wie es sich für eine Residenzstadt gehörte.

Dem Ehepaar Wilcke wurden in Zeitz vier Kinder geboren, die das Erwachsenenalter erreichten: Anna Catharina (1688-1757), seit 1710 verheiratet mit dem Weißenfelser Hoftrompeter Georg Christian Meißner († 1730); der spätere Zerbster Hoftrompeter Johann Caspar d. J. (1691-1766), seit 1718 verheiratet mit Dorothea Maria, geb. Longolius (1698-1729); Johanna Christina (1695-1753), seit 1716 die Ehefrau des Weißenfelser und später ebenfalls Zerbster Hoftrompeters Johann Andreas Krebs († 1748).

Nach Auflösung der Zeitzer Hofhaltung im Jahr 1718 konnte der Vater Wilcke – inzwischen mindestens fünfzig Jahre alt –, eine Stellung als Trompeter am Weißenfelser Hof erhalten. Dort mag ihn sein Schwiegersohn Meißner eingeführt und empfohlen haben, der schon länger in Weißenfels tätig war, ebenso auch für bestimmte Zeit sein zweiter Schwiegersohn Krebs.

Anna Magdalena war als fürstliche Sängerin nicht nur in Köthen, sondern vorher auch schon am Weißenfelser Hof tätig gewesen. Dort erhielt sie wahrscheinlich ihre Ausbildung. Da sie 1716 – noch als Fünfzehnjährige – ein Gastspiel in Köthen gab, hatte sie noch früher Kontakt mit dieser Stadt als Bach selbst. Auch nach ihrer Heirat mit Johann Sebastian behielt sie die einträgliche Anstellung in Köthen bei. Immerhin verdiente sie die Hälfte des Gehaltes ihres Mannes.

An der Seite ihres Mannes hat sie sich auch später noch künstlerisch betätigt, freilich ohne die Chance einer Altersvorsorge im modernen Sinne zu haben. Die Tragik einer Witwe ohne männlichen Beistand zu dieser Zeit hat auch sie durchleben müssen. Die letzten zehn Jahre ihres Lebens führten sie in die totale Verarmung. Das Leipziger Ratsleichenbuch vermerkt unter »Freytag, den 29. Febr. [1760]«: *»Eine Allmos.[en] Frau 59. Jahr, Anna Magdalena, geb. Wilckin, Herrn Johann Sebastian Bachs,* Cantoris *an der Thomas Schule Witbe, in der Haynstraße.«*

Am Rande vermerkt der Schreiber aus Rechnungsgründen noch, daß die »Viertelschule« den Leichenzug begleitete. Ein »Historisch-Biographisches Lexicon der Tonkünstler« aus dem Jahr 1790 erwähnt sie eigens mit dem Hinweis, sie sei »eine vortrefliche Sopranistin« gewesen. Und der Nachlaß

Friedrich Schultze, Stich von J. M. Bernigeroth

Carl Philipp Emanuel Bachs, gedruckt im gleichen Jahr, verzeichnet gar ein Bildnis von ihr: »In Oel gemahlt von *Cristofori.*«, was jedoch nicht mehr nachweisbar ist.

Johann Sebastians Beziehung zu Zeitz setzt erst etwa 1731 ein. In diesem Jahr erhält Friedrich Schultze d. J. (1690-1762) die Stelle des Nikolaipfarrers und avanciert relativ rasch zum Stiftssuperintendenten. Der älteste Sohn des Markkleeberger Pfarrers Schultze, eines Freundes des langjährigen Leipziger Thomaspfarrers Christian Weise d. Ä. (1671-1736), hatte am 8. November 1728 die Tochter Weises, Johanna Elisabeth (1707-1755), geheiratet, und zu diesem Anlaß war eine ganze Brautmesse in der Thomaskirche gefeiert worden, womöglich mit einer Kantate Bachs. Von 1731 an erreichen Bach kontinuierlich Beauftragungen aus dem Stift Naumburg-Zeitz, seinem Umland und der Stadt Zeitz, und das mag mit seiner Bekanntschaft mit Schultze zusammenhängen. Wir wissen von Gutachtertätigkeiten für Orgelbauten, Zeugnissen für Personen und einem, jedoch nicht zur Ausführung gelangten, Kompositionswunsch. Gelegentlich berufen sich Zeitzer Persönlichkeiten oder solche des Stiftes auf Bach. Dazu gehören die Orgelprüfung in Stöntzsch (1731/32), die Huldigungskantate in Wiederau (1737).

Wichtigstes Zeugnis von Bachs Beziehung zu Zeitz aber ist das Zeitzer Schloßgesangbuch, bekannt unter dem Namen »Schemellisches Gesangbuch« aus dem Jahr 1736. Die Mitarbeit daran wird Bach auch selbst nach Zeitz geführt haben. Das durch den Schloßkantor Georg Christian Schemelli (um 1676-1762) veranlaßte Gesangbuch, das zur Ostermesse 1736 bei dem Verlag Breitkopf in Leipzig erschien, trägt den Titel »Musicalisches Gesangbuch«. Es enthält 954 Lieder und Arien, bei denen Bach an den 69 generalbaßbegleiteten Melodien mitgearbeitet hat. Eine große Zahl weiterer Lieder ohne Melodienbeigabe verweisen auf die mit Melodien. Dem Gesangbuch eignet auch die institutionelle und rechtliche Legitimierung des Stiftes, durch ausdrücklichen Hinweis auf das Privileg und eine Vorrede des Stiftssuperintendenten unter Beweis gestellt. Das schmälert das Verdienst des Schloßkantors in keiner Weise, dessen Sohn Christian Friedrich (1713-1761) in den Jahren 1731 bis 1734 Schüler der Leipziger Thomasschule war. Schultze nennt in

Zeitz, Ansicht der Stadt mit Schloß, Stich von C. F. Boetius, um 1736, Frontispiz des »Schemellischen Gesangbuches«

seinem Vorwort die doppelte Bedeutung des Gesangbuches: einmal die übliche für den Gottesdienst, zum andern die für die häusliche Erbauung. Damit löst sich das vielfach hin- und hergewendete Rätsel der Bestimmung dieses Buches. Tatsächlich löste es in Zeitz auch den sog. Beckerschen Psalter von 1605 ab, dem es in seiner Anlage entspricht.

Neben der Bekanntschaft mit dem Stiftssuperintendenten Schultze und dem Schloßkantor Schemelli pflegte Bach auch Kontakte zu dem Stadt- und Schloßorganisten Johann Siegismund Liebe (um 1688-1742), einem Bruder von Anna Magdalenas Mutter, und zu dessen Enkel Gottlob Ludwig Raden (1718-1764), der 1742 Nachfolger seines Großvaters wurde und 1756 auch das Amt des Schloßorganisten übernahm, das inzwischen Johann Ludwig Krebs (1713-1780) innehatte. Raden hatte die Kirchenmusik Bachs in Leipzig während seines Studiums von 1737 an unterstützt, was er aber aus Geldmangel wieder aufgeben mußte.

2. Zeitz, seit 968 neben Magdeburg und Meißen Bischofssitz (im 11. Jahrhundert nach Naumburg verlegt), avancierte zur wettinisch-albertinischen Sekundogenitur, als der vierte Sohn des

Kurfürsten Johann Georg I. (1585/1611-1656), Moritz (1619/1657-1681) – wie seine Brüder – 1657 mit einem Herrschaftsgebiet ausgestattet wurde. Moritz begann alsbald mit dem Bau des **Schloss**es **Moritzburg**, einer Dreiflügelanlage nach dem Vorbild des Friedenstein in Gotha, nach dem Entwurf des Weimarer Landbaumeisters Johann Moritz Richter d. Ä. († 1667). Die **Stifts-** oder **Schloßkirche**, einst Domkirche des Zeitzer Bischofs und aus einer mächtigen dreischiffigen romanischen Basilika hervorgegangen, 1433-1499 frühgotisch umgebaut und nach 1660 barock verändert, wird deutlich charakterisiert durch die Bündelpfeiler mit dreizehn fast lebensgroßen Heiligenstatuen (aus dem frühen 16. Jahrhundert) und das romanische Querschiff im Osten. Der fünfseitige Chorraum steht auf einer dreischiffigen Krypta (Ende 11. Jahrhundert), in der sich Zinnsärge von Angehörigen der Herzogsfamilie befinden. Im Kirchenraum selbst sind bemerkenswert der romanische Taufstein (12. Jahrhundert), Hochaltar, Kanzel und Orgel aus dem 17. Jahrhundert, eine Kreuzigung aus Alabaster (16. Jahrhundert) sowie Grabdenkmäler aus dem 17. und 18. Jahrhundert; an der Südwand ein Mann in Fuhrmannstracht, der als »Käselieb« Popularität erlangt hat.

Doch schon mit dem Sohn Herzog Moritz', dem Herzog Moritz Wilhelm (1664/1681-1718), der 1717 resignierte und im Folgejahr in Weida starb, starb auch die Linie aus und Zeitz fiel wieder zurück an das Stammhaus in Dresden. Einigermaßen konnte residenzstädtisches Gepräge mit entsprechender Kultur sich noch halten; verbliebene politische, kirchliche und schulische Institutionen leisteten dazu ihren Beitrag. Durch die Abtrennung vom sächsischen Stammland nach dem Wiener Kongreß 1815 sank Zeitz in den Rang einer nebensächlichen Provinzstadt ab. Nach dem Zweiten Weltkrieg kam zu den kulturellen Verlusten ein rapider Verfall der Bausubstanz hinzu.

Anna Magdalenas Geburtshaus stand in der Messerschmiedestraße 22; es wurde kurz vor 1900 durch einen Neubau ersetzt. Heute erinnert eine Tafel an Anna Magdalenas Geburt.

Von gewisser Bedeutung für Bach dürfte die Zeitzer **Stadtkirche St. Michaelis** gewesen sein. Hier dürfte Anna Magdalena getauft worden sein, hier wirkten Liebe und Raden als Organisten, hier war – neben der Schloßkirche – Schultze als Superintendent tätig; vor dem Altar wurde er auch beerdigt, als er 1762 gestorben war. Der Kirchenbau geht auf den Kern einer romanischen Hallenkirche aus dem 12. Jahrhundert zurück, um 1300 frühgotisch umgebaut und nach einem Brand 1429 spätgotisch wiederhergestellt. Vor 1827 kam es zu einer Innenerneuerung unter dem damaligen Superintendenten Dr. Delbrück, die die vielen Bilder, Grabdenkmäler, Gedächtnistafeln und den mächtigen spätgotischen **Schnitz- und Gemäldealtar** beseitigte. Erst im Jahr 1932 konnte daran erinnert werden, daß nicht alles von diesem Altar vernichtet worden war. Namhafte Reste waren auf Umwegen über Schenkung und Wiederentdeckung nach Dresden in die Sammlung des Sächsischen Altertumsvereins gelangt, wo sie noch aufbewahrt wurden. Bei dem furchtbaren Bombardement auf Dresden im Februar 1945 verbrannten weitere Teile des Altars. Heute besitzt das Museum Albrechtsburg in Meißen die vollplastischen Figuren des Michael, der Maria und der Katharina vom Mittelschrein des Zeitzer Michaelisaltars. Die Kirche besitzt heute eine **Orgel** der Zittauer Firma A. Schuster & Sohn; sie hat 50 Register auf drei Manualen und Pedal. An der Ostwand des Chorraumes steht seit 1966 eine kleine Orgel mit acht Registern der Firma A. Schuke Potsdam.

An der Südseite der Michaeliskirche ereignete sich am 18. August 1976 die aufrüttelnde Selbstverbrennung des Pfarrers Oskar Brüsewitz, der aus Protest gegen die damaligen politischen Verhältnisse sich mit Benzin übergoß und anzündete. Die **Gedenksäule** südöstlich der Kirche mahnt und erinnert daran.

Die Michaeliskirche besitzt eine kostbare alte **Kirchenbibliothek**, die u. a. ein originales Druckexemplar der 95 Thesen Martin Luthers von 1517 ihr eigen nennt.

3. Literatur

Rudolf Drößler, Zeitz und die Michaeliskirche. Zeitz 1992

4. Reiserouten, Auskünfte, Adressen, Öffnungszeiten

Zeitz liegt südlich von Leipzig an der Eisenbahnstrecke Leipzig-Gera-Saalfeld.

Mit Auto A 9 bis Abfahrt »Osterfeld«, dann B 180 14 km; von Leipzig her B 2 in Richtung Zeitz; A 4 von Osten bzw. von Westen bis Abfahrt »Gera«, dann B 2 ca. 20 km bis Zeitz.

Auskünfte erteilen:
Evangelisches Pfarramt St. Michaelis
Michaeliskirchhof
06712 Zeitz
Telefon 0 34 41-21 36 81

Zeitz-Information
Altmarkt 16
06712 Zeitz
Telefon 0 34 41-8 32 91 oder -8 32 92
Fax 0 34 41-8 33 31

Zerbst

1. Die erstaunliche Blüte des Zerbster höfischen Musiklebens während der ersten Jahrzehnte des 18. Jahrhundert fällt zusammen mit der Entwicklung Zerbsts als Residenzstadt. Vor Johann Friedrich Faschs (1688-1758) Antritt als Hofkapellmeister im September 1722 amtierten hier (wie er von auswärts herangeholt) als Kapellmeister: 1718 Johann Paul Kuntzen (1696-1757), 1719 Johann Baptist Kuch. Zur Zeit Kuchs bestand die Hofkapelle bereits aus 14 fest angestellten Musikern. Während der Vakanz nach Kuchs Weggang feierte man den 45. Geburtstag des Herzogs Johann August (1677/1718-1742) mit einiger Opulenz. Die Kammerrechnung 1722/23 verzeichnet Ausgaben für zwei auswärtige Musiker, die auf der Hautbois d'Amour zu spielen verstanden, sowie für andere Instrumente. 10 Taler sind *»Dem Herrn Capellmeister Back zu Cöthen vor eine* Composition *an Un-*

Johann August von Anhalt-Zerbst, Stich von J. M. Bernigerot

sers gnädigen Landes Fürsten hohen Geburhts Tag« ausgezahlt worden. Kürzlich erst wurde der Textdruck der Geburtstagskantate aufgefunden. Danach handelte es sich um ein siebensätziges Werk in der Form eines allegorischen Dialogs zwischen Gloria und Fama. Der Textdichter verbirgt sich hinter den Namensinitialen G. R. von K. Bach traf hier auch auf seinen Schwager, den Bruder Anna Magdalenas, Johann Caspar Wilcke d. J. (1691-1766), der als Hoftrompeter mit Sicherheit auch an jener Geburtstagsmusik beteiligt war.

Johann Caspar Wilcke d. J. lebte zusammen mit seiner Frau Dorothea Maria geb. Longolius (1698-1729), die wie er aus Zeitz stammte, mindestens schon seit ihrer Verheiratung 1718 hier in Zerbst. Zur Taufe ihres Kindes, Johann Georg, am 3. März 1729 luden sie als ersten Paten Johann Sebastian aus Leipzig ein. Das war ein sehr ungünstiger Termin. Bach mußte absagen, weil er wohl schon seit längerem dem Weißenfelser Herzog eine Zusage gegeben hatte, an dessen Geburtstagsfeierlichkeiten teilzunehmen. So bat man einen Trompeterkollegen, die Patenvertretung für Bach zu übernehmen. In der Zeit danach reisten Bach, Anna Magdalena und Wilhelm Friedemann nach Köthen, wo am 23. und 24. März die lange vorbereiteten Trauerfeierlichkeiten für den am 19. November 1728 in Köthen verstorbenen Fürsten Leopold (1694-1728) stattfanden, wozu Bach die Trauermusik (BWV 244 a) komponiert hatte. Ohnehin hatte er eine Vertretung für sich besorgen müssen, da er gewiß zum Festtag Mariae Verkündigung, 25. März, die Kantate früh in St. Nikolai und nachmittags in St. Thomas nicht selbst dirigieren konnte. Jedoch trieb Bach die Vorbereitung der Aufführung seiner Matthäuspassion (BWV 244) rasch nach Leipzig zurück, die nach einer ersten Fassung vor zwei Jahren nun in zweichöriger Fassung erstmalig erklingen sollte. Dazu gab es gewiß noch viel zu tun. Wir wissen, daß er spätestens am Dienstag, dem 29. März, wieder in Leipzig eingetroffen sein muß, weil das Kommunikantenregister der Thomaskirche mitteilt, daß »H. Bach, Cantor« beim Morgengottesdienst des 31. März am Abendmahl teilgenommen hat. Das aber setzte den Gang zur Beichte am Mittwoch voraus.

Sechs Monate später erreichte Bach eine traurige Nachricht aus Zerbst: Die Schwägerin Dorothea Maria

Zerbst, Schloß, Stahlstich von A. Feeca, um 1850

Wilcke war am 17. September 1729 gestorben.

2. Vom Zerbster **Schloß** stehen nur noch Reste. Die barocke Dreiflügelanlage war 1945 schwer bombardiert worden. Später dann sind auch die ausgebrannten Ruinen bis auf die Teilruine des östlichen Seitenflügels vernichtet worden. Es handelte sich um einen Schloßbau, dessen Mittelbau zwischen 1681 und 1696 von dem holländischen Baumeister Cornelis Ryckwaert und dem Italiener Giovanni Simonetti entworfen und gebaut worden war. Auch der westliche Seitenflügel hatte einen Entwurf Ryckwaerts aus den Jahren 1705-1711 zur Grundlage. An ihm wurde gerade gebaut, als Bach 1722 zur Geburtstagsmusik für den Herzog in Zerbst weilte. Seit 1720 leitete den Bau Johann Christoph Schütze. Erst nach dessen Abschluß ging man an den östlichen Seitenflügel, der 1744 bis 1749 unter Leitung des Baumeisters Friedrich Friedel unter maßgeblicher Beteiligung Georg Wenceslaus von Knobelsdorffs entstand. Jedenfalls gehen auf ihn die Grundrißbildung, die Gliederung der Fassaden und die Bekrönung der Risalite durch Figuren zurück.

Da manche Geburtstagsmusik geistlichen Charakter hatte und sich so zur Aufführung in der Kirche eignete, sei noch auf die **Stifts- und Hofkirche St. Bartholomäi** hingewiesen. Auch sie besteht seit 1945 nur noch als Ruine, lediglich das Querschiff und der Chorraum sind 1950 restauriert worden und benutzbar. Erhalten blieb das Netzgewölbe von 1565. In der Südwand des Chores befindet sich ein wunderschönes **Barockportal** zur ehemaligen Fürstengruft von 1700. Diese Kirche ist der Aufführungsort von vielen Kantatenjahrgängen Johann Friedrich Faschs, der sich kurz nach seinem Dienstantritt schon wieder wegbegeben wollte und als Kandidat für das Amt des Thomaskantors in Leipzig zur Debatte gestanden hatte.

3. Literatur

Barbara Reul, »O vergnügte Stunden/da mein Hertzog funden seinen Lebenstag«. Ein unbekannter Textdruck zu einer Geburtstagskantate J. S. Bachs für den Fürsten Johann August von Anhalt-Zerbst. In: Bach-Jahrbuch 1999

4. Reiserouten, Auskünfte, Adressen, Öffnungszeiten

Zerbst liegt zwischen Dessau und Magdeburg, von beiden Städten mit Regionaleisenbahn erreichbar.

Mit Auto über A 9 bis Abfahrt »Coswig«, dann ca. 13 km auf B 187 bis Roßlau, dann B 184 ca. 14 km. Von Westen her A 2 bis Abfahrt »Möckern«, dann B 246 a bis Möckern, 2 km nach Ortsausgang Landstraße Ladenburg-Leitzkau zur B 184, dann ca. 14 km bis nach Zerbst.

Auskünfte erteilen:
Fremdenverkehrsbüro Zerbst
Schloßfreiheit 12
39261 Zerbst
Telefon 0 39 23-23 51 oder -76 01 78
Fax 0 39 23-76 01 79

Evangelisches Pfarramt St. Bartholomäo
39261 Zerbst
Telefon 0 39 23-78 59 66

Evangelisches Pfarramt St. Nikolai/
St. Trinitatis
39261 Zerbst
Telefon 0 39 23-45 29 oder -32 91

Zschortau

1. Am 13. Juli 1746 wandte sich der Zschortauer Pfarrer M. Johann Christoph Cademann mit folgendem Schreiben an seinen Superintendenten in Delitzsch, M. Johann Paul Streng (1684-1750):

HochEhrwürdiger Hochachtbar und
Hochgelahrter
Hoher Patron.

Ihro HochEhrwürden habe gehorsamst zu melden, wie unser neües Orgel werck durch Gottes Gnade dahin gebracht ist, daß es von Hn Scheiben, so bald der Mahler vollends fertig ist, wird übergeben werden können. So haben Ihro Hochwohlgeboren der Hr von Sahrer, von welchen ein ergeben *Compliment* zu vermelden befehliget bin, beliebet, *Dom:[inica] IX p.[ost] Trinit:[atis]* die Ubernahme anzustellen; wo anders Ihro HochEhrwürden dieser Tag auch beliebig wäre, oder wo Ihnen auch der *X. p.[ost] Trinit:[atis]* bequemer wäre, wolten Sie es sich gefallen laßen, wiewohl Ihnen der erstere am angenehmsten. Zur *Examination* des wercks ist der Hr *Capel*-Meister Bach aus Leipzig bestellet. Was nun von Ihro HochEhrwürden vor ein Tag beliebet werden wird, und ob Ihro HochEhrwürden die Einweihungs Predigt selbst halten, will mit gehorsamsten *Respect* erwarten.

Zu Ihro HochEhrwürden beständigen wohlwollen
empfiehlet sich schließl.
HochEhrwürdiger Hochachtbar und Hochgelahrter
Hoher Patron Ihro HochEhrwürden zu Gebet und Dienst Ergebener
M. Johann Christoph Cademann Zschortau d. 13 Jul: 1746.

Mit diesem (hier erstmals veröffentlichten) Schreiben des Zschortauer Ortspfarrers ist der Abschluß eines Vorhabens dokumentiert, das Ende des Jahres 1743 oder in der ersten Hälfte des Jahres 1744 mit dem Kostenvoranschlag des Leipziger Orgelbauers Johann Scheibe (1680-1748) seinen Anfang nahm. Bach kannte und schätzte Scheibe schon seit der Orgelprüfung 1717 in der Leipziger Universitätskirche; damals ernannte die Universität diesen zum »Universitäts-Orgelmacher«. Kurz vor dem Zschortauer Orgelbau hatte Scheibe die Orgel der Leipziger Johanniskirche vollendet. Bach prüfte diese zusammen mit Zacharias Hildebrandt im Herbst 1743. Mit der Orgel für Zschortau wandte Scheibe sich einem kleinen Werk in einer Dorfkirche zu, das für ihn von besonderer persönlicher Bedeutung war: der Orgel seines Geburtsortes. Die von ihm in der Zschortauer Nicolai-Kirche vorgefundene Orgel war ein Werk von Johann Christoph Herming aus dem Jahr 1698/99. Sie wird anläßlich des Vertragsabschlusses mit Johann Scheibe am 30. Juni 1744 – nach nur knapp 50 Jahren – als *»sehr baufällig und fast irreparable«* bezeichnet (Disposition siehe Anhang, S. 321); *»um die Gemeinde im Thon und Accord mithin bey Devotion zuerhalten, [sei] eine neue Orgel zuerbauen, vor höchst nöthig befunden worden ...«* Scheibe hatte zunächst wenigstens die Blasebälge wieder verwenden und einen vierten ergänzen wollen, doch verwarf er diesen Gedanken bald wieder und ersetzte ihn durch den Passus: »sollen neu 3 Bälge gemachet und geliefert werden«.

Schon im Voranschlag plante Scheibe die Stiftung eines besonders schönen, aber auch teuren Registers, einer Violdigamba 8 f.: *»Endlich muß ich annoch wegen der Viola de Gamba zur Erinnerung beyfügen, daß dieselbe als ein kostbar und seltsames Register, welches unter etlichen hundert Thaler nicht gefertiget werden kan, unter dem nachgesetzten Hauptqvanto des ganzen Orgelwercks nicht mit beygriffen und bezahlet wird, sondern ich bin willens, solche rare Stimme als ein Geschencke zu einen immerwährenden Andencken ohne Entgeld zu sezen und zu verehren.«*

Bach wird in seinem Abnahmegutachten vom Sonntag, dem 7. August 1746, dann ausdrücklich insgesamt fünf Register nennen, die von Scheibe »über den Contract« hinaus gefertigt und eingebaut wurden: Quintadena 16 f., Viola di Gamba 8 f., Fleute travers 4 f., Super Octava 1 f. und eine Koppel des Manuals an das Pedal. Indem er sein Gutachten so abfaßt, daß die Geldgeber zugleich Argumentationshilfen für die Begleichung der Mehrkosten an die Hand bekommen, gibt Bach sich als Anreger dieser Erweiterung zu erkennen. Schon 1708 hatte er in Mühlhausen eine Violdigamba gefordert, wohl weil dieses Register das von ihm für solistisches Spiel am meisten geschätzte gewesen ist. Er sei – so schreibt Bach – das Orgelwerk *»von Stück zu Stück genau durchgegangen,* probiret, *und gegen den mir vorgelegten ...* OriginalContract *fleißig gehalten, darbey aber befunden habe, daß nicht allein dem* Contract *in allen und ieden Stükken ein Genüge geschehen, alles tüch-*

*tig, fleißig und wohl erbauet, und ... nirgends ein Haupt*defect *verhanden, sondern auch über den* Contract *folgende Stimmen ... allesamt tüchtig und gut ge- und befunden worden seyn; Als habe auff Verlangen zu Steuer der Wahrheit, ein solches zu des Herrn Verfertigers Ruhm, vermittelst meiner eigenhändigen Unterschrifft und beygedruckten Petzschafft hierdurch bezeugen wollen.«*

Man ging tatsächlich darauf ein. Zwar zeigte sich der »Hochadl. Sahrerische Gerichtsverwalther« Andreas Christian Brandes, der der Orgelprüfung beigewohnt hatte, nur zur Zahlung von 60 statt der geforderten 80 Taler Zuschuß bereit, doch war in der Forderung gewiß schon die dann geringer ausfallende Zahlung vorausgerechnet. Brandes legte in einer Nachschrift zu Bachs Gutachten die Bedingung der Nachzahlung fest, nämlich daß Scheibe *»noch dann und wann herauskommen und ein Jahr noch nach der Orgel sehe auch so was wandelbahr würde, ohne Entgeld repariren solte«*. Scheibe war damit zufrieden; die Kirchenrechnung »Martini 1745 biß dahin 1746«, geführt von den beiden Zschortauer Kirchvätern Samuel Schönbrodt und Christoph Rühl notiert: 60 Taler *»Nachschuß an Hn. Scheiben und sind Hn. Scheiben seine Gelder alle in Contract qvittiret.«*

Die von Pfarrer Cademann gestellte Frage nach der Einweihungspredigt zeigt deutlich des Ortspfarrers eigenes Interesse an dieser Handlung – wer mag es ihm verdenken! Doch der Superintendent sagte für den vom Rittergutsherrn Heinrich August Sahrer von Sahr (1700-1754) zuerst genannten Termin, den 9. Sonntag nach Trinitatis (7. August 1746) zu, und vollzog selbst die bedeutsame Handlung. Das ist durchaus nicht verwunderlich, sondern die in dieser Zeit übliche Praxis. Das Sonntagsevangelium, das der Predigt im Hauptgottesdienst zugrunde lag, war das Gleichnis vom ungerechten Haushalter, Lukas 16,1-9. Mehr ist von dieser Predigt nicht überliefert.

Der damalige Delitzscher Superintendent, Johann Paul Streng, war etwa gleichaltrig mit Bach; 1684 in Leubnitz/Vogtland geboren, mußte er als Kind erleben, daß sein Vater, der dort zwischen 1683 und 1690 als Pfarrer amtierte, abgesetzt wurde, *»weil er in und außer der Kirche viel Aergerniß anrichtete«*. Als Superintendent hatte er dann selbst die Aufgabe, Unregelmäßigkeiten seiner Pfarrer im Dienst nachzugehen. Aus seiner Biographie wissen wir nur, daß er 1706 an die Universität Leipzig kam, und bereits 1712 das Superintendentenamt in Delitzsch übernahm. Er ist dort, wenige Wochen nach Bach, am 12. 9. 1750 gestorben.

Wohl am Mittag des gleichen Sonntages versammelten sich die Prüfer zur »Mahlzeit bey der orgel Probe«, die Herren Superintendent Streng, Kapellmeister Bach, Gerichtsverwalter Brandes; vielleicht darf man auch den Gutsherren Sahrer von Sahr, den Orgelbauer Scheibe und den Ortspfarrer Cademann dabei vermuten. Die Summe von 10 Talern, 22 Groschen und 5 Pfennigen jedenfalls läßt auf ein opulentes Mahl schließen.

2. Die St. Nicolai-Kirche in Zschortau ist insgesamt ein sehr altes Bau-

Zschortau, Nikolaikirche, Feiertagsseite des Schnitzaltars

werk. **Turm** und **Portal der Kirche** stammen aus dem 12. Jahrhundert und zeigen sich deutlich im romanischen Stil. 1995/96 konnte das wertvolle Portal einschließlich seiner Beschläge restauriert werden. Auf dem Turm befinden sich drei Glocken, die noch von Hand zu läuten sind. Das am Turm angebaute **Schiff** bietet sich dem Besucher im gotischen Stil dar, der **Chorraum** weist Reste spätgotischer Deckenmalereien aus dem 14. Jahrhundert auf, die erst vor reichlich zehn Jahren entdeckt worden sind.

Der wertvolle **Flügelaltar** hat eine sehr wechselvolle Geschichte hinter sich. Entstanden im Jahr 1517, steht er noch in unveränderter vorreformatorischer Tradition, vor allem mit der Darstellung vieler Heiliger neben einigen wenigen freilich zentralen biblischen Gestalten. Zwischen 1970 und 1990 wurde er im Dresdner Institut für Denkmalpflege aufwendig restauriert, nachdem man ihn im Zusammenhang mit der Kirchenrenovierung 1870 in Einzelteile zerlegt und einige davon zu einem Altar zusammengefügt hatte, in den eine Kanzel eingebracht war. Erst die Erkenntnis seines Wertes führte zum Vorhaben der Restaurierung und Rekonstruktion dieses dreiteiligen Flügelaltars, dessen Künstler unbekannt ist. Vermutungen, seine Herkunft sei mit dem Namen Hans Baldung Grien (1484/85-1545) verbunden, fanden keine Bestätigung.

Die dargestellten Figuren werden entsprechend ihres Standortes im Altarschrein genannt, beginnend mit der sogenannten Feiertagsseite, der Seite, die üblicherweise geöffnet ist. Dann folgt die erste Wandlung mit Gemälden, an dritter Stelle die Ansicht des geschlossenen Schreins:

			Feiertagsseite:				
Antonius	Wolfgang	Andreas Nikolaus von Myra	Maria mit Kind auf der Mondsichel	Gertrud von Nivelles	Katharina	Anna Selbdritt	Barbara
Stephanus	Blasius	Laurentius			Dorothea	Margaretha	[unbe stimmt]
			Erste Wandlung/Gemälde:				
Mauritius	Georg	Jakobus d. Ä.	Valentin	Martin	Bartholomäus	Gregor d. Gr.	Bernhard v. Clairvaux
Christophorus	Sebastian	Johannes d. Evang.	Matthäus der Evang.	Markus der Evang.	Lukas der Evang.	Apollonia	Ottilia
			Geschlossener Schrein:				
			Maria mit dem Kind	Nikolaus von Myra			

Die Geschichte der **Orgel** der Zschortauer Nicolai-Kirche beginnt erst mit der Herming-Orgel von 1698/99. Johann Scheibes schon erwähnte Orgel ist die zweite und bisher letzte Orgel an diesem Ort. Zwischen 1746 und dem Gutachten des Delitzscher Orgelbauers Eduard Offenhauer aus dem Jahr 1870 existieren keine Nachrichten. Nach einem Kostenvoranschlag vom 28. Mai 1870 waren zwei maßgebliche Veränderungen vorgesehen: Die Orgel wird auf eine neu errichtete obere Westempore versetzt; und Offenhauer vergrößert die Orgel, vor allem um ein zweites Manual (Disposition siehe Anhang, S. 322 f.). Eine Restaurierung der Orgel ist dringend nötig. Schon

1984 entfernte man, ohne der Restaurierung vorzugreifen, die Klaviatur, Mechanik und Windlade des II. Manual.

Im Rahmen des Zschortauer Orgelsommers finden alljährlich zwischen April und September Orgelkonzerte, aber auch vokale oder andere instrumentale Konzerte statt.

3. Literatur

Hans Wolfgang Theobald, Zur Geschichte der 1746 geprüften Johann-Scheibe-Orgel in Zschortau bei Leipzig. In: Bach-Jahrbuch 1986

Winfried Schrammek, Bach-Orgeln in Thüringen und Sachsen. Johann Sebastian Bach, Lebendiges Erbe. In: Beiträge zur Bachpflege, Heft 11. Leipzig 1983

4. Reiserouten, Auskünfte, Adressen, Öffnungszeiten

Zschortau liegt nördlich von Leipzig an der Eisenbahnstrecke Leipzig–Bitterfeld.
Mit Auto A 9 bis Abfahrt »Landsberg«, dann Landstraße über Kyhna Richtung Delitzsch, unmittelbar vor Delitzsch B 184 Richtung Leipzig, noch etwa 8 km. Über A 14 bis Abfahrt »Leipzig Mitte«, dann B 184 Richtung Delitzsch 12 km.

Auskünfte erteilt:
Superintendent Dr. Stawenow
Schloßstr. 26
04509 Delitzsch
Telefon 034202-5 12 19
Fax 034202-5 21 07

Besichtigung der Kirche und der Orgel nach Vereinbarung

Zschortau, Scheibe-Orgel, Intarsien am Spieltisch

Anhang

Orgel-Dispositionen

Altenburg
Schloßkirche
Trost-Orgel (1739)

Hauptwerk

Groß-Quintadena	16 f.
Flaute travers	16 f.
Principal	8 f.
Bordun	8 f.
Spitzflöte	8 f.
Viol di Gamba	8 f.
Rohrflöte	4 f.
Octava	4 f.

Oberwerk

Geigenprinzipal	8 f.
Lieblich Gedackt	8 f.
Vagarre	8 f.
Quintadena	8 f.
Hohlflöte	8 f.
Gemshorn	4 f.
Flaute douce 2 fach	4 f.
Nasat	3 f.
Octava	2 f.
Waldflöte	2 f.
Superoctava	1 f.
Cornett	5 fach
Mixtur	4-5 fach 2 f.
Vox humana	8 f.
Klein Octava	4 f.
Superoctava	2 f.
Blockflöte	2 f.
Quinte	3 f.
Sesquialtera	2 fach
Mixtur	6-9 fach 2 f.
Trompetta	8 f.

Pedal

Principal-Baß	16 f.
Violon Baß	16 f.
Sub Baß	16 f.
*Quintaden Baß	16 f.
*Flaute travers Baß	16 f.
*Octaven Baß	8 f.
*Bordun Baß	8 f.
*Octaven Baß	4 f.
*Mixtur Baß	6-7 fach
Posaunen Baß	32 f.
Posaunen Baß	16 f.
Trompeten Baß	8 f.

Nebenregister

Tremulant (HW)
Tremulant (OW)
Wind Coppel
Clavier Coppel
Glockenspiel c'-c''' (HW)

* = Transmissionen

Arnstadt
Johann-Sebastian-Bach-Kirche
Wender-Orgel (1703/1999)

Oberwerk (C, D-c)

Principal	8 f.
Viola di Gamba	8 f.
Quinta dena	8 f.
Grobgedackt	8 f.
Gemshorn	8 f.
Offene Quinta	6 f.
Octava	4 f.
Mixtur(2)	4 fach
Cymbel(1)	doppelt

Trompete . . . . 8 f.
Cymbelstern. . . . . (C-Dur)
Cymbelstern. . . . . (G-Dur)

Brustpositiv (C, D-c)
Principal . . . . 4 f.
Stillgedackt . . . . 8 f.
Spitzflöte . . . . 4 f.
Nachthorn . . . . 4 f.
Quinta . . . . 3 f.
Sesquialtera . . . . doppelt
Mixtur(1) . . . . 3 fach

Pedal (C, D-c, d)
Principal Baß . . . . 8 f.
Sub Baß . . . . 16 f.
Posaunen Baß . . . . 16 f.
Cornet Baß . . . . 2 f.

Koppeln:
I/II(Schiebekoppel)
II/P
Tremulant

Arnstadt
Johann-Sebastian-Bach-Kirche
Steinmeyer-Orgel (1913/1999)

I. Manual (HW) (C-a)
Bordun . . . . 16 f.
Principal . . . . 8 f.
Viola di Gamba . . . . 8 f.
Gemshorn . . . . 8 f.
Schweizerflöte . . . . 8 f.
Bordun . . . . 8 f.
Rohrflöte . . . . 8 f.
Hohlflöte . . . . 8 f.
Quintflöte . . . . 5 1/3 f.
Oktave. . . . . 4 f.
Rohrflöte . . . . 4 f.
Fugara . . . . 4 f.
Quinte . . . . 2 2/3 f.
Oktave. . . . . 2 f.
Cornett 5 fach . . . . 8 f.
Mixtur 5 fach . . . . 2 f.
Cymbel 3 fach . . . . 1 f.
Trompete . . . . 8 f.

II. Manual (C-a)
Quintatön . . . . 16 f.
Principal . . . . 8 f.
Spitzflöte . . . . 8 f.
Quintatön . . . . 8 f.
Viola d'amour . . . . 8 f.
Gedackt . . . . 8 f.
Flauto traverso. . . . . 8 f.
Oktave. . . . . 4 f.
Spitzflöte . . . . 4 f.
Viola . . . . 4 f.
Mixtur 5 fach. . . . . 2 f.
Rauschquinte 2 fach. . . . . 2 2/3 f.
Klarinette . . . . 8 f.

III. Manual (SW) (C-a)
Lieblich Gedackt . . . . 16 f.
Geigenprincipal . . . . 8 f.
Lieblich Gedackt . . . . 8 f.
Flauto Piano . . . . 8 f.
Hessiana . . . . 8 f.
Salicional. . . . . 8 f.
Vox coelestis . . . . 8 f.
Geigenprincipal . . . . 4 f.
Nachthorn. 4 f.
Flauto dolce. . . . . 4 f.
Sesquialter 2 fach . . . . 2 2/3 f.
Geigenprincipal . . . . 2 f.
Progressivharm. 3-6 fach . . . . 2 f.
Oboe . . . . 8 f.
Tremulant

Pedal (C-f)
Principal . . . . 16 f.
Violon . . . . 16 f.
Subbaß . . . . 16 f.
Quintbaß. . . . . 10 2/3 f.
Principal . . . . 8 f.

Violoncello	8 f.	*Koppeln:*
Gedackt	8 f.	III/I, II/I, III/II, III/P
Oktave	4 f.	II/P, I/P
Posaune	16 f.	
Trompete	8 f.	

Arnstadt
Neue Kirche (heute Bachkirche)
Wender-Orgel (Entwurf 1699)

Ohngefehrl: Entwurff der Registratur
des mit Gott angefangenen neüen
Orgelwerks

Ins Oberwerk Manualiter

1 Principal	8 f.	Von 14 lötigen Zin
2 Viol Di Gamb:	8 f.	von 8 lötigen Zin
3 Quinta dena	16 f.	{anstell den 16.füßigen quinta dena Ein 8.füßiges}
4 Grobgedakt.	8 f.	
5 Quinta –	6 f.	
6 Octava –	4 f.	alles Von Metall
7 Mixtur –	4 fach	
8 Gemshorn	8 f.	
9 Cymbel doppelt –		
10 Trompet	8 f.	
11 Tremulant,		
12 Item Zymbel Stern,		

Bruß Positiv

1 Principal –	4 f.	Von 14 lötigen Zin
2 Stillgedakt	8 f.	
3 Spielpfeiffe	4 f.	{Spitz flöde}
4 Quinte –	3 f.	alles von Metall.
5 Sesquialtera doppelt		
6 Nachthorn	4 f.	
7 Mixtur –	3 fach	

Seiten Bässe od pedal.

1 Principal Bass. –	8 fuß	Von 14 lötigen Zin ins gesicht
2 Sub Bass –	16 f.	Von Holtz
3 Posaunen Bass –	16 f.	Von Holtz die Corpora.
4 Cornet Bass –	2 f.	

– –

Suma 21 Regist. It:[em] Tremulandt.

NB. Das Manual durch Copel Pedaliter Zugebrauch u. auch wider abzuziehen it[em] das das Manual Vom Brust Positiv durch Copel zugleich zugebrauchen. {Ein Clavir von HelffenBein und EbenHoltz zun Semit:[onia] die Register von guten Holtz eingestoßen.}

Bad Berka/Ilm
Marienkirche
Trebs-Orgel (1742: nicht mehr vorhanden)

Hauptwerk (HW)

Quintadena	16 f.
Principal	8 f.*
Gedackt	8 f.
Flöte	8 f.
Gemshorn	8 f.
Octave	4 f.*
Gedackt	4 f.
Quinte	3 f.
Nasat	3 f.
Octave	2 f.
Sesquialtera	2 fach
Mixtur	5 fach*
Trompete	8 f.

Brustwerk (BW)

Gedackt	8 f.
Quintadena	8 f.
Principal	4 f.*
Nachthorn	4 f.
Quinte	3 f.
Octave	2 f.
Waldflöte	2 f.
Tritonus	1 3/5 f.
Cimbel	3 fach

Pedal

Subbaß	16 f.
Principal	8 f.*
Hohlflöte	4 f.
Posaune	16 f.
Trompete	8 f.
Cornet	4 f.

Nebenregister

Koppel BW an HW
Koppel HW an Pedal

* erhaltene Register

Bad Berka/Ilm
Marienkirche
Böhm-Orgel (1991)

Hauptwerk (HW)

Bordun	16 f.
Principal	8 f.
Koppelflöte	8 f.
Octave	4 f.
Spitzflöte	4 f.
Nasat	2 2/3 f.
Superoctave	2 f.
Mixtur	4-5 fach, 1 1/3 f.
Trompete	8 f.
Tremulant	

Oberwerk (OW)

Gedackt	8 f.
Quintade	8 f.
Salicional	8 f.
Principal	4 f.
Rohrflöte	4 f.
Gemshorn	2 f.
Octave	1 f.
Sesquialtera	2 fach
Scharf	3-4 fach 1 f.
Krummhorn	8 f.
Tremulant	

Pedal
Subbaß .... 16 f.
Principal .... 8 f.
Gedacktbaß .... 8 f.
Weitprincipal .... 4 f.
Baßcornett .... 4 fach, 5 1/3 f.
Hintersatz .... 3 fach, 2 f.
Posaune .... 16 f.

Koppeln
OW/HW, HW/P, OW/P

Celle
Schloßkapelle
Vieth-/Ott-Orgel (1865/1957)

Vieth 1865
Manual
Oktave .... 4 f. (im Prospekt)
Prinzipal .... 8 f.
Fugara .... 8 f.
Flöte .... 8 f.
Gedacktflöte .... 4 f.

Pedal
Bordun .... 16 f.
Prinzipal .... 8 f. (Tm. aus Prinzipal 8 f.)
Oktave .... 4 f. (Tm. aus Oktave 4 f.)

Ott 1957
Manual
Prinzipal ... 4 f. (Vieth, z. T. im Prospekt)
Gedackt .... 8 f. (Vieth)
Rohrflöte .... 4 f. (Vieth)
Gemshorn .... 2 f. (neu)
Scharf .... 3-4 fach (neu)

Pedal
Subbaß .... 16 f.
Gedackt ...... 8 f. (Tm. aus Gedackt 8 f.)
Oktave .... 4 f. (Tm. aus Oktave 4 f.)

Dörna
Georgkirche
Wenderorgel
(1702/ gegenwärtige Restaurierung)

Manual
Principal .... 4 f.
Gedackt .... 8 f.
Spitzflöte° (?) .... 4 f.
Quinte* .... 2 2/3 f.
Octave .... 2 f.
Mixtur .... 1 f., 3 fach

Pedal
Subbaß .... 16 f.

Pedalkoppel

° an deren Stelle seit 1781: Flöte ..... 4 f.
* an deren Stelle seit 1848: Hohlflöte . 2 f.

Dornheim
Bartholomäuskirche
Schönefeld-Orgel (1766/1985)

Hauptwerk
Principal . . . . . 8 f.
Bordun . . . . . 8 f.
Viola di Gamba . . . . . 8 f.
Oktave . . . . . 4 f.
Gedackt . . . . . 4 f.
Quinte . . . . . 2 2/3 f.
Waldflöte . . . . . 2 f.
Mixtur . . . . . 4 fach

Oberwerk
Liebl. Gedackt . . . . . 8 f.
Quintatön . . . . . 8 f.
Principal . . . . . 4 f.
Rohrflöte . . . . . 4 f.
Oktave . . . . . 2 f.
Sifflöte . . . . . 1 f.
Sesquialtera . . . . . 2 fach
Tremulant

Pedal
Subbaß . . . . . 16 f.
Gedacktbaß . . . . . 8 f.
Nachthorn . . . . . 4 f.

Koppeln
H/P, O/P, O/H

Eisenach
Georgenkirche
Schuke-Orgel (1982)

I. Manual (Hauptwerk)
Bordun . . . . . 16 f.
Principal . . . . . 8 f.
Rohrflöte . . . . . 8 f.
Quintadena . . . . . 8 f.
Oktave . . . . . 4 f.
Spitzflöte . . . . . 4 f.
Quinte . . . . . 2 2/3 f.
Superoktave . . . . . 2 f.
Sesquialtera . . . . . 3 fach
Groß-Mixtur . . . . . 6-8 fach
Klein-Mixtur . . . . . 5 fach
Fagott . . . . . 16 f.
Trompete . . . . . 8 f.

II. Manual (Oberseitenwerk)
Quintadena . . . . . 16 f.
Großoktave . . . . . 8 f.
Gedackt . . . . . 8 f.
Principal . . . . . 4 f.
Traversflöte . . . . . 4 f.
Rohrnassat . . . . . 2 2/3 f.
Oktave . . . . . 2 f.
Nachthorn . . . . . 2 f.
Terz . . . . . 1 3/5 f.
Quinte . . . . . 1 1/3 f.
Jauchzendpfeife . . . . . 2 f.
Scharff-Mixtur . . . . . 5 fach
Terz-Cymbel . . . . . 3 fach
Krummhorn . . . . . 8 f.
Vox humana . . . . . 8 f.
Tremulant

III. Manual (Schwellwerk)
Koppelflöte . . . . . 8 f.
Spitzgedackt . . . . . 8 f.
Salicional . . . . . 8 f.
Schwebung . . . . . 8 f.
Principal . . . . . 4 f.
Blockflöte . . . . . 4 f.
Dulzflöte . . . . . 4 f.
Gemsquinte . . . . . 2 2/3 f.
Weitoktave . . . . . 2 f.
Tertian . . . . . 2 fach
Sifflöte . . . . . 1 f.
Oberton . . . . . 2 fach

Mixtur ...... 6 fach
Dulcian ...... 16 f.
Hautbois ...... 8 f.
Schalmei ...... 4 f.

Pedal
Untersatz ...... 32 f.
Principal ...... 16 f.
Offenbaß ...... 16 f.
Subbaß ...... 16 f.
Oktave ...... 8 f.
Gemshorn ...... 8 f.
Baß-Aliquote ...... 3 fach

Oktave ...... 4 f.
Rohrpommer ...... 4 f.
Flachflöte ...... 2 f.
Hintersatz ...... 3 fach
Mixtur ...... 4-5 fach
Posaune ...... 16 f.
Trompete ...... 8 f.
Dulcian ...... 8 f.
Clairon ...... 4 f.

Koppeln
I/P (mech.), II/I, III/I, III/II, II/P, III/P (elektr.)

Erfurt
Augustinerkirche
Walcker-Orgel (1938)

Hauptwerk
Quintatoen ...... 16 f.
Prinzipal ...... 8 f.
Gedackt ...... 8 f.
Salizional ...... 8 f.
Oktave ...... 4 f.
Rohrflöte ...... 4 f.
Quinte ...... 2 2/3 f.
Prinzipal ...... 2 f.
Mixtur ...... 5 fach
Trompete ...... 8 f.

Positiv
Tremolo Positiv
Grob-Gedackt ...... 8 f.
Rohrflöte ...... 8 f.
Quintatoen ...... 8 f.
Ital. Prinzipal ...... 4 f.
Gemshorn ...... 4 f.
Blockflöte ...... 4 f.
Waldflöte ...... 2 f.
Terz ...... 1 3/5 f.
Quinte ...... 1 1/3 f.
Sifflöte ...... 1 f.
Cymbel ...... 4 fach
Krummhorn ...... 8 f.

Pedal
Untersatz ...... 32 f.
Prinzipalbass ...... 16 f.
Kontrabass ...... 16 f.
Subbass ...... 16 f.
Oktavbass ...... 8 f.
Prinzipalbass ...... 4 f.
Prinzipal ...... 1 f. & 2 f.
Mixtur ...... 5 fach
Posaune ...... 16 f.
Trompetenbass ...... 8 f.
Singend-Kornett ...... 2 f.

Schwellwerk (Chororgel)
Bourdon ...... 16 f.
Flöten-Prinzipal ...... 8 f.
Liebl. Gedackt ...... 8 f.
Spitzflöte ...... 8 f.
Undamaris ...... 8 f.
Prinzipal ...... 4 f.
Koppelflöte ...... 4 f.
Nasat ...... 2 2/3 f.
Schwiegel ...... 2 f.
Prinzipal ...... 2 f.
Terz ...... 1 3/5 f.
Quinte ...... 1 1/3 f.
Scharff ...... 5 f.
Bordun ...... 16 fach

Horn . . . . 8 f.
Schalmei . . . . 4 f.
Tremolo SW

Pedal im Schwellwerk
Gedacktbass. . . . . 16 f.
Violon . . . . 8 f.
Gedacktflöte . . . . 8 f.
Choralbass. . . . . 4 f.
Bauernflöte . . . . 2 f.

Koppeln
SW/HW
SW/Pos.
Pos./HW
SW/Ped.
HW/Ped.
Pos./Ped.
Crescendowalze
Schweller
Generalkoppel
Pedal-Tutti
Tutti
Fr. Komb. 1-4
Handreg. Ab
Zungen ab
Man. 16 f. ab

Gehren
Stadtkirche
Sauer-Orgel (1895)

I. Manual
Bordun . . . . 16 f.
Prinzipal . . . . 8 f.
Gedackt. . . . . 8 f.
Gambe. . . . . 8 f.
Flöte . . . . 8 f.
Oktave. . . . . 4 f.
Rohrflöte. . . . . 4 f.
Cornett . . . . 3-4 fach
Mixtur. . . . . 4 fach

II. Manual
Liebl. Gedackt . . . . 16 f.
Geigenprinzipal . . . . 8 f.
Gemshorn . . . . 8 f.
Rohrflöte. . . . . 8 f.
Voix celeste . . . . 8 f.
Aeoline . . . . 8 f.
Fugara. . . . . 4 f.
Flauto dolce. . . . . 4 f.

Pedal
Violon . . . . 16 f.
Subbaß . . . . 16 f.
Oktavbaß . . . . 8 f.
Baßflöte. . . . . 8 f.

Spielhilfen
Koppeln II/I, I/P, II/P,
Forte, Tutti

Gera
Salvatorkirche
Röver-Orgel (1905)

I. Manual
Quintatön . . . . 16 f.
Principal . . . . 8 f.
Hohlflöte. . . . . 8 f.
Gemshorn . . . . 8 f.
Dolce. . . . . 8 f.
Zartgeige. . . . . 8 f.
Octave. . . . . 4 f.
Rohrflöte. . . . . 4 f.
Quinte. . . . . 2 2/3 f.

Octave	2 f.
Nachthorn	2 f.
Sifflöte	1 f.
Terz	1 3/5 f.
Mixtur	4 fach
Trompete	8 f.

II. Manual

Gedackt	16 f.
Principal	8 f.
Konzertflöte	8 f.
Aeoline	8 f.
Vox celeste	8 f.
Octave	4 f.
Blockflöte	4 f.
Octave	2 f.
Waldflöte	2 f.
Spitzquinte	1 1/3 f.
Mixtur	3 fach
Oboe	8 f.

Pedal

Principalbaß	16 f.
Subbaß	8 f.
Octavbaß	8 f.
Flötenbaß	8 f.
Octave	2 f.
Pommer	4 f.
Pedalflöte	2 f.
Rauschpfeife	3 fach
Posaune 1	6 f.

Normalkoppeln: II/I, I/P, II/P
Oktavkoppeln: Super I, Sub II
Spielhilfen: 1 freie Kombination, feste Kombination p, mf, f, ff, Tutti, Crescendowalze, Jalousieschweller II

Gotha
Schloßkapelle
Knauff-Orgel (1850)

Hauptwerk

Bordun	16 f.
Principal	8 f.
Gamba	8 f.
Gedact	8 f.
Hohlflöte	8 f.
Gedactquinte	6 f.
Octave	4 f.
Gedact	4 f.
Quinte	3 f.
Octave	2 f.
Mixtur 3 fach	2 f.
Cymbel	1 f.

Oberwerk

Liebl. Gedact	16 f.
Liebl. Gedact	8 f.
Geigenprincipal	8 f.
Schweizerflöte	8 f.
Flaut travers.	8 f.
Principal	4 f.
Pianoflöte	4 f.
Quinte	3 f.
Octave	2 f.
Cornett	8 f.

Pedal

Subbaß	16 f.
Violon	16 f.
Quintbaß	12 f.
Octavbaß	8 f.
Octave	4 f.
Posaune	16 f.

Koppeln: OW/P, OW/HW

Halle/S.
Marktkirche Unser Lieben Frauen
Schuke-Orgel (1984)

Hauptwerk
Prinzipal .... 16 f.
Oktave .... 8 f.
Rohrflöte .... 8 f.
Dulzflöte .... 8 f.
Nasat .... 5 1/3 f.
Oktave .... 4 f.
Spitzflöte .... 4 f.
Quinte .... 2 2/3 f.
Oktave .... 2 f.
Groß-Mixtur .... 6 fach
Klein-Mixtur .... 4 fach
Trompete .... 16 f.
Trompete .... 8 f.

Schwellwerk
Bordun .... 16 f.
Holzprinzipal .... 8 f.
Spillpfeife .... 8 f.
Gambe .... 8 f.
Oktave .... 4 f.
Nachthorn .... 4 f.
Trichterpfeife .... 4 f.
Sesquialtera .... 3 f.
Octave .... 2 f.
Waldflöte .... 2 f.
Quinte 1 .... 1/3 f.
Septime 1 .... 1/7 f.
Mixtur .... 6 fach
Bombarde .... 16 f.
Oboe .... 8 f.
Schalmei .... 4 f.

Oberwerk
Prinzipal .... 8 f.
Gedackt .... 8 f.
Quintadena .... 8 f.
Oktave .... 4 f.
Rohrflöte .... 4 f.
Nasat .... 2 2/3 f.
Spitzflöte .... 2 f.
Terz .... 1 3/5 f.
Sifflöte .... 1 f.
Scharff .... 5 fach
Dulcian .... 16 f.
Trichterregal .... 8 f.

Pedal
Prinzipalbaß .... 16 f.
Offenbaß .... 16 f.
Subbaß .... 16 f.
Quinte .... 10 2/3 f.
Oktave .... 8 f.
Baßflöte .... 8 f.
Oktave .... 4 f.
Rohrpommer .... 4 f.
Bauernflöte .... 2 f.
Baß-Zink .... 3 fach
Hintersatz .... 3 fach
Mixtur .... 5 fach
Posaune .... 16 f.
Trompete .... 8 f.
Clairon .... 4 f.

Spielhilfen
6 Normalkoppeln, 4 freie Komb., 2 Pedalkomb., Walze, Tremulanten zu Schwellwerk und Oberwerk

Halle/S.
Marktkirche Unser Lieben Frauen
Reichel-Orgel (1663/64)

Grobgedackt .... 8 f.
Sesquialtera .... 2 f.
Spillflöte .... 4 f.
Superoctav .... 1 f.
Octave .... 2 f.
Principal .... 4 f.

Hamburg
Jacobikirche
Kemper-Orgel (1960/70)

Hauptwerk (I)
Pommer .... 32 f.
Pommer .... 16 f.
Prinzipal .... 8 f.
Octave .... 8 f.
Gambe .... 8 f.
Suvoalflöte .... 8 f.
Großoktave .... 4 f.
Oktave .... 4 f.
Flöte .... 4 f.
Nasat .... 2 2/3 f.
Oktave .... 2 f.
Mixtur .... 8 fach
Mixtur .... 6-8 fach
Scharff .... 4 fach
Trompete .... 16 f.
Trompete .... 8 f.
Tremulant
Prinzipal° .... 8 f.
Octave° .... 4 f.

Oberwerk (II)
Gedackt .... 8 f.
Dolce .... 8 f.
Prinzipal .... 4 f.
Flöte .... 4 f.
Oktave .... 2 f.
Quinte .... 1 1/3 f.
Sifflöte .... 1 f.
Scharff .... 4 fach
Zwergzimbel .... 5 fach
Oboe .... 8 f.
Tremulant

Schwellwerk (III)
Gedackt .... 16 f.
Salicional .... 8 f.
Gedackt .... 8 f.
Voix celeste .... 8 f.
Prinzipal .... 4 f.
Flauto dolce .... 4 f.
Blockflöte .... 2 f.
Octave .... 1/2 f.
None .... 4/9 f.
Sesquialtera .... 3 fach
Streichmixtur .... 5 fach
Trompette harm. .... 8 f.
Vox humana .... 8 f.
Hölzern Gelächter
Tremulant

*Seitenwerk**
Flöte .... 8 f.
Flöte .... 4 f.
Flöte .... 2 f.
Kornett .... 5 fach
Franz.Trompete .... 8 f.
Clairon .... 4 f.

Pedal (P)
Pommer .... 16 f.
Subbaß .... 16 f.
Gedacktbaß .... 16 f.
Gedackt .... 16 f.
Quinte .... 10 2/3 f.
Baßflöte .... 8 f.
Gedackt .... 8 f.

Prinzipalbaß . . . . 8 f.
Oktave . . . . 8 f.
Nachthorn . . . . 4 f.
Flauto dolce . . . . 4 f.
Oktave . . . . 4 f.
Nachthorn . . . . 2 f.
Mixtur . . . . 6 fach
Glockenton . . . . 2 fach
Posaune . . . . 32 f.
Posaune . . . . 16 f.
Trompete . . . . 8 f.
Oktavbaß° . . . . 8 f.

Koppeln
MK III/I, II/I, III/II; PK I, II, III;
Seitenwerkkoppeln; Pedal-Superkoppel,
Pedal-Superkoppel
(nur Diskant).

° = Register stehen im Prospekt des Straßenschiffs und erklingen nur dort.
* = dieses Werk hat keine eigene Klaviatur; es kann sowohl von allen Manualen als auch im Steinstraßenschiff gespielt werden.

Spielhilfen
6 freie Komb., Tutti,
2 Jalousieschw., Walze

Hamburg
Jacobikirche
Schnitger-Orgel (1693/1961)

Rückpositiv
Prinzipal . . . . 8 f.
Gedackt° . . . . 8 f.
Quintadena° . . . . 8 f.
Octave . . . . 4 f.
Blockflöht* . . . . 4 f.
Querpfeiff . . . . 2 f.
Octava . . . . 2 f.
Sexquialtera* . . . . 2 fach
Scharff° . . . . 6-8 fach
Siffloit* . . . . 1 1/2 f.
Dulcian# . . . . 16 f.
Bahrpfeiffe . . . . 8 f.
Trommet . . . . 8 f.

Hauptwerk
Principal . . . . 16 f.
Quintadena* . . . . 16 f.
Octava* . . . . 8 f.
Spitzflöht . . . . 8 f.
Viola da Gamba . . . . 8 f.
Octava* . . . . 4 f.
Rohrflöht° . . . . 4 f.
Flachflöht . . . . 2 f.
Rauschpfeiff* . . . . 2 fach
SuperOctav . . . . 2 f.
Mixtur* . . . . 6-8 fach
Trommet* . . . . 16 f.

Oberwerk
Principal . . . . 8 f.
Rohrflöht . . . . 8 f.
Holtzflöht . . . . 8 f.
Spitzflöht . . . . 4 f.
Octava* . . . . 4 f.
Nasat . . . . 3 f.
Octava° . . . . 2 f.
Gemshorn° . . . . 2 f.
Scharff# . . . . 4-6 fach
Cimbal# . . . . 3 fach
Trommet . . . . 8 f.
Vox humana . . . . 8 f.
Trommet . . . . 4 f.

Brustwerk
Principal° . . . . 8 f.
Octav° . . . . 4 f.
Hollflöht# . . . . 4 f.
Waldtflöht# . . . . 2 f.
Sexquialtera° . . . . 2 fach

Scharff° . . . . . 4-6 fach
Dulcian . . . . . 8 f.
Trechter Regal . . . . . 8 f.

Pedal
Principal . . . . . 32 f.
Octava . . . . . 16 f.
Subbaß . . . . . 16 f.
Octava . . . . . 8 f.
Octava . . . . . 4 f.
Nachthorn . . . . . 2 f.
Rauschpfeiff* . . . . . 3 fach
Mixtur° . . . . . 6-8 fach
Posaune . . . . . 32 f.
Posaune . . . . . 16 f.
Dulcian* . . . . . 16 f.

Trommet . . . . . 8 f.
Trommet° . . . . . 4 f.
Cornet° . . . . . 2 f.

Nebenregister/Koppeln
Zimbelsterne
Tremulanten
RP/HW, OW/HW
RP/P, HW/P

° = Register, die älter sind als Schnitger
* = Register, von Schnitger übernommen und ergänzt
# = nach neueren Erkenntnissen eventuell auch übernommene Register

Heiligengrabe
Klosterkirche
Baumann-Orgel (1725)

1. Manual
Principal . . . . . 4 f. (P)
Gedackt . . . . . 8 f.
Quinte . . . . . 3 f.
Octave . . . . . 2 f.
Mixtur . . . . . 3 fach 1 f.
Dulcian . . . . . 16 f.

2. Manual
Principal . . . . . 2 f. (P)
Gedackt . . . . . 8 f.
Gedackt . . . . . 4 f.

Mixtur . . . . . 3 fach 1/2 f.
Vox humana . . . . . 8 f.

Pedal
Subbaß . . . . . 16 f.
Octave . . . . . 8 f.
Gedacktpommer . . . . . 4 f.

Manualkoppel II/I
Pedalkoppel P/II
(P = im Prospekt)

Kassel
Martinskirche, Chorkirche
Hammer-Orgel (1958)

Hauptwerk
Holzgedackt. . . . . 8 f.
Prinzipal . . . . 4 f.
Quinte . . . . 2 2/3 f.
Mixtur. . . . . 5 fach
Koppelflöte . . . . 4 f.
Tremulant

Oberwerk
Spitzgedackt. . . . . 8 f.
Rohrflöte . . . . 4 f.
Prinzipal . . . . 2 f.
Sifflöte. . . . . 1 f.
Krummhorn. . . . . 8 f.

Pedal
Gedacktpommer . . . . 16 f.
Weitgedackt. . . . . 8 f.
Spitzflöte . . . . 4 f.

Spielhilfen: Koppeln II/I, I/P, II/P,
2 freie Kombinationen, Tutti

Kassel
Martinskirche, Festtagskirche
Bosch-Orgel (1964)

Hauptwerk (II)
Gedacktpommer . . . . 16 f.
Prinzipal . . . . 8 f.
Gemshorn . . . . 8 f.
Oktave. . . . . 4 f.
Nachthorn . . . . 4 f.
Rauschharfe. . . . . 4 f. – 2 2/3 f.
Nonnenkornett . . . . 2 2/3 f.
Quinte . . . . 2 2/3 f.
Italienisches Prinzipal. . . . . 2 f.
Larigot. . . . . 1 1/3 f. – 1 f.
Mixtur I. . . . . 4-6 fach – 2 f.
Mixtur II . . . . 4 fach – 1 f.
Trompete . . . . 16 f.
Spanische Trompete . . . . 8 f.
Tremulant

Rückpositiv (I)
Quintade . . . . 8 f.
Gedackt. . . . . 8 f.
Prinzipal . . . . 4 f.
Flötgedackt . . . . 4 f.
Rohrnasat . . . . 2 2/3 f.
Hohlflöte. . . . . 2 f.
Quarte. . . . . 1 1/3 f. – 1 f.
Terznone . . . . 1 3/5 f. – 8/9 f.
Siebenquart . . . . 1 1/7 f.-16/19 f.
Scharf . . . . 5 fach – 1 f.
Unruh . . . . 3 fach – 1/3 f.
Vox humana. . . . . 8 f.
Messingschalmei . . . . 4 f.
Tremulant

Oberwerk (III)
Rohrpommer. . . . . 8 f.
Spitzgedackt . . . . 8 f.
Ital. Prinzipal. . . . . 4 f.
Rohrflöte. . . . . 4 f.
Sesquialter. . . . . 2/3 f.,1 3/5 f.
Prinzipal . . . . 2 f.
Gemshorn . . . . 2 f.
Sifflöte. 1 1/3 f.
Obertöne. . . . . 3 fach- 1 1/7 f.
Blockflöte . . . . 1 f.
Grobmixtur. . . . . 6-8 fach,1 1/3 f.
Quintzimbel . . . . 4 fach, 1/2 f.
Fagott . . . . 16 f.
Hautbois . . . . 8 f.
Tremulant

Pedal
Prinzipal . . . . 16 f.
Untersatz . . . . 16 f.
Baßzink . . . . 10 2/3 f.,6 2/5 f.
Oktavbaß. . . . . 8 f.
Gedecktbaß . . . . 8 f.
Hintersatz . . . . 4 f., 5 1/3 f.
Rauschwerk . . . . 3 fach, 5 1/3 f.
Kontrafagott . . . . 32 f.
Posaune . . . . 16 f.
Choralbaß . . . . 4 fach, 4 f.
Rohrpfeife . . . . 4 f.
Glöckleinton . . . . 2 f., 1 f.
Kopftrompete . . . . 8 f.
Clairon . . . . 4 f.
Kornett . . . . 2 f.
Tremulant

Köthen
Stadt- und Kathedralkirche St. Jacob
Ladegast-Orgel (1872)

Brustwerk (1. Manual)
Gedackt . . . . 16 f.
Geigenprinzipal . . . . 8 f.
Rohrflöte . . . . 8 f.
Quintatön . . . . 8 f.
Salizional . . . . 8 f.
Oktave. . . . . 4 f.
Flauto minor . . . . 4 f.
Naßard . . . . 2 2/3 f.
Oktave. . . . . 2 f.
Piccolo. 3-4 fach*
Oboe . . . . 8 f.

Hauptwerk (2. Manual)
Prinzipal . . . . 16 f.
Bordun. . . . . 16 f.
Prinzipal . . . . 8 f.
Gambe. . . . . 8 f.
Doppelflöte . . . . 8 f.
Flauto amabile . . . . 8 f.
Naßard . . . . 5 1/3 f.
Oktave. . . . . 4 f.
Rohrflöte . . . . 4 f.
Quinte . . . . 2 2/3 f.
Terz . . . . 1 3/5 f.
Mixtur. 4-5 fach
Cornett . . . . 2-4 fach
Trompete . . . . 8 f.

Schwellwerk (3. Manual)
Liebl. Gedackt . . . . 16 f.
Liebl. Gedackt . . . . 8 f.
Viola d'amour . . . . 8 f.
Flauto traverso. . . . . 8 f.
Zartflöte . . . . 4 f.
Fugara . . . . 4 f.
Flautino. . . . . 2 f.
Quinte . . . . 1 1/3 f

Pedal
Violon . . . . 32 f.
Violon . . . . 16 f.
Subbaß . . . . 16 f.
Prinzipalbaß . . . . 16 f.
Oktavbaß . . . . 8 f.
Baßflöte. . . . . 8 f.
Cello . . . . 8 f.
Oktavbaß . . . . 4 f.
Rauschpfeife
Posaune. . . . . 16 f.
Trompete . . . . 8 f.

Spielhilfen
Barkerhebel (HW)
Feststellbarer Fußtritt für Jalousieschweller (SW)

* vor Umbau 1972 enthalten: Mixtur (BW), Progressivhamonika (SW), Gedackt 16 f. (P).

Köthen
Agnuskirche
Rühlmann-Orgel (1881)

I. Manual
Principal . . . . 16 f.
Principal . . . . 8 f.
Gambe . . . . 8 f.
Hohlflöte . . . . 8 f.
Gedackt . . . . 8 f.
Oktave . . . . 4 f.
Rohrflöte . . . . 4 f.
Quinte . . . . 2 2/3 f.
Oktave . . . . 2 f.
Mixtur . . . . 4 fach
Trompete . . . . 8 f.

II. Manual
Bordun . . . . 16 f.
Salicional . . . . 8 f.
Geigenprincipal . . . . 8 f.
Gedackt . . . . 8 f.
Flute traverse . . . . 8 f.
Flute amabile . . . . 4 f.
Fugara . . . . 4 f.
Cornett . . . . 3 fach
Clarinette . . . . 8 f.
(durchschlagende Zunge)

III. Manual (Schwellwerk)
Dolce . . . . 8 f.
Zartflöte . . . . 8 f.
Aeoline . . . . 8 f.
Liebl. Gedackt . . . . 8 f.
Flauto dolce . . . . 4 f.

Pedal
Violon . . . . 16 f.
Subbaß . . . . 16 f.
Principalbaß . . . . 8 f.
Cello . . . . 8 f.
Quintbaß . . . . 5 1/3 f.
Oktavbaß . . . . 4 f.
Posaune . . . . 16 f.
Trompete . . . . 8 f.

Nebenzüge
Sperrventile I., II. und III. Manual;
Koppeln: II/I, I/P;
Calkantenglocke

Langewiesen
Stadtkirche
Schulze-Orgel (1845)

I. Manual
Bordun . . . . 16 f.
Principal . . . . 8 f.
Hohlflöte . . . . 8 f.
Gambe . . . . 8 f.
Gedackt . . . . 8 f.
Octave . . . . 4 f.
Octave . . . . 2 f.
Mixtur . . . . 3 fach

II. Manual
Liebl. Gedackt . . . . 8 f.
Salicional . . . . 8 f.
Geigenprincipal . . . . 4 f.
Kleinprincipal . . . . 2 f.
Quinte . . . . 1 1/3 f.

Pedal
Violon . . . . 16 f.
Subbaß . . . . 16 f.
Gedacktbaß . . . . 8 f.
Choralbaß . . . . 4 f.
Posaune . . . . 16 f.

Manualkoppel, Pedalkoppel, Schweller für II. Manual, Schleifladen, mechanische Traktur

Leipzig
Thomaskirche
Sauer-Orgel (1889/1908)

1. Manual

Principal	16 f.
Bordun	16 f.
Principal	8 f.
Geigenprincipal	8 f.
Viola di Gamba	8 f.
Gemshorn	8 f.
Dulciana	8 f.
Doppelfloete	8 f.
Flûte harmonique	8 f.
Flauto dolce	8 f.
Gedackt	8 f.
Quintatön	8 f.
Quinte	5 1/3 f.
Octave	4 f.
Gemshorn	4 f.
Rohrfloete	4 f.
Violini	4 f.
Octave	2 f.
Rauschquinte	2 2/3 f.,2 f.
Mixtur	3 fach
Cornett	2-4 fach
Scharf	5 fach
Groß-Cymbel	4 fach
Trompete	16 f.
Trompete	8 f.

2. Manual

Salicional	16 f.
Gedackt	16 f.
Principal	8 f.
Schalmei	8 f.
Salicional	8 f.
Harmonica	8 f.
Dolce	8 f.
Flûte harmonique	8 f.
Konzertfloete	8 f.
Rohrfloete	8 f.
Gedackt	8 f.
Octave	4 f.
Salicional	4 f.
Flauto dolce	4 f.
Quinte	2 2/3 f.
Piccolo	2 f.
Cornett	3 fach
Mixtur	4 fach
Cymbel	3 fach
Tuba	8 f.
Clarinette	8 f.

3. Manual

Liebl. Gedackt	16 f.
Gamba	16 f.
Principal	8 f.
Viola	8 f.
Aeoline	8 f.
Voix céleste	8 f.
Spitzfloete	8 f.
Flûte d'amour	8 f.
Gedackt	8 f.
Gemshorn	8 f.
Quintatön	8 f.
Fugara	4 f.
Traversfloete	4 f.
Praestant	4 f.
Quinte	2 2/3 f.
Flautino	2 f.
Harmonia aetheria	3 fach
Oboe	8 f.
Trompete harmonique	8 f.

Pedal

Majorbass	32 f.
Untersatz	32 f.
Contrabass	16 f.
Principal	16 f.
Violon	16 f.
Gemshorn	16 f.
Subbass	16 f.
Salicetbass	16 f.
Liebl. Gedackt	16 f.
Quintbass	10 2/3 f.
Offenbass	8 f.
Principal	8 f.

Cello	8 f.
Gemshorn	8 f.
Bassfloete	8 f.
Dulciana	8 f.
Octave	4 f.
Flauto dolce	4 f.
Contraposaune	32 f.
Posaune	16 f.
Fagott	16 f.
Trompete	8 f.
Clarine	4 f.

Leipzig
Thomaskirche
Woehl-Orgel (2000)

I. Manual
Brustwerk

Grob Gedackt	8 f.
Klein Gedackt	4 f.
Principal	2 f.
Super Gemßhörnlein	2 fach
Quint-Sexta	2 fach
Sieflit	1 f.

II. Manual
Hauptwerk

Bordun	16 f.
Principal	8 f.
Violdagamba	8 f.
Rohrflöth	8 f.
Quinta	6 f.
Octav	4 f.
Nassatquint	3 f.
Querflöth	2 f.
Superoctav	2 f.
Sesquialtera	3 fach
Mixtur	6 fach
Cimbel	3 fach
Fagott	16 f.
Trombetta	8 f.

III. Manual
Oberwerk

Quintaden	16 f.
Principal	8 f.
Gemßhorn	8 f.
Gedackt	8 f.
Flauta doux	8 f.
Hohlflöth	4 f.
Octav	4 f.
Hohlquint	3 f.
Plockflöth	2 f.
Superoctav	2 f.
Sesquialtera	3 fach
Scharff	4 fach
Vox Humana	8 f.
Hautbois	8 f.

IV. Manual
Unterwerk (Echo)

Barem	16 f.
Still Gedackt	8 f.
Quintaden	8 f.
Principal	4 f.
Nachthorn	4 f.
Spitzflöth	4 f.
Spitzquint	3 f.
Schweitzerflöth	2 f.
Octav	2 f.
Rasuchquint	1 1/2 f.
Superoctävlein	1 f.
Cimbel	3 fach
Regal	8 f.

Pedal

Großer Untersatz	32 f.
Principal	16 f.
Violon	16 f.
Sub Bass	16 f.
Octav	8 f.
Gedackt	8 f.
Superoctav	4 f.
Flöth	4 f.
Bauerflöth	1 f.
Mixtur	6 fach

Posaun Bass .... 32 f.
Posaun Bass .... 16 f.
Trombet .... 8 f.
Cornet .... 2 f.
Glockenspiel im 2 Fußton

Nebenregister
Koppeln:
Oberwerk/Hauptwerk (III-II)
Unterwerk (Echo)/Hauptwerk (IV-II)
Unterwerk (Echo)/Brustwerk (IV-I)
Hauptwerk/Pedal (II-P)
Kammertonkoppel für das ganze Werk
Windabsteller für alle Werke
Tremulanten für alle Werke
2 Zimbelsterne
Vogell Geschrey

Leipzig
Nikolaikirche
Ladegast-/Sauer-Orgel (1862/1902)

I. Manual
Principal .... 16 f.
Bordun .... 16 f.
Principal .... 8 f.
Doppelgedackt .... 8 f.
Flöte .... 8 f.
Gemshorn .... 8 f.
Flute harmonique .... 8 f.
Quinte .... 5 1/3 f.
Oktave .... 4 f.
Rohrflöte .... 4 f.
Spitzflöte .... 4 f.
Terz .... 3 1/5 f.
Quinte .... 2 2/3 f.
Oktave .... 2 f.
Flachflöte .... 2 f.
Terz .... 1 3/5 f.
Oktave .... 1 f.
Cornett .... 3-4 fach
Mixtur .... 4 fach
Cymbel .... 3 fach
Fagott .... 16 f.
Trompete .... 8 f.

II. Manual
Principal .... 16 f.
Quintade .... 16 f.
Principal .... 8 f.
Rohrflöte .... 8 f.
Quintatön .... 8 f.
Konzertflöte .... 8 f.
Spitzflöte .... 8 f.
Viola d'amour .... 8 f.
Oktave .... 4 f.
Gedackt .... 4 f.
Hohlflöte .... 4 f.
Nasard .... 2 2/3 f.
Oktave .... 2 f.
Waldflöte .... 2 f.
Superquinte .... 1 1/2 f.
Septime .... 1 1/7 f.
Cornett .... 3 fach
Mixtur .... 4 fach
Scharff .... 4 fach
Oboe .... 8 f.

III. Manual
Bordun .... 16 f.
Principal .... 8 f.
Gedackt .... 8 f.
Soloflöte .... 8 f.
Traversflöte .... 8 f.
Unda maris .... 8 f.
Oktave .... 4 f.
Fugara .... 4 f.
Quinte .... 2 2/3 f.
Piccolo .... 2 f.
Terz .... 1 3/5 f.
Progressio .... 2-3 fach
Schwiegel .... 1 f.
Trompete .... 8 f.
Cor anglais .... 8 f.
Schalmei .... 8 f.
Glocken

IV. Manual (Echowerk)

Gedackt	16 f.
Geigenprincipal	8 f.
Gedackt	8 f.
Salizet	8 f.
Aeoline	8 f.
Vox celestis	8 f.
Blockflöte	4 f.
Zartflöte	4 f.
Viola	4 f.
Violine	2 f.
Larigot	1 1/3 f.
Sifflöte	1 f.
Cymbel	3-4 fach
Vox humana	8 f.

Tremulant zu Vox Humana

Pedal

Principal	32 f.
Untersatz	32 f.
Principal	16 f.
Subbaß	16 f.
Echobaß	16 f.*
Violon	16 f.
Salizet	16 f.
Quinte	10 2/3 f.
Principal	8 f.
Gedackt	8 f.
Violon	8 f.
Dulzian	8 f.
Oktave	2 f.
Weitpfeife	4 f.
Oktave	2 f.
Flageolet	2 f.
Mixtur	4 fach
Posaune	32 f.
Posaune	16 f.
Trompete	8 f.
Clarion	4 f.

* Transmission von III,1

Koppeln und Hilfszüge

Koppeln II/I, III/I, IV/I, III/II, IV/II, IV/III, I/P, II/P, III/P, IV/P als Registerwippen
Druckknöpfe an Stecherleiste (zuzüglich Auslöser): Koppeln II/P, III/P, I/P, II/I, III/I, IV/I, III/II, IV/II, IV/III
3 Freie Kombinationen:
Feste Gruppen: Forte, Tutti;
Hilfszüge: General-Manual-Koppel, Handregister zur freien Kombination, Zungen ab; Superoktavkoppel II/I, 32 f. aus Tutti-Pedal;
Fußtritte: Koppeln IV/P, III/P, II/P, Generalkoppel Pedal 32 f. + 16 f. ab, Schwelltritte, III und IV, Walzenanzeiger, zusätzlich Druckknopf für Tremulant unter Manualklaviatur IV.

Lübeck
Marienkirche
Hauptorgel: Kemper-Orgel (1968)

Hauptwerk
II. Manual

Principal	16 f.
Quintade	16 f.
Principal	8 f.
Spitzflöte	8 f.
Doppelgedackt	8 f.
Oktave	4 f.
Rohrflöte	4 f.
Nasat	2 2/3 f.
Superoktave	2 f.
Gemshorn	2 f.
Oktävlein	1 f.
Rauschpfeife	2 fach
Mixtur	6-8 fach
Hintersatz	10-12 fach
Trompete	16 f.
Trompete	8 f.
Trompete	4 f.

Tremulant

Glockenspiel	8 f.
Glockenspiel	4 f.

Rückpositiv
I. Manual

Principal	8 f.
Rohrflöte	8 f.
Pommer	8 f.
Oktave	4 f.
Grobflöte	4 f.
Oktave	2 f.
Spitzflöte	2 f.
Quinte	1 1/3 f.
Sesquialtera	3 fach
Scharff	4 fach
Mixtur	6 fach
Dulcian	16 f.
Doppelregal	8 f.
Krummhorn	8 f.
Tremulant	

Brustwerk
III. Manual

Gedackt	8 f.
Dolcan	4 f.
Blockflöte	4 f.
Quintade	4 f.
Spitzquinte	2 2/3 f.
Principal	2 f.
Rohrgedackt	2 f.
Sedez	1/2 f.
Terzian	2 fach
Quintzymbel	2 fach
Scharff	4 fach
Regal	8 f.
Vox humana	8 f.
Schalmei	4 f.
Tremulant	

Oberwerk
IV. Manual

Fugara 1	6 f.
Holzprincipal	8 f.
Holzgambe	8 f.
Salicet	8 f.
Unda maris	8 f.
Quinte	5 1/3 f.
Oktave	4 f.
Gemshorn	4 f.
Viol-Flöte	4 f.
Quinte	2 2/3 f.
Flachflöte	2 f.
Terz	1 3/5 f.
Septime	4/7 f.
None	8/9 f.
Forniture	5-6 fach
Oboe	8 f.
Tremulant (langs.)	
Tremulant	
Glockenspiel	4 f.
Glockenspiel	2 f.

Kronenwerk
V. Manual

Gedackt	16 f.
Singend Gedackt	8 f.
Quintade	8 f.
Gemshorn	8 f.
Schweizerpfeife	4 f.
Koppelflöte	4 f.
Principal	2 f.
Waldflöte	2 f.
Quinte	1 1/3 f.
Scharff	4 fach
Zwergzymbel	5 fach
Musette	16 f.
Dulcian	8 f.
Bärpfeife	8 f.
Regal	4 f.
Tremulant	

Groß-Pedal

Principal	32 f.
Principal	16 f.
Quinte	10 2/3 f.
Violoncello	8 f.
Liebl.Gedackt	4 f.
Fagott	32 f.
Posaune	16 f.
Trompete	8 f.
Clairon	4 f.
Cornett	2 fach
Tremulant	

Mixtur . . . 10 fach
Dulcian . . . 16 f.

Klein-Pedal
Salicett-Baß . . . 16 f.
Subbaß . . . 16 f.
Oktave . . . 8 f.
Gedackt . . . 8 f.
Oktave . . . 4 f.
Pommer . . . 4 f.
Oktave . . . 2 f.
Nachthorn . . . 2 f.
Bauernpfeife . . . 1 f.
Rauschpfeife . . . 3 fach
Zymbel . . . 3 fach

Spielhilfen
6 freie Kombinationen
4 freie Pedalkombinationen
Koppeln
2 Jalousie-Schweller
1 Rollschweller

Lübeck
Marienkirche
Totentanzorgel: Führer-Orgel (1985/86)

Hauptwerk
Principal . . . 16 f.
Oktave . . . 8 f.
Spitzflöte . . . 8 f.
Oktave . . . 4 f.
Nachthorn . . . 4 f.
Quinte . . . 2 2/3 f.
Oktave . . . 2 f.
Cornett . . . 5 fach
Mixtur . . . 6 fach
Cymbel . . . 3 fach
Fagott . . . 16 f.
Trompete . . . 8 f.

Rückpositiv
Principal . . . 8 f.
Rohrflöte . . . 8 f.
Quintadena . . . 8 f.
Oktave . . . 4 f.
Blockflöte . . . 4 f.
Oktave . . . 2 f.
Waldflöte . . . 2 f.
Quinte . . . 1 1/3 f.
Sesquialtera . . . 2 fach
Scharff . . . 4-6 fach
Dulcian . . . 16 f.
Krummhorn . . . 8 f.
Tremulant

Brustwerk
Gedackt . . . 8 f.
Rohrflöte . . . 4 f.
Principal . . . 2 f.
Terzian . . . 2 fach
Scharff . . . 3 fach
Regal . . . 8 f.
Schalmei . . . 4 f.
Tremulant

Oberwerk
Bordun . . . 16 f.
Gamba . . . 8 f.
Schwebung . . . 8 f.
Offenflöte . . . 8 f.
Principal . . . 4 f.
Querflöte . . . 4 f.
Nasat . . . 2 2/3 f.
Gemshorn . . . 2 f.
Terz . . . 1 3/5 f.
Sifflöte . . . 1 f.
Mixtur . . . 5 fach
Trompette harm. . . . 8 f.
Hautbois . . . 8 f.
Clairon . . . 4 f.
Tremulant

Pedal
Principal ... 16 f.
Subbaß ... 16 f.
Quinte ... 10 2/3 f.
Oktave ... 8 f.
Gedackt ... 8 f.
Mixtur ... 6 fach
Posaune ... 16 f.
Dulcian ... 16 f.
Trompete ... 8 f.
Kornett ... 4 f.

Koppeln
RP/HW, OW/HW,
BW/HW, HW/P,
OW/P, RP/P.

Lübeck
Marienkirche
Briefkapelle: Schwarz-Orgel (1723)

Diskant
Gedackt ... 8 f.
Principal ... 4 f.
Flöte ... 4 f.
Quinte ... 3 f.
Oktave ... 2 f.
Terz ... 1 3/5 f.
Mixtur ... 3 fach
Regal ... 8 f.
Tremulant

Baß
Gedackt ... 8 f.
Principal ... 4 f.
Flöte ... 4 f.
Quinte ... 3 f.
Oktave ... 2 f.
Oktave ... 1 f.
Mixtur ... 3 fach
Regal ... 8 f.
Zimbelstern

Lüneburg
Michaeliskirche
Dropa-/Furtwängler & Hammer-/Kemper- und Hillebrand-Orgel (1708/1873/1931/1956/1974)

Hauptwerk
Prinzipal*# ... 16 f.
Quintatön* ... 16 f.
Prinzipal ... 8 f.
Gedackt ... 8 f.
Flautade ... 8 f.
Gambe ... 8 f.
Oktave ... 4 f.
Rohrflöte ... 4 f.
Quinte ... 2 2/3 f.
Oktave ... 2 f.
Spitzflöte ... 2 f.
Mixtur ... 8 fach
Cimbel ... 3 fach
Trompete ... 16 f.
Trompete ... 8 f.

Oberwerk
Rohrflöte° ... 8 f.
Quintade ... 8 f.
Salizional ... 8 f.
Prinzipal ... 4 f.
Gedeckt ... 4 f.
Nasat ... 2 2/3 f.

Waldflöte . . . 2 f.
Glöckleinton . . . 1 f.
Oktävlein . . . 1/2 f.
Terzian
Scharff . . . 6 fach
Vox humana . . . 16 f.
Trompete . . . 8 f.
Tremulant

Rückpositiv
Prinzipal* . . . 8 f.
Gedackt* . . . 8 f.
Oktave . . . 4 f.
Blockflöte . . . 4 f.
Flachflöte . . . 2 f.
Sifflöte . . . 1 1/3 f.
Sesquialtera
Scharff . . . 4 f.
Rankett . . . 16 f.
Krummhorn . . . 8 f.
Tremulant

Pedal
Prinzipal*# . . . 16 f.
Prinzipal . . . 16 f.
Subbaß . . . 16 f.
Oktave . . . 8 f.
Gedackt . . . 8 f.
Oktave . . . 4 f.
Pommer . . . 4 f.
Nachthorn . . . 2 f.
Glöckleinton . . . 1 f.
Rauschpfeife . . . 4 f.
Posaune . . . 16 f.
Trompete . . . 8 f.
Trompete . . . 4 f.

Koppeln, Spielhilfen (Tutti, Crescendo-Walze, 2 freie Kombin.).

° = von Dropa bereits übernommen
* = aus Dropas Werk erhalten
# = heute nicht klingende Stimmen im Prospekt

Merseburg
Dom
Thayssner-/Hildebrandt-/Ladegast-Orgel (1697/1716/1734/1855)

Rückpositiv (I)
Principal . . . 8 f.
Gedackt . . . 8 f.
Quintatön . . . 8 f.
Octave . . . 4 f.
Gedeckt . . . 4 f.
Octave . . . 2 f.
Quinte . . . 1 1/3 f.
Sesquialtera . . . 2 f.
Mixtur . . . 4 fach
Cymbel . . . 2 fach
Dulcian . . . 8 f.

Hauptwerk (II)
Bordun . . . 32 f.
Principal . . . 16 f.
Bordun . . . 16 f.
Principal . . . 8 f.
Gedackt . . . 8 f.
Gemshorn . . . 8 f.
Quinte . . . 5 1/3 f.
Octave . . . 4 f.
Gedeckt . . . 4 f.
Gemshorn . . . 4 f.
Quinte . . . 2 2/3 f.
Octave . . . 2 f.
Spitzflöte . . . 2 f.
Quartan . . . 2 f.
Rauschpfeife . . . 4 fach
Cornett . . . 3-5 fach
Mixtur . . . 4 fach
Scharff . . . 4 fach
Fagott . . . 16 f.
Trompete . . . 8 f.

Oberwerk (III)
Quintatön .... 16 f.
Principal .... 8 f.
Gambe .... 8 f.
Rohrflöte .... 8 f.
Gedeckt .... 8 f.
Octave .... 4 f.
Spitzflöte .... 4 f.
Rohrflöte .... 4 f.
Ged. Quinte .... 2 2/3 f.
Octave .... 2 f.
Nachthorn .... 2 f.
Terz .... 1 3/5 f.
Sifflöte .... 1 f.
Mixtur .... 4 fach, 1 1/3 f.
Cymbel .... 2 fach

Brustwerk (IV)
Liebl. Gedeckt .... 16 f.
Fugara .... 8 f.
Unda maris .... 8 f.
Liebl. Gedeckt .... 8 f.
Octave .... 4 f.
Zartflöte .... 4 f.
Salicional .... 4 f.
Nassat .... 2 2/3 f.
Octave .... 2 f.
Octävlein .... 1 f.
Flachflöte .... 1 f.
Tertian .... 2 fach
Cymbel .... 3 fach
Oboe .... 8 f.

Pedal
Untersatz .... 32 f.
Principal .... 16 f.
Salicetbaß .... 16 f.
Subbaß .... 16 f.
Großnassat .... 10 2/3 f.
Principal .... 8 f.
Baßflöte .... 8 f.
Rohrquinte .... 5 1/3 f.
Terz .... 6 2/5 f.
Octave .... 4 f.
Flöte .... 4 f.
Weitpfeife .... 2 f.
Bauernflöte .... 1 f.
Hintersatz .... 5 fach
Cornett .... 4 fach
Posaune .... 32 f.
Posaune .... 16 f.
Dulcian .... 16 f.
Trompete .... 8 f.
Clarine .... 4 f.

Mühlhausen
Divi Blasii
Wender-/Schuke-Orgel (1709/1958)

Rückpositiv
Gedackt .... 8 f.
Quintadena .... 8 f.
Prinzipal .... 4 f.
Salizional .... 4 f.
Oktave .... 2 f.
Spitzflöte .... 2 f.
Quintflöte .... 1 1/3 f.
Sesquialtera .... 2 fach
Zimbel .... 3 fach
Dulzian* .... 8 f.
Tremulant

Brustwerk
Stillgedackt .... 8 f.
Flöte .... 4 f.
Prinzipal .... 2 f.
Terz .... 1 3/5 f.
Quinte .... 1 1/3 f.
Mixtur .... 3 fach
Schalmei .... 8 f.
Tremulant

Hauptwerk
Prinzipal . . . . 8 f.
Quintadena . . . . 16 f.
Rohrflöte* . . . . 8 f.
Viola di Gamba . . . . 8 f.
Oktave. . . . . 4 f.
Gedackt. . . . . 4 f.
Nasat. 2 2/3 f.
Oktave. . . . . 2 f.
Sesquialtera . . . . 2 fach
Mixtur. 4 fach
Zimbel. 2 fach
Fagott . . . . 16 f.
Trompete* . . . . 8 f.

Pedal
Untersatz. . . . . 32 f.
Prinzipal . . . . 16 f.
Subbaß . . . . 16 f.
Oktave . . . . 8 f.
Gedackt* . . . . 8 f.
Oktave . . . . 4 f.
Nachthorn* . . . . 2 f.
Rohrflötenbaß . . . . 1 f.
Mixtur. 4 fach
Posaune . . . . 16 f.
Trompete . . . . 8 f.
Kornettbaß . . . . 2 f.

Koppeln: B/H, R/H, R/P, H/P
Zimbelstern
* zur Disposition Bachs hinzugefügt

Naumburg
Wenzelskirche
Hildebrandt-Orgel (1746)

Rückpositiv (I)
Principal . . . . 8 f.
Quintathen . . . . 8 f.
Rohrflött . . . . 8 f.
Violdigamba. . . . . 8 f.
Praestant . . . . 4 f.
Fugarra . . . . 4 f.
Naßat . . . . 3 f.
Rohrflött . . . . 4 f.
Octav. . . . . 2 f.
Rausch Pfeiffe . . . . 2 fach
Cymbel . . . . 5 fach
Fagott . . . . 16 f.
Tremulant

Hauptwerk (II)
Principal . . . . 16 f.
Quintathen . . . . 16 f.
Octav. . . . . 8 f.
Spill- od. Spitzflött . . . . 8 f.
Octav. . . . . 4 f.
Gedackt. . . . . 8 f.
Spill- od. Spitzflött . . . . 4 f.
Sexquintaltra . . . . 2 fach
Quinta. . . . . 3 f.
Weit Pfeiffe . . . . 2 f.
Octav . . . . 2 f.
Cornett . . . . 4 fach
Mixtur. 8 fach
Bombart . . . . 16 f.
Trompet. . . . . 8 f.
Cymbelstern

Oberwerk (III)
Principal . . . . 8 f.
Burdun . . . . 16 f.
Hollflött . . . . 8 f.
Praestant . . . . 4 f.
Gemshorn . . . . 4 f.
Quinta. . . . . 3 f.
Octav . . . . 2 f.
Tertia. . . . . 1 3/5 f.
Waldflött . . . . 2 f.
Quinta. . . . . 1 1/2 f.
Süfflöt . . . . 1 f.
Scharff. . . . . 5 fach
Vox humana. . . . . 8 f.
Unda maris . . . . 8 f.
Tremulant

Pedal

Principal	16 f.
Violon	16 f.
Subbaß	16 f.
Octav	8 f.
Violon	8 f.
Octav	4 f.
Nachthorn	2 f.
Mixtur	7 fach
Posaune	32 f.
Posaune	16 f.
Trompett	8 f.
Clarin	4 f.

Koppeln
RP/HW, OW/HW, OW/RP,
RP/P, HW/P, OW/P

Ohrdruf
Trinitatiskirche
Ratzmann-Orgel (1814)

Hauptwerk

Principal	16 f.
Bordun	16 f.
Principal	8 f.
Hohlflöte	8 f.
Gedackt	8 f.
Gamba	8 f.
Quinte	6 f.
Oktave	4 f.
Hohlflöte	4 f.
Quinte	3 f.
Oktave	2 f.
Mixtur	3-4 fach
Cimbel	3 fach
Cornett	8 f.
Trompete	8 f.

Oberwerk

Quintatön	16 f.
Geig. Principal	8 f.
Salicional	8 f.
Fugara	8 f.
Flauto travers	8 f.
Liebl. Gedackt	8 f.
Oktave	4 f.
Spitzflöte	4 f.
Quintoktave	2 fach
Mixtur	3 fach

Pedal

Principalbaß	16 f.
Violon	16 f.
Subbaß	16 f.
Oktavbaß	8 f.
Violoncello	8 f.
Bordunbaß	8 f.
Oktave	4 f.
Quintbaß	6 f.
Posaune	16 f.

Koppeln: I/P
II/P
Calcant 1 fach

Pomßen
Kirche
Richter-Orgel

Manual
Grohsgedackt. . . . . 8 f.
Principal . . . . 4 f.
Kleingedackt . . . . 4 f.
Nahsat° . . . . 3 f.
Sexquialter. . . . . . . 2 fach 3 f. und 1 3/5 f.
Octave. . . . . 2 f.
Mixtur. . . . . 3 fach
Cimpel. . . . . 2 fach 1/3 f.
Vox humana°# . . . . 8 f.

Pedal
Subbahß . . . . 16 f.
Violonbahs* . . . . 8 f.
Posaunenbahs# . . . . 16 f.
Cornet# . . . . 2 f.

Nebenzüge
Tremulant#
Cimbelstern#
Vogelgesang#
Pedal-Koppel

° = vermutlich aus einer anderen historischen Orgel eingebaut;
* = 1727 statt Cornetten 2 f. mit neuen Pfeifen eingebaut;
# = Erneuerung 1934

Sangerhausen
Jacobikirche
Hildebrandt-Orgel (1728)

Hauptwerk (I)
Bordun . . . . 16 f.
Principal . . . . 8 f.
Gedackt. . . . . 8 f.
Quintadena . . . . 8 f.
Octava. . . . . 4 f.
Spitzflöte . . . . 4 f.
Quinta. . . . . 3 f.
Octava. . . . . 2 f.
Mixtur. 5 fach
Cimbeln. . . . . 3 fach
Cornet . . . . 4 fach
Trompete . . . . 8 f.
Vox humana. . . . . 8 f.

Brustwerk (II)
Rohrflöte. 8 f.
Stille Gedackt. . . . . 8 f.
Violdigamba. . . . . 8 f.
Principal . . . . 4 f.
Rohrflöte. 4 f.
Nassat. . . . . 3 f.
Octava . . . . 2 f.
Quinta. . . . . 1 1/2 f.
Sifflet. . . . . 1 f.
Cimbel . . . . 3 fach

Pedal
Principalbaß . . . . 16 f.
Subbaß . . . . 16 f.
Octavenbaß. . . . . 8 f.
Gedacktbaß° . . . . 8 f.
Choralbaß° . . . . 4 f.
Rauschbaß° . . . . 4 fach
Posaunenbaß . . . . 16 f.

Nebenregister
Schwebung ad usum vocis humanae
Tremulant Brustwerk an Hauptwerk
Schiebekoppel Brustwerk an
Windkoppel Hauptwerk an Pedal

Stöntzsch/Hohnstein
Stadtkirche
Schmieder-Orgel (1731/32)

Manual

Spitzprincipal . . . . 8 f. (1967)
Rohrflöte . . . . 8 f. (1935)
Praestant . . . . 4 f. (1935)
Gedackt . . . . 4 f. (1860)
Nasard . . . . 2 2/3 f. (1935)
Octava . . . . 2 f. (1732)
Tertia . . . . 1 3/5 f. (1935)
Mixtur . . . . 4 fach (1732/1967)
Trompete . . . . 8 f. (1967)

Pedal

Subbaß . . . . 16 f. (1732)
Principalbaß . . . . 8 f. (1860/1935)
Rauschpfeife . . . . 5 fach (1967)
Liebl. Posaune . . . . 16 f. (1935)
Singend Cornet . . . . 4 f. (1967)

Nebenregister

Koppel Manual an Pedal

Störmthal
Kreuzkirche
Hildebrandt-Orgel (1723)

Manual

Prinzipal . . . . 8 f.
Gedackt . . . . 8 f.
Quintadena . . . . 8 f.
Praestant . . . . 4 f.
Rohrflöte . . . . 4 f.
Nasat . . . . 3 f.
Octave . . . . 2 f.
Terz . . . . 1 3/5 f.
Quinte . . . . 1 1/2 f.
Sifflöte . . . . 1 f.
Mixtur . . . . 3 fach
Cornet . . . . 3 fach

Pedal

Subbaß . . . . 16 f.
Prinzipalbaß . . . . 8 f.
Liebl. Posaune . . . . 16 f.

Nebenregister

Tremulant (1840 entfernt)
Windkoppel . . . . M/P

Taubach
Kirche
Trebs-Orgel (1710: nicht erhalten)

Manual

Principal . . . . 4 f.
Getact . . . . 8 f.
Q[u]inta . . . . 3 f.
Octava . . . . 2 f.
T[r]itonus . . . . 1 3/5 f.
Super octav . . . . 1 f.
Mixtur . . . . 3 fach
Quintathön . . . . 8 f.

Pedal

Sup Bass . . . . 16 f.
Waldt flöth Bass . . . . 2 f.
Schweitzer Bass . . 2 f. [gestrichen, dafür:]
Principal Bass . . . . 8 f.

Stern Cymbel
Tremulant
Copell zum Pedal

Taubach
Kirche
Witzmann-Orgel (1850)

Hauptwerk
Bordun . . . . . . 16 f.
Principal . . . . . . 8 f.
Hohlflöte . . . . . . 8 f.
Grob Gedackt . . . . . . 8 f.
Octave . . . . . . 4 f.
Flöte . . . . . . 4 f.
Quinte . . . . . . 3 f.
Terzflöte . . . . . . 1 3/5 f. x
Octave . . . . . . 2 f.
Mixtur . . . . . . 5 fach 2 f.

Oberwerk
Liebl. Gedackt . . . . . . 8 f.
Salicional . . . . . . 8 f.
Geigenprincipal . . . . . . 4 f. x
Rohrflöte . . . . . . 4 f. x
Blockflöte . . . . . . 2 f. x
Quinte . . . . . . 1 1/3 f. x
Sifflöte . . . . . . 1 f. x

Pedal
Principalbaß . . . . . . 16 f.
Subbaß . . . . . . 16 f.
Octavbaß . . . . . . 8 f.
Choralbaß . . . . . . 4 f. x

x = umdisponiert

Wechmar
St.-Viti-Kirche
Ratzmann-Orgel (1844)

Hauptwerk
Bordun . . . . . . 16 f.
Bordun . . . . . . 8 f.
Prinzipal . . . . . . 8 f.
Gemshorn . . . . . . 8 f.
Hohlflöte . . . . . . 8 f.
Rohrquinte . . . . . . 6 f.
Blockflöte . . . . . . 4 f.
Octav . . . . . . 4 f.
Octav . . . . . . 1 und 2 f.
Cornet . . . . . . 8 f.
Mixtur . . . . . . 2 und 4 fach

Oberwerk
Stillgedackt . . . . . . 16 f.
Geigenprinzipal . . . . . . 8 f.
Harmonica . . . . . . 8 f.
Salicional . . . . . . 8 f.
Flöte . . . . . . 8 f.
Nachthorn . . . . . . 8 f.
Gemshorn . . . . . . 4 f.
Flachflöte . . . . . . 4 f.
Quinta . . . . . . 3 f.
Querflöte . . . . . . 2 f.
Octav . . . . . . 1 und 2 f.

Pedal
Subbaß . . . . . . 16 f.
Prinzipalbaß . . . . . . 16 f.
Violon . . . . . . 16 f.
Subbaß . . . . . . 8 f.
Octavbaß . . . . . . 8 f.
Octavbaß . . . . . . 4 f.

Koppeln
Manual-Coppel, Pedalkoppel

Weimar
ehemalige Schloßkapelle
Compenius-Orgel (1658: nicht erhalten)

Oberwerk

Principal	8 f.
Gedackt	8 f.
Klein Gedackt	4 f.
Quintadena	16 f.
Gemshorn	8 f.
Octava	4 f.
Mixtur	
Cymbel	

Seitenpositiv

Grobgedackt	8 f.
Spielpfeife	4 f.
Sesquialtera	
Spitzflöte	2 f.
Krummhorn	8 f.
Trompete	8 f.
Schallmay	4 f.
Quintadena	8 f.
Glockenspiel	

Pedal

Gedackt Subbaß	16 f.
Posaunen Baß	16 f.
Fagott Baß	16 f.

Weimar
ehemalige Schloßkapelle
Bidermann-Positiv (1658: nicht erhalten)

Koppel aus Eichenholz	8 f.
Prinzipal/Oktave	4 f.
Superoktave	2 f.
Quinte	
Dreifache Zimbel/Mixtur	
Tremulant	

Weimar
Herderkirche
Walcker-Orgel (1907)

I. Manual (Hauptwerk)

Gedackt	16 f.
Prinzipal	8 f.
Rohrflöte	8 f.
Quintade	8 f.
Oktave	4 f.
Blockflöte	4 f.
Quinte	2 2/3 f.
Oktave	2 f.
Terz	1 3/5 f.
Mixtur	4-6 fach
Zymbel	3 fach
Trompete	8 f.
Chamade	8 f.

II. Manual (Positiv)

Singend Gedackt	8 f.
Praestant	4 f.
Koppelflöte	4 f.
Schwiegel	2 f.
Quinte	1 1/3 f.
Scharff	4 fach
Rankett	16 f.
Krummhorn	8 f.
Tremulant	

III. Manual (Schwellwerk)

Gedackt Pommer	16 f.
Prinzipal	8 f.
Rohrgedackt	8 f.

Harfpfeife . . . . 8 f.
Geigend Schwebg. . . . . 8 f.
Prinzipal . . . . 4 f.
Spitzflöte . . . . 4 f.
Nasard. . . . . 2 2/3 f.
Oktave. . . . . 2 f.
Waldflöte . . . . 2 f.
Rohrterz . . . . 1 3/5 f.
Quinte . . . . 1 1/3 f.
Septime . . . . 1 1/7 f.
Sifflöte. . . . . 1 f.
Scharff-Mixtur. . . . . 4-5 fach
Dulzian . . . . 16 f.
Oboe . . . . 8 f.
Franz. Trompete. . . . . 8 f.
Tremulant

Pedal
Untersatz . . . . 32 f.
Prinzipal . . . . 16 f.
Subbaß . . . . 16 f.
Gedacktbaß. . . . . 16 f.
Oktavbaß . . . . 8 f.
Gedackt Pommer . . . . 8 f.
Choralbaß . . . . 4 f.
Rohrpommer . . . . 4 f.
Prinzipalflöte . . . . 2 f.
Rauschpfeife . . . . 5 fach
Baßkornett . . . . 4 fach
Quarte. . . . . 2 fach
Bombarde . . . . 32 f.
Posaune . . . . 16 f.
Trompete . . . . 8 f.
Singend Cornett. . . . . 2 f.

Koppeln: III/P, II/P, III/II, III/I, II/I, Generalkoppel;
4 freie Kombinationen, Walze, Pedalkombination.

Weißenfels
Schloßkapelle
Förner-Voigt-Orgel (1985)

Hauptwerk
Quintadena . . . . 16 f.
Principal . . . . 8 f.
Grobgedackt . . . . 8 f.
Spitzflöte . . . . 8 f.
Octave. . . . . 4 f.
Quinte . . . . 2 2/3 f.
Octave. . . . . 2 f.
Sesquialtera . . . . 2 fach
Mixtur. . . . . 4 fach
Fagott . . . . 16 f.
Trompete . . . . 8 f.

Brustwerk
Gedackt. . . . . 8 f.
Quintadena . . . . 8 f.
Principal . . . . 4 f.
Gedackt. . . . . 4 f.
Octave. . . . . 2 f.
Quinte . . . . 1 1/3 f.
Sesquialtera . . . . 2 fach
Mixtur. . . . . 3 fach 1 1/3 f.
Krummhorn. . . . . 8 f.
Schalmei . . . . 4 f.

Pedal
Subbaß . . . . 16 f.
Principal . . . . 8 f.
Octave. . . . . 4 f.
Pommer. . . . . 4 f.*
Octave. . . . . 2 f.
Mixtur. . . . . 4 fach 2 2/3 f.
Posaunenbaß . . . . 16 f.
Trompete . . . . 8 f.
Cornet. . . . . 2 f.

Nebenregister
Tremulant »so durchs gantze Werck schlägt«
Koppeln: HW/P, BW/P, BW/HW
* anstelle Quinte 3 f. bei Förner

Zschortau
Nicolaikirche
Herming-Orgel

Manual

Grobgedackt	8 f.
Principal	4 f.
Kleingedackter	4 f.
Octave	2 f.
Octave	1 f.
Mixtur	3 fach
Sesquialter	

Pedal

Subbaß	16 f.
Principalbaß	8 f.
Schalmeybaß	4 f.
Sbitzflöt	2 f. [?]

Cymbelstern
3 Blasebälge

Zschortau
Nicolaikirche
Scheibeorgel

Rekonstruktionen der Scheibe-Orgel 1746:		
Dähnert 1980	Schrammek 1983	Theobald 1986
Manual [I]		
Quintadena 16 f.	Quintadena 16 f.	Quinta
Principal 8 f.	Principal 8 f.	Principal 8 f.
Gedackt 8 f.	Gedackt 8 f.	Grob Gedackt 8 f.
Violdigamba 8 f.	Violdigamba 8 f.	Viol di Gamba 8 f.
		Viol di Gamba 8 f.
Octava 4 f.	Octave 4 f.	Octav 4 f.
Gedackt 4 f.	Gedackt 4 f.	
Fleute trav. 4 f.	Fleute travers 4 f.	Fleute travers 4 f.
Quinta 3 f.	Quinte 3 f.	Hohl Fleute 3 f.
		Hohl Fleute 3 f.
Octava 2 f.	Octave 2 f.	Super Octava 2 f.
Super Oct. 1 f.	Superoctave 1 f.	Super Octava 1 f.
Mixtur 3 fach	Mixtur 3 fach	Mixtur 3 und 4 fach
Manual II		
Pedal		
Subbaß 16 f.	Subbaß 16 f.	Sub Baß 16 f.
Posaune 16 f.	Posaune 16 f.	Posaunen Baß 16 f.
		Violon 8 f.
Tremulant [?]	Tremulant	Tremulant
Pedalkoppel	Pedalkoppel	Pedalanhänge
Kalkantenzug	[Kalkantenzug]	Calcanten Glocke

Offenhauer 1870:		**Eule 1954:**
Gutachten	Disposition	Disposition
Manual [I]		
Thön 16 f.	Quintatön 16 f. desgl.	Quintatön 16 f.
Principal 8 f.	desgl.	Principal 8 f.
Grobgedackt 8 f.	Gedackt 8 f.	Gedackt 8 f.
Gamba 8 f.	Gambe 8 f.	Quinte 2 2/3 f.
		Viola di Gamba 8 f.
Octav 4 f.	desgl.	Octave 4 f.
Gedackt 4 f.	Gedackt 4 f.	Gedackt 4 f.
Nasat/Hohlflöte 3 f.	Nasat 3 f.	Terz 13/5 f.
		Quinte 3 f.
Octav 2 f.	Octave 2 f.	
Sifflöte 1 f.		Octave 1 f.
Mixtur 3 fach	Mixtur 3 fach	Mixtur 3 bis 4 fach
Manual II		
	Rohrflöte 8 f.	Rohrflöte 4 f.
	Flauto travers 8 f.	
		Quintade 8 f.
	Flauto amabile 4 f.	
		Spitzflöte 2 f.
	Octave 2 f.	
		Cymbel 2 fach
Pedal		
Subbaß 16 f.	desgl.	Subbaß 16 f.
Posaunenbaß 16 f.	desgl.	Posaune 16 f.
Violoncellobaß 8 f.	desgl.	Violonbaß 8 f.
	–	–
	Manualkoppel	–
	Pedalkoppel	Pedalkoppel
	Calkantenzug	–

Allgemeines Literaturverzeichnis zum Leben Johann Sebastian Bachs

Bach-Dokumente. Herausgegeben vom Bach-Archiv Leipzig. Supplement zu Johann Sebastian Bach. Neue Ausgabe sämtlicher Werke
Bd. I: Schriftstücke von der Hand J. S. Bachs, hrsg. von Werner Neumann und Hans-Joachim Schulze. Leipzig und Kassel 1963;
Bd. II: Fremdschriftliche und gedruckte Dokumente zur Lebensgeschichte Johann Sebastian Bachs 1685-1750, hrsg. von W. Neumann und Hans-Joachim Schulze. Leipzig und Kassel 1969;
Bd. III: Dokumente zum Nachwirken Johann Sebastian Bachs 1750-1800. Hrsg. von Hans-Joachim Schulze. Leipzig und Kassel 1972.

Karl Geiringer, Die Musikerfamilie Bach. Leben und Wirken in drei Jahrhunderten. München 1958.

Martin Petzoldt und Joachim Petri, Ehre sei dir Gott gesungen. Bilder und Texte zu Bachs Leben als Christ und seinem Wirken für die Kirche. Berlin 1990 (2. Auflage).

Philipp Spitta, Johann Sebastian Bach, 2 Bände. Leipzig 1873 und 1880.

Charles Sanford Terry, Johann Sebastian Bach. Eine Lebensgeschichte. Leipzig 1929. Neue Ausgabe: it 2588. Frankfurt am Main und Leipzig 1999.

Percy M. Young, Die Bachs 1500-1800. Leipzig 1978.

Verzeichnis der erwähnten Werke Bachs

Namenverzeichnis
Johann Sebastian Bach wurde nicht eigens aufgenommen

Ortsverzeichnis

Zeittafel zum Leben Johann Sebastian Bachs

1685	21. März	in **Eisenach** geboren, Taufe am 23. 03.
1693		Schüler der Quinta der Lateinschule
1694	03. Mai	Begräbnis der Mutter
1695	20. Februar	Tod des Vaters
	Ostern	Übersiedlung nach **Ohrdruf** in das Haus seines Bruders Johann Christoph
	20. Juli	Schüler der Tertia des Lyceums
1700	15. März	Abreise nach **Lüneburg**, Empfehlung durch Elias Herda
		Schüler der Partikularschule St. Michaelis, gelegentlicher Besuch in **Celle**
1702	Juli	Anwärter der Organistenstelle St. Jacobi, **Sangerhausen**
1702	19. Dezember	Hofmusikus und Lakai in **Weimar**
1703	3. Juli	Begegnung mit dem Orgelbauer Johann Friedrich Wender aus **Dörna**
	09. August	Organist der Neuen Kirche **Arnstadt**
1705	November	Abreise nach **Lübeck**, wahrscheinlich über **Wechmar**
1706	05. Februar	Rückkehr nach **Arnstadt**
	28. November	Orgelprüfung in **Langewiesen**
1707	24. April	Probespiel Divi Blasii, Mühlhausen
	Juli	Organist Divi Blasii, **Mühlhausen**
	17. Oktober	Trauung mit Maria Barbara Bach aus **Gehren** in **Dornheim**
	Juli	Hoforganist in **Weimar**
	29. Dezember	Taufe Catharina Dorothea
1710	26. Oktober	Orgelprüfung in **Taubach**
	22. November	Geburt Wilhelm Friedemann
1713	21. Februar	Reise nach **Weißenfels**
	23. Februar	Geburt und Nottaufe der Zwillinge Maria Sophia († 15. 03.) und Johann Christoph († 23. 02.)
	01. Dezember	Reise nach **Halle** zur Probe um die Organistenstelle der Marktkirche
1714	02. März	Ernennung zum Konzertmeister; Auftrag, monatlich eine Kantate zu komponieren und aufzuführen
	08. März	Geburt Carl Philipp Emanuel
1715	11. Mai	Geburt Johann Gottfried Bernhard
1716	29. April	Orgelprüfung in der Marktkirche zu **Halle**
	31. Juli	Orgelprüfung in der Augustinerkirche zu **Erfurt**
1717	26. März	Reise nach **Gotha**, Passionsaufführung
	Herbst	Reise nach **Dresden**
	Dezember	Dienstantritt als Hofkapellmeister in **Köthen**
	16. Dezember	Orgelprüfung in der Universitätskirche zu **Leipzig**
1718	09. Mai	Reise nach **Karlsbad**
	15. November	Geburt Leopold Augustus († 28. 09. 1719)
1720	Mai	Reise nach **Karlsbad**
	November	Reise nach **Hamburg**

1721	August	Reise nach **Schleiz**
	03. Dezember	Trauung mit Anna Magdalena Wilcke in Köthen
1722	09. August	Reise nach **Zerbst**
1723	07. Februar	Aufführung der Probemusik in Leipzig
	März	Geburt Christiana Sophia Henrietta († 29. 06. 1726)
	22. Mai	Umzug nach **Leipzig**
	09. August	Festakt der Universität zum Geburtstag des Herzogs Friedrich II. von Sachsen-Gotha
	02. November	Orgelprüfung in **Störmthal**
1724	26. Februar	Geburt Gottfried Heinrich
	25. Juni	Orgelprüfungen in **Gera**
1725	23. Februar	Reise nach **Weißenfels**
	14. April	Taufe Christian Gottlieb († 21. 09. 1728)
	19. September	Reise nach **Dresden**
1726	05. April	Taufe Elisabeth Juliana Friederica
1727	06. Februar	Trauerakt für Johann Christoph von Ponickau in **Pomßen**
	17. Oktober	Trauerakt für Kurfürstin Christiane Eberhardine von Sachsen
	30. Oktober	Taufe Ernestus Andreas († 01.11.)
1728	(?)	Reise nach **Erfurt**
	10. Oktober	Taufe Regina Johanna († 25. 04. 1733)
1729	23./24. März	Reise nach **Köthen**, Trauerfeierlichkeiten für Fürst Leopold von Anhalt-Köthen
	28. Juli	Tod der Schwägerin Friedelena Margaretha
	16. Oktober	Tod des Thomasschulrektors Johann Heinrich Ernesti
1730	01. Januar	Taufe Christiana Benedicta Louise († 04.01.)
	25.-27. Juni	Jubelfest der Augsburgischen Confession
	14. September	Antritt des Thomasschulrektors Johann Matthias Gesner
1731	18. März	Taufe Christiana Dorothea († 31. 08. 1732)
	Juni	Umzug der Familie in die Hainstraße
	14. September	Reise nach **Dresden**
	12. November	Orgelprüfung in **Stöntzsch**
1732	04.Februar	Orgelprüfung in **Stöntzsch**
	April	Umzug in die umgebaute Thomasschule
	21.Juni	Geburt Johann Christoph Friedrich
	21. September	Reise nach **Kassel**, Orgelprüfung in der Martinskirche
1733	01. Februar	Tod des Kurfürsten Friedrich August I. von Sachsen
	Juli	Reise nach **Dresden**
	05. November	Taufe Johann August Abraham († 06.11.)
1734	21. November	Antritt des Thomasschulrektors Johann August Ernesti
1735	08. Februar	Reise nach **Merseburg**
	Juni	Reise nach **Mühlhausen**
	05. September	Geburt Johann Christian
	November	Reise nach **Collmen**
1736	Juli	Fertigstellung des Schloßgesangbuches von **Zeitz**
	Dezember	Reise nach **Dresden**
1737	Mai	Reise nach **Sangerhausen**

	28. September	Huldigung in **Wiederau**
	30. Oktober	Taufe Johanna Carolina
1738	Mai	Reise nach **Dresden**
1739	September	Reise nach **Altenburg**
	November	Reise nach **Weißenfels**
1740	April	Reise nach **Halle**
1741	August	Reise nach **Berlin**
	November	Reise nach **Dresden**
1742	22. Februar	Taufe Regina Susanna
	Mai/Juni	Reise nach **Berka**, Orgelprüfung
	30. August	Huldigung in **Kleinzschocher**
1743	Dezember	Orgelprüfung in der Johanniskirche
1746	07. August	Reise nach **Zschortau**, Orgelprüfung
	24. September	Reise nach **Naumburg**, Orgelprüfung in der Wenzelskirche
1747	Mai	Reise nach **Potsdam** und **Berlin**
		Reise nach **Heiligengrabe**
1750	März	Erste Augenoperation
	April	Zweite Augenoperation
	22. Juli	Letztes Abendmahl
	28. Juli	Todestag Johann Sebastian Bachs
	30./31. Juli	Begräbnis

Fotonachweise

Bach-Archiv Leipzig: S. 4, 123, 140 (Volker Barthold), 143
Beyer, Constantin und Klaus G.: S. 12, 13, 21, 54, 62, 69, 74, 110, 239, 252, 257, 264
Blasiusarchiv Mühlhausen: S. 183
Dresden, Sächsische Landesbibliothek, Deutsche Fotothek (Thonig): S. 227
Eisenach, Stadtkirchnerei: S. 70
Falk, Johanna: S. 225
Fotostudio Miersch: S. 268
Gera, Stadtmuseum: S. 83
Goethe Museum Düsseldorf, Sammlung Kippenberg: S. 113
Gotha, Schloßmuseum: S. 88
Gotthilfkirche Waltershausen: S. 90
Jürgens Ost- u. Europa-Photo, Berlin: S. 99, 242, 261
Leipzig, Stadtgeschichtliches Museum: S. 160
Leipzig, Universitätsbibliothek: S. 85
Lüneburg, Museum (Makrovic): S. 172
Lüneburg, Stadtarchiv, Michaelisarchiv: S. 168
Nikolaikirche Leipzig: S. 155
Ohrdruf, Michaelisbibliothek: S. 213
Petri, Joachim: S. 17, 20, 43, 45, 58, 65, 70, 94, 96, 129 (beide), 131, 144, 146 (beide), 153, 183, 200, 202, 210, 211, 213, 221, 228, 232, 233, 274, 275, 285
Pietsch, Jürgen Maria: S. 24, 283
Sachsens Kirchengalerie, Archiv: S. 217
Zerbst, Museum der Stadt Zerbst: S. 278, 279
Zimmermann, Friedrich: S. 164

Umschlagabbildung: Johann Sebastian Bach, Gemälde von Elias Gottlob Haußmann, 1748, Privatbesitz und Karl-Heinz Jürgens: Köthen

Zu dieser Ausgabe

Dieses Buch ist aus einer Mitgliedsgabe der Neuen Bachgesellschaft e. V. für das Jahr 1993 erwachsen, meinem Buch *Bachstätten aufsuchen* (Leipzig: Verlag Kunst und Touristik Leipzig GmbH, 1992). Gegenüber diesem Vorläuferband ist es um die sekundären Bachorte erweitert worden, dazu in Details überarbeitet, in den informierenden Angaben auf den aktuellen Stand gebracht.

Abermals habe ich vielen Menschen zu danken, die mir auch diesmal in oft ganz unkonventioneller Weise halfen. An Stelle all der vielen Namen, die genannt werden müßten, nenne ich nur Frau Marina Täschner und Herrn Gottfried Heyn, die weitgehend das überarbeitete und erweiterte Manuskript besorgten. Vor allem aber danke ich meiner Frau, Renate Petzoldt, für die Geduld, mit der sie auch bei diesem Buch meine Bachbegeisterung begleitet hat, und für die Ernsthaftigkeit, mit der sie mir mit kritischem Rat zur Seite stand. Ich widme ihr das Buch in der vorliegenden Form.

Für die meisten der Bachstätten bestehen Fördermöglichkeiten, die bei den Bachstätten selbst oder bei der Neuen Bachgesellschaft e. V. erfragt werden können.